Wolfgang Brezinka

Gesammelte Schriften – Band 4
Grundbegriffe der Erziehungswissenschaft

Wolfgang Brezinka

Grundbegriffe der Erziehungswissenschaft

Analyse, Kritik, Vorschläge

5., verbesserte Auflage

Ernst Reinhardt Verlag München Basel

Wolfgang Brezinka, geb. 9. 6. 1928 in Berlin. Nach Lehrtätigkeit an den Universitäten Würzburg und Innsbruck derzeit Professor der Erziehungswissenschaft an der Universität Konstanz.

CIP-Titelaufnahme der Deutschen Bibliothek

Brezinka, Wolfgang:
Gesammelte Schriften / Wolfgang Brezinka. – München ; Basel
: E. Reinhardt.
NE: Brezinka, Wolfgang: [Sammlung]

Bd. 4. Brezinka, Wolfgang: Grundbegriffe der
Erziehungswissenschaft. – 5., verb. Aufl., 24. – 26. Tsd. – 1990

Brezinka, Wolfgang:
Grundbegriffe der Erziehungswissenschaft : Analyse, Kritik,
Vorschläge / Wolfgang Brezinka. – 5., verb. Aufl., 24. – 26.
Tsd. – München ; Basel : E. Reinhardt, 1990
(Gesammelte Schriften / Wolfgang Brezinka ; Bd. 4)
ISBN 3-497-01189-4

Printed in Germany

Vorwort zur 5. Auflage

Der pädagogischen Literatur fehlt es überall in der Welt an Klarheit. Die Pädagogik ist mehr als die meisten anderen Fächer von vagen Begriffen und von ungenauen und informationsarmen Sätzen erfüllt. Wer nach wissenschaftlichen Erkenntnissen sucht, die zur Lösung erzieherischer Probleme verwendet werden können, kann sich mit diesem Zustand nicht abfinden. Damit fruchtbare theoretisch-systematische Arbeit überhaupt möglich wird, müssen zunächst begriffsanalytische Vorarbeiten geleistet werden.

Ich habe in diesem Buch das Ergebnis meiner langjährigen Bemühungen zur Klärung einiger Grundbegriffe der Erziehungswissenschaft zusammengefaßt. Es behandelt ausführlich die Begriffe »Erziehung«, »Erziehungsziel« und »Erziehungsbedürftigkeit«, erläutert aber auch zahlreiche andere Begriffe. Dazu gehören erstens jene, die zur Präzisierung der drei zentralen Begriffe herangezogen werden mußten, und zweitens jene, die zwar thematisch relevant sind, denen gegenüber aber eine Abgrenzung erforderlich zu sein schien. Zur ersten Gruppe gehören unter anderem die Begriffe »Handlung«, »Soziale Handlung«, »Lernen«, »psychische Disposition«, »Förderungsabsicht«, »Norm« und »Ideal«; zur zweiten Gruppe die Begriffe »Einwirkung«, »Verhalten«, »Soziale Interaktion«, »Lernziel«, »Lernbedürftigkeit« und »Erziehbarkeit«.

Am Beispiel der untersuchten Grundbegriffe wird zugleich auch das Verfahren der Begriffspräzisierung dargestellt. Deshalb kann das Buch auch als Einführung in die Methoden der sprachlichen, der logisch-empirischen und der ideologiekritischen Analyse pädagogischer Begriffe dienen.

Eine Ergänzung des vorliegenden Buches durch eine Analyse der Sozialisations-Begriffe bietet der Aufsatz »Sozialisation und Erziehung« in meinem Buch »Aufklärung über Erziehungstheorien. Beiträge zur Kritik der Pädagogik« (1989, 192 – 270).

Ich möchte durch diese Studien dazu beitragen, daß Begriffe geschaffen werden, die zum Aufbau der Erziehungswissenschaft als einer Theorie des erzieherischen Handelns brauchbar sind. Den leitenden Gesichtspunkt für den Entwurf einer solchen Theorie sehe ich in der

Frage nach den Beziehungen zwischen Zwecken, Mitteln und Wirkungen der Erziehung. Diese Ansicht ist in meinem wissenschaftstheoretisch-programmatischen Buch »Metatheorie der Erziehung. Eine Einführung in die Grundlagen der Erziehungswissenschaft, der Philosophie der Erziehung und der Praktischen Pädagogik« (4. Auflage 1978) zu begründen versucht worden. Wie die hier erarbeiteten Begriffe zum Aufbau eines Systems der empirischen Erziehungswissenschaft verwendet werden können, habe ich in meinem Buch »Erziehungsziele, Erziehungsmittel, Erziehungserfolg« (1976, 2. erweiterte Auflage 1981) dargestellt.

Die 1. Auflage dieses Buches ist 1974 erschienen. Für die vorliegende 5. Auflage sind wiederum zahlreiche Verbesserungen und Ergänzungen vorgenommen worden. Eine italienische Übersetzung (La Scienza dell'educazione. Analisi, critica, proposte) ist 1976 im Verlag Armando in Rom erschienen (prima ristampa 1979); eine japanische Übersetzung (Kyoiku kagaku no kisogainen) 1980 im Verlag Reimei Shobo in Nagoya; eine spanische (Conceptos básicos de la ciencia de la educación) 1990 im Verlag Herder in Barcelona.

Konstanz, im Januar 1990 *Wolfgang Brezinka*

Inhaltsverzeichnis

Einleitung

> »Es kennzeichnet den Gebildeten, in jedem einzelnen Gebiet nur so viel Genauigkeit zu verlangen, wie es die Natur des Gegenstandes zuläßt.«
>
> ARISTOTELES: Nikomachische Ethik (I, 1094)

Erziehung und Praktische Pädagogik

Das Erziehen gehört zu jenen Handlungen der Menschen, die in allen Gesellschaften stattfinden. In seiner weiten Bedeutung, wie das Wort hier gebraucht wird, schließt es auch das Unterrichten ein. Alle Sprachen, die bisher daraufhin untersucht worden sind, enthalten Worte, die zur Bezeichnung solcher Handlungen verwendet werden[1]. Es gibt viele Zeugnisse dafür, daß schon in primitiven Kulturen über Erziehung nachgedacht worden ist. Man hat zu allen Zeiten Ideale vom Menschen, wie er sein soll, vorgeschrieben und nach Mitteln gesucht, die bewirken, daß die Menschen diesen für sie gesetzten Persönlichkeitsidealen möglichst ähnlich werden. Es sind Regeln für das erzieherische Handeln aufgestellt und überliefert worden. Diese zunächst unsystematisch geäußerten Gedanken sind nach und nach zu Lehren von der Kunst der Erziehung, zu »Kunstlehren« verarbeitet worden, für die sich der Name »Pädagogik«[2] eingebürgert hat.

Pädagogische Kunstlehren, auch »Erziehungslehren« genannt, haben den Zweck, jenes Wissen, das als Voraussetzung für das erzieherische Handeln nützlich erscheint, zusammenzufassen. Dieses Wissen betrifft vor allem zwei Problemkreise: erstens die Ziele, die erreicht werden sollen, und zweitens die Mittel, die dafür als geeignet angesehen werden. Über die Eignung irgendwelcher Mittel läßt sich allerdings nur etwas sagen, wenn man den Gegenstand kennt, auf den man einwirken will. Deshalb wird als dritter Problemkreis auch das Objekt der Erziehung, d. h. der zu erziehende Mensch berücksichtigt. Er wurde in der älteren pädagogischen Fachsprache als »Zögling« bezeichnet. Neuerdings wird

[1] Vgl. DOLCH 1961.

[2] Das Wort kommt vom griechischen *pais* = Kind, Jugendlicher, und *ago* = ich führe, leite, ziehe. Als »Pädagoge« *(paidagogos)* wurde ursprünglich der Diener bezeichnet, der das Kind bei seinen Gängen zwischen dem Haus und der Schule zu begleiten hatte, der »Knabenführer«. Erst im hellenistischen Griechisch erhält das Wort die Bedeutung »Erzieher«. Vgl. SCHUPPE 1942. »Pädagogik« ist die Bezeichnung für die Lehre von der Erziehung, d. h. für die Theorie der Erziehung im weitesten Sinne, die wissenschaftliche und nicht-wissenschaftliche Theorien einschließt.

er häufiger »Adressat der Erziehung« oder »Educand« (Gerundiv vom lateinischen »educare« = »erziehen«, also: der Zu-Erziehende; einer, der erzogen werden soll) genannt. Die Pädagogik gliedert sich also in die Lehre von den Erziehungszielen, die Lehre von den Methoden und Organisationsformen der Erziehung und die Lehre von den Educanden. Sehen wir uns die Fragestellungen dieser drei Teilgebiete etwas näher an.

Erziehungsziele sind Normen, die ein Ideal für Educanden enthalten. Sie bezeichnen bestimmte Zustände der Persönlichkeit, die von Educanden erreicht werden oder denen sie wenigstens näherkommen sollen. Es kann sich dabei um spezielle Fähigkeiten oder Haltungen handeln wie zum Beispiel »Beherrschung der englischen Sprache«, »Kochen können« oder »Höflichkeit«. Es können aber auch sehr komplexe Soll-Zustände gemeint sein wie zum Beispiel »der demokratische Staatsbürger«, »die christliche« oder »die sozialistische Persönlichkeit«. In traditionsgebundenen Gesellschaften ist man sich über die Persönlichkeitsideale, die für ihre Mitglieder gelten, einig. In pluralistischen Gesellschaften sind sie dagegen mehr oder weniger umstritten. Was jeweils in der Pädagogik über Erziehungsziele gelehrt wird, hängt von der Weltanschauung der Verfasser ab bzw. von der Wertorientierung jener sozialen Gruppe, für die sie bestimmt ist. Dieser Teil der Erziehungslehren ist auf *moralischen Urteilen*[3] aufgebaut. Da er die Grundlage für alle übrigen Teile bildet, kann man sagen, daß die zur Anleitung der Erzieher geschaffenen pädagogischen Theorien letzten Endes auf moralischen Entscheidungen und Bekenntnissen gründen: »Sie sind nicht uninteressierte Erkenntnis dessen, was ist, sondern interessierte Verkündigung dessen, was sein soll«[4].

Die Lehre von den Methoden und Organisationsformen der Erziehung setzt die Entscheidungen für die zu erreichenden Ziele voraus und stützt sich auf Hypothesen über Bedingungszusammenhänge. Wenn man ein Ziel erreichen will, dann muß man es als Wirkung betrachten und die Ursachen oder Bedingungen erforschen, von denen sie abhängt[5]. Im Falle der Pädagogik ist die angestrebte Wirkung stets ein bestimmter Zustand der Persönlichkeit. Nur wenn man die Bedingungen für seine Entstehung kennt, läßt sich abschätzen, ob es Mittel gibt, diesen Zustand herbeizuführen. Jede pädagogische Kunstlehre ist auf Kausalerkenntnisse angewiesen. Ihre Regeln oder Handlungsanweisungen sind *technische Normen.* Im Idealfall würde deren Grundlage in empirischen Theorien bestehen, die Voraussagen von folgender Art ermöglichen: wenn bestimmten Educanden gegenüber unter bestimm-

[3] Zu diesem Begriff vgl. FRANKENA 1972, 26ff.
[4] FRISCHEISEN-KÖHLER 1921, 13.
[5] Vgl. MILL 1968, 363ff.

ten Umständen in bestimmter Weise gehandelt wird, dann werden bestimmte Veränderungen in ihrer Persönlichkeit erfolgen. Einer technischen Norm liegen Behauptungen über Gesetzmäßigkeiten zugrunde, die wahr oder falsch sein können, wie zum Beispiel der Satz: »Loben steigert die Leistungen eines Schülers, Tadeln vermindert sie«. Solange man jedoch derartige Gesetzmäßigkeiten nicht kennt, bleibt nichts anderes übrig, als sich mit Vermutungen zu behelfen. Die Pädagogik ist voll von solchen mehr oder weniger gut begründeten Vermutungen.

Die Lehre von den Educanden ist deskriptiv-empirischer Art. Hier geht es darum, den Ausgangszustand der Menschen, die erzogen werden sollen, zu beschreiben, soweit er für das Urteil über die Zweckmäßigkeit bestimmter Mittel relevant ist. Dazu gehört nicht nur die Darstellung der psychischen Verfassung, sondern auch die der sozial-kulturellen Lage der Educanden. Ihre Persönlichkeit ist weitgehend von der Umwelt abhängig, in der sie leben. Darum muß auch die historische Situation mit ihren vom Erzieher beeinflußbaren wie mit ihren nicht-beeinflußbaren Faktoren berücksichtigt werden. In diesem Teilgebiet der Pädagogik haben wir es nicht mit Normen, sondern mit Sätzen über die Wirklichkeit zu tun, d. h. mit *deskriptiven bzw. interpretierenden Aussagen.*

Die Pädagogik enthält also moralische Normen, technische Normen und Tatsachenbehauptungen oder deskriptive Aussagen über einen bestimmten Ausschnitt der Wirklichkeit. Der innere Zusammenhang dieser verschiedenartigen Bestandteile ergibt sich aus dem *praktischen* Zweck einer pädagogischen Kunstlehre: sie ist eine Orientierungshilfe für Erzieher, eine *praktische* Theorie, keine wissenschaftliche Theorie. Um eine Verwechslung mit der Erziehungswissenschaft zu vermeiden, empfiehlt es sich, solche zum Handeln anleitenden normativen Theorien der Erziehung als *Praktische Pädagogik* zu bezeichnen[6].

Die Sprache der Praktischen Pädagogik

Die Praktische Pädagogik behandelt einen Problemkreis, von dem jeder Mensch betroffen ist, in dem jeder irgendwelche Erfahrungen gemacht und über den er sich Meinungen gebildet hat. Die Erziehung und das meiste, was damit zusammenhängt, ist ein alltägliches Ereignis, über das man Bescheid zu wissen meint. Weil ihr im Kindes- und Jugendalter jeder ausgesetzt gewesen ist und weil fast jeder Erwachsene wenigstens zeitweise selbst erzieht, wird über sie vorwiegend in der Umgangssprache nachgedacht und gesprochen.

[6] Ausführlicher hierzu BREZINKA 1978, bes. 236ff.

Die Sprache der Pädagogik ist aus der Sprache der Erzieher, d. h. der Eltern, Lehrer, Meister und Priester entstanden. Viele Begriffe, die in der Pädagogik verwendet werden, drücken Vorstellungen aus, die sich Erziehungspraktiker von ihren Aufgaben und von den Bedingungen, unter denen sie zu lösen sind, gemacht haben. Andere gehen auf Erziehungstheoretiker zurück, die durch pädagogische Kunstlehren die Erzieher und deren Praxis zu beeinflussen versucht haben. Da die Gedanken über Erziehung nicht isoliert von der Weltanschauung, den moralischen Überzeugungen, den Zukunftserwartungen und Wünschen eines Menschen gedacht werden, haben selbstverständlich auch viele Elemente der Weltanschauungen, zu denen sich Erzieher und Erziehungstheoretiker bekannt haben, in die Sprache der Pädagogik Eingang gefunden. Eine christliche Pädagogik hat schon sprachlich eine andere Gestalt als eine national-liberale, eine weltbürgerlich-humanistische oder eine sozialistische.

Ich will das an zwei Beispielen verdeutlichen. Wilhelm Flitners »Allgemeine Pädagogik«, das in den letzten Jahrzehnten in Deutschland am weitesten verbreitete Lehrbuch der Praktischen Pädagogik »geisteswissenschaftlicher« oder »hermeneutischer« Richtung, ist sprachlich stark durch die christlich-protestantische Denk- und Sprechweise bestimmt. Es ist darin viel vom Geist, von der Wahrheit, von Glauben, Hoffnung und Liebe, vom Heil und von der Gnade, von der »personalen Existenz«, von Sünde, Schuld und Vergebung die Rede. Charakteristisch ist folgender Text aus dem Abschnitt über »das Phänomen der Erziehung«: »Wenn das Selbst sich aus der Gottesliebe heraus versteht, oder aus seiner Zugehörigkeit zur Transzendenz, und wenn wir unseren Nächsten aus der Liebe begreifen, so besitzen wir die konkrete Auffassung vom Menschen schlechthin. Sie ist nicht mehr abstrahierende Theorie, sondern die Auffassung, die sich in der tätigen, gläubigen Liebe konkret vollzieht. Die Theorie darüber ist nur schematische Abspiegelung dessen, was als Vertrauen und Liebe konkret ist. Erst diese Vergewisserung des Eigentlich-Menschlichen macht auch das erzieherische Phänomen vollends deutlich.«[7]

Als zweites Beispiel können Texte von Gamm dienen, der eine Praktische Pädagogik sozialistischer Richtung vertritt. Darin ist viel von »kapitalistischer Leistungsgesellschaft«, von Herrschaft, Repression und Ideologie, von Emanzipation, Solidarisation, Demokratisierung, von Schülerkollektiven, kollektiven Lernprozessen usw. die Rede. Charakteristisch für die Sprache dieser Pädagogik ist folgende Stelle aus einem Kapitel über die Gesamtschule: »Toleranz und Kooperation sind

[7] W. Flitner 1966, 52.

... untauglich, um mit ihrer Hilfe pädagogisch zu programmieren. Gerade in der Gesamtschule müßte statt dessen ein Konfliktbewußtsein im erzieherischen Spannungsfeld auf dem Hintergrund der von sozialen Antagonismen zerrütteten Gesellschaft gewonnen werden. ... Die Gesamtschule als Chance für die produktive Gestaltbarkeit gesellschaftlicher Prozesse sollte daher nicht einer idealistischen Ich-und-Du-Relation verfallen, sondern die Dynamik der Aggression voll realisieren.«[8]

Schon aus einer Untersuchung der Sprache der Praktischen Pädagogik, für die hier zwei Beispiele gegeben worden sind, läßt sich erkennen, daß die Praktische Pädagogik etwas anderes ist als eine Wissenschaft. Die Sprache kann bekanntlich zu verschiedenen Zwecken benützt werden. Psychologisch lassen sich ihre Funktionen dem Denken, dem Wollen und dem Fühlen zuordnen. Man kann dementsprechend zwischen der informativen, der imperativen und der emotiven Funktion der Sprache unterscheiden[9].

Für wissenschaftliche Sätze und Satzsysteme ist es charakteristisch, daß sie in einer Sprache formuliert werden, die nur einem einzigen Zweck dient: der Information, der Darstellung von Gegenständen, der Mitteilung von Sachverhalten. Die Sätze der Wissenschaft haben einen informativen Gehalt. Sie können wahr oder falsch sein. In der Wissenschaft bleibt die Sprache auf ihre *informative Funktion* (vom lateinischen »informare« = darstellen, schildern) beschränkt. Als Beispiel nenne ich folgenden Satz: »Im großen und ganzen beeinflußt die durchgängige gefühlsmäßige Tönung des elterlichen Erziehungsverhaltens die Entwicklung der Kinder mehr als irgendeine spezielle Technik der Kindererziehung oder der Zusammenhalt der elterlichen Ehe«[10].

Für die Praktische Pädagogik ist es dagegen charakteristisch, daß in ihr die Sprache nicht nur informativ, sondern auch imperativ und emotiv verwendet wird. Betrachten wir zunächst ihre *imperative* oder *präskriptive Funktion* (vom lateinischen »imperare« = befehlen, gebieten, auftragen; bzw. von »praescribere« = vorschreiben, verordnen, befehlen). Hier dient die Sprache dazu, zu einem Verhalten aufzufordern, einen Wunsch zu äußern, einen Befehl zu erteilen, eine Empfehlung auszusprechen. Sie wird benutzt, um andere Personen zu einer Handlung zu veranlassen oder von einer Handlung abzuhalten. Imperative Sätze sind weder wahr noch falsch. Das schließt selbstverständlich nicht aus, daß sie durch die Verknüpfung mit informativen Sätzen mehr oder

[8] Gamm 1970, 123.
[9] Zu den Funktionen der Sprache vgl. Kainz 1962, 172 ff.; Kraft 1960, 37 f.; Copi 1972, 44 ff.
[10] Berelson und Steiner 1969, 51.

weniger gut begründet werden können. Als Beispiele nenne ich folgende Sätze: »Von allen Fehlern und Untugenden seiner Zöglinge muß der Erzieher den Grund in sich selbst suchen«[11]; »Der Erzieher muß daran glauben, daß das Gute siegt«[12]; Der Mensch »muß von früh an daran gewöhnt werden, daß es eine unbedingte Wahrheit, ein unverrückbares höchstes Ziel gibt, dem alles geopfert werden muß«[13]; »Die Institution Schule muß . . . eindeutig von den Erwartungen der Nachwachsenden her bestimmt werden«[14]; »Die Schule hat das Lernen der Liebe zu ihrer wichtigsten sozialpädagogischen Aufgabe zu machen«[15].

Als dritte ist die *emotive* oder *affektive Funktion* der Sprache zu nennen (abgeleitet von »Emotion« bzw. »Affekt« = Gefühlszustand, Gemütsbewegung). Damit ist gemeint, daß die Sprache auch zur Kundgabe von Gefühlen und zur Erregung von Gefühlen bei anderen verwendet werden kann. Der Gebrauch der Sprache zur Äußerung eigener Gefühle kann als *expressive Funktion* (vom lateinischen »exprimere« = ausdrücken), der Gebrauch zur Erregung von Gefühlen in anderen Personen als *persuasive Funktion* (vom lateinischen »persuadere« = überreden, überzeugen) bezeichnet werden. Der emotive Sprachgebrauch ist nicht nur in der Dichtung festzustellen, sondern überall, wo beabsichtigt wird, Menschen zu beeinflussen. Vor allem in der Politik, der Werbung, der Propaganda, der Seelsorge, der Psychotherapie und der Erziehung wird die Sprache benutzt, um im Hörer oder Leser bestimmte Gefühle zu wecken. Da die Praktische Pädagogik unter anderem auch dazu dient, Erzieher zur Zustimmung zu bestimmten Ideen und zur Ablehnung anderer Ideen sowie zum Handeln gemäß den bejahten Ideen zu bewegen, ist es nicht verwunderlich, daß ihre Sprache in vielen Fällen stark gefühlsbetont ist. Die Spannweite der Texte reicht in dieser Hinsicht von emotiv neutralen Sätzen bis zu solchen, die so leer an Informationsgehalt wie an präskriptivem Gehalt sind, daß man sie als »Wortmusik«[16] einstufen kann.

Ich gebe für den emotiven Sprachgebrauch zwei Beispiele. Das erste ist mehr dem expressiven, das zweite dem persuasiven Typus zuzuordnen. Bei PETERSEN heißt es in einem Kapitel über »Erziehung als kosmische Funktion«: »Verglichen mit der schönsten Theorie und der überzeugendsten Rede, ist die schlichte Tat eines Erziehers stets das Überlegene. Selbst das Unvollkommene im erzieherischen Wirken wird von dem Leuchten überstrahlt, das immer dort vorhanden ist, wo eine

[11] SALZMANN 1960, 11.
[12] SPRANGER 1958, 94.
[13] FOERSTER 1967, 85.
[14] GAMM 1970, 24.
[15] GAMM 1970, 78.
[16] PARETO 1962, 5. Zum Gefühlswert von Worten vgl. 110ff.

Erziehungsgemeinschaft recht tätig ist«[17]. Bei ROTH ist in einem Kapitel über Erziehungsziele folgendes zu lesen: »Erziehungsziele und Bildungsideale gelten heute grundsätzlich für *alle* Menschen. Es ist nicht mehr möglich, Bildung für eine Elite zu reservieren und Erziehung für das Volk oder die Masse. ... Alle, auch der niederste Mensch, haben Anspruch auf Bildung, d. h. Anspruch auf Einsicht und Verantwortung bzw. Information und Mitspracherecht. Bildung versagt ohne das Fundament, das Unterricht und Erziehung legen, Erziehung bleibt ohne Bildung bloße Anpassung und Einpassung, denn es fehlt dann die Überhöhung des Gelernten und Anerzogenen ins Persönliche, Individuelle, Eigentümliche, Produktive, Selbstverantwortliche, Kritische«[18].

Die persuasive oder überredende Sprache stützt sich auf Worte, die neben ihrer informativen eine emotive Bedeutung haben[19]. Schon der vorstehend zitierte kurze Text läßt erkennen, daß viele Ausdrücke, die in der Praktischen Pädagogik als Namen, Begriffsworte oder Termini für zentrale Begriffe verwendet werden, einen mehr oder weniger großen emotiven Gehalt haben. Sie lösen, wenn sie benutzt werden, nicht nur Gedanken über den gemeinten Gegenstand und seine Merkmale aus, sondern sie wecken auch Gefühle gegenüber diesem Gegenstand, insbesondere solche der Wertschätzung oder der Ablehnung. So rufen in bestimmten Menschen zu einer bestimmten Zeit zum Beispiel die Worte »Erziehung«, »Bildung«, »Kultur«, »Persönlichkeit«, »Demokratie«, »Autonomie«, »Emanzipation« usw. positive Gefühle wach. Auf der anderen Seite fühlen sich gewisse Personen in gewissen Subkulturen durch Worte wie »Anpassung«, »Autorität«, »Leistung«, »Prüfung«, »Auslese«, »Führung«, »Herrschaft«, »Nation« usw. negativ erregt. Es gibt viele Worte der pädagogischen Sprache, die innerhalb der gleichen Sprachgemeinschaft zum gleichen Zeitpunkt für einen Teil der Sprachbenützer gefühlsmäßig negativ, für einen anderen Teil positiv besetzt erscheinen. Beispiele dafür sind Worte wie »volkstümliche Bildung«, »staatsbürgerliche Erziehung«, »anti-autoritäre Erziehung«, »kollektives Lernen« usw.

Die Sprache der Praktischen Pädagogik steht der Umgangssprache, in der informative, imperative und emotive Funktionen normalerweise miteinander verbunden sind[20], näher als der wissenschaftlichen Sprache. Das hängt nicht nur mit der Herkunft der Praktischen Pädagogik aus dem vor-wissenschaftlichen Denken (»common sense«) zusammen,

[17] PETERSEN 1931, 9.
[18] H. ROTH 1966, 352.
[19] Zum persuasiven Sprachgebrauch vgl. STEVENSON 1968, 139ff.
[20] Vgl. KAINZ 1962, 178.

sondern vor allem auch mit ihrem Zweck: sie wird entworfen, um Erzieher zum erzieherischen Handeln anzuleiten. Das setzt Entscheidungen für bestimmte Erziehungsziele und bestimmte Erziehungsweisen voraus. Es schließt ferner eine wertende Analyse der historischen Situation ein. Leitender Gesichtspunkt ist der Wille, die Hörer oder Leser für den eigenen Standpunkt zu gewinnen: sie sollen von der Richtigkeit der vorgenommenen Wertungen überzeugt und zum zweckentsprechenden Handeln motiviert werden[21]. Das geschieht nicht nur mit rationalen Methoden der Beweisführung, sondern zusätzlich auch mit den nicht-rationalen Methoden der Überredung.

Ob in einem pädagogischen Text die Sprache informativ, imperativ oder persuasiv verwendet wird, läßt sich selten aus der sprachlichen Form seiner Sätze allein erkennen. Um das herauszufinden, ist es notwendig, den gedanklichen Zusammenhang, in welchem die einzelnen Sätze stehen, zu untersuchen. Man muß sie aus ihrem Kontext interpretieren.

Wo solche Untersuchungen durchgeführt worden sind, hat sich gezeigt, daß in der Praktischen Pädagogik unter anderem zwei sprachliche Besonderheiten anzutreffen sind, die in wissenschaftlichen Aussagensystemen fehlen, in der Alltagssprache dagegen eine wichtige Rolle spielen: programmatische Definitionen und Schlagworte. Als dritte Eigentümlichkeit sind die Metaphern zu erwähnen, von denen jedoch auch in der Wissenschaft Gebrauch gemacht wird[22].

Eine *programmatische Definition* ist dadurch gekennzeichnet, daß in ihr das Ergebnis einer moralischen Entscheidung ausgedrückt und ein Programm für das Handeln enthalten ist[23]. Ein Beispiel dafür bietet folgende Definition: »Bildung ist die Fähigkeit und Bereitschaft zur individuellen und gesellschaftlichen Emanzipation und Mündigkeit«[24]. Hier wird der Anwendungsbereich des Begriffes Bildung auf eine einzige »Fähigkeit und Bereitschaft« eingegrenzt, für die sich der Autor unter mehreren moralischen Möglichkeiten entschieden hat und die zu fördern er nun vorschreibt. Wer beispielsweise zur »individuellen und gesellschaftlichen Emanzipation« – was immer damit gemeint sein mag – zwar fähig, aber nicht bereit ist, auf den ist dieser Bildungsbegriff nicht anwendbar.

In manchen Fällen lassen sich programmatische Definitionen schon daran erkennen, daß in ihnen die Worte »echt«, »wahr« oder »wirklich«

[21] Vgl. Brezinka 1978, 253ff.
[22] Vgl. Scheffler 1971, 23ff. Zum Ganzen vgl. Kainz 1972.
[23] Scheffler 1971, 36f.; vgl. auch Stevenson 1968, 206ff. über »persuasive Definitionen«.
[24] E. Weber 1972, 65.

als Zusätze zu den programmatisch-persuasiv gebrauchten Ausdrücken verwendet werden. So spricht zum Beispiel NOHL vom »*echt* erzieherischen Akt«, vom »*echten* pädagogischen Verhalten«, vom »*echten* Lehrer«, von der »*wahren* Liebe«, von der »*wirklichen* Gemeinschaft«: »Die *wahre* Liebe des Lehrers ist die hebende und nicht die begehrende, und das pädagogische Verhältnis ist eine *wirkliche* Gemeinschaft, wo dem Gefühl der einen Seite das entsprechende auf der andern gegenübersteht«[25].

Unter einem *Schlagwort* (englisch: »slogan«, was ursprünglich »Heergeschrei«, »Kriegsruf« bedeutet) wird ein Ausdruck oder ein Wortkomplex verstanden, der einen Sachverhalt in formelhafter, gefühlsbetonter und verschwommener Vereinfachung kennzeichnet[26]. Pädagogische Schlagworte »stellen Symbole dar, um die sich die wichtigsten Gedanken und Haltungen von pädagogischen Bewegungen gruppieren. Sie geben einer gemeinsamen Geisteshaltung Ausdruck, und sie pflegen diese Geisteshaltung. Zugleich ziehen sie neue Anhänger an und geben den alten Anhängern Trost und Kraft. Sie sind den religiösen und politischen Slogans analog, und wie die letzteren sind sie ein Ausdruck von Parteigeist«[27]. Pädagogische Schlagworte enthalten immer ein imperatives oder präskriptives Element: sie fordern, empfehlen, ermahnen oder überreden, daß hinsichtlich irgendeines Aspektes der Erziehung in bestimmter Weise gedacht und (oder) gehandelt wird. Beispiele für pädagogische Schlagworte sind: »Erziehung vom Kinde aus«; »Arbeitsschule«; »Autonomie der Erziehung«; »Erziehung zur Kreativität«; »Selbstverwirklichung«; »Emanzipatorische Erziehung«; »Werterziehung«; »Lehre aus Forschung entwickeln« usw. Beispiele für erziehungspolitische Schlagworte sind: »Bildung ist Bürgerrecht«; »Gleichheit der Bildungschancen« usw. Schlagworte sind mehrdeutig und vage. Welche Bedeutung sie jeweils haben, kann nicht aus ihnen selbst, sondern nur aus den Interpretationen abgelesen werden, die für sie gegeben werden.

Zumindest manche Systeme der Praktischen Pädagogik wie der Philosophie der Erziehung können als Systeme von pädagogischen Schlagworten und Unter-Schlagworten gedeutet werden, die dazu dienen, verschiedene Vorschläge für die Erziehung gedanklich zusammenzufassen[28].

Neben den programmatischen Definitionen und den Schlagworten ist als dritte sprachliche Besonderheit der Praktischen Pädagogik die relativ

[25] NOHL 1949, 119, 130, 132, 135 (Hervorhebungen vom Verfasser).
[26] Ullstein-Lexikon der deutschen Sprache 1969, 780.
[27] SCHEFFLER 1971, 55.
[28] Vgl. KOMISAR und MCCLELLAN 1961, 206ff.

häufige Verwendung von Metaphern zu nennen[29]. Als *Metapher* (»Übertragung«, vom griechischen »metapherein« = übertragen) wird ein bildhafter Ausdruck bezeichnet, der einen abgekürzten Vergleich enthält und eine Beziehung der Ähnlichkeit zwischen Dingen herstellt, die einander an sich unähnlich sind[30]. Wenn zum Beispiel der Erziehungsvorgang als »Erweckung« beschrieben wird[31], dann wird die Bezeichnung für das Aufwecken eines Schlafenden aus dem Schlaf auf eine Handlung übertragen, durch die eine bestimmte seelische Verfassung im Educanden herbeizuführen versucht wird. Die pädagogische Literatur ist reich an solchen Vergleichen. Man denke nur an Ausdrücke wie »Bildung«, »Prägung«, »Formung«, »Führung«, »Lenkung«, »Steuerung«, »Begegnung«, »Entwicklungshilfe«, »Anpassung« usw. Häufig ist uns ihr Bildgehalt gar nicht mehr bewußt. Metaphern können als Hinweis auf gewisse Eigenarten eines Gegenstandes nützlich sein, aber sie können auch falsche Auffassungen begünstigen, wenn der im Bild enthaltene Vergleich für eine Beschreibung der Merkmale des Gegenstandes gehalten wird.

Der undisziplinierte Gebrauch von Metaphern ist eine der Ursachen dafür, daß der Inhalt pädagogischer Texte häufig unklar und ihre sprachliche Form jener der schlechten Dichtung ähnlich ist. Als Beispiel verweise ich auf die Behauptung, daß »die erzieherische Bergung der Gefallenen (gemeint ist: der ›aus der Erziehungsgemeinschaft Herausgefallenen‹) zu den eigentlichen Bewährungsproben des edukativen Prozesses« gehört[32]. Ein anderes Beispiel für den Ersatz von Information durch leere metaphorische Wortmusik ist der Satz: »Das Geheimnis der Pädagogik ist die Tiefe und die Weite, das Bewußte und das Überbewußte all dessen, was in der Möglichkeit und auch in der Reichweite der pädagogischen Handlung ›versammelt‹ ist«[33].

Es gibt in der Praktischen Pädagogik hinsichtlich ihres informativen wie ihres präskriptiven Gehalts große Qualitätsunterschiede. Wir verdanken vor allem den Meisterwerken dieser Literatur Begriffssysteme, Problemstellungen und Lösungsversuche, die als Rohmaterial für den Aufbau der Erziehungswissenschaft wie auch der Normativen Philosophie der Erziehung[34] kaum entbehrt werden könnten. Das ändert jedoch nichts daran, daß die Erziehungswissenschaft einen anderen Zweck hat als die Praktische Pädagogik. Aus ihm ergeben sich auch strengere Anforderungen an ihre Sprache.

[29] Vgl. Scheffler 1971, 69ff.; Scheuerl 1967, 322ff.
[30] Vgl. Kainz 1962, 238ff.
[31] Bollnow 1959, 54ff.
[32] Röhrs 1969, 146.
[33] Elzer 1968, 76.
[34] Vgl. hierzu Brezinka 1978, 216ff.

Die Aufgaben der Erziehungswissenschaft

Die erzieherischen Handlungen der Menschen können ebenso wie ihre wirtschaftlichen, politischen oder religiösen Handlungen zum Gegenstand wissenschaftlicher Untersuchungen gemacht werden. Sie sind ein Teil der sozial-kulturellen Wirklichkeit, dem in allen Gesellschaften große Bedeutung zugemessen wird. Es ist möglich, diese Handlungen, ihre Ziele, ihre Voraussetzungen und ihre Wirkungen in rein theoretischer Einstellung zu erforschen und darüber wissenschaftliche Theorien aufzustellen. Wissenschaftliche Theorien über den Gegenstandsbereich Erziehung werden als *Erziehungswissenschaft* bezeichnet.

Die Erziehungswissenschaft und die Praktische Pädagogik haben es mit dem gleichen Objekt Erziehung zu tun, aber sie unterscheiden sich in der Zielsetzung und in der Methode. *Ziel* der Erziehungswissenschaft ist es, Erkenntnisse über den Handlungsbereich Erziehung zu gewinnen. Dazu genügt es nicht, jene Bestandteile der Wirklichkeit, die als Erziehung bezeichnet werden, möglichst vollständig zu beschreiben. Erzieherische Handlungen können nur im Rahmen der Zweck-Mittel-Beziehung verstanden werden. Sie sind Mittel, um Zwecke zu erreichen. Ohne daß bestimmte Zwecke, Ziele oder Absichten vorhanden sind, gäbe es sie gar nicht. Der Zweck, der durch erzieherische Handlungen zu erreichen versucht wird, ist die Verwirklichung eines bestimmten Zustandes der Persönlichkeit anderer Menschen. Vereinfachend kann man sagen: erzieherische Handlungen sind Handlungen, durch die versucht wird, Menschen eine bestimmte Form zu geben.

Die Erziehungswissenschaft wäre demnach die Wissenschaft von den Versuchen, Menschen so zu beeinflussen, daß sie bestimmte Persönlichkeitsverfassungen erwerben. Das hieße jedoch die Untersuchung auf die bisher tatsächlich vorgekommenen erzieherischen Handlungen einengen, während noch unverwirklichte *mögliche* erzieherische Handlungen vielleicht wirksamere Mittel für die Erreichung der gesetzten Ziele sein könnten. Wenn man berücksichtigt, daß Erziehung nur als Mittel zu Zwecken existiert, dann muß auch die Erziehungswissenschaft von den Zwecken ausgehen und alle möglichen Mittel einbeziehen. Ihr zentraler Problemkreis sind dann die Bedingungen, von denen es abhängt, daß Menschen eine Persönlichkeitsverfassung erwerben, die den Idealen oder den Soll-Zuständen, die für sie gesetzt worden sind, mehr oder weniger entspricht. Abgekürzt läßt sich sagen: es wird nach den Bedingungen geforscht, unter denen Menschen werden, was sie werden sollen, und es wird dann gefragt, ob und wie diese Bedingungen hergestellt werden können. Die Erziehungswissenschaft beschränkt sich also nicht auf die Untersuchung jener Handlungen, die als

Erziehung, und jener Einrichtungen, die als Erziehungseinrichtungen bezeichnet werden. Sie setzt diese vielmehr in Beziehung zu ihren Zwecken und zur Situation der Educanden, um dann zu prüfen, ob sie tatsächlich geeignete Mittel sind oder ob sie vielleicht ganz andere Wirkungen als die beabsichtigten hervorbringen.

Die Probleme der Erziehungswissenschaft können nur dann einer Lösung nähergebracht werden, wenn es gelingt, Gesetzmäßigkeiten zu entdecken, denen die individuellen Phänomene in der psychischen und sozial-kulturellen Wirklichkeit folgen. Eine wissenschaftliche Theorie der Erziehung ist ein System solcher logisch miteinander verbundenen, mehr oder weniger gut bestätigten Gesetzeshypothesen. Sie ist die Voraussetzung für Erklärungen, für Voraussagen und für die Lösung technologischer Fragen. Bei einer Erklärung geht es um die Beantwortung der Frage: Warum ist das und das der Fall? Bei einer wissenschaftlichen Voraussage oder Prognose wird eine Antwort auf die Frage gesucht: Was wird geschehen, wenn . . . ? Die technologische Fragestellung lautet: Was kann getan werden, um das Ziel x zu erreichen?

Das eingangs genannte Ziel der Erziehungswissenschaft, Erkenntnisse über den Handlungsbereich Erziehung zu gewinnen, kann nun etwas genauer bestimmt werden. Es geht darum, die Phänomene (d. h. die Objekte, die Eigenschaften, die Beziehungen, die Vorgänge) dieses Handlungsbereiches zu beschreiben und Gesetzeshypothesen aufzustellen, mit deren Hilfe sie erklärt und vorausgesagt werden können[35].

Dieses Ziel wird durch die Anwendung der *wissenschaftlichen Methode* zu erreichen versucht. Sie besteht – vereinfacht ausgedrückt – darin, daß auf der Grundlage des verfügbaren Wissens über einen Problembereich Fragen gestellt und als Antwort vorläufige Annahmen (Hypothesen) entworfen werden, die dann hinsichtlich ihrer Übereinstimmung mit den Tatsachen und hinsichtlich ihrer logischen Beziehungen zu den anderen relativ bewährten Hypothesen der Theorie geprüft werden[36].

Eine wesentliche Voraussetzung für die klare Formulierung von wissenschaftlichen Fragen wie für die Prüfung von Hypothesen sind scharfe Begriffe. Beobachtungen und Experimente nützen wenig, solange man nur unklare Vorstellungen davon hat, was man sucht. Ohne Klärung der Begriffe ist keine Erkenntnis möglich.

[35] Ausführlich hierzu BREZINKA 1978, 111ff.
[36] Vgl. BUNGE 1967, 8ff.

Probleme der Begriffsbildung in der Erziehungswissenschaft

Der theoretische Bezugsrahmen der Erziehungswissenschaft stammt weitgehend aus der Praktischen Pädagogik. Mit deren Grundannahmen sind auch ihre *Fachausdrücke* oder *Termini* übernommen worden. Diese sind – wie wir gesehen haben – aus der Umgangs- oder Alltagssprache hervorgegangen. *Es ist in vielen Fällen nicht genügend klar, was sie bezeichnen.* Das liegt vor allem an zwei Mängeln: an Mehrdeutigkeit und Vagheit.

Mehrdeutigkeit und Vagheit

Einige pädagogische Ausdrücke sind *mehrdeutig*, d. h. sie werden zur Bezeichnung verschiedener Gegenstände verwendet. Mehrdeutigkeit hängt unter anderem mit dem Umstand zusammen, daß der Wortschatz jeder natürlichen Sprache beschränkt ist, so daß nicht für jeden Begriff ein Wort zur Verfügung steht, das ausschließlich dessen Inhalt und nichts anderes bezeichnet. Als Beispiel sei an das Wort »Bildung« erinnert: in einer Bedeutung bezeichnet es einen Vorgang (»bilden«), in einer anderen Bedeutung einen Zustand (»Gebildetsein«). Selbst wenn feststeht, daß mit dem Ausdruck »Bildung« der »Bildungsvorgang« gemeint ist, kann das wiederum Verschiedenes bedeuten: entweder eine soziale Handlung (»einen anderen bilden«), also einen transitiven Vorgang, oder einen reflexiven Vorgang (»sich bilden«). Wenn stets dank eines erläuternden Hinweises oder einfach aus dem Zusammenhang eines Satzes klar würde, welche Bedeutung jeweils gemeint ist, wäre die Gefahr von Mißverständnissen relativ gering. Häufig wechseln jedoch die Bedeutungen sogar innerhalb ein und desselben Textes, ohne daß dies angekündigt wird, ja ohne daß es dem Verfasser überhaupt bewußt zu sein scheint. In solchen Fällen spricht man vom *inkonsistenten* Gebrauch eines Ausdruckes.

Der zweite Mangel vieler pädagogischer Fachausdrücke ist die *Vagheit*. Damit ist gemeint, daß ihre Bedeutung unzureichend bestimmt ist. Diese Unbestimmtheit liegt häufig daran, daß wir über den Gegenstand, der mit dem Wort bezeichnet wird, zu wenig wissen. Ein Beispiel dafür ist der Terminus »Bildsamkeit«. Fast alle pädagogischen Fachausdrücke sind mehr oder weniger vage. Einige von ihnen sind zugleich mehrdeutig und vage wie zum Beispiel »Bildung« oder »Erziehung«.

Für mehrdeutige Ausdrücke bestehen mehrere Verwendungsregeln nebeneinander. Bei vagen Ausdrücken sind die Regeln ihrer Verwendung unvollständig festgelegt, so daß ein mehr oder weniger großer Spielraum für Vermutungen darüber vorhanden ist, was sie bedeuten könnten.

Es ist eine unbestrittene Tatsache, daß in der pädagogischen Terminologie große Verwirrung herrscht[37]. Umstritten ist jedoch, ob man sich mit diesem Zustand abfinden oder versuchen soll, ihn zu überwinden. Manche Autoren vertreten die Meinung, die Begriffsverwirrung in der Pädagogik sei ein »angemessener Ausdruck des eigentümlichen Gegenstandsbereiches des Erzieherischen«. Es mache »gerade die Lebendigkeit der Erziehungswirklichkeit aus, daß sie sich stets der terminologischen Fixierung entzieht«. »Wer also von der pädagogischen Wissenschaft eine eindeutige Terminologie erwartet, dem ist die Eigentümlichkeit des Erzieherischen verborgen geblieben«[38].

Derartige Ansichten beruhen auf logischen und methodologischen Mißverständnissen über die Eigenart, die Funktion und die Bildung von Begriffen[39]. Es kann hier zu ihrer Widerlegung keine ausführliche Darstellung der Lehre vom Begriff gegeben, sondern nur auf die Spezialliteratur darüber verwiesen werden[40]. Es dürfte aber zweckmäßig sein, wenigstens an einige wichtige Unterscheidungen, Gesichtspunkte und Regeln zu erinnern. Im Zusammenhang damit wird auch die logisch-methodologische Terminologie, die in diesem Buch verwendet wird, erläutert. Das ist schon deswegen unerläßlich, weil die Verständigung auf diesem Gebiet durch terminologische Differenzen sehr erschwert wird. Ausdrücke wie »Satz«, »Aussage«, »Sachverhalt«, »Gegenstand«, »Begriff« usw. werden von verschiedenen Autoren mit verschiedenen Bedeutungen verknüpft. Deshalb muß festgelegt werden, was hier damit gemeint ist.

Zur Unterscheidung zwischen Sprache, Begriff und Wirklichkeit

Es ist zunächst erforderlich, wenigstens drei Bereiche zu unterscheiden: den Bereich der Sprache, den Bereich der Begriffe und Urteile und den Bereich der Wirklichkeit[41].

[37] Vgl. Dolch 1965, 9; Dolch 1966, 213; E. Weber 1969, 148f.; Brezinka 1978, 78ff.

[38] Schaller 1971, 843f.; ähnlich Litt 1949, 12; W. Flitner 1966, 27 und 57f.

[39] Zur Forderung der Genauigkeit und zur Kritik an den Verteidigern einer ungenauen Sprache vgl. Wohlgenannt 1969, 95 – 111.

[40] Vgl. Cohen und Nagel 1934; Hempel 1952; Kraft 1960; Copi 1972; Bunge 1967; Opp 1970; Essler 1970.

[41] Bunge 1967, 57; Kraft 1960, 160; differenzierter Bochenski 1954, 13.

In den Bereich der *Sprache* gehören die *Wörter* und *Sätze*[42]. Es sind Zeichen, mit denen eine Bedeutung verbunden ist. Statt von Wörtern spricht man auch von »*Ausdrücken*«. Ein Wort, dessen Verwendung in der wissenschaftlichen Sprache durch Regeln ausdrücklich festgelegt worden ist, wird *Terminus, Begriffsname* oder *Begriffswort* genannt. Wer ein Zeichen oder eine Zeichenreihe wahrnimmt und versteht, wird dadurch veranlaßt, an einen bestimmten Gegenstand oder an einen Sachverhalt zu denken. Die Verknüpfung des Zeichens mit dem Bezeichneten ist nicht naturgegeben, sondern von Menschen hergestellt worden. Für das Bezeichnete hätte auch ein anderes Zeichen gewählt werden können. Nachdem aber einmal die Zuordnung bestimmter Zeichen zu bestimmten Bedeutungen[43] in Gebrauch gekommen ist, erscheint sie den Mitgliedern der Sprachgemeinschaft als Regel, nach der sie sich gewohnheitsmäßig richten.

In den Bereich der *Begriffe* und *Urteile* gehört das, was Wörter und Sätze bedeuten, das, was mit ihnen gemeint ist: die *Bedeutung* eines Wortes, der *Bedeutungsinhalt* oder der *Sinngehalt* eines Satzes. Mit dem Terminus »*Begriff*« meinen wir ein Gedankengebilde, einen ideellen Gegenstand: die Bedeutung eines Wortes. Die Bedeutung ist jedoch nicht an dieses Wort gebunden, sondern kann auch durch ein anderes Wort ausgedrückt werden. Für den Begriff »Lehrer« können zum Beispiel die Namen »Lehrer«, »teacher«, »magister«, »maître« usw. verwendet werden. Der Bedeutung entspricht im Bereich der Wirklichkeit etwas »Bedeutetes«, eine konkrete oder abstrakte Entität. So entsprechen zum Beispiel der Bedeutung des Wortes »Lehrer« alle tatsächlichen Lehrer als »Bedeutetes«.

Mit dem Terminus »*Urteil*« meinen wir die Darstellung eines Sachverhaltes als einer durch Begriffe gedachten Beziehung von Gegenständen, Eigenschaften und Beziehungen. Das gleiche ist mit dem Terminus »*Aussage*« und mit dem englischen Terminus »proposition« gemeint. Ein Urteil besteht aus Begriffen. Sein Sinngehalt ist nicht an einen bestimmten Satz gebunden, sondern er kann durch Sätze von verschiedenem Wortlaut und durch Sätze in verschiedenen Sprachen ausgedrückt werden[44]. Das, worauf sich ein Urteil oder eine Aussage bezieht, wird »*Sachverhalt*« genannt. Damit ist alles gemeint, was Gegenstand einer Aussage sein kann: etwas, das wirklich der Fall ist, wie etwas, das bloß möglich ist. Wenn es sich um etwas handelt, das wirklich

[42] Vgl. hierzu die besonders gut verständliche Darstellung bei Kraft 1960, 41 ff.

[43] Das Wort »Bedeutung« wird in einem zweifachen Sinn gebraucht: einerseits für die Beziehung zwischen Zeichen und Bedeutetem, andererseits für das Bedeutete, also für ein Glied dieser Beziehung allein. Kraft 1960, 42; ähnlich Essler 1970, 49 f.

[44] Kraft 1960, 127.

der Fall ist, sprechen wir von einer »*Tatsache*«. Tatsachen sind »durch wahre Sätze beschriebene Sachverhalte«[45].

Der Bereich der *Wirklichkeit* wird auch als »Realität«, als »Welt« oder als »Seiendes« (der »Name für alles, was ist oder sein kann«[46]) bezeichnet. Seine Bestandteile werden »Dinge«, »Ereignisse«, »Phänomene«, »Erscheinungen«, »Objekte«, »Entitäten« oder »Gegenstände« genannt. Sie haben verschiedene Eigenschaften und stehen in mannigfaltigen Beziehungen (Relationen) zueinander. Die Realwissenschaften haben es mit der Erforschung bestimmter Teilbereiche oder Ausschnitte dieser Wirklichkeit zu tun. Ihre Aussagen sind »Wirklichkeitsaussagen« (im Unterschied zu »ideellen Aussagen«, die bloß Gedachtes betreffen). Sie beziehen sich auf etwas, das als »wirklich« behauptet oder vorausgesetzt wird[47]. Dabei muß allerdings beachtet werden, daß die Sprache nicht direkt die Wirklichkeit abbildet, sondern die Begriffe und Aussagen. »Wir sprechen nicht das Seiende aus, wie es ist, sondern so, wie wir es denken«[48].

Dieses dreistufige Schema verdeutlicht, wodurch sich Begriffe von Worten bzw. Namen und Termini sowie von Gegenständen unterscheiden.

Zur Funktion der Begriffe

Wir müssen nun noch einen Blick auf die Funktion der Begriffe im Rahmen der realwissenschaftlichen Theorienbildung werfen. Man kann dabei von der Tatsache ausgehen, daß es in der Wirklichkeit unendlich viele Erscheinungen gibt. In jeder Wissenschaft werden nur einige wenige davon untersucht. Es wird also auf Grund einer bestimmten Fragestellung eine Auswahl aus der Fülle möglicher Untersuchungsgegenstände vorgenommen. Auswählen schließt ein, daß von allem abgesehen (abstrahiert) wird, was nicht zum Ausgewählten gehört. Begriffe dienen dazu, jene Gegenstände des Denkens aus der Menge möglicher Gegenstände auszugrenzen, die jeweils gemeint sind. Soweit es sich bei den Gegenständen des Denkens um bestimmte Erscheinungen oder Phänomene der Wirklichkeit handelt, stehen Begriffe für diese Erscheinungen. Sie werden als Symbole für die untersuchten Erscheinungen benutzt[49]. Sie sind ein Mittel zum Zweck: »Mit den Begriffen

[45] Stegmüller 1969a, 252.
[46] Bochenski 1954, 9.
[47] Kraft 1960, 178f.
[48] Bochenski 1954, 12.
[49] Vgl. die als Einführung empfehlenswerte Darstellung von Goode und Hatt 1968, 51ff.

sollen die Phänomene möglichst übersichtlich und zugleich möglichst genau beschrieben werden, und es soll möglich sein, unter Verwendung dieser Begriffe zu allgemeinen Gesetzesaussagen zu gelangen«[50].

Begriffe geben die Phänomene nicht mit allen ihren Besonderheiten wieder, sondern sie sind abstrakte Gedankengebilde, deren Inhalt auf bestimmte Merkmale oder Merkmalskomplexe der konkreten Phänomene beschränkt ist, die diese mit anderen Phänomenen gemeinsam haben. Nur mittels allgemeiner Begriffe ist es möglich, die unendliche Vielfalt der Erscheinungen in der Welt gedanklich zu ordnen, indem sie Gegenstände, denen eine gewisse Anzahl von Eigenschaften gemeinsam sind, zusammenfassen. An einem Beispiel erläutert: so verschieden eine mittelalterliche Klosterschule in vieler Hinsicht von einer Berufsschule des Jahres 1990 oder eine landwirtschaftliche Schule von einer Fahrschule ist: diese vier Arten von Schule und viele weitere dazu haben jene Merkmale, die den Allgemeinbegriff »Schule« ausmachen, miteinander gemeinsam; sie sind Elemente einer Klasse (oder Arten einer Gattung), und über diese Klasse können Aussagen gemacht werden, die zugleich Aussagen über jedes ihrer Elemente sind[51].

Jeder Begriff hat einen Inhalt oder eine »Intension« und einen Umfang oder eine »Extension«. Sein *Inhalt* besteht aus der Gesamtheit der Merkmale, durch die er bestimmt wird. Unter seinem *Umfang* versteht man die Gesamtheit der Gegenstände, die unter diesem Begriff zusammengefaßt werden, weil sie die Beschaffenheit aufweisen, die seinem Inhalt entspricht[52]. Mit bestimmten Einschränkungen, die hier nicht berücksichtigt zu werden brauchen[53], gilt die Regel, daß Inhalt und Umfang eines Begriffes in umgekehrtem Verhältnis zueinander stehen: Je größer der Umfang eines Begriffes ist, desto geringer ist sein Inhalt; je reicher der Inhalt eines Begriffes ist, desto enger ist sein Umfang oder Geltungsbereich. Mit anderen Worten: je mehr Merkmale ein Begriff enthält, desto kleiner ist die Menge der Gegenstände, die so beschaffen sind, daß sie unter diesen Begriff fallen. Zur Erläuterung kann folgendes Beispiel dienen. Der Inhalt des Begriffes »Unterricht« besteht aus jenen Merkmalen, durch die der Handlungskomplex »Unterricht« gekennzeichnet ist. Zu seinem Umfang gehören sämtliche Handlungskomplexe, die diese Merkmale aufweisen. Wird nun der Begriffsinhalt von »Unterricht« durch die Einführung eines zusätzlichen Merkmals vermehrt und dadurch ein Begriff wie »Sprachunterricht«, »Physikunter-

50 Stegmüller 1970, 26f.

51 Zur Allgemeinheit und zum Prozeß der Verallgemeinerung vgl. Kraft 1960, 90ff.

52 Vgl. Cohen und Nagel 1934, 31ff.; Bunge 1967, 65ff.; Kraft 1960, 92; Copi 1972, 125; Essler 1972, 103ff.

53 Vgl. Cohen und Nagel 1934, 33; Bolzano nach Neemann 1972, 61 und 74f.

richt«, »Gelegenheitsunterricht«, »Gruppenunterricht« usw. geschaffen, so ist der Anwendungsbereich dieser Begriffe kleiner als der des Begriffes »Unterricht«.

Zur Aufgabe der wissenschaftlichen Begriffsbildung

Aufgabe der wissenschaftlichen Begriffsbildung ist es, den Inhalt der Begriffe so genau wie möglich zu bestimmen. Das ist eine notwendige Voraussetzung, um eine eindeutige Entscheidung darüber zu ermöglichen, ob ein Gegenstand unter einen bestimmten Begriff fällt oder nicht. Eine Begriffsbestimmung oder Definition (vom lateinischen »definire« = abgrenzen, unterscheiden) kann nur gelingen, wenn man andere Begriffe heranzieht. Der einzelne Begriff erhält seine eindeutige Bestimmung erst im Rahmen eines Systems zusammenhängender Begriffe. Sein Inhalt hängt davon ab, was wir über den Gegenstand, für den er steht, wissen. Er wird nicht beliebig (d. h. rein konventionell) festgesetzt, sondern es gehen in ihn empirische Befunde im Sinne von beobachtungsmäßig geprüften Tatsachenbehauptungen ebenso ein wie hypothetische Verallgemeinerungen aus den empirischen Befunden[54]. Ferner spielen Überlegungen über Einfachheit und Fruchtbarkeit eine Rolle, also Gesichtspunkte, deren Anwendung einen theoretischen Bezugsrahmen bereits voraussetzt. Es ist also nicht so, daß man von Begriffen ausgehen kann, um mit ihrer Hilfe zu Erkenntnissen (d. h. zu als wahr anerkannten Urteilen) zu gelangen, sondern wir müssen umgekehrt schon Erkenntnisse voraussetzen, um Begriffe bestimmen zu können[55]. Dementsprechend werden Begriffe auch verändert oder durch neue ersetzt, wenn das auf Grund neuer Erkenntnisse zweckmäßig zu sein scheint.

Verfahren der wissenschaftlichen Begriffsbildung

Es gibt verschiedene Verfahren der wissenschaftlichen Begriffsbildung[56]. In der Erziehungswissenschaft kann man in den meisten Fällen an Ausdrücke anknüpfen, die bereits in der Umgangssprache und/oder in der Sprache der Praktischen Pädagogik verwendet werden. Es kommt dann darauf an, die Bedeutung dieser Ausdrücke genauer zu bestimmen,

54 Stegmüller 1970, 17f.
55 Vgl. Essler 1972, 264; Bunge 1967, 126.
56 Vgl. Hempel 1952; Stegmüller 1958, 327–335; Stegmüller 1969, 368–376; Opp 1970, 89–165.

sie zu präzisieren. Das geschieht dadurch, daß möglichst genaue Regeln für ihren Gebrauch angegeben werden. Ebenso wird auch in jenen Fällen verfahren, in denen ein ganz neuer Ausdruck eingeführt wird wie zum Beispiel der Terminus »Sozialisation«.

Definitionsregeln

Das *klassische Verfahren der Definition* erfolgt durch Angabe des »genus proximum«, d. h. des nächsthöheren Gattungsbegriffes, und der »differentia specifica«, d. h. jener Merkmale, durch welche sich der zu definierende Begriff von den anderen Artbegriffen, die unter denselben Gattungsbegriff fallen, unterscheidet. So kann zum Beispiel der Begriff der Erziehung definiert werden durch Angabe des nächsthöheren Gattungsbegriffes »soziale Handlung« und des artunterscheidenden Merkmals »motiviert durch die Absicht, die Persönlichkeit des Adressaten zu fördern«. Der Begriff »soziale Handlung« kann seinerseits wieder definiert werden durch Angabe des genus proximum »Handlung« und der differentia specifica »auf andere Personen bezogen«.

Dieses Definitionsverfahren der klassischen Logik ist allerdings nicht in allen Fällen anwendbar[57]. Sein Anwendungsbereich beschränkt sich auf Eigenschaftsbegriffe, klassifikatorische oder qualitative Begriffe. Das sind Begriffe, die die Zugehörigkeit eines Gegenstandes zu einer bestimmten Klasse ausdrücken[58]. Komparative Begriffe oder Relationsbegriffe (d. h. Begriffe, die Vergleichsfeststellungen im Sinne eines »mehr oder weniger« ermöglichen) und Funktionsbegriffe, quantitative oder metrische Begriffe (d. h. Begriffe, »welche Dinge und Ereignisse mittels numerischer Werte charakterisieren«, also Größen betreffen, welche meßbar sind) fallen nicht darunter. Als Hauptmangel klassifikatorischer Begriffe wird angesehen, daß sie uns einen relativ geringen Informationsgehalt vermitteln, der – wie bereits erwähnt worden ist – mit zunehmendem Begriffsumfang abnimmt[59].

Da wir es in der Erziehungswissenschaft jedoch in erster Linie mit qualitativen Begriffen zu tun haben, empfiehlt es sich, in allen Fällen, in denen es möglich ist, das klassische Definitionsverfahren anzuwenden. Möglich ist es immer dann, wenn der Begriff einer Gattung untergeordnet und wenn zugleich angegeben werden kann, welche Merkmale er zusätzlich zu den Merkmalen dieser Gattung noch enthält. Dabei gilt die Regel, daß *die einzelnen Arten einer Gattung sich logisch ausschließen*,

[57] Hempel 1952, 5f.; Stegmüller 1970, 19ff.
[58] Carnap 1969, 59; ähnlich Carnap 1959, 15.
[59] Hempel 1952, 5f.; Stegmüller 1970, 19ff.

die Begriffe sich also nicht überschneiden sollen. Vor allem bei Begriffen, die ausdrücklich der Klassifikation von Phänomenen dienen, wie zum Beispiel der Charakterisierung verschiedener Erziehungsstile, ist die Beachtung dieser Regel unerläßlich.

Eine weitere Regel lautet, daß *die Definition nicht zirkulär sein soll,* d. h. sie darf weder den zu definierenden Terminus (»Definiendum« genannt) noch einen bedeutungsähnlichen (synonymen) Ausdruck enthalten. Es ist also zum Beispiel unzulässig, »Erziehung« durch »bilden« zu definieren, wie es unter anderem DILTHEY in folgender Definition getan hat: »Unter Erziehung verstehen wir die planmäßige Tätigkeit, durch welche Erwachsene das Seelenleben von Heranwachsenden zu *bilden* suchen«[60].

Als dritte Regel gilt: *die Begriffe, durch die ein Terminus definiert wird* (das »Definiens«), *müssen klarer sein als das Definierte* (das »Definiendum«). Wenn zum Beispiel »Erziehung« bestimmt wird als »die Freigabe des Menschen auf seine Menschlichkeit« oder als »Umwendung des Menschen als eines Willens«[61], dann wird gegen diese Regel verstoßen, weil die Verwendungsregeln für die Ausdrücke »Freigabe«, »Menschlichkeit« und »Umwendung« noch weniger eindeutig festgelegt sind als die für den Ausdruck »Erziehung«. Mit dieser Regel ist allerdings nicht gemeint, daß die zur Definition verwendeten Termini jedermann *bekannter* sein sollen als der zu definierende Terminus. Wenn zum Beispiel der Terminus »Erziehung« unter anderem mit Hilfe des Begriffes der »psychischen Disposition« definiert wird[62], dann ist zwar anzunehmen, daß Laien mit diesem Begriff kaum vertraut sind, aber für den psychologisch vorgebildeten Wissenschaftler ist klar, was er bedeutet. Eine gewisse Entfernung der Terminologie von der Alltagssprache ist auch in der Erziehungswissenschaft unumgänglich, wenn man zu den scharfen Begriffen gelangen will, die für die genaue Formulierung von Hypothesen und Theorien notwendig sind.

Eine vierte Regel lautet: *eine Definition soll nicht durch negative Termini erfolgen, wenn es möglich ist, positive zu benutzen.* So läßt sich zum Beispiel der Terminus »Mündigkeit« nicht ausreichend dadurch präzisieren, daß man den Terminus »Unmündigkeit« heranzieht und Mündigkeit als »Abwesenheit« oder »Freisein« von »Unmündigkeit« definiert.

[60] DILTHEY 1961, 190 (Hervorhebung vom Verfasser).
[61] BALLAUF 1962, 26 und 28.
[62] Vgl. in diesem Buch S. 79ff.

Begriffsexplikation

Nach diesem Hinweis auf einige grundlegende logische Regeln für die Definition[63] will ich zum Abschluß der Einleitung jenes Verfahren erläutern, das in diesem Buch angewendet wird: die Begriffsexplikation (vom lateinischen »explicare« = auseinanderlegen, erklären, klarlegen).

Eine Begriffsexplikation dient dazu, »einen gegebenen, mehr oder weniger unexakten Begriff durch einen exakten zu ersetzen«[64]. Es geht also nicht darum, einen neuen Begriff einzuführen, sondern einen vorhandenen zu präzisieren. Die Grundbegriffe der Erziehungswissenschaft, die hier untersucht werden sollen, sind bereits im Gebrauch, aber ihre Bedeutung ist mehr oder weniger vage. Deshalb genügt es nicht, den bestehenden Sprachgebrauch zu beschreiben, sondern es kommt darauf an, ihre Bedeutung schärfer herauszuarbeiten. Es ist eine Rekonstruktion des Begriffes erforderlich[65]. Wenn sie erfolgt ist, wird vorgeschlagen, den sprachlichen Ausdruck (den Terminus, das Begriffswort), mit dem der unexakte Begriff bisher bezeichnet worden ist, künftig für den präziser bestimmten Begriff zu verwenden. Mit anderen Worten: die Bedeutung des Terminus wird durch genauere Regeln, als bisher vorhanden waren, festgelegt.

Der gegebene Begriff (sowie der dafür verwendete Ausdruck) wird »Explikandum« genannt, der exakte Begriff (sowie der dafür vorgeschlagene Ausdruck), der den ersten ersetzen soll, »Explikat«. Das Explikandum kann der Sprache des Alltags oder einem früheren Stadium der Wissenschaftssprache – in unserem Falle der Sprache der Praktischen Pädagogik – entnommen werden. Für die Verwendung des Explikats müssen eindeutige Regeln angegeben werden. Dies wird im allgemeinen durch eine Definition geschehen, welche den rekonstruierten Begriff in ein bereits vorhandenes System von Begriffen einordnet[66].

Eine Begriffsexplikation geht von der gebräuchlichen Bedeutung eines Ausdruckes aus. Es werden Beispiele gesammelt, aus denen hervorgeht, wie er verwendet wird. Falls das Explikandum mehrdeutig ist, müssen diese Bedeutungen zunächst unterschieden und dann muß jene Bedeutung angegeben werden, die zu präzisieren ist. Eine derartige Untersuchung wird *Bedeutungsanalyse* genannt[67]. Ihr Ergebnis ist eine

[63] Vergleiche zu diesen und weiteren Definitionsregeln Cohen und Nagel 1934, 238ff.; Copi 1972, 136ff.; Bunge 1967, 117ff.; Essler 1970, 62ff.; Savigny 1970.

[64] Carnap 1959, 12.

[65] Vgl. Hempel 1952, 11; zur Konstruktion von Begriffen im allgemeinen vgl. Kraft 1960, 103ff.

[66] Nach Carnap 1959, 12.

[67] Vgl. Hempel 1952, 6ff.

Behauptung darüber, daß der untersuchte Ausdruck von bestimmten Sprachbenutzern in bestimmter Weise gebraucht wird. Diese Behauptung kann wahr oder falsch sein. Sie ist eine beschreibende (deskriptive) oder empirische Aussage über den Sprachgebrauch. Selbst wenn sich zeigen sollte, daß der Sprachgebrauch relativ einheitlich ist, ist damit für die Präzisierung des Begriffes noch nichts gewonnen. Diese ist erst dann geleistet, wenn man einen schärferen Begriff geschaffen hat, der von der Unklarheit des gebräuchlichen Begriffes frei ist. Die Bedeutungsanalyse ist also nur eine notwendige Vorarbeit für die Explikation.

Die theoretische Hauptarbeit besteht darin, die Möglichkeiten zu prüfen, durch verschiedenartige Kombinationen von Merkmalen einen schärferen Begriff zu konstruieren und schließlich aufgrund bestimmter Kriterien eine Entscheidung für eine dieser Möglichkeiten zu treffen. Man kann diesen Vorgang auch als Re-Interpretation eines Terminus bezeichnen[68].

Die Entscheidung für die Merkmalskombination, die den Inhalt dieses präzisierten Begriffes ausmacht, kann bei Begriffen, die sich auf reale Gegenstände beziehen, nicht ohne Rücksichtnahme auf deren Eigenschaften getroffen werden. Sie setzt eine *empirische Analyse* dieser Gegenstände voraus[69]. Darin wird festzustellen versucht, welche Eigenschaften ihnen notwendig zukommen. Vereinfacht ausgedrückt: die Phänomene, die mit Hilfe des Begriffes beschrieben werden sollen, müssen beobachtet, miteinander verglichen und auf gemeinsame und wesentliche Beschaffenheiten hin untersucht werden.

Begriffsexplikationen stützen sich also auf Bedeutungsanalysen und auf empirische Analysen, auf Beobachtungen über den Sprachgebrauch und auf Beobachtungen über die gemeinten Phänomene. Gelungen ist eine Begriffsexplikation dann, wenn der rekonstruierte Begriff (das Explikat) folgende Forderungen in hinreichender Weise erfüllt: 1. Das Explikat soll dem Explikandum so weit *ähnlich* sein, daß in den meisten Fällen, in denen bisher das Explikandum benutzt wurde, statt dessen das Explikat verwendet werden kann. 2. Die Regeln für seinen Gebrauch sollen in *exakter* Weise angegeben werden. Die Mehrdeutigkeiten und Vagheiten des Explikandums müssen beseitigt worden sein. Diese Forderung ist nur dadurch zu erfüllen, daß der Begriff in ein ganzes System wissenschaftlicher Begriffe eingeordnet wird. 3. Das Explikat soll *fruchtbar* sein, d. h. es soll die Formulierung möglichst vieler allgemeiner Aussagen (Gesetzeshypothesen) erlauben. 4. Das Explikat soll so *einfach* wie möglich sein, d. h. so einfach, wie dies bei Erfüllung

[68] Hempel 1952, 11f.; Bunge 1967, 59 und 114.
[69] Hempel 1952, 8.

der drei wichtigeren Forderungen nach Fruchtbarkeit, Exaktheit und Ähnlichkeit sein kann[70].

Im Unterschied zu Aussagen oder Behauptungen sind Begriffe nicht wahr oder falsch. Sie können aber mehr oder weniger fruchtbar für den Entwurf von Hypothesen und Theorien sein. Ob sie tatsächlich fruchtbar sind, läßt sich allerdings erst sagen, nachdem man sie im Rahmen von Theorien erprobt hat[71]. In diesem Sinne liegt das Bewährungsfeld für die Grundbegriffe der Erziehungswissenschaft im System der Erziehungswissenschaft.

[70] Nach Carnap 1959, 15; vgl. auch Hempel 1952, 11.
[71] Vgl. Opp 1970, 145 ff.

Erziehung

»Erziehung . . . besteht nur in der Abstraktion für sich. Diese Abstraktion ist freilich unvermeidlich für ihre Theorie.«

WILHELM DILTHEY[1]

In der Schilderung seiner Kindheit ist der Dichter THEODOR FONTANE unter anderem auch auf die Frage eingegangen: »Wie wurden wir erzogen?« Seine Antwort lautet: »Gar nicht und – ausgezeichnet«. Dieser scheinbare Widerspruch geht darauf zurück, daß das Wort »Erziehung« verschiedene Bedeutungen hat. »Versteht man unter Erziehung ein fortgesetztes Aufpassen, Ermahnen und Verbessern, ein mit der Gerechtigkeitswaage beständig abgewogenes Lohnen und Strafen, so wurden wir gar nicht erzogen; versteht man aber unter Erziehung nichts weiter als ›in guter Sitte ein gutes Beispiel geben‹ und im übrigen das Bestreben, einen jungen Baum bei kaum fühlbarer Anfestigung an einen Stab in reiner Luft frisch, fröhlich und frei aufwachsen zu lassen, so wurden wir ganz wundervoll erzogen«[2].

Nicht nur in der Alltags- oder Umgangssprache, sondern auch in pädagogischen Texten wird mit dem Wort »Erziehung« Verschiedenes gemeint. Betrachten wir zum Beispiel folgende Sätze von ROUSSEAU und KANT: »Alles, was uns bei der Geburt noch fehlt, und was wir als Erwachsene gebrauchen, gibt uns die Erziehung«[3]. »Der Mensch kann nur Mensch werden durch Erziehung. Er ist nichts, als was die Erziehung aus ihm macht«[4]. Stellen wir diesen Behauptungen nun den Satz ihres jüngeren Zeitgenossen NIEMEYER gegenüber: »Die Erziehung, im eigentlichen Sinne des Wortes, hat . . . bei den allermeisten Menschen nur den kleinsten Anteil an dem, was sie geworden sind; denn bei weitem den größeren haben die äußeren Dinge und viele andere Menschen, die absichtlich oder unabsichtlich auf den Zögling einwirken«[5].

Hier liegt scheinbar ein krasser Widerspruch vor zwischen zwei verschiedenen Urteilen über die gleiche Sache (d. h. über die Bedeutung, den Einfluß oder die Macht der »Erziehung«). Tatsächlich wird aber gar nicht über ein und dasselbe Phänomen geurteilt, sondern über ganz verschiedene Phänomene. Der Anschein, es werde in den drei Sätzen etwas über ein und denselben Gegenstand gesagt, entsteht dadurch, daß

[1] Fragment aus dem Nachlaß. DILTHEY 1963, 48.
[2] FONTANE 1971, 139.
[3] ROUSSEAU 1963, 12.
[4] KANT 1963, 12.
[5] NIEMEYER 1877, 21.

die gemeinten, voneinander verschiedenen Gegenstände mit dem gleichen Wort »Erziehung« bezeichnet werden. ROUSSEAU und KANT verstehen (in den zitierten Texten) unter »Erziehung« alle äußeren Einflüsse, die auf Educanden wirken. Sie meinen mit dem Wort alle Bedingungen für das Werden der Persönlichkeit mit Ausnahme derjenigen, die im Organismus des Educanden gelegen sind[6]. NIEMEYER dagegen meint mit »Erziehung« nur eine geringe Teilmenge aus der Gesamtmenge aller Einflüsse, denen Educanden ausgesetzt sind: eine bestimmte Klasse sozialer Handlungen einiger ihrer Mitmenschen. Die genannten Autoren verwenden also verschiedene Begriffe der Erziehung. In vielen Fällen muß erst aus dem Zusammenhang der Sätze, in denen das Wort »Erziehung« steht, interpretiert werden, was jeweils damit gemeint ist.

Mit der ungeheuren Zunahme der pädagogischen Literatur im 19. und 20. Jahrhundert ist die terminologische Verwirrung nicht geringer, sondern größer geworden. Das gilt nicht etwa nur für das deutsche Sprachgebiet, sondern international für Ost und West. Gewiß bringt jeder von uns ein fraglos erworbenes »Vorverständnis«[7] der umgangssprachlichen Bedeutung des Wortes »Erziehung« mit, aber es hat bei verschiedenen Menschen einen verschiedenen Inhalt, und diese Inhalte sind in den meisten Fällen ziemlich unklar. Deshalb kann man sich heute in der Erziehungswissenschaft nicht mehr damit begnügen, das, »was man im allgemeinen unter Erziehung versteht, . . . als bekannt vorauszusetzen«, wie es SCHLEIERMACHER 1826 noch möglich erschienen ist[8]. Es muß im Gegenteil herausgearbeitet werden, daß das scheinbar Bekannte mehrdeutig und vage ist (I). Wir brauchen eine Übersicht über die Bedeutungen, die in der neueren Pädagogik mit dem Wort »Erziehung« verbunden werden (II). Das ist eine notwendige Voraussetzung dafür, daß unter den vorhandenen Alternativen eine Wahl getroffen werden kann. Die gewählte Bedeutung gilt es dann so genau wie möglich zu bestimmen (III).

I. Die Begriffsverwirrung im Problemkreis »Erziehung«

Es ist erstaunlich, wie verschiedenartig die Begriffe sind, die hinter dem Wort »Erziehung« stecken. Um die Spannweite zu verdeutlichen, gebe ich einige Beispiele aus dem pädagogischen Schrifttum.

[6] Dieser verschwommene, vom überlieferten Sprachgebrauch abweichende Erziehungsbegriff scheint besonders durch HELVETIUS verbreitet worden zu sein. Vgl. HELVETIUS 1877, 9, 156, 235.
[7] Zu diesem Begriff vgl. BOLLNOW 1970, 104ff.
[8] SCHLEIERMACHER 1957, 7.

1. Beispiele aus sechs Ländern

Betrachten wir als erstes eine Definition, die sich eng an den in der Pädagogik von alters her vorherrschenden Sprachgebrauch hält. Rudolf Lochner (1895–1978) versteht unter Erziehung »eine teils planmäßige, teils nur gelegenheitsbestimmte, aber jedenfalls bewußte, menschliche Tätigkeit, die sich auf Jugendliche oder Erwachsene richtet mit dem Ziel einer persönlichen Lebenshilfe, einer Einfügung in das Gruppenleben und einer Vermittlung der Gruppenkultur«[9].

Hier wird Erziehung als »bewußte Tätigkeit«, d. h. als *Handlung* definiert. Das setzt einen Handelnden, also eine Person als ihren Träger voraus: den Erzieher. Als wesentliches Merkmal, durch das sich erzieherische Handlungen von nicht-erzieherischen unterscheiden, wird die *Absicht* angesehen, die der Handelnde hat, oder der *Zweck*, um dessentwillen er handelt. Erziehung ist ein Mittel zu einem Zweck. Sie ist zweckrationales Handeln. Sie ist nach dieser Begriffsbestimmung immer Bestandteil einer Zweck-Mittel-Beziehung.

Als zweiter Erziehungsbegriff sei der des Franzosen Emile Durkheim (1858–1917) herangezogen. Er hat 1911 folgendermaßen definiert: »Erziehung ist die Einwirkung, welche die Erwachsenengeneration auf jene ausübt, die für das soziale Leben noch nicht reif sind. Ihr Ziel ist es, im Kinde gewisse physische, intellektuelle und sittliche Zustände zu schaffen und zu entwickeln, die sowohl die politische Gesellschaft in ihrer Einheit als auch das spezielle Milieu, zu dem es in besonderer Weise bestimmt ist, von ihm verlangen«[10]. Die Bestimmung der Erziehung als »*Einwirkung*« ist mehrdeutig und vage. Einerseits scheint Durkheim dabei an absichtliche, ja sogar an »planmäßige« Einwirkung, d. h. an zweckrationale Handlungen zu denken; andererseits meint er jede Art von »Beeinflussung«, die Kinder im Zusammenleben mit Erwachsenen erfahren. »Diese Einwirkung ist immer gegenwärtig und ist allgemein. Es gibt keine Periode im sozialen Leben, nicht einmal . . . einen Augenblick während des Tages, wo die jüngeren Generationen nicht in Kontakt mit den älteren stehen und wo sie deshalb von ihnen nicht irgendeine erzieherische Beeinflussung empfangen . . . Es gibt eine unbewußte Erziehung, die niemals aufhört. Durch unser Beispiel, durch die Worte, die wir äußern, durch die Handlungen, die wir vollziehen, formen wir ständig die Seelen unserer Kinder«[11].

Hier wird unter »Erziehung« offensichtlich nicht eine bestimmte Klasse von Handlungen verstanden, die von einem Handelnden zielbe-

[9] Lochner 1934, 20.
[10] Durkheim 1972, 30.
[11] Durkheim 1972, 50.

wußt oder zweckrational ausgeübt werden, sondern jedes *Geschehnis* im Bereich von Mensch, Gesellschaft und Kultur, von dem angenommen wird, daß es die Persönlichkeit von Kindern »beeinflußt« oder »formt«. Als Träger der Erziehung nennt DURKHEIM nicht eine Person, sondern ein abstraktes Kollektiv: die »Erwachsenengeneration« oder die »Gesellschaft«. »Erziehung« ist für ihn die Summe der Einflüsse, die von der Gesellschaft ausgehen. Von diesen Einflüssen wird behauptet, es sei ihr »Ziel«, in jedem Menschen das »soziale Sein« zu schaffen. Damit wird eine bloße Begriffskonstruktion verdinglicht; es wird von ihr gesprochen, als sei sie eine Person, denn nur Personen können Ziele verfolgen und Werke schaffen. Das »soziale Sein« ist nach DURKHEIM »das Werk der Erziehung«: »Sie schafft im Menschen ein neues Sein«[12].

Die »Erziehung« erscheint hier als eine selbständige Größe, als eine sozial-kulturelle Substanz, der Macht zugeschrieben wird. Das ist ein Gegenstand, der völlig verschieden ist von einer Handlung, die von einem Handelnden als Mittel zum Zweck ausgeführt wird und bei der stets unsicher ist, ob sie bewirkt, was er mit ihr bewirken wollte. DURKHEIM ist zu diesem Erziehungsbegriff gelangt, indem er vom »sozialen Sein«, d. h. von den sozial-kulturell bedingten Persönlichkeitszügen der Menschen ausging, ihnen das »asoziale Sein« des Neugeborenen gegenüberstellte und dann sämtliche sozial-kulturellen Einflüsse, welche bewirken, daß aus »asozialen« »soziale« Menschen werden, unter einen Begriff brachte. Welche Vorgänge und Bedingungszusammenhänge sich hinter diesem Begriff verbergen, bleibt völlig unklar. Der Anschein, die so definierte »Erziehung« sei mächtig, ist allein dem Umstand zu verdanken, daß eine Persönlichkeitsverfassung, die positiv bewertet wird (»soziales Sein«), als »*Wirkung*« eines Komplexes unbekannter »Ursachen« aufgefaßt wird, dem DURKHEIM den Namen »Erziehung« gegeben hat.

Wir stoßen hier auf die wichtigste Quelle der Begriffsverwirrung im Problemkreis »Erziehung«. Sie liegt darin, daß bei der Bestimmung des Erziehungsbegriffes einerseits von der Absicht und dem Handeln des Erziehers, andererseits vom Zustand der Persönlichkeit des Educanden und der Frage nach den Bedingungen dieses Zustandes ausgegangen wird. *Die Begriffsbestimmung wird unnötig mit der Problematik der Beziehungen zwischen Ursache und Wirkung im Werden der Persönlichkeit belastet,* ohne daß diese genügend durchschaut wird. Bevor wir diese Zusammenhänge zu entwirren versuchen, seien noch einige weitere Begriffsbestimmungen angeführt.

Der Amerikaner JOHN DEWEY (1859–1952) bezeichnet die Erziehung

[12] DURKHEIM 1972, 31.

als eine »Funktion der Gesellschaft«: sie ist »eine soziale Funktion, die die Leitung und Entwicklung der Unreifen durch ihre Teilnahme am Leben ihrer Gruppe sicherstellt«[13]. An anderer Stelle wird sie ein »sozialer Vorgang«[14] genannt und ausgeführt, »daß der Vorgang der Erziehung ein Vorgang ununterbrochenen Wachstums ist«[15]. Erziehung sei »nichts weiter als wachsen lassen und wachsen machen«[16]. DEWEY gelangt schließlich zu folgender »fachwissenschaftlichen Definition der Erziehung: sie ist diejenige Rekonstruktion und Reorganisation der Erfahrung, die die Bedeutung der Erfahrung erhöht und die Fähigkeit, den Lauf der folgenden Erfahrung zu leiten, vermehrt«[17]. DEWEY betrachtet »den Vorgang der Erziehung und sein Ergebnis als identisch«[18]. »Das Ergebnis des Erziehungsvorganges ist die Fähigkeit, weiter erzogen zu werden«[19]. Am »Gesamtvorgang der Erziehung« unterscheidet DEWEY zwischen »der Erziehung, die jeder durch das bloße Zusammenleben mit anderen erfährt, und der planvollen Erziehung der Jungen. Im ersteren Falle ist die Erziehung Nebenerfolg«[20]. An anderer Stelle spricht er von »der unabsichtlich erfolgenden und der absichtlichen Erziehung«[21].

Hier haben wir es mit einem Musterbeispiel begrifflicher Unklarheit zu tun. Meint DEWEY mit »Erziehung« einen zwischenmenschlichen (sozialen) Vorgang oder einen innerpsychischen Vorgang? »Wachstum« und »Erfahrung machen«, d. h. Lernen sind zweifellos Vorgänge, die sich nur *in* einer Person vollziehen können, während unter »wachsen lassen« und »wachsen machen« Handlungen anderer Personen verstanden werden, die auf jene Person, in der sich »Wachstum« vollzieht bzw. vollziehen soll, gerichtet sind. Auf keinen Fall kann der Vorgang des »Wachstums« identisch sein mit dem Vorgang des »Wachsen-Machens«. Der Begriff der »Funktion« ist noch vieldeutiger und vager als der Begriff der »Einwirkung«, den DURKHEIM gebraucht hat. Ähnliches gilt für die Begriffe »Wachstum« und »Rekonstruktion der Erfahrung«. Wer »rekonstruiert« die »Erfahrung«? Derjenige, der sie gemacht hat (Educand), oder ein anderer, der auf ihn Einfluß nehmen will (Erzieher)? Letzteres ist psychologisch schwer vorstellbar. Auch wenn DEWEY davon spricht, daß sich soziale Beziehungen »erziehlich auswirken«[22] oder daß jede Erfahrung bestimmter Art »erziehend« wirkt[23], kann das kaum anders gedeutet werden, als daß er unter

[13] DEWEY 1949, 113.
[14] DEWEY 1949, 136.
[15] DEWEY 1949, 80.
[16] DEWEY 1949, 79.
[17] DEWEY 1949, 108.
[18] DEWEY 1949, 111.
[19] DEWEY 1949, 97.
[20] DEWEY 1949, 21.
[21] DEWEY 1949, 25.
[22] DEWEY 1949, 21.
[23] DEWEY 1949, 111.

»Erziehung« in erster Linie einen Vorgang der Veränderung in der Persönlichkeit des Educanden, einen Lernvorgang versteht.

Der Niederländer MARTINUS LANGEVELD (1905–1990) vertritt einen Begriff der Erziehung, in welchem dreierlei zusammengefaßt ist: 1. »das Erziehen als eine Tätigkeit, die bewußt verrichtet wird, um ein Erziehungsziel zu erreichen«; 2. der »Umgang« zwischen Erwachsenen und Kindern; 3. »das sachliche Milieu«. Dazu gehören »Naturmilieu, Klima, wirtschaftliche Situation der Familie, Wohnung, Ernährung, Kleidung, Ausstattung der Familie mit Kulturerzeugnissen« usw.[24] »Die Erzieh*ung* umfaßt all die Faktoren, die zum tatsächlichen Zustandekommen des Erwachsenen als eines geistig großgewordenen Wesens beigetragen haben; das Erzieh*en* ist nur ein begrenzter Ausschnitt daraus, nämlich das Handeln im Hinblick auf den Zögling, das nachdrückliche Mittel zur Erreichung eines Erziehungszieles setzte«[25].

Diese ungewöhnliche Unterscheidung zwischen »Erziehung« und »Erziehen«, die von LANGEVELD keineswegs konsequent befolgt wird, führt in seinem System der Pädagogik zu einer beklagenswerten Begriffsverwirrung. Für uns genügt es hier festzuhalten, daß er unter »Erziehung« *die Gesamtheit der »Faktoren«* versteht, *die zum Werden der Persönlichkeit beitragen.* Das ist von allen Erziehungsbegriffen, die wir bisher kennengelernt haben, der mit dem größten Umfang und dem geringsten Inhalt.

Der Engländer RICHARD PETERS (geb. 1919) ist der Ansicht, »Erziehung« sei »nicht ein Begriff . . ., der eine besondere Art von Tätigkeit meint«. »Vielmehr stellt sie *Kriterien* auf, denen Tätigkeiten oder Vorgänge entsprechen müssen«[26]. Zu dieser Auffassung kommt er, weil er nicht vom Akt des Erziehens, sondern von der Vorstellung seines gewünschten Ergebnisses, vom Ideal des »Erzogen-Seins« ausgeht. Dabei handelt es sich um eine Norm, die für Educanden gesetzt wird. Auf der anderen Seite werden aber auch Vorgänge im Educanden (Lernvorgänge) sowie Vorgänge außerhalb des Educanden, die ihn beeinflussen, als »Erziehung« bezeichnet. Obwohl ausdrücklich eine Analyse des Begriffes der Erziehung versprochen wird, bleibt es bei einer unbegreiflichen Verwirrung.

Einerseits meint PETERS mit »Erziehung« ausdrücklich keinen Prozeß – andererseits spricht er laufend vom »Erziehungsprozeß«. Einerseits heißt es, »daß ›Erziehung‹ Wissen und Verständnis und eine Art kognitiver Perspektive einschließen muß«[27], also als »Erzogen-Sein« im

[24] LANGEVELD 1962, 37.
[25] LANGEVELD 1962, 57.
[26] R. PETERS 1972, 27 (Hervorhebung vom Verfasser).
[27] R. PETERS 1972, 51.

Sinne eines Idealzustandes des Educanden zu verstehen ist – andererseits wird unter »Erziehung« der »Prozeß der Initiation« »in wertvolle Tätigkeiten oder Formen des Denkens und Verhaltens« verstanden[28]. Einerseits bedeutet »Erziehung« die »beabsichtigte *Vermittlung* von etwas Wertvollem«[29], die Initiation von *anderen* Personen in die »öffentliche Welt«[30] – andererseits »ist Erziehung etwas, das nur der einzelne selbst vollbringen kann«[31], »ist jede Erziehung Selbsterziehung«[32]. Daneben werden aber auch beide Bedeutungen in einem allgemeineren Begriff zusammengefaßt: hier dient das Wort Erziehung »als Bezeichnung für das *Bündel von Prozessen, die zu wünschenswerten Zuständen bei Personen führen«*[33]. Wir finden also bei PETERS mindestens vier verschiedene Begriffe von Erziehung, ohne daß sich der Autor selbst darüber klar zu sein scheint. Keiner dieser Begriffe ist genügend scharf bestimmt, um wissenschaftlich brauchbar zu sein.

Werfen wir nun noch einen Blick auf die *sowjetische Pädagogik*. In einem Standardwerk der Akademie der Pädagogischen Wissenschaften mit dem Titel »Allgemeine Grundlagen der marxistischen Pädagogik« (1967) wird die Erziehung zunächst als »Lenkung der Entwicklung, als Einflußnahme auf die Entwicklung« definiert. Es wird dann zwischen »Erziehung als objektiver, das heißt unabhängig von pädagogischen Absichten existierender Erscheinung und Erziehung als speziell organisierter erzieherischer Einflußnahme« unterschieden[34].

Daneben wird die Gesamtheit der »pädagogischen Erscheinungen« aber auch mit Hilfe der Begriffe »pädagogischer Prozeß« und »soziale Formung« gegliedert. Der Terminus »pädagogischer Prozeß« bezeichnet den »organisierten Unterrichts- und Erziehungsprozeß im ganzen, die gemeinsame Tätigkeit von Pädagogen und Schülern, von Lehrenden und Lernenden. Den Prozeß der Erziehung des Menschen hingegen, der in allen Lebenssphären der Gesellschaft abläuft, sowie das Ergebnis dieses Prozesses nennt man ›soziale Formung‹ der Persönlichkeit«[35].

Bei derart ungenauen Begriffsbestimmungen ist es nicht verwunderlich, daß auch in diesem Text die Begriffsverwirrung von Seite zu Seite zunimmt. Das Wort »Erziehung« wird abwechselnd für mindestens sieben Begriffe und dazu noch als Oberbegriff für die Gesamtheit dieser Begriffe gebraucht: 1. für einen *Prozeß*, 2. aber auch für das *Resultat*

[28] R. PETERS 1972, 58 und 63.
[29] R. PETERS 1972, 39 (Hervorhebung vom Verfasser).
[30] R. PETERS 1972, 60.
[31] R. PETERS 1972, 44.
[32] R. PETERS 1972, 72.
[33] HIRST und PETERS 1972, 54 (Hervorhebung vom Verfasser).
[34] KOROLJOW und GMURMAN 1973, 92.
[35] KOROLJOW und GMURMAN 1973, 93.

dieses Prozesses, 3. für eine *Tätigkeit des Erziehers*, 4. für eine *Tätigkeit des Educanden* (»Selbstveränderung im Prozeß des eigenen Lebens«), 5. für den »*Einfluß der Verhältnisse*«, 6. für das »Zusammenwirken« von Erziehern und Educanden, d. h. für ein *System sozialer Interaktionen*, 7. für »das *Ziel* der Tätigkeit des Pädagogen«[36].

2. *Extreme Abweichungen vom Sprachgebrauch*

Die repräsentativen Beispiele aus sechs Ländern, die im letzten Abschnitt erläutert worden sind, dürften als Beweis für die Behauptung genügen, daß die Begriffsverwirrung im Problemkreis »Erziehung« international ist. Mit ihnen ist jedoch der Reichtum an Bedeutungen, die durch das Wort »Erziehung« ausgedrückt werden, noch längst nicht erschöpft. Die Skala erstreckt sich über unklare, aber mit dem Sprachgebrauch noch irgendwie vereinbare Vorstellungsinhalte bis zu ganz absonderlichen Definitionen, deren Inhalt mit keiner der überlieferten Bedeutungen des Wortes »Erziehung« irgend etwas gemein hat. Ich will noch einige Beispiele aus neueren Veröffentlichungen kommentarlos anführen, damit ganz klar wird, wie groß die Verständigungsschwierigkeiten in der Pädagogik sind und welches Niveau der Begriffsbildung den Leser in diesem Fach derzeit noch erwartet.

In einem Lehrbuch der »Allgemeinen Erziehungswissenschaft« lesen wir: »Erziehung ist das stellvertretende Voraussehen für einen noch Unmündigen, der durch Vorbild und Beispielgeben einerseits sowie durch das Lernen in Gestalt von Übernehmen, Nachfolgen und Üben andererseits zur Urteilsfähigkeit geführt wird, so daß die erzieherischen Stützen wie Hilfskonstruktionen eingehen in die gewonnene Eigenständigkeit«[37]. Ein UNESCO-Experte schreibt: »Erziehung ist der bewußte, wohl überlegte und gut ausgestattete Aspekt jenes ständigen Voranschreitens, welches das Gesetz aller Menschen ist«[38]. Noch staunenswerter ist folgende Erläuterung aus einer »Einführung in die Pädagogik«: »Die Formbarkeit der Seele heißt Erziehung. Mit dem Wort Erziehung ist all das Positive ausgesprochen, das eine Seele prägen kann. Es ist aber auch das Negative gemeint, das durch erzieherische Einflüsse in der Seele geschehen kann«[39]. Ein letztes Beispiel für ungebräuchliche Verwendungsweisen ist folgendes: »Der Begriff der Erziehung soll . . . verstanden werden als die bloße Fähigkeit, auf

[36] KOROLJOW und GMURMAN 1973, 109ff.
[37] RÖHRS 1969, 121.
[38] LENGRAND 1972, 72.
[39] ELZER 1968, 59.

nicht-genetischem Wege Informationen und Verhaltensweisen zu tradieren«[40].

3. *Vermittlungsvorschläge auf Kosten der Präzision*

Es ist mehrfach versucht worden, einen sehr umfassenden Erziehungsbegriff zu bilden, der möglichst viele der Bedeutungen einschließt, die mit dem Wort »Erziehung« bezeichnet werden. Die bisher sorgfältigste Begriffsexplikation dieser Art stammt von JOSEF DOLCH (1899–1971). Ihr Ergebnis lautet: »Erziehung heißen wir zwischenmenschliche Einwirkungen dann und insoweit, als durch sie eine mehr oder minder dauernde Verbesserung fremden oder eigenen Verhaltens und Handelns beabsichtigt oder erreicht wird«[41].

Dieser Begriff ist keineswegs so eindeutig, wie er auf den ersten Blick erscheint. Bei genauerer Untersuchung zeigt sich, daß wir es hier mit der Vereinigungsmenge oder mit einer logischen Summe zweier Erziehungsbegriffe zu tun haben, die sich wesentlich voneinander unterscheiden. Ist dieser kombinierte Erziehungsbegriff wissenschaftlich brauchbar? Ist er dazu geeignet, zusammengehörige Phänomene genau zu beschreiben? Oder steckt hinter ihm nichts anderes als ein Sammelsurium verschiedenartiger Phänomene? Um darüber Klarheit gewinnen zu können, empfiehlt es sich, ihn in die beiden Elemente zu zerlegen, aus denen er zusammengesetzt ist, und zu prüfen, was diese miteinander gemeinsam haben.

Der erste Bestandteil lautet: »Erziehung heißen wir zwischenmenschliche Einwirkungen dann und insoweit, als durch sie eine Verbesserung fremden . . . Verhaltens . . . *beabsichtigt* wird«. Ich nenne ihn DOLCHS Erziehungsbegriff A. Von Menschen ausgehende »Einwirkungen«, durch die etwas beabsichtigt wird, werden gewöhnlich als Handlungen bezeichnet. Unter Erziehung werden hier also Handlungen verstanden, die durch die Absicht des Handelnden bestimmt sind, fremdes Verhalten zu verbessern. Erziehen ist demnach eine zielgerichtete, zweckbewußte, absichtliche oder intentionale Tätigkeit. Wir können von Erziehung sprechen, sobald Handlungen zu beobachten sind, die um des genannten Ziels willen oder aus der erwähnten Absicht geschehen – also unabhängig davon, ob das Ziel erreicht, die Absicht verwirklicht, der Zweck erfüllt wird. Die *Verwirklichung* der Zielvorstellung »Verbesserung des Verhaltens von X« oder der *Erfolg* der Handlung gehört

[40] LIEDTKE 1972, 65.
[41] DOLCH 1966, 232; ähnlich DOLCH 1965, 54.

nicht zu den Merkmalen, durch die dieser Begriff der Erziehung bestimmt wird.

Bei der Prüfung, ob der Erziehungsbegriff A zum Ordnen von Phänomenen in der Wirklichkeit geeignet ist, ergibt sich die Schwierigkeit, daß Absichten nicht beobachtet werden können, sondern durch Interpretation von beobachteten Verhaltensweisen des Handelnden (dazu gehören auch verbale Mitteilungen über seine Absichten) und anderer Daten einer gegebenen Situation erschlossen werden müssen.

Der zweite Bestandteil von DOLCHs Begriffsbestimmung lautet: »Erziehung heißen wir zwischenmenschliche Einwirkungen dann und insoweit, als durch sie eine Verbesserung fremden . . . Verhaltens . . . *erreicht* wird«. Ich nenne ihn DOLCHs Erziehungsbegriff B. Hier fehlt das Merkmal der »Absicht, fremdes Verhalten zu verbessern«. Das bedeutet nicht, daß sie in den Urhebern der »zwischenmenschlichen Einwirkungen«, auf die der Erziehungsbegriff B anwendbar ist, fehlt, sondern nur, daß sie kein wesentliches oder notwendiges (konstitutives) Merkmal dieses Begriffes ist. Diese spezifische Absicht kann beim Einwirkenden dasein oder nicht dasein: für die Anwendbarkeit des Erziehungsbegriffes B ist das belanglos.

Die Menge der Phänomene, die mit diesem Begriff gemeint sind, ist größer als die Menge jener Handlungen, die durch die Absicht gekennzeichnet sind, fremdes Verhalten zu verbessern (Erziehungsbegriff A). Andererseits lassen sich keineswegs alle erzieherischen Handlungen (im Sinne von A) dem Anwendungsbereich des Begriffes B zuordnen, denn die Erfahrung lehrt, daß das Handeln in der Absicht, ein Ziel zu erreichen, nicht notwendig nach sich zieht, daß dieses Ziel tatsächlich erreicht wird. Es gibt viele erzieherische Handlungen (A), durch die *keine* Verbesserung fremden Verhaltens erreicht wird.

Daraus folgt, daß es irreführend ist, den Erziehungsbegriff A als den engen[42] und B als den weiten Begriff der Erziehung zu bezeichnen. Irreführend deswegen, weil dadurch die Vorstellung begünstigt wird, die mit A gemeinten Phänomene seien eine Teilmenge der Gesamtmenge aller Phänomene, welche die Merkmale von B aufweisen. Die Eigenschaftsworte »eng« und »weit« beziehen sich auf den Umfang oder den Geltungsbereich eines Begriffes. Inhalt und Umfang eines Begriffes stehen – abgesehen von gewissen Ausnahmen[43] – in einem umgekehrten Verhältnis zueinander. Je größer der Umfang eines Begriffes, d. h. je weiter sein Geltungsbereich ist, desto kleiner, d. h. ärmer ist sein Inhalt;

[42] DOLCH 1965, 67; SCHNEIDER 1930, 10ff.; SCHNEIDER 1953, 11ff.

[43] Vgl. Fußnote 53 auf S. 27 dieses Buches. URSULA NEEMANN verdanke ich den brieflichen Hinweis darauf, daß auch der Erziehungsbegriff von DOLCH (A B) ein Beispiel für solche Ausnahmen ist.

je kleiner der Umfang, also je enger der Geltungsbereich, desto größer, also reicher der Inhalt. Ein Begriffswort (z. B. Erziehung) »bedeutet in erster Linie den Inhalt eines Begriffes, d. i. etwas so und so Beschaffenes, einen geordneten Zusammenhang von Bestimmungen (Merkmalen), die in seiner Definition formuliert werden. ... Vermöge des Inhaltes bedeutet ein Begriffswort in zweiter Linie auch die Gesamtheit dessen, was diese Beschaffenheit aufweist, der Gegenstände, die unter den Begriff fallen, eine Klasse, den Umfang des Begriffes«[44].

Ein Begriff kann im Vergleich mit einem anderen also nur dann als »weiter« bezeichnet werden, wenn von dessen Inhalt ein Merkmal weggenommen und dadurch eine Erweiterung seines Geltungsbereiches erreicht wird. Umgekehrt wird ein Begriff im Vergleich mit einem anderen als »enger« bezeichnet, wenn dessen Inhalt ein Merkmal hinzugefügt und dadurch sein Geltungsbereich eingeengt wird. So ist z. B. der Begriff »Handlung« enger als der Begriff »Verhalten«; der Begriff »soziale Handlung« wiederum enger als der Begriff »Handlung«; der Begriff »Erziehung« (d. h. soziale Handlung mit der Absicht, eine Verbesserung der Persönlichkeit eines Educanden herbeizuführen) enger als der Begriff »soziale Handlung«; der Begriff »planmäßige Erziehung« enger als der Begriff »Erziehung«. Von engen oder weiten Begriffen kann man demnach nur im Zusammenhang mit der »logischen Leiter« sprechen, d. h. mit der Gewinnung einer Reihe voneinander ableitbarer Begriffe durch Begriffseinengung (Determination) oder Begriffserweiterung (Generalisation).

Wenden wir uns nach dieser Besinnung auf die Logik des Begriffes wieder DOLCHS Erziehungsbegriffen A und B zu, dann zeigt sich, daß sie nicht in einem Verhältnis der logischen Über- und Unterordnung zueinander stehen. Das wäre nur dann der Fall, wenn alle Merkmale von A im Erziehungsbegriff B enthalten (wenn auch noch nicht näher bestimmt) wären. Tatsächlich handelt es sich hier aber nicht um einen allgemeineren (weiten) und einen weniger allgemeinen (engen) Begriff der gleichen inhaltlichen Dimension, sondern um zwei Begriffe, die sich durch wesentliche Merkmale unterscheiden und logisch nicht auseinander ableitbar sind.

Ich habe bereits darauf hingewiesen, daß die Menge der Gegenstände, die mit dem Erziehungsbegriff B gemeint sind, größer ist als die Menge jener Handlungen, die der Absicht entspringen, fremdes Verhalten zu verbessern. Es muß jetzt noch ergänzt werden, daß sie nicht nur Handlungen (mit und ohne »Verbesserungsabsicht«) umfaßt, sondern »zwischenmenschliche Einwirkungen« schlechthin, also neben Hand-

[44] KRAFT 1960, 92.

lungen auch Ausdruckserscheinungen, d. h. jegliche Art menschlichen Verhaltens, soweit es zu einer »Verbesserung fremden Verhaltens« beiträgt.

Während DOLCH in seiner Explikation den mehrdeutigen Ausdruck »Einwirkung« nicht präzisiert hat, ist aus einer späteren Studie zu entnehmen, daß er damit eine »bewirkende Verhaltensweise« zu meinen scheint[45]. Unter den Erziehungsbegriff B fallen demnach alle Verhaltensweisen, die in anderen Menschen Änderungen des Zustandes ihrer Persönlichkeit »bewirken«, die (von wem, bleibt ungeklärt) als »Verbesserung« gewertet werden – gleichgültig, ob die als Reizquelle oder als verursachender Faktor anzusehende Person die Wirkung, die sie hervorbringt, beabsichtigt hat oder nicht. Was zählt, ist allein, daß »eine Verbesserung fremden Verhaltens« erfolgt. Wenn irgendein Verhalten eines Menschen sich auf einen oder mehrere seiner Mitmenschen so auswirkt, daß dessen oder deren Verhalten verbessert wird, dann und nur dann wird dieses Verhalten (diese »zwischenmenschliche Einwirkung«) Erziehung (in der Bedeutung B) genannt.

Das wichtigste Merkmal des Erziehungsbegriffes B ist also das *Erreichen* einer »Verbesserung fremden Verhaltens«. Erziehung wird hier von einem Resultat her definiert. Dieser Erziehungsbegriff B wird von DOLCH mit dem Begriff gleichgesetzt, der durch den Ausdruck *»funktionale Erziehung«* bezeichnet wird: »funktionale Erziehung heißen wir jene, wo man zwar die erfolgte Wirkung sieht, nach der Ursache aber erst Umschau halten muß«[46].

Beim Erziehungsbegriff B ist es sehr viel schwieriger festzustellen, ob er auf bestimmte Gegenstände angewendet werden kann, als beim Erziehungsbegriff A. Seine Anwendung ist nämlich nur dann zulässig, wenn folgende zwei Bedingungen, die durch DOLCHs Begriffsbestimmung festgesetzt worden sind, erfüllt werden.

Erstens muß nachgewiesen worden sein, daß eine »Verbesserung fremden Verhaltens« erfolgt ist. Dazu ist als Maßstab eine Norm des »guten« Verhaltens erforderlich. Mit seiner Hilfe muß gemessen werden, ob das Verhalten eines (oder mehrerer) Menschen zum Zeitpunkt t_2 im Vergleich mit seinem (oder ihrem) Verhalten zu einem früheren Zeitpunkt t_1 »besser« geworden ist.

Zweitens muß nachgewiesen worden sein, daß die eingetretene (»erreichte«) »Verbesserung« durch eine bestimmte »Verhaltensweise« (oder »zwischenmenschliche Einwirkung«: DOLCH) »bewirkt« oder verursacht worden ist. Dazu müssen die beobachtbaren Merkmale dieser »Verhaltensweise«, durch welche sie sich von anderen »Verhal-

45 DOLCH 1970, 78.
46 DOLCH 1965, 66.

tensweisen« unterscheidet, angegeben worden sein; denn die »Verbesserung« kann ja nicht irgendeiner beliebigen aus der Gesamtmenge der zwischen t_1 und t_2 tatsächlich aufgetretenen Verhaltensweisen zugeschrieben werden, sondern sie muß einer *bestimmten* Verhaltensweise (bzw. einem bestimmten Komplex von Verhaltensweisen) zugeordnet werden können, wenn das Wort »bewirken« zu Recht gebraucht werden soll.

Daraus folgt, daß der Erziehungsbegriff B erst benützt werden darf, wenn die empirische Überprüfung seiner Anwendungsbedingungen in jedem konkreten Fall abgeschlossen worden ist und ergeben hat, daß eine Kausalbeziehung zwischen einer bestimmten (nun als »bewirkende« zu bezeichnenden) Verhaltensweise und der eingetretenen »Verbesserung fremden Verhaltens« besteht. Diese Voraussetzung dürfte nur selten erfüllt werden können, und selbst in diesen Fällen läßt sich die eingetretene »Wirkung« nicht einem einzelnen Faktor als »Ursache« zuschreiben, sondern dieser kann höchstens als eine *Teil*ursache neben anderen bezeichnet werden[47].

DOLCHS Erziehungsbegriff B auf eine Verhaltensweise D anwenden heißt nichts anderes als behaupten, daß D Ursache von E (erreichte Verbesserung fremden Verhaltens) ist. Um die Richtigkeit dieser Behauptung nachzuweisen, müßten Gesetzeshypothesen angegeben werden, die zusammen mit einer genauen Beschreibung von D die logische Ableitung einer Beschreibung von E gestatten[48]. Da jedoch in konkreten sozialen Situationen jeweils nur die »erreichte Verbesserung fremden Verhaltens« bekannt und ihre Ursache meistens (noch) unbekannt ist, ist DOLCHS Erziehungsbegriff B als Mittel zur Beschreibung der Wirklichkeit ohne Nutzen. Er wäre nur dann ein empirisch gehaltvoller Begriff, wenn feststände, daß bestimmte genau beschreibbare Verhaltensweisen regelmäßig bestimmte genau beschreibbare Verhaltensänderungen in Sozialpartnern bewirken und daß diese »Verbesserungen fremden Verhaltens« auf keine andere Weise bewirkt worden sind. Nur in diesem Falle wäre das Eintreten einer »Verbesserung« ein sicheres Anzeichen für eine spezifische »bewirkende Verhaltensweise« (DOLCH), die dann als »Erziehung (B)« bezeichnet werden könnte. Tatsächlich sind aber solche monokausalen Beziehungen nicht vorhanden.

Die vorstehende Analyse hat ergeben, daß DOLCH nicht *einen* Begriff der Erziehung präzisiert, sondern *zwei* Begriffsbestimmungen *zweier* voneinander verschiedener Erziehungsbegriffe nur oberflächlich miteinander verbunden hat. Für jeden gelten andere Anwendungsbedin-

[47] Zum Kausalitätsproblem vgl. STEGMÜLLER 1969a, 433ff.
[48] STEGMÜLLER 1969a, 434.

gungen. Der Erziehungsbegriff A wird durch die *Absicht*, d. h. durch ein Willenserlebnis *des Handelnden* (des Educators) bestimmt. Für den Erziehungsbegriff B dagegen ist das Eintreten einer *Wirkung*, d. h. einer Zustandsänderung (»Verbesserung«) *im Educanden* wesentlich.

Der Anschein, es handle sich um einen eindeutigen Begriff, entsteht durch den Gebrauch des ungenauen Ausdruckes »zwischenmenschliche Einwirkung« und durch das Merkmal »Verbesserung fremden Verhaltens« als verbindenden Elementen. Tatsächlich besteht jedoch zwischen den Gegenständen, auf welche dieser Begriff angewendet werden kann, keine Beziehung der Gleichheit hinsichtlich aller Eigenschaften, die die Merkmale des Begriffes ausmachen. Mit anderen Worten: diese Gegenstände bilden keine Klasse, weil ihre Auslese nicht durch ein einziges Kriterium, sondern durch zwei verschiedene Kriterien (d. h. Begriffsinhalte) bestimmt wird[49].

DOLCHS Versuch, bei seiner Explikation des Erziehungsbegriffes zwei gänzlich verschiedene Arten des Sprachgebrauchs zugleich zu berücksichtigen, ist mit dem Ziel, zu einem scharfen Begriff zu gelangen, unvereinbar[50]. Wo es darum geht, Mehrdeutigkeit und Vagheit zu beseitigen, ist Vermittlung fehl am Platz. Der Vorschlag, völlig verschiedenartige Phänomene bloß deswegen, weil sie von irgendwelchen Sprachbenützern »Erziehung« genannt worden sind, unter einen Begriff zu bringen, beendet die Begriffsverwirrung nicht, sondern setzt sie fort. Zu einem wissenschaftlich brauchbaren Begriff der Erziehung kommt man nicht durch Einbeziehung mehrerer Bedeutungen des Wortes »Erziehung« in den Begriffsinhalt, sondern nur dadurch, daß man diese alternativen Bedeutungen prüft und sich für *eine* entscheidet, die dann zu präzisieren ist. Das ist die Aufgabe, die wir nun in Angriff nehmen müssen.

II. Bedeutungsanalyse des Wortes »Erziehung«

Eine Begriffsexplikation hat den Zweck, einen mehr oder weniger unexakten Begriff durch einen präziseren Begriff zu ersetzen, der in einem systematischen Zusammenhang mit anderen relativ präzisen Begriffen steht[51]. Gesucht wird ein wissenschaftlicher Erziehungsbe-

[49] Zur logischen Ordnungsform der Klasse vgl. KRAFT 1960, 144.

[50] Es sei jedoch betont, daß die in DOLCHS Explikation mitenthaltene Präzisierung des Erziehungsbegriffes A ein wichtiger Beitrag zur Herbeiführung eines Konsensus über die erziehungswissenschaftliche Terminologie ist. Das Merkmal »*eigenes* Verhalten und Handeln« in DOLCHS Definition habe ich in meiner Analyse deshalb unberücksichtigt gelassen, weil es mit dem wichtigeren Begriffsmerkmal »*zwischenmenschliche* Einwirkungen« in logischem Widerspruch steht.

[51] Vgl. CARNAP 1959, 12ff.

griff, der unter Berücksichtigung der umgangssprachlichen Grundbedeutung des Wortes eine klare empirische Interpretation durch Bezugnahme auf beobachtbare Phänomene erlaubt[52] und für die Formulierung von (empirisch überprüfbaren) Gesetzeshypothesen brauchbar ist, welche zur Erklärung eingetretener und zur Voraussage künftiger Ereignisse benutzt werden können.

Man kann bei einer Begriffsexplikation die Vorarbeiten und die eigentliche Rekonstruktion unterscheiden. Zu den Vorarbeiten für eine Präzisierung des Erziehungsbegriffes gehört es, sich durch Bedeutungsanalysen hinreichend klarzumachen, was wir unter »Erziehung« verstehen. Dazu ist es zweckmäßig, repräsentative Beispiele dafür zusammenzutragen, wie der Ausdruck »Erziehung« tatsächlich verwendet wird. Sie sind der Alltagssprache, der Rechts- und Verwaltungssprache wie auch der Sprache der wissenschaftlichen Pädagogik zu entnehmen. Bei ihrer Untersuchung stößt man auf gemeinsame Merkmale, aber auch auf Fälle, die diese Merkmale nicht aufweisen. Man gewinnt »Schritt für Schritt ein Bild von dem . . ., was einbezogen und was ausgeschlossen werden soll«, und gelangt zu einem vorläufigen Verständnis, »welches praktisch hinreichend ist, um in eine Diskussion der möglichen Explikationen eintreten zu können«[53]. An dieses Stadium der deskriptiven Vorbereitungen schließt sich die eigentliche Rekonstruktion, deren Ergebnis ein Vorschlag ist, den Ausdruck »Erziehung« künftig in einer präziser bestimmten Bedeutung zu verwenden.

1. Bedeutungen des Wortes »Erziehung« in der Alltagssprache

Das sprachliche Material, das bei einem Versuch, den Erziehungsbegriff zu präzisieren, gesichtet zu werden verdient, kann hier nicht ausführlich dargestellt werden. Ich muß mich mit wenigen Hinweisen begnügen.

Es erscheint zweckmäßig, von der *etymologischen Grundbedeutung des Wortes »erziehen«* und von sachlich verwandten Wörtern in anderen Sprachen auszugehen. Darüber hat DOLCH das Wichtigste zusammengetragen. Es sei hier nur an die Bedeutung des Verbums »ziehen« erinnert: »auf etwas unter Anwendung von Kraft derart einwirken, daß es von einer Lage oder Befindlichkeit in eine dem Einwirkenden irgendwie näher seiende andere, bessere oder richtiger, erwünschter

[52] Zu dieser toleranten Forderung, daß Begriffe »partiell empirisch interpretierbar« sein sollten, und zur Kritik am rigorosen Operationalismus vgl. HEMPEL 1952, 42ff.

[53] CARNAP 1959, 13. Als Beispiel für das stufenweise Vorgehen bei einer Explikation vgl. die Präzisierung des Begriffes »Wissenschaft« durch WOHLGENANNT 1969; als Beitrag zur Präzisierung der Ausführungen CARNAPS vgl. HANNA 1968.

erscheinende gebracht wird«. Mit der Vorsilbe er- ist (unter anderem auch) »die Vorstellung von einer Bewegung aus der Tiefe in die Höhe« verknüpft[54].

Neben den etymologischen Grundbedeutungen der inhaltlich zusammengehörigen Worte des Sprachfeldes »Erziehung« ist vor allem der *alltagssprachliche Wortgebrauch* heranzuziehen. Als Beispiele empfehlen sich einfache Sätze, die theoretisch möglichst wenig vorbelastet sind.

Nehmen wir den Satz: »Die Mutter erzieht ihr Kind«. Was wird hier mit dem Wort »erziehen« bezeichnet? Auf welche beobachtbaren Phänomene wird es angewendet? Die Mutter lobt das Kind; sie bestraft es; sie gibt ihm Aufträge; sie hält es zur Arbeit an; sie deutet ihm seine Erlebnisse; sie sucht sein Verständnis für andere Menschen zu wecken; sie gibt ihm Spielzeug, Bücher, Werkzeug, ein Musikinstrument usw.; sie zeigt ihm, wie die Dinge funktionieren; sie macht ihm vor, wie man einen Ball fängt, rodelt oder auf einer Flöte bläst; sie schlichtet Streit; sie tröstet das Kind, wenn es unglücklich ist; sie macht ihm Mut; sie hilft ihm bei den Schulaufgaben; sie schirmt es gegen schlechte Einflüsse ab, indem sie seinen Umgang, seine Lektüre, seinen Fernsehkonsum kontrolliert; sie wählt Gesprächsthemen, Geschenke, Unterhaltungen, Freizeitprogramme, die sie als förderlich für das Kind ansieht, usw.

Mit einem Teil dieser Handlungen wendet sich die Mutter *unmittelbar* (oder *direkt)* an das Kind. Andere Handlungen sind auf die Umwelt gerichtet: durch sie versucht die Mutter den Lebensraum des Kindes so zu verändern, daß von ihm Einflüsse ausgehen, die als förderlich für das Werden der kindlichen Persönlichkeit angesehen werden. Sie tut Dinge und unterläßt andere, die sie ohne Rücksicht auf das Kind nicht getan oder unterlassen hätte. Diese Handlungen (oder Unterlassungen) erfolgen also um des Wohls des Kindes willen; sie sind *mittelbar* (oder *indirekt)* auf das Kind bezogen.

Die Aktivität der Mutter geht nicht in den eben genannten Handlungen auf. Diese unter den vorwissenschaftlichen Begriff der »Erziehung« fallenden Handlungen laufen neben ihren sonstigen Tätigkeiten einher; sie erfolgen bei passender Gelegenheit. SCHLEIERMACHER hat von den Eltern treffend gesagt: »ihre erziehende Tätigkeit verteilt sich ihnen unter ihr ganzes übriges Leben und tritt nicht gesondert hervor«[55]. Sie wird durch das *Bewußtsein* bestimmt, *Verantwortung für das Kind zu haben.* Die Eltern erleben es als *Aufgabe,* ihr Kind zu fördern, es vieles lernen zu lassen, durch das es tüchtiger, selbständiger, leistungsfähiger, besser wird. Diese Aufgabe veranlaßt sie zu Überlegungen und die Überlegungen führen zu Handlungen, von denen sie sich eine Förderung ihres Kindes versprechen.

[54] Vgl. DOLCH 1961; MÜHLBAUER 1971. [55] SCHLEIERMACHER 1957, 7.

Um die Eigenart jener Handlungen, die »Erziehung« genannt werden, genauer bestimmen zu können, muß man berücksichtigen, daß es *Aufgaben-* und *Erfolgszeitwörter* gibt (englisch: »task verbs« und »achievement verbs«)[56]. Man denke an die Unterschiede, die zwischen schießen und treffen, behandeln und heilen, suchen und finden, kämpfen und siegen bestehen. Aufgabenzeitwörter haben eine andere logische Funktion als Erfolgszeitwörter. Wenn wir ein Erfolgszeitwort verwenden, behaupten wir das Bestehen eines Sachverhaltes, »der über den hinausgeht, der in der Verrichtung der« den Erfolg »anstrebenden Tätigkeit besteht. Wenn ein Läufer gewinnen soll, muß er nicht bloß laufen, sondern auch früher am Zielband sein als sein Mitläufer; wenn ein Arzt eine Heilung erzielen soll, muß sein Patient nicht bloß behandelt, er muß auch wieder gesund werden . . . Ein autobiographischer Bericht der Bemühungen und Gefühle des Handelnden zeigt allein noch nicht an, ob er das, was er zustande zu bringen sucht, zustande gebracht hat«[57].

Man kann mit oder ohne Erfolg schießen, mit oder ohne Erfolg behandeln – und mit oder ohne Erfolg erziehen. *»Erziehen« ist seiner Grundbedeutung nach ein Aufgaben-Verb oder* – mit einem noch treffenderen Ausdruck – *ein »Versuchs-Zeitwort«* und kein »Geschafft-Zeitwort«[58]. Das »Erziehen« des Erziehers entspricht logisch dem »Behandeln« des Arztes: in beiden Fällen bleibt offen, ob es Erfolg hat. Deshalb verstößt es gegen die Grundbedeutung des Wortes, wenn der Erfolg zu einem Merkmal des Erziehungsbegriffes gemacht wird. Ein Versuch zieht nicht notwendig einen Erfolg nach sich. Ebensowenig ist ein als »Erfolg« angesehenes Ereignis immer das Resultat einer Tätigkeit, die einem auf dieses Ziel gerichteten Wollen entsprungen ist. Erziehen kann erfolglos bleiben, und Erziehungsziele (d. h. als Ideal gesetzte Soll-Zustände der Persönlichkeit des Educanden) können völlig unabhängig von erzieherischen Handlungen erreicht werden.

Neben dem alltagssprachlichen Wortgebrauch muß auch die *Verwendung des Wortes »Erziehung« in der Sprache des Rechts und der Verwaltung* untersucht werden. Ich beschränke mich hier auf ein Beispiel. Im Artikel 6 des Grundgesetzes der Bundesrepublik Deutschland heißt es: »Pflege und Erziehung der Kinder sind das natürliche Recht der Eltern und die zuförderst ihnen obliegende Pflicht. Über ihre Betätigung wacht die staatliche Gemeinschaft«. Das heißt: die Eltern haben das Recht und die Pflicht, ihre Kinder zu erziehen. Mit anderen Worten: es ist ihre Aufgabe, sie zu erziehen. Der Gesetzgeber hat sich

[56] Vgl. Ryle 1969, 199ff.
[57] Ryle 1969, 201.
[58] Ryle 1969, 204.

»Erziehung« offensichtlich als eine *Tätigkeit* oder eine Abfolge von Tätigkeiten vorgestellt, denn er spricht von der »Betätigung« der Erziehung, über die der Staat wacht.

Durch vergleichende Analysen des Sprachgebrauches kommen wir zu folgendem *vorläufigen Verständnis der zentralen Bedeutung des Wortes »Erziehung«*. Es werden damit Handlungen oder Tätigkeiten bezeichnet, die von Erwachsenen ausgeübt werden und auf andere Menschen, insbesondere auf Kinder, Jugendliche oder Heranwachsende gerichtet sind. Der Zweck dieser Handlungen ist es, den Zustand der Persönlichkeit, auf die eingewirkt wird, in irgendeiner Hinsicht zu verbessern. Dabei wird vorwiegend an psychische Merkmale gedacht, ohne daß jedoch Handlungen, die der Verbesserung der körperlichen Verfassung dienen (»Leibeserziehung«), gänzlich ausgeschlossen werden. Ob solche Handlungen zweckmäßig sind und ob der Zweck erreicht wird, bleibt offen. Das sind Tatsachenfragen, die nur für konkrete Fälle beantwortbar sind. Mit dem Inhalt des Begriffes der Erziehung haben sie nichts zu tun. Zu ihm gehört nur, daß mit den Handlungen, die gemeint sind, etwas Bestimmtes zu erreichen versucht wird.

2. Bedeutungen des Wortes »Erziehung« in der neueren pädagogischen Fachsprache

Man könnte hier zunächst einige Dutzend Definitionen zusammentragen und Stück für Stück erläutern. Um den Gedankengang zu straffen, ziehe ich es jedoch vor, das reichhaltige Material[59] gleich systematisch auszuwerten. Ich werde mich auf acht Bedeutungen konzentrieren, die mir besonders wichtig erscheinen, und die logischen Beziehungen herausarbeiten, die zwischen ihnen bestehen[60]. Aus dieser Klassifikation der vorhandenen Alternativen können alle wesentlichen Gesichtspunkte für die Präzisierung des Erziehungsbegriffes, die uns später beschäftigen wird, entnommen werden.

Für derartige Bedeutungsanalysen wird empfohlen, »zunächst Beispiele von solchen Fällen zu geben, auf welche die intendierte Bedeutung zutrifft, sodann von solchen, auf welche sie nicht zutrifft, und eventuell diese Beispiele durch gewisse allgemeine Erläuterungen zu ergänzen«[61]. Ich folge diesem Rat zwar nicht wörtlich, aber doch sinngemäß, indem ich die Bedeutungen paarweise ordne. Es lassen sich dann folgende vier

[59] Vgl. neben dem Sammelband von E. Weber 1976 auch H. Weber 1970.
[60] Diese Übersicht ist keineswegs vollständig. Zur Information über weitere Bedeutungen vgl. Smith 1970.
[61] Carnap 1959, 13.

Paare unterscheiden, zwischen deren Gliedern man bei der Begriffsbildung wählen muß, weil sie logisch miteinander unvereinbar sind:

a. Prozeß-Bedeutung/Produkt-Bedeutung,
b. deskriptive Bedeutung/programmatisch-präskriptive Bedeutung,
c. Absichts-Bedeutung/Wirkungs-Bedeutung,
d. Handlungs-Bedeutung/Geschehens-Bedeutung.

Das Wort »Erziehung« wird in manchen pädagogischen Texten nur in einer, in anderen Texten in mehrfacher Hinsicht zweideutig gebraucht. Umgekehrt gibt es auch Texte, in denen es in jeder der genannten vier Hinsichten eindeutig verwendet wird. Um der Einfachheit willen wird im folgenden nicht von Bedeutungen des Wortes »Erziehung«, sondern abkürzend von Begriffen gesprochen, obwohl es sich eigentlich nicht um vollständige Begriffe, sondern um einzelne konstitutive Merkmale von Begriffen handelt. Deshalb ist zum Beispiel auch eine Verwendungsweise des Wortes »Erziehung« denkbar (und wird im Teil III vorgeschlagen werden), welche Prozeß-Bedeutung, deskriptive Bedeutung, Absichts-Bedeutung und Handlungs-Bedeutung vereint.

a. Prozeß-Begriffe und Produkt-Begriffe der Erziehung

aa. Eine Analyse des vorwissenschaftlichen Sprachgebrauches wie des pädagogischen Schrifttums läßt zweifelsfrei erkennen, daß der Ausdruck »Erziehung« in der überwiegenden Mehrzahl der Fälle dazu verwendet wird, einen *Prozeß* oder einen *Vorgang* zu bezeichnen. Es wird gesagt, Erziehung sei eine »Tätigkeit«[62], ein »Tun«[63], eine »Einwirkung«[64], ein »Akt«[65], ein »Prozeß persönlicher Übertragung« von Kulturgehalten[66], ein Vorgang der »Führung«[67], ein »Formungsprozeß«[68], eine »Hilfeleistung«[69], ein »Setzen von Handlungen«[70] usw. In der gleichen Bedeutung wird im Englischen gewöhnlich auch das Wort »education« gebraucht[71].

[62] Dilthey 1963, 25; Lochner 1934, 20.
[63] Willmann 1957, 12; Cohn 1919, 13.
[64] Beneke 1835, 2; Ziller 1876, 7; Willmann 1969, 22; Cohn 1919, 5; Martinak 1928, 15; Deiters 1955, 231; Spranger 1962, 128; Dolch 1966, 232; Klafki 1970, 17.
[65] Göttler 1948, 29.
[66] Litt 1949, 100.
[67] Meister 1965, 10.
[68] Meister 1965, 11.
[69] Perquin 1961, 48.
[70] Langeveld 1962, 31.
[71] Smith 1970, 389: »In this society the term education *commonly* refers to a process (or a complex of processes) . . .«; ähnlich Franz 1972, 397.

ab. Mit »Erziehung« wird gelegentlich auch ein *Produkt* bezeichnet, ein Ergebnis oder Resultat von Prozessen. Diese Bedeutung ist zum Beispiel in dem Satz gemeint: »Einen Menschen, der wirklich ohne Erziehung wäre, vermögen wir uns nicht vorzustellen«. Erziehung sei eine »grundlegende Formung« (gemeint ist: Geformtheit), die weit tiefer reiche als »Wohlerzogenheit«[72]. Aus der DDR wird berichtet, daß dort unter »Erziehung« ein »Komplex von Einstellungen, Überzeugungen und Charaktereigenschaften« verstanden werde. Der Ausdruck beziehe sich auf »Qualitäten der Persönlichkeit«, »auf das Ergebnis der pädagogischen Einwirkung«. Dieser Erziehungsbegriff wird als »Ergebnisbegriff« bezeichnet[73]. WILHELM FLITNER schreibt: »Das Wort bezeichnet sowohl die Tätigkeit wie ihre *Wirkung*, aber auch das Geschehen im ›Zögling‹, auf den sich diese Tätigkeit richtet, und das *Ergebnis* dieses Prozesses können damit gemeint sein«[74]. Das »Geschehen im Zögling« kann hier unberücksichtigt bleiben, denn es wird normalerweise »Lernen« genannt. Es verdient aber festgehalten zu werden, daß FLITNER das Wort »Erziehung« auch dazu verwendet, die »Wirkung« der erzieherischen Tätigkeit[75] wie »das Ergebnis« von Lernprozessen des Zöglings zu bezeichnen. Das ist im Deutschen allerdings unüblich, weil dafür gewöhnlich das Wort »Bildung« in der Bedeutung von »Gebildetsein« oder »Bildung als Zustand« verwendet wird.

In der englischsprachigen pädagogischen Literatur stößt man dagegen häufiger als im Deutschen auf die Verwendung des Wortes »education« in der Produkt-Bedeutung. Hier ist dann mit »education« eine *Kombination von Merkmalen der Persönlichkeit,* eine bestimmte *psychische Verfassung,* ein *Zustand der Person* gemeint. »Education« bedeutet in diesen Fällen: »being educated« oder »educated person«. Dabei wird angenommen, daß dieser Zustand des »Erzogenseins« als das Ergebnis von Erziehungsprozessen anzusehen ist. Als Beispiel sei an PETERS erinnert, soweit dieser als »Erziehung« etwas ansieht, was man »erwirbt«[76].

»Education« im Sinne von »being educated«, »Erziehung« im Sinne von »Erzogensein« oder »Bildung als Zustand« kann wiederum zweierlei bedeuten: den *realen* Zustand, der von einem Menschen tatsächlich

[72] EYFERTH 1959, 455.

[73] MANNSCHATZ 1968, 91 und 97.

[74] W. FLITNER 1966, 26 (Hervorhebungen vom Verfasser); ähnlich DEITERS 1955, 231.

[75] Das wird durch die Doppeldeutigkeit vieler Worte auf -ung begünstigt, die sowohl eine Tätigkeit (nomina actionis) als auch einen Zustand als Ergebnis dieser Tätigkeit (nomina acti) bezeichnen können. Vgl. HENZEN 1947, 181 ff.; KURTH 1956.

[76] Vgl. R. PETERS 1972, 27 ff.; R. PETERS 1967, 1 ff.; MCCAULEY 1970, 127 f. Zur Kritik vgl. SMITH 1970, 388; FRANZ 1972, 395 ff.

erreicht worden ist (deskriptive Bedeutung), oder den *idealen* Zustand, den jemand erreichen *soll* (normative Bedeutung).

Zur Kritik der Produkt-Begriffe der Erziehung ist erstens zu sagen, daß sie im Widerspruch zum *zentralen* Sprachgebrauch stehen, und zweitens, daß sie aus logischen Gründen unhaltbar sind. Mit dem Wort »Erziehung« ist in erster Linie ein Prozeß gemeint. Dieser Prozeß ist zwar auf die Erreichung von Zielen gerichtet, aber es gibt keinen logisch stichhaltigen Grund, den Sollzustand, den man erreichen will, mit dem gleichen Wort zu bezeichnen wie einen Teil der Bedingungen, die möglicherweise zu seiner Erreichung beitragen können.

Man muß davon ausgehen, daß erzieherische Handlungen weder eine hinreichende noch eine in jedem Falle notwendige Bedingung für das Eintreten des erwünschten Persönlichkeitszustandes sind. Es ist möglich, daß dieser Zustand erreicht wird, *ohne* daß erzieherische Handlungen stattgefunden haben. Es ist ferner möglich, daß er *trotz* erzieherischer Handlungen eintritt; d. h. derartige Handlungen sind zwar erfolgt, aber sie scheinen irrelevant oder sogar nachteilig für die Erreichung des Zieles zu sein. Der Sollzustand kann also erreicht werden, ohne daß erzieherische Handlungen ursächlich an seiner Produktion beteiligt gewesen sind. Deshalb scheint es mir logisch unzulässig zu sein, ihn als »Erziehung« im Sinne von »Erzogenheit« oder »being educated« zu bezeichnen. *Es ist kein wesentliches Merkmal dieses Zustandes, daß er durch Erziehung* (in der Handlungs-Bedeutung des Wortes) *herbeigeführt wird.* Mit Sicherheit weiß man nur, daß er das Ergebnis von *Lern*prozessen ist, aber ob es zum Zustandekommen der notwendigen Lernprozesse der Lern*hilfe* (d. h. der Erziehung) bedarf, bleibt von Fall zu Fall offen.

»Erziehung« in der Produkt-Bedeutung von »Erzogenheit« ist ein »Beziehungswort«: es »trifft jenen bestimmten Zustand gar nicht rein als solchen, sondern bezeichnet ihn ausdrücklich in seiner besonderen Beziehung zu Anderem, nämlich zu seiner *Ursache*, zu einem menschlichen Willen . . .«[77]. Da jedoch eine gesetzmäßige Abhängigkeit des Auftretens bestimmter erwünschter Persönlichkeitsmerkmale von bestimmten erzieherischen Handlungen nicht nachweisbar ist, empfiehlt es sich, die als Erziehungsziel angestrebten Sollzustände der Persönlichkeit von Educanden anders zu bezeichnen als mit dem Wort »Erziehung«. Die gleichen Argumente sprechen auch gegen die Verwendung des Terminus »Erzogenheit«[78].

[77] Heyde 1930, 267.
[78] Von »Erzogenheit« als dem »Resultat von Erziehung« spricht z. B. Gamm 1968, 11. Ähnlich Lochner 1930, 5 und 17; Petzelt 1954, 203: »Der Zögling hat ein Recht zu verlangen, daß er von *erzogenen* Erziehern erzogen wird«.

b. Deskriptive und programmatisch-präskriptive Begriffe der Erziehung

ba. Ein *deskriptiver Begriff der Erziehung* enthält jene Merkmale, mit deren Hilfe die Erziehung als »eine *Tatsache* des geschichtlich-gesellschaftlichen Lebens der Menschen«[79] von anderen Gegenständen der Wirklichkeit unterschieden werden kann. Er »enthält . . . noch keine positive Wertung. Er sagt nur, was Erziehung genannt werden soll, nicht in welcher Richtung eine Erziehung zu wirken hat, um als rechte, gute Erziehung zu gelten«[80]. Erziehung in diesem Sinne liegt auch da vor, wo Ziele erstrebt oder Mittel angewendet werden, die von einem bestimmten Wertstandpunkt aus abzulehnen sind. Der deskriptive Erziehungsbegriff ist als solcher *wertfrei;* er ist »aber auch *wertoffen,* d. h. mit wertenden Zusätzen versehbar«[81]. Es ist für ihn kennzeichnend, daß er keine Forderung nach bestimmten Zielen enthält, »doch aber eine Zielstrebigkeit überhaupt einschließt«[82]. Er enthält nur jene Merkmale, mit deren Hilfe für jede Zeit und für jeden Ort festgestellt werden kann, ob Erziehung als ein abgrenzbares Phänomen vorliegt – unabhängig von den jeweils geltenden kulturellen Wertvorstellungen und Normen, zu denen und nach denen erzogen wird. Normative Bestimmungen über das Erziehungsziel und über die Art des Vorgehens beim Erziehen bleiben also von den notwendigen, wesentlichen oder konstitutiven Merkmalen eines deskriptiven Erziehungsbegriffes ausgeschlossen.

Man muß hier jedoch genau unterscheiden zwischen der Aufnahme von Sollensforderungen (Normen) in den Begriffsinhalt und einer bloßen Konkretisierung eines relativ allgemeinen Begriffes. Wenn wir Erziehung definieren als eine »Handlung, durch die versucht wird, die Persönlichkeit anderer Menschen in irgendeiner Hinsicht zu fördern«, dann ist das ein sehr allgemeiner deskriptiver Erziehungsbegriff. Man kann ihn als *Minimalbegriff der Erziehung*[83] bezeichnen, weil er nur die Mindestmenge der Merkmale enthält, die vorhanden sein müssen, damit von Erziehung gesprochen werden kann.

Neben diesem allgemeinsten, inhaltsärmsten oder Minimalbegriff der Erziehung gibt es aber auch weniger allgemeine, inhaltsreichere, speziellere Begriffe, die dennoch deskriptiv sind. Man kann z. B. den Begriff der religiösen Erziehung gewinnen, indem man die vorgeschlagene Definition des Minimalbegriffes der Erziehung wie folgt konkreti-

[79] Aloys Fischer, Bd. 8, 1971, 30.
[80] Cohn 1919, 6.
[81] Dolch 1966, 234. Würtenberger 1962, 103 nennt ihn einen »wertausfüllungsbedürftigen Begriff«.
[82] Cohn 1919, 18.
[83] Nach Meister 1965, 91.

siert: »Handlungen, durch die versucht wird, die Dispositionen für das religiöse Erleben und Verhalten zu fördern«. Man kann das Begriffsmerkmal »Dispositionen für das religiöse Erleben und Verhalten« weiter konkretisieren und dadurch den Begriff der christlichen, der islamischen oder buddhistischen Erziehung gewinnen. Eine nächste Stufe der Konkretisierung wäre die katholische bzw. evangelische Erziehung. Als weitere Konkretisierungen der katholischen Erziehung könnte man die Gebetserziehung, die kultische Erziehung, die Erziehung zur benediktinischen Geisteshaltung usw. anführen. Der Terminus »Erziehung zum verständnisvollen Mitvollzug der römisch-katholischen Liturgie« ist nicht weniger deskriptiv als der Minimalbegriff der Erziehung. Er ist nichts anderes als eine nicht-wertende Bezeichnung für »Handlungen, durch die versucht wird, in anderen Menschen die psychischen Dispositionen zum verständnisvollen Mitvollzug der römisch-katholischen Liturgie zu fördern«. Das normative Problem, ob diese Dispositionen von bestimmten Wertstandpunkten aus als gut oder schlecht, förderungswürdig oder unterdrückenswert beurteilt werden, ob also z. B. religiöse, katholische, liturgische Erziehung usw. *sein soll* oder nicht, hat damit gar nichts zu tun.

In vielen Fällen kann es sehr schwierig zu erkennen sein, ob inhaltlich über den Minimalbegriff hinausgehend konkretisierte Erziehungsbegriffe in deskriptiver oder in programmatisch-präskriptiver Interpretation verwendet werden. Grundsätzlich aber ist festzuhalten, daß die inhaltliche Konkretisierung eines relativ abstrakten deskriptiven Begriffes nicht mit einer Präskription, d. h. mit der Forderung, dieser Inhalt *solle* verwirklicht werden, identisch ist. Die Verwechslung dieser beiden Sachverhalte hat zu viel Verwirrung in der pädagogischen Literatur geführt.

bb. Ein *programmatisch-präskriptiver Begriff der Erziehung* enthält eine *Vorschrift* darüber, *was* durch Erziehung *erreicht* und/oder *wie* sie ausgeführt werden *soll.* Diese Vorschrift wird in einer »programmatischen Definition«[84] ausgedrückt[85]. Während deskriptive Definitionen den Zweck haben, den Gegenstand zu beschreiben, der mit einem Begriff gemeint ist, oder die Verwendungsweise eines Terminus zu klären, verfolgen programmatische Definitionen einen moralischen Zweck: sie schließen Programme für das Handeln ein[86]. Programmati-

[84] Vgl. SCHEFFLER 1971, 34ff.
[85] STEVENSON 1968, 210 spricht von einer überredenden oder persuasiven Definition. Sie »wird bewußt oder unbewußt dazu benutzt, durch das Zusammenspiel zwischen emotiver und deskriptiver Bedeutung eine Umorientierung der Einstellungen der Menschen zu erreichen«.
[86] SCHEFFLER 1971, 37.

sche Definitionen sind häufig Mischungen von Sätzen über Seiendes und Sollensforderungen, von Behauptungen und Normen; sie enthalten deskriptive und präskriptive Elemente[87].

Zur Erläuterung gebe ich einige Beispiele. EYFERTH definiert Erziehung als einen »Prozeß sozialer Interaktion, der zur Sozialisierung des heranwachsenden Menschen führen soll, und der es ihm ermöglichen soll, Autonomie und Initiative zu erreichen«[88]. MOLLENHAUER schreibt: »Erziehung muß verstanden werden als ein kommunikatives Handeln, dessen Ziel darin liegt, eine Kommunikationsstruktur zu etablieren, die den Erwerb von Fähigkeiten zum Diskurs ermöglicht«. Unter den gegenwärtigen historischen Bedingungen heiße das: »Erwerb von Fähigkeiten einer kritischen Beteiligung am ›praktischen Fortschritt‹ des Kampfes gegen Diskurs-einschränkende Bedingungen«[89]. KRON gibt eine Begriffsbestimmung, in die das ganze Programm der sogenannten »Emanzipatorischen Pädagogik« eingeschlossen ist: »Erziehung ist eine auf den einzelnen Menschen und auf Gruppen gerichtete direkte Beeinflussung, die als Einschaltungsprozeß in die stets ablaufenden Sozialisationsprozesse fungiert mit dem Ziel der Befreiung des einzelnen von unnötigen, zusätzlichen und unbotmäßigen Sozialisationsanforderungen und inneren Zwängen und mit dem Ziel der Hilfestellung bei der Gewinnung von Eigenschaften, Fähigkeiten und Tugenden, die zur kritischen Unterscheidung von ungerechtfertigten und sinnvollen Anpassungsleistungen sowie zur Entscheidung für letztere und zum Aufbau einer ich-starken Persönlichkeit dienlich sind«[90]. Nicht immer wird – wie in diesen drei Fällen – ein programmatisch-präskriptiver Erziehungsbegriff ausdrücklich definiert. Da er unter dem gleichen sprachlichen Zeichen auftritt wie ein deskriptiver Begriff der Erziehung, läßt sich dann nur aus dem Kontext erkennen, was gemeint ist. Dabei ist zu beachten, daß die Norm vielfach auch im Kontext nicht offen als solche erkennbar ist, sondern als eine dem Gegenstand Erziehung wesenhaft zukommende »Eigenschaft« erscheint[91].

Die Normen, Sollensforderungen oder Programme können also offen oder mehr oder weniger verschleiert formuliert werden. Als Beispiel für einen offen als solchen definierten programmatisch-präskriptiven Erziehungsbegriff kann folgende Begriffsbestimmung von HENZ dienen, die ausdrücklich »auf dem Boden christlich-abendländischen

[87] SOLTIS 1971, 26.
[88] EYFERTH 1959, 456. Das Wort »Sozialisierung« wird in dieser Definition zur Bezeichnung eines Idealzustandes der Persönlichkeit, d. h. einer Norm gebraucht. Zur Kritik vgl. BREZINKA 1989, 192 ff.
[89] MOLLENHAUER 1972, 67 f.
[90] KRON 1973, 13.
[91] Zum Problem der der Sprache impliziten Normen vgl. auch TOPITSCH 1966, 164 ff.

Wertfühlens und Denkens« steht und »die bedeutsamsten Aufgaben der Erziehung . . . im Auge zu behalten« versucht[92]. Sie lautet: »Erziehung ist das Gesamt aller . . . Wirkungen, durch die sie (d. h. die Person des Educanden) in ihren wesentlichen Kräften . . . geweckt und gestärkt und dadurch zu einer Gemeinschaft, Kultur und Gottesreich verantwortlich mittragenden, liebenden und liebenswürdigen, frohen Persönlichkeit wird«[93].

Ein anderes Beispiel ist die Begriffsbestimmung von OGORODNIKOW und SCHIMBIREW: »Unter Erziehung versteht man den Prozeß der Herausbildung des kommunistischen Bewußtseins und des kommunistischen Verhaltens bei den Schülern und der Entwicklung ihres Erkenntnisvermögens und ihrer schöpferischen Fähigkeiten und Talente«[94]. Dieser Satz erweckt zwar den Anschein einer rein deskriptiven Definition. Implizit enthält er jedoch die Vorschrift oder den normativen Satz: »Erziehung *soll* das kommunistische Bewußtsein und das kommunistische Verhalten herausbilden«.

Manchmal werden Normen dadurch verschleiert, daß man von »echter« Erziehung spricht und diese der »angeblichen« Erziehung entgegensetzt. Ein Beispiel dafür findet sich bei LITT. Er bestreitet, daß es in einem totalitären Staat »echte Erziehung« gibt. Die »Einwirkung«, die sich dort mit dem Namen »Erziehung« schmücke, sei »einzig und allein von dem Zielgedanken her bestimmt, jene politische Dogmatik, an der der totale Staat sein ideologisches Fundament hat, so unauslöschlich in das nachgiebige Material der werdenden Seele einzuprägen, daß kein konkurrierender Ordnungsgedanke Gehör finden, geschweige denn Zustimmung finden kann«. LITT bezeichnet diese »Einwirkung« als »Technik der Seelenbearbeitung« und meint, »daß diese *angebliche* Erziehung das Gegenteil dessen ist, was sie zu sein behauptet: sie ist Dressur zu amtlich vorgeschriebenen Meinungen und Haltungen und damit systematische Unterdrückung dessen, was *echte* Erziehung mit allen Mitteln emporzuentwickeln bestrebt ist«[95]. So kann man nur argumentieren, wenn man von einem programmatisch-präskriptiven Erziehungsbegriff ausgeht, dessen wesentliches Merkmal in der Forderung (Norm) gesehen wird: die »Urteilsklarheit«, die »echte Einsicht« *soll* »erweckt« werden!

92 HENZ 1964, 15.
93 HENZ 1964, 18.
94 OGORODNIKOW und SCHIMBIREW 1954, 11. Weitere Beispiele aus der pädagogischen Literatur der Sowjetunion und der DDR bei RETTER 1970.
95 LITT 1961, 84f. (Hervorhebungen vom Verfasser). Ähnlich WENIGER 1953, 154: »Auch von politisch oder wirtschaftlich totalitären Systemen gilt, daß sie keine *echte* Erziehung, sondern nur Gewalt, Dressur und Propaganda zulassen«; BUSEMANN 1965, 8: »Die nationalsozialistische ›Schulung‹ war keine Erziehung, sondern das Gegenteil von ihr«.

Als letztes Beispiel sei einer der Erziehungsbegriffe von PETERS erwähnt. Er unterscheidet zwischen Erziehung und Ausbildung (»training«). Unter Erziehung versteht er ausschließlich jene Vorgänge, die den Zustand des »Erzogenseins«, wie er ihn als Norm definiert hat, bewirken. Zu diesem idealen Zustand gehört vor allem, daß nicht bloß bestimmte Verhaltensbereitschaften vorhanden sind, sondern daß der Educand auch »Wissen und Verstehen«, eine »kognitive Perspektive«, d. h. Einsicht in die Gründe für das von ihm geforderte Verhalten besitzt. Auf Grund dieser normativen Voraussetzungen hält PETERS seinen Begriff der Erziehung zum Beispiel auf die Spartaner nicht für anwendbar. Er gesteht ihnen nur zu, daß sie militärisch und moralisch »ausgebildet« worden sind. Sie verstanden »zu kämpfen und Richtiges von Falschem zu unterscheiden.... Trotzdem würden wir nicht von ihnen sagen, sie hätten eine militärische oder moralische Erziehung erhalten; denn nie waren sie dazu angeregt worden, die Grundgedanken zu untersuchen, auf denen sich ihre Gesetze aufbauten«[96]. Hier liegt eine Usurpation des Wortes »Erziehung« durch die Verfechter bestimmter Ideale vor: aus der Gesamtmenge der erzieherischen Handlungen, die auf die Erreichung verschiedenster Ziele gerichtet sind, darf nach PETERS nur jene Teilmenge »Erziehung« genannt werden, die der Erreichung ganz bestimmter, als »liberale Erziehung«[97] deklarierter Ziele dient.

Tritt man mit einem Erziehungsbegriff, der eine solche Norm enthält (»Die Educanden *sollen* dazu angehalten werden, die Prinzipien zu untersuchen, die dem Moralkodex ihrer Gesellschaft zugrundeliegen!«), an Menschen und Gruppen heran, die ihr Handeln an anderen Normen orientieren, dann erscheinen die meisten geschlossenen Gesellschaften und insbesondere die unaufgeklärten unteren sozialen Schichten als erziehungslos. Man kann dann das Vorhandensein von »Erziehung« im deutschen Volk unter der Hitler-Diktatur ebenso bestreiten wie in kommunistischen Gesellschaften oder in den totalitären Nationalstaaten Afrikas, Asiens und Lateinamerikas.

Es ist an sich nicht verwunderlich, »daß Erziehungsdefinitionen häufig explizit oder implizit gewisse Programme, Normen, Vorschriften oder Wertungen enthalten. Erziehen ist eine menschliche Tätigkeit, bei der versucht wird, etwas in zweckmäßiger, überlegter und sorgfältiger Weise zu tun. Zweckmäßig handeln mit einem Ziel oder einem Verfahren im Bewußtsein bedeutet in gewisser Hinsicht nichts anderes, als dieses Ziel oder dieses Verfahren für wertvoll, gut, erstrebenswert usw. ansehen«[98]. In einem praktischen Kontext, wo es auf die rationale

[96] R. PETERS 1972, 34.
[97] R. PETERS 1972, 49.
[98] SOLTIS 1968, 5.

wie emotive Beeinflussung des Verhaltens von Erziehern und Erziehungspolitikern ankommt, sind solche programmatisch-präskriptiven Erziehungsbegriffe legitim. In einem wissenschaftlichen Kontext dagegen sind sie unbrauchbar. Ihr Inhalt läßt sich klarer wiedergeben, wenn Erziehungsziele und Normen für das erzieherische Handeln auch ausdrücklich als solche bezeichnet, nicht aber in die Definition des Erziehungsbegriffes eingeschleust werden, wodurch diesem der deskriptive Charakter genommen wird, ohne den wissenschaftliche Theorienbildung nicht möglich ist.

c. Absichts-Begriffe und Wirkungs-Begriffe der Erziehung

ca. Der *Absichts-Begriff der Erziehung* ist dadurch gekennzeichnet, daß das Merkmal der *Absicht*, der Intentionalität, des Bewußtseins, eine bestimmte Aufgabe zu erfüllen (d. h. zu handeln, damit bestimmte Ziele erreicht werden), als wesentlich angesehen wird. Mit anderen Worten: wo keine Absicht, keine Intention, kein Aufgabenbewußtsein vorliegt, kann nicht von Erziehung gesprochen werden. Damit ist klar, daß unter diesen Begriff nur Handlungen fallen, und zwar nur solche Handlungen, die den Zweck haben, die Persönlichkeit des Adressaten der Handlung in irgendeiner Hinsicht zu verbessern. *Ob der Zweck erfüllt wird, ob das Ziel, das zu erreichen beabsichtigt wird, tatsächlich ereicht wird, ob die Handlung Erfolg hat, ist für die Begriffsbestimmung belanglos.*

Der Absichts-Begriff der Erziehung kann als eine Unterform des Prozeß-Begriffes der Erziehung angesehen werden. Dieser hat einen weiteren Umfang, weil er nicht nur Handlungen, sondern auch nicht-intentionale Geschehnisse umfaßt. Der Absichts-Begriff ist aber auch mit einer Unterform des Handlungs-Begriffes der Erziehung identisch: mit jener, bei der Erziehung als Handlung ohne Rücksicht auf den Erfolg definiert wird.

cb. Der *Wirkungs-Begriff der Erziehung* enthält als wesentliches Merkmal, daß der Zustand der Persönlichkeit des Educanden, der als seinsollend oder als erstrebenswert angesehen wird, erreicht worden ist. Der Begriff kann also nur angewendet werden, wenn eine Persönlichkeitsänderung, die als erwünscht betrachtet wird, tatsächlich eingetreten und als Wirkung einer Ursache x nachgewiesen worden ist, die dann »Erziehung« genannt werden darf. Das bedeutet, daß Handlungen oder Geschehnisse niemals schon während ihres Ablaufes »Erziehung« genannt werden können, sondern immer erst im nachhinein, nachdem festgestellt worden ist, daß sie eine positiv bewertete Persönlichkeitsänderung bewirkt haben. Von dieser umständlichen und praktisch undurchführbaren Prüfung, ob die Anwendungsbedingungen des Begriffes im jeweils gegebenen Fall vorliegen, könnte man nur absehen, wenn gesichert wäre, daß es bestimmte Handlungen bzw. Prozesse gibt, die notwendige und hinreichende Bedingungen für das Eintreten des vom Erzieher angestrebten Sollzustandes des Educanden sind. Das ist nicht der Fall, sondern es ist vielmehr außerordentlich schwierig, gegenwärtiges Verhalten mit Ereignissen, die ihm vorausgegangen sind, in eine Kausalbeziehung zu bringen[99].

Der Wirkungs-Begriff hat zwei Unterarten. Die erste kann man den *Erfolgs-Begriff der Erziehung* nennen. Von Erfolg spricht man dann, wenn eine *Handlung* zum Erreichen des Zieles geführt hat, um dessentwillen sie ausgeübt worden ist. In diesem Sinne wären jene Handlungen, die den Zweck haben, das Persönlichkeitsgefüge von Menschen in irgendeiner Hinsicht zu verbessern, dann und nur dann als »Erziehung« zu bezeichnen, wenn festgestellt worden ist, daß der Zweck (mehr oder weniger vollständig) erreicht worden ist – und zwar nicht zufällig, sondern dank dieser Handlungen, die demnach als Ursachen oder Mitursachen der eingetretenen Wirkung anzusehen sind.

Ein Beispiel für den Erfolgs-Begriff der Erziehung findet sich bei Waitz, der das Erziehen wie folgt definiert hat: »ein planmäßiges Einwirken auf das noch bildsame innere Leben eines Anderen, wodurch diesem Leben eine bestimmte Gestalt gegeben werden soll und *wirklich gegeben wird«*[100]. Als weiteres Beispiel sei erwähnt, daß Heyde vom »Erziehen« den »bloßen Anschein des Erziehens« unterschieden hat, welchen er als »ein zwar ernstgemeintes, aber letztlich doch vergebliches Bemühen« charakterisiert. Er bestimmt den Erziehungsbegriff so, daß »die Verwirklichung des Zweckes erst den Prüfstein dafür abgibt, ob wirklich Erziehung vorliegt oder nicht. Wo also Erziehung als Wirkliches gegeben ist, da *muß* auch ein ganz bestimmter Gesamtzustand des Zöglings verwirklicht sein«[101]. An dieser Formulierung läßt sich der Unterschied zwischen Absichts- und Erfolgs-Begriff der Erziehung noch einmal verdeutlichen. Beim Absichts-Begriff der Erziehung ist die (mehr oder weniger vollständige) »Verwirklichung des Zweckes« für den Inhalt und die Anwendung des Begriffes belanglos; sie ist nur der »Prüfstein« dafür, ob das erzieherische Handeln (mehr oder weniger) erfolgreich war oder nicht. Beim Erfolgs-Begriff dagegen ist sie das

[99] Vgl. hierzu Lewin 1963, 271–329; zur Notwendigkeit der Einbeziehung subjektiver Faktoren, d. h. der *Bedeutung*, die Ereignisse für das Individuum haben, in die Kausalanalyse vgl. auch W. Thomas 1965, 80f.

[100] Waitz 1898, 41 (Hervorhebung vom Verfasser).

[101] Heyde 1929, 158.

Kriterium dafür, ob überhaupt »Erziehung« vorliegt oder nicht, d. h. der Erfolg ist ein konstitutives Merkmal des Begriffes[102].

Noch problematischer ist die zweite Unterart des Wirkungs-Begriffes der Erziehung. Man könnte ihn den *Begriff der nicht-intendierten Wirkungen* oder den *Erziehungsbegriff der zufälligen Resultate* nennen. Hier werden im Unterschied zum Erfolgs-Begriff nicht Handlungen mit der Absicht, die Persönlichkeit anderer Menschen zu verbessern, sondern irgendwelche *»Einwirkungen«* dann »Erziehung« genannt, wenn festgestellt worden ist, daß sie dazu beigetragen haben, daß ein als Verbesserung gewerteter Persönlichkeitszustand von irgend jemandem erreicht worden ist. Tatsächlich wird dieser Nachweis jedoch nicht abgewartet, sondern man begnügt sich damit, die Kausalbeziehung zu erraten und dementsprechend irgendwelche erratenen »Ursachen« (»Einwirkungen«) als »Erziehung« zu bezeichnen. Man könnte also auch vom *Erziehungsbegriff der erratenen Ursachen von (positiv gewerteten) Persönlichkeitsänderungen* sprechen.

Bei diesem Begriff lassen sich wiederum je nach der Art der Phänomene, von denen er ausgesagt wird, *drei Spezialformen* unterscheiden. Erstens kann sein Anwendungsbereich eingeschränkt werden auf *Handlungen, die zwar nicht mit der Absicht, andere Menschen zu fördern, sondern mit irgendeiner anderen Intention ausgeführt worden sind, die aber doch dazu beigetragen haben, deren Persönlichkeit zu verbessern.* Diesen Erziehungsbegriff verwendet LANGEVELD, wenn er schreibt: »Es ist möglich, daß etwas nicht als Erziehungsmittel gemeint war, aber doch so gewirkt hat«[103]. Er führt als Beispiel an, daß ein Vater auf die Nachricht vom Tode eines geliebten Menschen hin spontan gebetet habe und daß dieser Akt des Betens, der nicht als Erziehungsmittel beabsichtigt war, von großer Bedeutung für die religiöse Bewußtseinsbildung des anwesenden Sohnes gewesen sei. Dieses Gebet habe, »obwohl es aus ganz anderer Absicht entstanden war, große erzieherische Wirkung ausgeübt«. Dementsprechend spricht LANGEVELD (das gleiche Wort, aber zwei verschiedene Begriffe benutzend) von »in erster Instanz nicht erzieherisch gemeinten, aber absichtlichen Handlungen, deren Wirkung aber innerhalb der Erziehung in günstiger oder ungünstiger Weise von großer Bedeutung ist«.

Diesen Erziehungsbegriff (sowie abwechselnd die folgende zweite Spezialform) verwendet auch KROH, wenn er von »erzieherisch wirksamem Geschehen« spricht und dieses vom »erzieherisch gemeinten

[102] Zur Kritik vgl. die Ausführungen zu DOLCHS Erziehungsbegriff B auf S. 44ff. dieses Buches.
[103] LANGEVELD 1954, 31.

Handeln« unterscheidet[104]. Er hat dabei Akte vor Augen, die keiner erzieherischen Intention folgen und doch »erzieherische Wirkungen« nach sich ziehen. »Das Erzieherische begleitet den Vollzug von Akten, die, weil sie auch ohne pädagogische Intention wirksam werden können, nicht ohne weiteres pädagogische Akte genannt zu werden verdienen. In vielen Fällen schleicht sich die Erziehung ›auf dem Rücken‹ anderer Akte ein«[105]. Daß die Wirkung als das zentrale Merkmal dieses Erziehungsbegriffes anzusehen ist, geht klar aus folgendem Satz hervor: »Ob ein Vorgang dem erzieherischen Geschehen zugerechnet wird oder nicht, kann sich nur nach seinem Erfolg und nicht nach der etwa wirkenden Absicht bestimmen«[106].

Eine zweite Spezialform des Erziehungsbegriffes der zufälligen Resultate liegt vor, wenn wie bei DOLCH die wirkenden Faktoren (»das Verursachende«, das »Hineinwirkende«[107]) auf *»zwischenmenschliche Einwirkungen«*[108] erweitert werden. Damit wird über die Handlungen hinausgegangen und das gesamte Verhalten von Menschen (einschließlich der unwillkürlichen Ausdruckserscheinungen) als potentieller Anwendungsbereich des Begriffes »Erziehung« betrachtet. Hierher gehört auch folgende »Definition«: »Erziehung ist ein gegenseitig befriedigendes, das bedeutsame Lernen und die Persönlichkeitsentwicklung förderndes Zusammenleben von Menschen«[109].

Bei der dritten Spezialform wird das Begriffsmerkmal »zwischenmenschliche Einwirkungen« durch *»Einwirkungen«* ersetzt, der Begriffsumfang also nochmals erweitert auf *alle* »die innere Formung der Menschen beeinflussenden Kräfte und Dinge«[110]. Nach SCHNEIDER können »die Kraftströme, durch die der Mensch erzogen wird, . . . ausgehen *von allem, was ihn umgibt«*, also nicht nur von Menschen, sondern auch von der »dinglichen Umwelt«, von Natur und Kultur[111].

[104] KROH 1952, 8. Wo KROH das Wort Erziehung »ohne einengende zusätzliche Bestimmung gebraucht«, bezieht er sich dagegen »auf das Ganze des erzieherisch wirksamen Geschehens *und* des erziehlich gemeinten Handelns«. Er vertritt damit den gleichen kombinierten Absichts- und Wirkungs-Begriff der Erziehung, der sich schon 1914 bei ALOYS FISCHER findet (Deskriptive Pädagogik, FISCHER 1951, Bd. 2, 25 f.) und den DOLCH, ein Schüler von FISCHER und KROH, später zu präzisieren versucht hat.

[105] KROH 1952, 67. Der letzte Satz spielt an auf ein Bild, das MAX SCHELER in seiner Ethik verwendet hat. Vgl. SCHELER 1954, 49 und 511 ff.

[106] KROH 1952, 74. Er fährt treffend fort: »Ob er dem pädagogischen Handeln zuzurechnen sei, muß sich ebenso notwendig nach der pädagogischen Absicht *ohne Rücksicht auf den Erfolg* entscheiden« (Hervorhebung vom Verfasser).

[107] DOLCH 1966, 226.

[108] DOLCH 1966, 232.

[109] TAUSCH 1977, 28.

[110] SCHNEIDER 1953, 11.

[111] SCHNEIDER 1953, 9 f.

In gleicher Weise versteht Henz unter Erziehung »das Gesamt aller Wirkungen, durch die Personen zu Persönlichkeiten werden«[112]. Das sind sämtliche außerhalb des Organismus gelegenen Faktoren, die am Werden jener Merkmale der Persönlichkeit beteiligt sind, die (von wem, wird nicht gesagt) als wertvoll und deshalb erstrebenswert angesehen werden. Dieser Erziehungsbegriff ist bereits im Zeitalter der Aufklärung eingeführt worden und hat zu so mißverständlichen Sätzen Anlaß gegeben wie: »Die Erziehung macht uns zu dem, was wir sind«; »Der Erziehung ist nichts unmöglich«; der Mensch sei »nur ein Produkt seiner Erziehung« usw.[113] Ein inhaltsärmerer und umfangreicherer Erziehungsbegriff läßt sich nicht denken. Er ist nahezu inhaltsleer und schon aus diesem Grunde wissenschaftlich unbrauchbar.

d. Handlungs-Begriffe und Geschehens-Begriffe der Erziehung

Die hiermit gemeinten Begriffe sind bekannter unter den teils mißverständlichen, teils falschen Namen »intentionale« und »funktionale Erziehung« oder »enger« und »weiter Erziehungsbegriff«.

da. Die ursprüngliche und in der Umgangssprache nach wie vor häufigste Bedeutung des Wortes »Erziehung« ist zweifellos diejenige, mit ihm *Handlungen* zu meinen, die den Zweck haben, den Adressaten[114] in irgendeiner Hinsicht besser, tüchtiger oder vollkommener zu machen. Es sind also nicht irgendwelche Handlungen gemeint, sondern eine bestimmte Klasse von Handlungen, die durch das Merkmal der *Förderungsabsicht* von allen übrigen Handlungen abgegrenzt werden. Diese Handlungen entspringen der Absicht bzw. sie werden in der Intention ausgeführt[115], die Persönlichkeit anderer Menschen in einer Weise zu ändern, die gemäß den Normen der Gruppe, der der Handelnde angehört, als Verbesserung gewertet wird.

Einige Autoren vertreten einen Handlungs-Begriff der Erziehung, der das Merkmal der *Planmäßigkeit* enthält. Sie lassen statt absichtlicher nur »planmäßige« Handlungen zu. So definiert z. B. Waitz die Erziehung als »planmäßiges Einwirken«, Dilthey als »planmäßige Tätigkeit«, Meister als »planmäßige Führung«[116]. Der Begriffsumfang

[112] Henz 1964, 18.
[113] Helvetius 1877, 235, 129, 9.
[114] Der Vorschlag, statt des älteren Terminus »Objekt« den Fachausdruck »Adressat« der Erziehung zu verwenden, stammt von Göttler 1948, 29.
[115] Zur logischen Analyse des Wortes »Intention« vgl. Bergmann 1955; Anscombe 1963; Meiland 1970.
[116] Waitz 1898, 41; Dilthey 1963, 25; Meister 1965, 10.

wird dadurch erheblich eingeengt, d. h. die Menge der Gegenstände (Objekte, Designata), von denen der Begriff ausgesagt werden oder auf die er angewendet werden kann, wird verringert. Zwischen absichtlichem und planmäßigem Handeln bestehen erhebliche Unterschiede. »›Plan‹ bedeutet mehr als ›Absicht‹; der absichtlich Wirkende braucht nur Ziel und Richtung vorher zu wissen; der planmäßig Handelnde muß eine ausgeführte Übersicht über das besitzen, was geschehen soll, um das Ziel zu erreichen und die Richtung zu verfolgen«[117].

Handlungs-Begriffe der Erziehung können in der Absichts- wie in der Wirkungs-Bedeutung (hier genauer: Erfolgs-Bedeutung) gebraucht werden. Im ersten Fall wird offen gelassen, ob das Handeln Erfolg hat. Im zweiten Fall werden nur Handlungen, die den gewünschten Erfolg haben, als »Erziehung« bezeichnet.

db. Dem *Geschehens-Begriff der Erziehung* liegt die Erkenntnis zugrunde, daß die erzieherischen Handlungen innerhalb der Gesamtmenge der menschenformenden Einflüsse nur eine relativ kleine Teilmenge bilden.

Man wollte davor warnen, ihre Wirkung zu überschätzen. Die Aufmerksamkeit sollte stärker auf die übrigen menschenformenden Einflüsse gelenkt werden. Das hätte freilich auch geschehen können, ohne dem Wort »Erziehung« eine neue, vom vorherrschenden Sprachgebrauch erheblich abweichende Bedeutung zu geben. Statt dessen wurde die Handlungs-Bedeutung des Wortes, die zweifellos seine zentrale Bedeutung ist, als »enger Erziehungsbegriff« oder als »intentionale Erziehung« bezeichnet und dieser ein »weiter Erziehungsbegriff« oder *der Begriff der sogenannten »funktionalen Erziehung«* gegenübergestellt. Er war schon durch den ungenauen Sprachgebrauch und die oberflächliche Unterscheidung von »drei Arten der Erziehung« bei ROUSSEAU sowie durch HELVETIUS vorbereitet worden[118] und wird ungeachtet seiner Informationsarmut und seiner logischen Fragwürdigkeit noch immer benutzt.

Die Geschehens-Begriffe der Erziehung sind durch folgendes konstitutives Merkmal bestimmt: äußere Geschehnisse oder Ereignisse, die eine Veränderung (Formung, Gestaltung) in der Persönlichkeit von Menschen bewirken. Im extremsten Fall wird die *Gesamtheit* oder die

[117] COHN 1919, 16.

[118] Vgl. ROUSSEAU 1963, 12f.; HELVETIUS 1877, 235; NIEMEYER 1877, 3: »Im *weiteren* Sinne kann man Alles, was dem Menschen zum ungehemmten Gebrauch der in ihm schlummernden Kräfte verhilft und aus ihm bildet, was er zu werden fähig ist, seine Erziehung nennen«. Man wird neben der Erziehung als »Werk anderer Menschen . . . auch eine *Erziehung der Natur* und eine *Erziehung der Umstände* anerkennen müssen«.

Totalmenge aller Geschehnisse (Ereignisse, Vorgänge), die den Menschen »innerlich formen«[119], als »Erziehung« bezeichnet. Man kann diesen Begriff den *universalen Geschehens-Begriff der Erziehung* nennen. Er ist vor allem von FRIEDRICH SCHNEIDER vertreten worden: »Der weite Erziehungsbegriff... umfaßt (nicht nur zwischenmenschliche Einflüsse, sondern) auch die *gesamten* nicht-personalen Einflüsse der sachlichen Umwelt, der Landschaft, des Klimas, des Raumes usw. in sich«[120]. Unter »funktionaler Erziehung« versteht er »alles, was außer den intentionalen Maßnahmen etwas bedeutet für die Jugend«[121]. In dieses Bedeutungsfeld des Wortes »Erziehung« gehören auch die vagen Begriffe »verborgene Miterzieher«[122] und »geheime Miterzieher«[123], die im 19. Jahrhundert in der pädagogischen Literatur aufgetaucht sind[124].

Ein engerer Geschehens-Begriff der Erziehung liegt vor, wenn nicht die Gesamtmenge *aller* die Persönlichkeit gestaltenden Geschehnisse, sondern nur *die Teilmenge der von Mitmenschen ausgehenden Einflüsse* als Begriffsmerkmal festgelegt wird. In diesem Sinne hat KRIECK unter dem »funktionalen Erziehungsgeschehen« folgendes verstanden: »die formende Wechselwirkung von Mensch zu Mensch, jede Art geistiger Wirkung, welche Werden, Gestaltung und Formung hervorruft oder beeinflußt, wo immer sie herstamme«[125]. Erziehung sei »Wirkung zwischen den Menschen«, aber »bewußte Zwecktätigkeit« sei »mit dem elementaren Erziehungsvorgang gar nicht notwendig verknüpft«[126]. Man kann diesen Begriff den *sozialen Geschehens-Begriff der Erziehung* nennen.

Wir haben festgestellt, daß der soziale Geschehens-Begriff im Hinblick auf die *Menge der einbezogenen wirkenden Faktoren* enger ist als der universale Geschehens-Begriff. In einer anderen Hinsicht können jedoch sowohl der universale als auch der soziale Geschehens-Begriff der Erziehung in einem weiten und in einem engeren Sinne gebraucht werden, je nachdem, wie das *Resultat* des Geschehens bestimmt wird.

[119] SCHNEIDER 1953, 12.

[120] SCHNEIDER 1953, 14 (Ergänzung und Hervorhebung vom Verfasser); ähnlich SCHNEIDER 1930, 9.

[121] SCHNEIDER 1953, 19.

[122] Bei WAITZ 1898, 59ff. nur als Kapitelüberschrift; im Text spricht er weniger mißverständlich von »unkontrollierbaren Mitarbeitern, die sich der Erzieher gefallen lassen muß« (59), oder noch treffender von »unbemerkbaren« Umständen oder Faktoren (61).

[123] Erstmals als Titel einer erziehungspraktischen Schrift von J. LOEWENBERG (1903); erwähnt bei SCHNEIDER 1953, 12.

[124] Vgl. PLATTE 1967; ferner SCHUWERACK 1954, 502, wo neben Personen »zu den Miterziehern... auch diejenigen erzieherischen Einflüsse gerechnet werden, die von der sachlichen Umgebung ausgehen«.

[125] KRIECK 1922, 47.

[126] KRIECK 1922, 176f.

SCHNEIDER und KRIECK vertreten jeweils die weitesten Begriffe, die überhaupt denkbar sind. Diese haben miteinander gemeinsam, daß es als Anwendungsbedingung ihrer Begriffe hinsichtlich der Wirkung des »Geschehens« ausreicht, wenn im Objekt des »Geschehens« eine »Gestaltung«, Änderung (»Werden«), »Formung« oder ein »Formwandel« eingetreten ist.

SCHNEIDER identifiziert den »Erziehungsprozeß« mit dem »Formungs- und Gestaltungsprozeß«, in den der Mensch mit der Geburt eintritt und »dem er während seines ganzen Lebens . . . angehört«[127]. Demnach werden von ihm alle Geschehnisse, die in der Persönlichkeit irgendeines Menschen irgendwelche Änderungen bewirken, »Erziehung« genannt. Im gleichen Sinne werden von KRIECK alle *sozialen* (zwischenmenschlichen) Geschehnisse, die in der Persönlichkeit irgendeines Menschen irgendeine Änderung (»Formwandel«) bewirken, als »Erziehung« bezeichnet. In beiden Fällen fehlt das Merkmal, daß eine Änderung vorliegen muß, die als *Verbesserung* der Persönlichkeit anzusehen ist. Es wird statt dessen unterschiedslos *jede* Veränderung als »Erziehung« bezeichnet – ohne Rücksicht darauf, wie sie gemäß den jeweils geltenden (gruppenspezifischen oder für universal gültig gehaltenen) Sollensnormen bewertet wird. Hier liegt ein *Wertungen ignorierender Geschehens-Begriff der Erziehung* vor. Er ist mit der Grundbedeutung des Wortes »Erziehung« gänzlich unvereinbar.

Davon zu unterscheiden sind *Wertungen beachtende Geschehens-Begriffe der Erziehung*. Ein *universaler* Geschehens-Begriff dieser Art wird von STÄHLER wie folgt definiert: »Funktionale Erziehung« »nennt man jene *erzieherisch bedeutsamen* Einwirkungen, die aus den Begegnungen von Mensch zu Mensch und von Ding zu Mensch de facto aufsteigen, ohne daß für das Bewirkende in bezug auf die *erzieherische Bedeutsamkeit* seiner Einwirkungen Bewußtheit, Absichtlichkeit oder Planmäßigkeit bestünde«[128]. Die Rücksicht auf eine Bewertung des Produkts der »Einwirkung« als *Verbesserung* gegenüber dem Zustand, in dem sich die Persönlichkeit zu einem früheren Zeitpunkt befunden hat, wird hier ziemlich unklar durch das einschränkende Begriffsmerk-

[127] SCHNEIDER 1953, 9. Der Terminus »funktionale Erziehung« wird von SCHNEIDER abwechselnd in mindestens drei Bedeutungen verwendet, ohne daß diese ausdrücklich angegeben worden sind: 1. bedeutet »Formungsprozeß« im Singular einen Prozeß *in* der Person, d. h. den Prozeß des Werdens der Persönlichkeit; 2. scheint SCHNEIDER aber vorwiegend die von Menschen und Dingen der Außenwelt ausgehenden Prozesse zu meinen, die diesen innerpersonalen »Formungsprozeß 1« beeinflussen (»die Kraftströme, durch die der Mensch erzogen wird«); 3. werden auch die »Kräfte und *Dinge*«, die die »innere Formung des Menschen beeinflussen«, »funktionale Erziehung« genannt (S. 11, Hervorhebung vom Verfasser).

[128] STÄHLER 1953, 180 (Hervorhebung vom Verfasser).

mal »erzieherisch bedeutsam« ausgedrückt. Gemeint ist damit: für die Erreichung von Zielen der Erziehung (in der Handlungs-Bedeutung oder der »intentionalen« Bedeutung des Wortes) bedeutsam, d. h. von Soll-Zuständen der Persönlichkeit des Educanden. Es ist charakteristisch für die logische Unhaltbarkeit jener Geschehens-Begriffe der Erziehung, welche (in Übereinstimmung mit dem Sprachgebrauch) Wertungen nicht unbeachtet lassen, daß sie nur unter Zuhilfenahme des Handlungs-Begriffes der Erziehung definiert werden können[129].

Als Beispiel für einen *sozialen* Geschehens-Begriff, in dem Wertungen beachtet werden, kann DOLCHS Erziehungsbegriff B dienen: »Erziehung heißen wir zwischenmenschliche Einwirkungen *dann und insoweit*, als durch sie eine *Verbesserung* fremden Verhaltens . . . erreicht wird«[130].

Bei der Beurteilung der Geschehens-Begriffe der Erziehung kann man davon ausgehen, daß es eine allgemein anerkannte Tatsache ist, daß die Persönlichkeit durch unübersehbar viele soziale Prozesse, bei denen keine Förderungsabsicht vorliegt, wie auch durch Einflüsse, die von Kulturobjekten und von Gegebenheiten der Natur ausgehen, verändert wird. Es ist zu Recht bemängelt worden, daß diese sozial-kulturellen Einflüsse in den pädagogischen Theorien zu wenig beachtet worden sind[131]. Es scheint mir ferner außer Zweifel zu stehen, daß eine realitätsnahe Theorie der Erziehung alle Faktoren einbeziehen sollte, die für die Erreichung von Erziehungszielen relevant sind. Nichts berechtigt jedoch zu der Annahme, daß die Erkenntnis dieser Zusammenhänge und die gegenseitige Verständigung über sie dadurch gefördert werden können, daß ein Geschehens-Begriff der Erziehung eingeführt wird.

Geschehens-Begriffe der Erziehung sind notwendig auch Wirkungs-Begriffe. Sie können nur von der Wirkung her, die irgendein Geschehnis gehabt hat, definiert werden. Sie weisen damit alle Mängel auf, die früher an den Wirkungs-Begriffen kritisiert worden sind. Darüber hinaus kranken sie aber im Unterschied zu Handlungs-Begriffen, die in

[129] Auch STÄHLER hebt an anderer Stelle klar hervor, »daß von erzieherisch bedeutsamen Einflüssen sinnvoll und durchdacht nur dort die Rede sein kann, wo ein bewußtes und durchdachtes Erziehungsziel ins Auge gefaßt wird, das ja allererst die Möglichkeit gibt, von *den* Einwirkungen auf den Menschen, die sich bewußt, absichtlich und planmäßig durch dieses Ziel bestimmen lassen (intentionale Erziehung), jene zu unterscheiden, die nur unbewußt und ungewollt der Erreichung dieses Zieles förderlich oder hinderlich sind (funktionale Erziehung). Das aber bedeutet, daß *der Begriff der funktionalen Erziehung den Begriff des Erziehungszieles voraussetzt, das doch explizit nur als Ziel einer möglichen intentionalen Erziehung gedacht werden kann, so daß der Begriff der funktionalen Erziehung zuletzt im Begriff der intentionalen Erziehung gründet«* (1953, 182; Hervorhebung vom Verfasser).

[130] Vgl. in diesem Buch S. 43.

[131] KRIECK 1922, 46ff.; SCHNEIDER 1953, 11 und 13; KROH 1952, 50f.

Wirkungs-Bedeutung verwendet werden, noch zusätzlich daran, daß die Phänomene, von denen dieser Begriff gegebenenfalls ausgesagt werden kann, völlig unbekannt sind – jedenfalls so lange, bis nachgewiesen worden ist, daß eine »Wirkung« (d. h. Persönlichkeitsänderung) einem genau identifizierbaren »Einfluß« als ihrer »Ursache« zugeordnet werden kann. Werden Handlungs-Begriffe der Erziehung mit Wirkungs-Bedeutung gebraucht, so bleibt »nur« zu prüfen, *ob* eine bekannte Handlung den vom Handelnden beabsichtigten Erfolg gehabt hat; trifft dies zu, dann darf diese Handlung »Erziehung« genannt werden. Beim Geschehens-Begriff der Erziehung dagegen ist der Gegenstand, der mit diesem Begriff gemeint ist, unbekannt; es muß erforscht werden, *wem* eine eingetretene »Wirkung« kausal zuzurechnen ist, bevor von »Erziehung« gesprochen werden kann. Da alle Persönlichkeitsänderungen mehrfach determiniert sind, ist eine eindeutige und ausschließliche Zuordnung zu einer bestimmten Determinante kaum möglich. Für die Theorienbildung sind also Geschehens-Begriffe unbrauchbar.

Unter praktischen Gesichtspunkten ist schließlich noch zu sagen, daß verschiedene Gegenstände auch verschieden benannt werden sollten. Für die mit dem Handlungs-Begriff gemeinten Phänomene steht uns kein anderer Name als »Erziehung« zur Verfügung. Für die mit dem Geschehens-Begriff gemeinten Phänomene können dagegen andere Namen benutzt werden, die keinen Bezug zum Wort »Erziehung« zu enthalten brauchen, da es sich ja um nicht-erzieherische Bedingungen für das Erreichen von Persönlichkeitsänderungen handelt, die (unter anderem manchmal auch) als Ziele der Erziehung verfolgt werden, aber auch unabhängig von Erziehung (in der Handlungs- und Absichts-Bedeutung) eintreten können. Im übrigen verweise ich auf meine Kritik an DOLCHS Erziehungbegriff B[132].

Wir haben nun eine hinreichende Übersicht über die Bedeutungen gewonnen, die das Wort »Erziehung« in der Alltagssprache und in der pädagogischen Fachsprache hat. Es sind hinsichtlich der Merkmale, durch welche die verschiedenen Erziehungsbegriffe bestimmt werden, Gemeinsamkeiten und Unterschiede aufgedeckt worden. Jetzt kommt es darauf an, aus den vorhandenen Möglichkeiten einen Begriff der Erziehung zu rekonstruieren, der genauer und wissenschaftlich zweckmäßiger ist als jene Begriffe, die bisher verwendet worden sind.

[132] Vgl. S. 44ff.

III. Präzisierung des Begriffes »Erziehung«

Ein Begriff wird dadurch präzisiert, daß seine Merkmale schärfer bestimmt werden. Es geht also nicht darum, einen völlig neuen Begriff der Erziehung zu schaffen. Es wird vielmehr aus den bereits vorhandenen Erziehungsbegriffen eine Auswahl getroffen und dann wird der Inhalt des gewählten Begriffes so genau wie möglich festgelegt. Bei dieser Auswahl richten wir uns nach dem praktischen Maßstab der Fruchtbarkeit für die Theorienbildung. »Ein wissenschaftlicher Begriff ist um so fruchtbarer, je mehr er zur Formulierung von allgemeinen Gesetzen benützt werden kann, und dies bedeutet wiederum: je mehr er sich auf Grund von beobachteten Tatsachen mit anderen Begriffen in Beziehung bringen läßt«[133]. Unter diesem Gesichtspunkt wird hier jener Erziehungsbegriff, der durch die Merkmale der Handlung und der Förderungsabsicht gekennzeichnet ist, den übrigen Erziehungsbegriffen vorgezogen. Die Vermutung, daß er fruchtbarer ist als die anderen, kann als eine Hypothese angesehen werden, die durch die künftige Forschung entweder bestätigt oder widerlegt werden wird. In diesem Sinne schlage ich folgende Verwendungsregeln für den Terminus »Erziehung« vor.

1. Erziehung als Handlung

Mit dem Terminus »Erziehung« werden Handlungen bezeichnet.

»Eine Handlung ist das absichtliche Eingreifen oder Nichteingreifen eines menschlichen Wesens in den Ablauf des natürlichen Geschehens«[134]. Nach einer Begriffsbestimmung von Max Weber soll »Handeln« »ein menschliches Verhalten (einerlei, ob äußeres oder innerliches Tun, Unterlassen oder Dulden) heißen, wenn und insofern als der oder die Handelnden mit ihm einen subjektiven *Sinn* verbinden«[135]. Handeln ist eine bestimmte Art des menschlichen Verhaltens, die sich durch Sinnhaftigkeit (Intentionalität) und Selbstbewußtsein (Reflexivität) vom übrigen Verhalten des Menschen unterscheidet[136]. Unter »Sinn« ist hier der tatsächlich vom Handelnden subjektiv *gemeinte* Sinn zu verstehen[137].

Um Mißverständnisse über den tatsächlichen Verlauf des erzieherischen Handelns von vornherein zu vermeiden, muß mit Weber darauf

[133] Carnap 1959, 14; ähnlich Hempel 1952, 11.
[134] Körner 1970, 139.
[135] Max Weber 1972, 1.
[136] Vgl. zur Interpretation Girndt 1967, 22ff.
[137] Max Weber 1972, 1.

aufmerksam gemacht werden, daß »die Grenze sinnhaften Handelns gegen ein bloß . . . reaktives, mit einem subjektiv gemeinten Sinn nicht verbundenes, Sichverhalten« durchaus fließend ist. »Ein sehr bedeutender Teil alles soziologisch relevanten Sichverhaltens, insbesondere das rein traditionale Handeln steht auf der Grenze beider«[138]. Vollbewußtes Handeln ist nur als ein (für die Begriffsbildung benutzter) Grenzfall des wirklichen Handelns anzusehen. »Das *reale* Handeln verläuft in der großen Masse seiner Fälle in dumpfer Halbbewußtheit oder Unbewußtheit seines ›gemeinten Sinns‹. Der Handelnde ›fühlt‹ ihn mehr unbestimmt, als daß er ihn wüßte oder ›sich klar machte‹, handelt in der Mehrzahl der Fälle triebhaft oder gewohnheitsmäßig. Nur gelegentlich, und bei massenhaft gleichartigem Handeln oft nur von Einzelnen, wird ein (sei es rationaler, sei es irrationaler) Sinn des Handelns in das Bewußtsein gehoben. Wirklich effektiv, d. h. voll bewußt und klar, sinnhaftes Handeln ist in der Realität stets nur ein Grenzfall. Auf diesen Tatbestand wird jede historische und soziologische Betrachtung bei der Analyse der *Realität* stets Rücksicht zu nehmen haben. Aber das darf nicht hindern, daß die Soziologie ihre *Begriffe* durch Klassifikation des möglichen ›gemeinten Sinns‹ bildet, also so, als ob das Handeln tatsächlich bewußt sinnorientiert verliefe. Den Abstand gegen die Realität hat sie jederzeit, wenn es sich um die Betrachtung dieser in ihrer Konkretheit handelt, in Betracht zu ziehen und nach Maß und Art festzustellen«[139].

Zu beachten ist dabei, daß der Grad der Bewußtheit vor der Handlung, während des Handelns und nach der Handlung verschieden sein kann. Das Handeln unterscheidet sich vom bloßen Verhalten vor allem dadurch, daß es dem Handelnden schon *vor* seinem Vollzug mehr oder weniger bewußt ist: als entworfene, beabsichtigte oder intendierte Handlung[140]. Wir nennen dieses Element der Handlung den *Handlungsentwurf* und unterscheiden davon den Vorgang seiner Verwirklichung: die *Handlungsrealisierung*[141]. Zum Handlungsentwurf gehören erstens Vorstellungen über die Ausgangslage aus der Sicht des Handelnden; zweitens Vorstellungen über das Ziel bzw. die Ziele, die er erreichen will; drittens Vorstellungen über die möglichen Mittel, durch welche die Ausgangslage so verändert werden kann, daß das Bezweckte eintritt. Jeder Handlungsentwurf enthält bestimmte Vorstellungen unter mehreren möglichen Vorstellungen. Das Handeln wird durch ihn bestimmt, aber die Erfahrungen, die während des Handelns gemacht werden, können auf den Handlungsentwurf zurückwirken und ihn in jedem seiner Bestandteile verändern. Vor allem bei komplexen Hand-

138 Max Weber 1972, 2.
139 Max Weber 1972, 10f.
140 Vgl. Schütz 1974, 84.
141 Vgl. Girndt 1967, 30ff.

lungen sieht die abgeschlossene Handlung in der Rückschau meistens anders aus als der Handlungsentwurf.

Unter den Begriff der Handlung fallen sowohl äußere als auch innere Phänomene: Verhaltensweisen und seelische Erlebnisse; oder in der Sprache MAX WEBERS: »äußeres Handeln« und »inneres Sichverhalten«[142]. Das der Fremdbeobachtung zugängliche äußere Verhalten bildet nur *einen* Aspekt des Handelns. Es kann ohne Berücksichtigung innerer Vorgänge, insbesondere des vom Handelnden subjektiv gemeinten Sinns gar nicht verstanden und als »Handlung« klassifiziert werden. Daneben ist zu beachten, daß nicht nur jedes Handeln innere Aspekte hat, sondern daß es auch *inneres Handeln* oder *»innerliches Tun«* gibt, das sich nicht notwendig in sinnlich wahrnehmbarem Verhalten ausdrückt. Es ist für den Inhalt des Erziehungsbegriffes wesentlich, daß er mit dem Merkmal der Handlung auch *das »gewollte Unterlassen und Dulden«*[143] einschließt.

Aus der Bestimmung der Erziehung als Handlung folgt, daß *nur Menschen Subjekte der Erziehung sein können.* Die nicht-personalen Gegenstände der Natur und Kultur, die »Umwelt« oder das »Milieu« üben zwar mehr oder weniger starke Einflüsse auf den Menschen aus, aber sie handeln nicht, und deshalb kann man auch nicht sagen, daß sie erziehen. Zum Erziehen gehört das Merkmal der Zielgerichtetheit und damit auch ein »Mindestmaß von Bewußtsein«[144]. Erziehung ist eine zielgerichtete Aktivität von Personen[145].

Aus dem Gesagten ist ersichtlich, daß der Begriff »Handlung« (englisch: action) inhaltsreicher ist als der Begriff *»Verhalten«* (englisch: behavior). Die äußeren Bestandteile von Handlungen können auch als Verhaltensweisen bezeichnet werden, aber nicht alle Verhaltensweisen sind Handlungen. Handlungen sind dadurch gekennzeichnet, daß sie für den Handelnden einen Sinn, eine Bedeutung oder einen Zweck haben. Ihre Bedeutung ist nicht durch unmittelbare Beobachtung des sinnlich wahrnehmbaren Verhaltens erkennbar, sondern sie kann nur mittelbar durch *Interpretation* der Verhaltensweisen des Handelnden und anderer Daten der gegebenen Situation erschlossen werden[146].

In der Psychologie ist der Terminus »Verhalten« lange Zeit mit dem Programm des »Behaviorismus« verbunden gewesen, das Seelenleben von außen durch Beobachtung des Verhaltens zu erforschen statt von

142 MAX WEBER 1972, 11.
143 MAX WEBER 1968, 171.
144 LITT 1949, 100.
145 Damit wird auch die unklare Vorstellung zurückgewiesen, daß »das Lernen ... erzieht« und daß die »erziehliche Beeinflussung« grundsätzlich auch ohne Erzieher »im außersozialen Raum möglich« sei. Sie findet sich bei CORRELL 1965, 232.
146 Vgl. KAPLAN 1964, 32 und 358ff.

innen durch Selbstbeobachtung von Erlebnissen. Diese methodische Konzentration auf das Verhalten war eine notwendige und fruchtbare Ergänzung der bis dahin vorherrschenden Konzentration auf die Bewußtseinsphänomene[147]. Sie hat jedoch bei radikalen Anhängern zu der einseitigen Ansicht geführt, Erlebnisse, Erlebnisbegriffe und Interpretationen seien in der Psychologie entbehrlich. Pioniere des Behaviorismus wie THORNDIKE haben diesen irrigen Standpunkt allerdings nie vertreten, sondern »den Erlebnisaspekt der älteren Psychologie . . . in den weiteren Rahmen einer Gesamttheorie des tierischen und menschlichen ›Verhaltens‹ einzuordnen« versucht[148]: »Das ›Verhalten‹ ist . . . dem bewußten Leben nicht entgegengesetzt, sondern schließt es in sich«[149]. In diesem Sinne ist in den letzten Jahrzehnten eine »Liberalisierung des Behaviorismus« erfolgt[150]. Unter »Verhalten« wird heute vielfach mehr als bloß die direkt beobachtbare Aktivität eines Organismus in Form von Reaktionen auf bestimmte Reize verstanden[151]. Selbst wenn man sich auf die Beschreibung des beobachtbaren Verhaltens zu beschränken versucht, zeigt sich, daß »eine Klassenbildung erforderlich« wird, »da soziales Verhalten niemals ein einzelnes Ereignis ist, sondern ein rekurrentes Phänomen, d. h. eine Klasse von Ereignissen, die die ›gleiche *Bedeutung*‹ haben«[152].

Abweichend von der zentralen Bedeutung des Wortes »Verhalten« und im Gegensatz zum ursprünglichen Programm des Behaviorismus werden immer häufiger auch seelische Erlebnisse (subjektive Phänomene) »Verhalten« genannt, wie dies schon MAX WEBER getan hat. Sofern damit diese erweiterte Bedeutung gemeint ist (Verhalten_1 und Erlebnisse = »Verhalten_2«), könnte allenfalls auch der Begriff »Verhalten« zur Bestimmung des Erziehungsbegriffes verwendet werden, da er durch zusätzliche Merkmale so eingeengt werden kann, daß sein Inhalt mit dem des Begriffes »Handlung« identisch wird. Da jedoch in diesem Falle von der zentralen Wortbedeutung, die in der Gegenüberstellung von (äußerem) »Verhalten« und (innerem) »Erlebnis« zum Ausdruck kommt, abgewichen wird und deshalb Mißverständnisse kaum vermeidbar seien dürften, kann die Verwendung des Begriffes »Verhalten« für unsere Zwecke nicht empfohlen werden.

Ausdrücklich zurückgewiesen wird die Verwendung des mehrdeuti-

147 Vgl. BÜHLER 1978, 18ff.
148 KARL BÜHLER im Geleitwort zu THORNDIKE 1970, V.
149 THORNDIKE 1970, 2.
150 Vgl. HUMMEL 1969, 1167.
151 Vgl. GRAUMANN 1965. Auch WINNEFELD 1972, 155 faßt den Verhaltensbegriff so, »daß nicht bloß ›äußeres‹ Verhalten getroffen wird, sondern auch ›inneres‹, d. h. Erlebnis- und Bewußtseinsvorgänge, Emotionales, Antriebhaftes und Kognitives«.
152 HUMMEL 1969, 1192 (Hervorhebung vom Verfasser); ähnlich BÜHLER 1978, 22.

gen und vagen Begriffes *»Einwirkung«*, der bisher am häufigsten zur Bestimmung des Erziehungsbegriffes benutzt worden ist[153]. Er ist durch große Unklarheit belastet, weil er sowohl in der Absichts- wie in der Wirkungs-Bedeutung und in der Handlungs- wie in der Geschehens-Bedeutung verwendet wird. Etymologisch geht das Wort »wirken« auf die indogermanische Wurzel uerĝ- zurück, die »tun«, »Arbeit« (»Werk«) bedeutet[154]. In der heutigen Umgangssprache bedeutet es jedoch – von Menschen ausgesagt – nicht einfach »etwas tun«, sondern *»erfolgreich* tätig sein« (intransitiv) oder »etwas schaffen«, »bewirken«, »eine Wirkung erzielen« (transitiv). »Wirken« ist aber nicht wie »Handeln« auf Menschen als »Wirkende« beschränkt, sondern wird auch von Sachen ausgesagt und bedeutet dann: »Einfluß ausüben, Spuren hinterlassen; prägend, gestaltend, verändernd an etwas arbeiten, tätig sein; Eindruck, Wirkung hinterlassen«. Das Substantiv »Wirkung« bedeutet dementsprechend eine »durch eine verursachende Kraft bewirkte Veränderung, Beeinflussung, bewirktes Ergebnis; Effekt«[155].

Aus diesem Hinweis auf die Wortbedeutungen, aber auch aus der Verwendung des Wortes »Einwirkung« in pädagogischen Texten geht hervor, daß bei Erziehungsbegriffen, die mit seiner Hilfe bestimmt werden, die Wirkungs- und die Geschehens-Bedeutung vorherrschen[156]. Es bleibt jedoch unerkennbar, was genau gemeint ist: Der Prozeß des Einwirkens? Das Ergebnis des Prozesses, d. h. eine Veränderung in der Persönlichkeitsstruktur dessen, auf den eingewirkt worden ist? Oder eine undurchschaubare »Einheit« aus Prozeß, Produkt und Bedingungsfaktoren des Prozesses wie des Produktes? Für die Teilklasse jener Einwirkungen, die in Förderungsabsicht erfolgen, ergeben sich zusätzlich folgende Fragen: Ist mit »Einwirkung« die Handlung gemeint, durch die versucht wird, eine als positiv bewertete Änderung im Adressaten zu bewirken? Oder die Handlung dann und nur dann, wenn sie Erfolg gehabt hat? Oder der Erfolg dieser Handlung, d. h. die eingetretene Persönlichkeitsänderung? Oder die Handlung samt der durch sie verursachten Veränderung im Adressaten? Alle diese Deutungen sind möglich, wie man zum Beispiel an den Äußerungen von DOLCH sehen kann[157]. Der Begriff »Einwirkung« ist noch unpräziser als der Begriff »Erziehung« und schon deshalb als Begriffsmerkmal zur Präzisierung des Erziehungsbegriffes nicht geeignet.

153 Unter anderen von SCHLEIERMACHER 1957, 98f. und 111; ferner von BENEKE, WAITZ, ZILLER, WILLMANN, COHN, MARTINAK, SPRANGER, EGGERSDORFER, DEITERS, DOLCH, KEILHACKER, KLAFKI. Vgl. Fußnote 64.
154 KLUGE 1967, 862.
155 Ullstein-Lexikon 1969, 985; Duden, Bd. 6, 1981, 2890.
156 Ich erinnere an die Ausführungen auf S. 68f., daß Geschehens-Begriffe der Erziehung aus logischen Gründen notwendig auch Wirkungs-Begriffe sind.
157 Vgl. DOLCH 1966, 226; DOLCH 1965, 54; vor allem aber DOLCH 1970, 76ff.

2. *Erziehung als soziale Handlung*

Die Handlungen, die als »Erziehung« bezeichnet werden, sind soziale (d. h. auf Mitmenschen bezogene) *Handlungen.*

Max Weber hat unter »sozialem« Handeln ein solches Handeln verstanden, »welches seinem von dem oder den Handelnden gemeinten Sinn nach auf das Verhalten *anderer* bezogen wird und daran in seinem Ablauf orientiert ist«[158]. Soziales Handeln ist eine besondere Art des Handelns, die sich durch eine bestimmte Intention von anderen Arten unterscheidet: es ist bewußt und willentlich auf andere Menschen bezogen; es ist sinnhaft orientiert »am vergangenen, gegenwärtigen oder für künftig erwarteten Verhalten anderer«[159]. »Sozial« ist hier rein beschreibend und nicht wertend gemeint; es bedeutet einfach: auf Mitmenschen bezogen. »Diese Beziehung ist dabei entweder derart, daß der Handelnde das mutmaßliche Verhalten anderer in seinem Handlungsentwurf als *konstitutive Bedingung* seines Handelns in Rechnung zieht, oder derart, daß der Handelnde durch die Handlungsrealisation auf eine Veränderung des Verhaltens anderer *als Folge* abzielt. Eine Kombination beider Orientierungsarten ist ebenfalls möglich«[160].

Für die Explikation des Erziehungsbegriffes scheint mir Webers Begriff des Sozialen Handelns allerdings insofern zu eng zu sein, als er nur das »Verhalten« anderer Personen berücksichtigt. Wenn auch bei Weber abweichend vom Sprachgebrauch das Erleben in den Inhalt des Begriffes »Verhalten« einbezogen wird, so bleibt doch genaugenommen ausgeschlossen, worauf ein großer Teil der Sozialen Handlungen (insbesondere die erzieherischen Handlungen) abzielt: die *Dispositionen*, d. h. die Haltungen, Einstellungen, Erlebnis- und Handlungsbereitschaften, die dem aktuellen Verhalten zugrunde liegen. Nennen wir das Gefüge der psychischen Dispositionen eines Menschen seine »Persönlichkeit«, dann empfiehlt es sich, unter Sozialen Handlungen solche zu verstehen, die dem vom Handelnden gemeinten Sinn nach auf die *Persönlichkeit* anderer Menschen bezogen sind.

Zum Unterschied zwischen Sozialer Handlung und Sozialer Interaktion

Soziale Handlungen und damit auch erzieherische Handlungen sind im allgemeinen *Bestandteile eines Systems »sozialer Interaktionen«*. Es ist jedoch zum Schutz gegen verworrene Gedanken über Erziehung von

[158] Max Weber 1972, 1.
[159] Max Weber 1972, 11.
[160] Girndt 1967, 44. Über Handlungsentwurf und Handlungsrealisierung als begrifflich voneinander zu unterscheidende Elemente der Handlung vgl. 30ff.

entscheidender Bedeutung, die Unterschiede zwischen Sozialer Handlung und Sozialer Interaktion nicht zu verwischen. Soziale Interaktionen sind ungleich komplexere Phänomene als Soziale Handlungen, und deshalb sind sie wissenschaftlich auch sehr viel schwieriger zu erfassen. »Der Begriff der Interaktion ist der erste Schritt über den Begriff der Handlung hinaus zur Bildung des Begriffes des Sozialen Systems. Wenn wir von Handlung sprechen, setzen wir sinnvolle Motivationen und Zielgerichtetheit voraus«[161].

Als Beispiele für die Unklarheit, die durch die Bestimmung des Erziehungsbegriffes mit Hilfe des Merkmals der Sozialen Interaktion gestiftet wird, seien folgende Definitionen angeführt. Nach TAUSCH ist unter Erziehung »ein Geschehen zwischen zwei oder mehreren Personen zu verstehen, eine soziale Interaktion von Menschen mit dem charakteristischen, fundamentalen Ziel, Änderungen des Verhaltens und Erlebens von Individuen zu bewirken«[162]. Ähnlich formuliert auch WINNEFELD: »Erziehungsgeschehnisse sind soziale Interaktionen, welche auf Steuerung und Umsteuerung von Verhalten hinzielen«[163]. Auch LOCH spricht von der »Erziehung als einer speziellen Form sozialer Interaktion«[164]. EYFERTH definiert Erziehung als einen »Prozeß sozialer Interaktion«[165]. Alle diese Autoren schreiben irrtümlich Sozialen Interaktionen Merkmale zu, die nur Sozialen Handlungen bzw. dem Handelnden zukommen: Motive, Selbstbewußtsein, subjektiven Sinn, Zielgerichtetheit. Sie verkennen, daß jede Interaktion »ein phantastisch komplexes Gewebe von Handlung und Gegenhandlung« ist[166]. Dieses System von Wechselbeziehungen wird in unzulässiger Weise personifiziert, wenn von ihm gesagt wird, es »ziele« auf etwas hin oder wolle etwas »bewirken«. Schon die Wahl des Terminus »Geschehen« bzw. »Geschehnis« statt des Terminus »Handlung« bei den beiden erstgenannten Autoren ist eigentlich mit dem Begriffsmerkmal »Intentionalität« (sofern darunter »Absichtlichkeit« verstanden wird) unvereinbar. In dem komplizierten System von Handlungen und Gegenhandlungen, das »Interaktion« genannt wird, kann Zielgerichtetheit jeweils nur dem Handelnden für seine eigene Handlung zugeschrieben werden. Ebenso kann auch im Zusammenhang mit »Zielen« von »bewirken« nur gesprochen werden mit Bezug auf die Handlungen, durch die jemand etwas bewirkt hat, bewirkt oder bewirken will. Der Handelnde kann

[161] PARSONS 1968, 436. Zum gegenwärtigen Stand der Interaktionstheorien vgl. GRAUMANN 1972, 1109ff.
[162] TAUSCH 1970, 15.
[163] WINNEFELD 1972, 155.
[164] LOCH 1969, 137.
[165] EYFERTH 1959, 456.
[166] STRAUSS 1968, 63.

jeweils nur seine *eigenen* Handlungen (mehr oder weniger) kontrollieren, nicht aber die Handlungen seines Partners bzw. der Vielzahl der Partner, mit denen er interagiert. Als Erziehungswissenschaftler wollen wir in erster Linie wissen, was er mit ihnen im Hinblick auf seine Ziele in bestimmten Adressaten unter bestimmten Umständen bewirkt hat oder bewirken kann. Das ist etwas anderes, als danach zu fragen, was aus den Gesamtsystemen Sozialer Interaktionen möglicherweise an Veränderungen in den beteiligten Persönlichkeiten herauskommt.

Die extremste Gegenposition zum Handlungs-Begriff der Erziehung wird von KLAUER vertreten. Er definiert Erziehung als den »Prozeß der Wechselwirkung (Interaktion) von Lehren und Lernen«[167]. Im Unterschied zu den zuletzt erwähnten Autoren ist er sich darüber klar, daß dieser Erziehungsbegriff »die Rede vom Erzieher oder von der Tätigkeit des Erziehens überhaupt nicht zuläßt«. »Erziehung ist hier ein Prozeß der wechselseitigen Beeinflussung, innerhalb dessen Lehrende und Lernende anzutreffen sind«[168]. Folgerichtig wird auch betont, daß diesem Prozeß »keinerlei Ziele eigen sind«[169]. »Deshalb verbietet sich die Rede von . . . Erziehungszielen oder Unterrichtszielen«[170], d. h. diese Begriffe werden in KLAUERS System nicht mehr zugelassen. KLAUER gibt zu, daß sein Interaktions-Begriff der Erziehung »zweifellos unserem Sprachgebrauch zuwiderläuft«[171], aber er glaubt, diesen Nachteil um der vermeintlichen Vorteile willen, die er sich von ihm verspricht, in Kauf nehmen zu können.

Es ist jedoch nicht erkennbar, worin die Vorteile des Interaktions-Begriffes der Erziehung, den KLAUER abweichend vom üblichen Sprachgebrauch »ganz einfach festgesetzt« hat[172], liegen. Tatsächlich kommt auch KLAUER ohne den Handlungs-Begriff der Erziehung nicht aus, wenn er Handlungen kennzeichnen will, durch die versucht wird, »das Erziehungsgeschehen (d. h. das Interaktionsgeschehen) in die gewünschte Richtung zu steuern«[173]. Er benennt solche Handlungen allerdings mit dem Ausdruck »Lehrtätigkeiten«. Auch KLAUERS Interaktions-Begriff der Erziehung ist wie alle Geschehens-Begriffe der Erziehung ein Wirkungs-Begriff: »Ob . . . tatsächlich Erziehung vorliegt oder nicht, kann streng genommen erst nachträglich festgestellt werden«. Als Maßstab dient dabei, ob eine »Wechselwirkung (Interaktion) von Lehren und Lernen«, von »Lehrtätigkeit und Änderung von Persönlichkeitsmerkmalen beim Lernenden«, ein »Kreisprozeß«, eine »wechselseitige Beeinflussung von Lehrenden und Lernenden« stattge-

167 KLAUER 1973, 47.
168 KLAUER 1973, 51.
169 KLAUER 1973, 57.
170 KLAUER 1973, 69.
171 KLAUER 1973, 51.
172 KLAUER 1973, 12.
173 KLAUER 1973, 60 (erläuternde Ergänzung vom Verfasser).

funden hat. Für »Sachverhalte, wo nur Teile des Erziehungsprozesses verwirklicht sind«, führt KLAUER den »Begriff des *unvollständigen* Erziehungsvorganges« ein. Darunter fallen zum Beispiel Sachverhalte wie »Lernen, das unabhängig vom Lehren stattfindet«, oder »Einflüsse auf Lehrende und Lernende von außerhalb, wenn sie nicht zugleich Lernen und Lehren verändern«[174]. Das bedeutet, daß sowohl sämtliche Lernvorgänge (d. h. innere Vorgänge) als auch sämtliche Umwelteinflüsse auf Lernende (d. h. äußere Vorgänge) in den Anwendungsbereich von KLAUERS Erziehungsbegriff gehören. Das bringt eine bedenkliche Unschärfe mit sich. Diese Unschärfe und die großen Schwierigkeiten, die einer empirischen Prüfung der Frage entgegenstehen, ob in konkreten Fällen die Anwendungsbedingungen vorliegen, wecken Zweifel an der theoretischen Fruchtbarkeit dieses Begriffes – ganz abgesehen von den praktischen Verständigungsschwierigkeiten, die durch den Verstoß gegen den Sprachgebrauch hervorgerufen werden.

Die Begründung, die KLAUER für die Einführung seines Interaktions-Begriffes der Erziehung gibt, beruht auf einem Mißverständnis. Er meint, durch die Definition der Erziehung als Handlung würde man »pädagogisch bedeutsame Sachverhalte aus der Erziehungswissenschaft hinausdefinieren«, insbesondere die unbeabsichtigten Einflüsse auf Educanden, die Tatsache der wechselseitigen Beeinflussung von Erziehern und Educanden sowie die »Effekte der Erziehung«[175]. Dieser Ansicht liegt der Glaube zugrunde, eine Wissenschaft sei auf jene Phänomene beschränkt, auf die ihr Name hinweist: die Erziehungswissenschaft also auf erzieherische Handlungen. Daher rührt KLAUERS Wunsch, den Erziehungsbegriff so stark auszuweiten, daß er möglichst alle Phänomene einschließt, die ihm über die erzieherischen Handlungen hinaus als »Gegenstand« der Erziehungswissenschaft wichtig erscheinen. Diese Umdefinition des Wortes »Erziehung« ist jedoch völlig überflüssig, weil Wissenschaften auf der Grundlage zusammengehöriger Probleme aufgebaut werden und weil ihr Inhalt keineswegs auf die Grenzen beschränkt ist, die der Begriffsinhalt jenes Begriffes absteckt, der einer Wissenschaft den Namen gegeben hat.

Zur Kritik des Begriffes »Selbsterziehung«

Abschließend muß hier noch angemerkt werden, daß das Phänomen, welches häufig *»Selbsterziehung«* genannt wird, außerhalb des Anwendungsbereiches eines Erziehungsbegriffes liegt, der durch das Merkmal »Soziale Handlung« definiert wird. Man kann den Versuch, *sich selbst* in

[174] KLAUER 1973, 52.
[175] KLAUER 1973, 46 und 49f.

erwünschter Richtung zu ändern, höchstens in einem übertragenen (analogen) Sinne als »Erziehung« bezeichnen. Dabei wird dann innerhalb der Person gedanklich zwischen einem niederen und einem höheren »Ich«, zwischen »Ich« und »Es« oder zwischen »Ich« und »Selbst« unterschieden, d. h. zwischen einem Subjekt und einem Objekt, von denen angenommen wird, daß das eine dem anderen gegenüber in ähnlicher Weise zu handeln vermag wie der Erzieher gegenüber dem Educanden. Es steht außer Zweifel, daß es die mit dem Ausdruck »Selbsterziehung« gemeinten Vorgänge gibt, aber es scheint mir ohne Einbuße an begrifflicher Klarheit und theoretischer Fruchtbarkeit kaum möglich zu sein, den Erziehungsbegriff so zu bestimmen, daß sie darin einbezogen werden[176]. Es spricht mehr dafür, sie als eine besondere Art des *Lernens* anzusehen. »›Selbsterziehung‹ im buchstäblichen Sinn gibt es nicht; sie ist nur in mystischer Wendung als Zusammenwachsen von Erzieher und Zögling denkbar – im Bereich tatsächlicher Erscheinungen besteht sie nur als vorwissenschaftliche Deutung gewisser eigenpersönlicher Erlebnisse«[177].

Als nächstes ist nun die Frage zu beantworten: Wodurch unterscheiden sich erzieherische Handlungen von anderen Arten Sozialer Handlungen? *Als Erziehung werden jene Sozialen Handlungen bezeichnet, durch die versucht wird, das psychische Dispositionsgefüge anderer Menschen in irgendeiner Hinsicht dauerhaft zu verbessern oder* (hinsichtlich jener Bestandteile, die als wertvoll angesehen werden, aber gefährdet sind) *zu erhalten.* Die neu eingeführten Merkmale dieser vorläufigen Begriffsbestimmung müssen wiederum einzeln erläutert werden.

3. *Psychische Dispositionen als angestrebtes Ergebnis*

Die Sozialen Handlungen, die als »Erziehung« bezeichnet werden, zielen auf die psychischen Dispositionen anderer Menschen.

Wer erzieht, will in der Mehrzahl der Fälle die Persönlichkeit des Educanden in irgendeiner Hinsicht ändern. Er handelt in der Absicht, den Educanden aus einem psychischen Zustand 1 in einen davon verschiedenen Zustand 2 zu bringen. Es gibt aber auch Fälle, in denen er

[176] Dolch 1966, 227 hat die Selbsterziehung zwar einen »*Grenzfall* von Erziehung« genannt und sie vermeintlich auch in sein Explikat einbezogen (vgl. 233), aber tatsächlich kommt sie darin nicht vor, denn er definiert Erziehung ausschließlich als »*zwischenmenschliche* Einwirkung« (232). Dieser Widerspruch scheint mir für die Schwierigkeit, sachlich Verschiedenartiges unter *einen* Begriff zu bringen, symptomatisch zu sein.

[177] Lochner 1934, 141. Ähnlich Häberlin 1951, 646.

einen vorhandenen psychischen Zustand, dessen Fortbestand durch irgendwelche Einflüsse gefährdet ist, erhalten will. Was ist hier mit »Persönlichkeit« und mit »psychischem Zustand« gemeint? Es wird nicht an aktuelle seelische Erlebnisse oder an Verhaltensweisen gedacht, die auftreten und wieder verschwinden, sondern an das Gefüge relativ dauerhafter psychischer Bereitschaften eines Menschen, die wir als seinem Erleben und Verhalten zugrundeliegend denken[178]. Eine solche aus dem wahrnehmbaren Verhalten erschlossene Bereitschaft zum Vollzug bestimmter Erlebnisse oder Verhaltensweisen wird *»psychische Disposition«* genannt. Kenntnisse, Haltungen, Einstellungen, Handlungsbereitschaften, Gefühlsbereitschaften, Fähigkeiten, Fertigkeiten, Interessen usw. müssen als Dispositionen angesehen werden. Sie sind nicht beobachtbare Phänomene, sondern – kurz gesagt – hypothetische Kausalfaktoren des psychischen Geschehens, theoretische Konstrukte, die wir erfinden, wenn wir bestimmte Erlebnisse oder Verhaltensweisen unter ähnlichen Umständen immer wieder auftreten sehen[179].

Es ist für das Verständnis dessen, was mit »Erziehung« gemeint ist, von großer Wichtigkeit, einzusehen, daß sie nicht auf das flüchtige Erleben und (oder) Verhalten, sondern auf *Bereitschaften* zum Erleben und (oder) Verhalten abzielt. Die Verhaltensweisen selbst sind nur die beobachtbaren Anzeichen dafür, daß bestimmte Dispositionen angenommen werden dürfen. Am Verhalten wird überprüft, ob die angestrebten Verhaltensbereitschaften vorhanden sind oder nicht. Durch Erziehung wird versucht, in das Gefüge der psychischen Dispositionen eines Menschen einzugreifen. Der Erziehungsbegriff kann ohne den Dispositionsbegriff gar nicht ausreichend präzisiert werden, denn jeder erzieherische Akt »setzt Dispositionen als seinen Anknüpfungs- bzw. Angriffspunkt voraus, er zielt ab auf Dispositionen als sein Resultat und seine Wirkung«[180]. Wesentlich ist dabei allerdings, daß die als hypothetische Konstrukte angenommenen Dispositionen durch ein Netz von empirischen Beziehungen mit beobachtbaren Verhaltensweisen verknüpft sein müssen[181], sollen nebulose Vorstellungen ohne Informationsgehalt und Realitätsbezug, wie sie in pädagogischen Texten über Erziehungsziele besonders häufig sind, vermieden werden[182].

[178] Vgl. Strohal 1961; Dolch 1965, 47.
[179] Grundlegend hierzu Stern 1935, 111ff.; vgl. auch Allport 1970, 349–368.
[180] Aloys Fischer, Bd. 8, 1971, 258. Die Unentbehrlichkeit des Begriffes der psychischen Disposition ist besonders von den Psychologen der »Grazer Schule« herausgearbeitet worden (Alexius Meinong, Alois Höfler, Eduard Martinak). Zur Anwendung in der Pädagogik vgl. u. a. Meister 1947, 76–91.
[181] Vgl. hierzu die Spezialliteratur über Konstruktvalidität. Eine kurze, klare Einführung in die Problematik gibt Hörmann 1961.
[182] Vgl. Schmitt 1971, 35ff.

Daraus folgt, daß Bestimmungen des Erziehungsbegriffes, die keinen Hinweis auf die psychischen Dispositionen enthalten, sondern die Erziehung als Änderung des Verhaltens, Handelns oder Erlebens definieren[183], mißverständlich sind und vermieden werden sollten. Tatsächlich läßt sich an einschlägigen pädagogischen Texten wie an der inhaltlich verwandten Literatur zur »Verhaltensänderung« (englisch: »behavior modification«)[184] nachweisen, daß bei erzieherischen bzw. psychotherapeutischen Handlungen stets vorausgesetzt wird, daß sie nicht auf bloßes Verhalten, sondern auf Verhaltens- und Erlebnis*bereitschaften* abzielen.

Exkurs über den Begriff »Leibeserziehung«

Wenn man den Erziehungsbegriff durch das Merkmal zu präzisieren versucht, daß die Handlungen, die darunter fallen, auf die *psychischen* Dispositionen anderer Menschen gerichtet sind, dann ergibt sich die Frage, ob man damit dem Phänomen der *Leibeserziehung* oder der körperlichen Erziehung (englisch: »physical education«) gerecht wird.

Die Antwort hängt davon ab, was mit dem Wort »Leibeserziehung« gemeint ist und wie man sich das Verhältnis zwischen Leib und Seele vorstellt. Seit der Antike wird betont, daß die leibliche wie die seelische Verfassung des Menschen wesentlich durch sein eigenes Handeln und Unterlassen mitbedingt sind[185]. Soweit Gesundheit, Kraft und Schönheit des Leibes von einer gesunden Lebensweise abhängen, gehen diese leiblichen Eigenschaften auf jene Kenntnisse, Einstellungen, Haltungen und Überzeugungen zurück, durch die die Lebensweise mitbestimmt wird. Insofern ist der Zustand des Leibes teilweise auch durch psychische Dispositionen bedingt und daher durch Verbesserung dieser Dispositionen beeinflußbar.

Unter dieser Voraussetzung sind seit jeher Soziale Handlungen unternommen worden, mit denen versucht worden ist, andere Menschen über die Einflußnahme auf ihr Wissen und Können, Fühlen und Wollen auch hinsichtlich ihrer leiblichen Verfassung zu fördern. Derartige Handlungen sind mit verschiedenen Namen bezeichnet worden: »Gesundheitserziehung«, »medizinische Erziehung«, »diätetische Erziehung«, »physische Erziehung«, »körperliche Bildung«, »Körperkultur«, »Bildung des Leibes« usw. Seit dem Ende des 18. Jahrhunderts ist das Wort »Leibeserziehung« bekannt[186].

[183] Wie z. B. Dolch 1966, 228; Tausch 1970, 15; Winnefeld 1972, 155.
[184] Vgl. Bandura 1969; Kaminski 1970.
[185] Vgl. Aristoteles 1956 (III, 7), 55f.; Brezinka 1987, 68ff.
[186] Stromeyer 1987, 35.

Dieser Ausdruck, der in der neueren Fachliteratur vorherrscht, wird allerdings in verschiedenen Bedeutungen verwendet. Einige Autoren meinen damit eine bestimmte Klasse von Mitteln zur Erreichung von Erziehungszielen: die sogenannten Leibesübungen. Andere meinen Handlungen, deren Zweck die Verbesserung oder Erhaltung eines bestimmten Zustandes des menschlichen Organismus (Leib, Körper) ist, insbesondere des Bewegungsapparates (Motorik).

Die erste Bedeutung verträgt sich durchaus mit meinem Vorschlag zur Präzisierung des Erziehungsbegriffes. Sie wird z. B von GRUPE folgendermaßen beschrieben: »Unter Leibeserziehung wird ... – dem derzeitigen Sprachgebrauch entsprechend – die nach pädagogischen Kriterien ausgewählte ... Leibesübung verstanden; sie umfaßt spielerische, gymnastische, sportliche und turnerische Formen«[187]. Auch BURGER und GROLL betonen, mit dem Terminus »körperliche Erziehung« solle »nicht etwa auf eine Verschiedenheit im Endziel, sondern nur auf die Besonderheit der Schwerpunkte des erziehlichen Handelns ... sowie auf die Eigenheit der Erziehungsmittel hingewiesen werden«[188]. Die Bedeutung von »Leibeserziehung« als Mittel ist sinngemäß schon bei PLATON anzutreffen: er war der Meinung, daß die Gymnastik keineswegs nur des Körpers, sondern hauptsächlich der Seele wegen betrieben werde[189].

Nun kann man aber nicht bestreiten, daß in der Wirklichkeit auch Soziale Handlungen zu beobachten sind, mit denen die Handelnden ausdrücklich die Absicht verbinden, die *physischen* Dispositionen eines anderen Menschen zu verbessern oder in ihrer Qualität zu erhalten. Unter »Leibeserziehung« in der zweiten Bedeutung werden Handlungen verstanden, die auf Ziele wie »Gesundheit«, »körperliche Tüchtigkeit«, »körperliche Leistungsfähigkeit«, »körperliche Behendigkeit und Geschicklichkeit«, »Wohlgeratenheit des Körpers«, »Körperkraft«, »Körperschönheit«, »Anmut«, »Vitalität« usw. gerichtet sind[190]. Gewiß werden daneben auch Ziele genannt wie Anstrengungsbereitschaft, Selbstvertrauen, Selbstbeherrschung, »Disziplinierung des Leibes, Bändigung des Vitalen um des Gesollten willen, Zucht des Leibes«[191], Fairneß usw., die als psychische Dispositionen anzusehen sind. Die entscheidende Frage aber ist, ob Handlungen, die die »körperliche Ertüchtigung« anderer Menschen bezwecken, in den

187 GRUPE 1969, 108.
188 BURGER und GROLL 1971, 14. Vgl. auch BERNETT 1968, 93.
189 PLATON (Der Staat, III, 410) 1923, 122.
190 Belege hierfür aus der Pädagogik seit ROUSSEAU bei GRUPE 1964, 17ff.; aus der modernen Literatur zur Gesundheitspflege unter therapeutischem, rehabilitativem und prophylaktischem Aspekt bei GRUPE 1969, 123ff.
191 GRUPE 1964, 122.

Anwendungsbereich des Begriffes »Erziehung« einbezogen werden sollen oder nicht. DOLCH hat diese Frage verneint: »Der physische Bereich . . . kann nicht ignoriert werden, weil der Mensch ja nicht nur Geist ist; aber Einwirkung *nur* auf die Physis und *nur ihretwegen,* wird nicht Erziehung genannt«[192]. Auch HUGO WEBER hat sich negativ entschieden: »Hilfeleistungen, die allein und ausschließlich eine Verbesserung des physischen Zustandes des Menschen erstreben, werden nicht als Erziehung bezeichnet«[193]. Dieser Entscheidung scheint die Befürchtung zugrunde zu liegen, andernfalls würde der Erziehungsbegriff so stark ausgeweitet, daß »Erziehung« begrifflich nicht mehr vom ärztlichen Handeln zu unterscheiden sei.

Unsere Frage geht von einer Unterscheidung zwischen Leib und Seele aus, die schon SCHLEIERMACHER 1826 eine »mißliche Sache« genannt hat, die für das Verständnis des Menschen und für die Erziehungstheorie »nichts recht Bestimmtes leisten kann«[194]. Ähnlich urteilt WILLMANN: »Die Unterscheidung von physischer und geistiger Erziehung . . . ist nicht durchführbar. Zunächst ist es unmethodisch, einen der dunkelsten Punkte, das Verhältnis von Leib und Seele, heranzuziehen; wir kennen deren Zusammenwirken nicht. Wir wissen nicht, wo leibliche Tätigkeit aufhört und geistige anfängt. Es heißt eine unnütze Erschwerung vornehmen, wenn man jene Einteilung einführt . . .«. »Mit Recht haben HERBART, WAITZ, SCHLEIERMACHER, PALMER u. a. eine physische oder körperliche Erziehung als besonderen Zweig nicht behandelt«[195].

SCHLEIERMACHER vertrat die Ansicht, man müsse den Gegensatz von Leib und Seele »abstumpfen und mehr auf die Identität beider in unseren Ansichten und Behandlungen sehen«[196]. Dieser Auffassung begegnen wir auch in den neueren Schriften zur Phänomenologie des Leibes[197] wie bei streng naturwissenschaftlich eingestellten Psychologen[198]. SCHLEIERMACHER schien alles, worauf die Erziehung gerichtet ist, »eine Mischung von Geistigem und Leiblichem« zu sein: »es kommt nur auf das Mehr oder Weniger des einen oder des anderen an«[199]. Auch GÖTTLER hat als Erziehungsziel die »*leib*-seelische Verfassung des Zöglings« genannt[200] und in der »körperlichen Tüchtigkeit . . . als Grundlage aller Tüchtigkeiten« ein Teilziel gesehen[201].

[192] DOLCH 1966, 227 (Hervorhebung vom Verfasser); ähnlich schon ZILLER 1856, 2.
[193] HUGO WEBER 1970, 195 und 188.
[194] SCHLEIERMACHER 1957, 79f.
[195] WILLMANN 1873, 302f.
[196] SCHLEIERMACHER 1957, 440 (Anmerkung 12).
[197] Vgl. GRUPE 1969, 5ff.
[198] Vgl. ROHRACHER 1976, 12ff.
[199] SCHLEIERMACHER 1957, 80.
[200] GÖTTLER 1948, 42 (Hervorhebung vom Verfasser).
[201] GÖTTLER 1948, 45.

Dennoch zögere ich, neben dem Begriff der psychischen Disposition auch den der physischen Disposition in die Bestimmung des Erziehungsbegriffes einzubeziehen. Er bleibt dadurch eher unbelastet von den Kontroversen über das Leib-Seele-Problem. Zugunsten dieser Zurückhaltung läßt sich anführen, daß die Ziele der »Leibeserziehung«, soweit sie in einer bestimmten Verfassung des Körpers gesehen werden, ebenso wie jene Ziele, die psychische Zustände meinen, nur indirekt durch die Eigentätigkeit des Educanden erreicht werden können. Man kann diesen Aspekt der »Leibeserziehung« dann begrifflich wie folgt präzisieren: Soziale Handlungen, durch die versucht wird, jene psychischen Dispositionen zu fördern, die als Ursachen für körperliche Aktivitäten (d. h. Leibes*übungen*) des Educanden angesehen werden, von denen man sich einen günstigen Einfluß auf seinen Körper (insbesondere auf die Motorik) erwartet.

Das Problem, ob und wie man die Phänomene, die mit dem Begriff der »Leibeserziehung« gemeint sind, bei der Präzisierung des Erziehungsbegriffes ausreichend berücksichtigen kann, ist damit freilich noch nicht gelöst, sondern bedarf weiterer Bearbeitung.

4. Aufbau, Änderung, Erhaltung oder Verhütung psychischer Dispositionen

Die Sozialen Handlungen, die als »Erziehung« bezeichnet werden, zielen darauf ab, in anderen Menschen psychische Dispositionen zu schaffen, vorhandene Dispositionen zu ändern oder (unter bestimmten Umständen) zu erhalten und den Erwerb unerwünschter Dispositionen zu verhüten.

Der Zweck der Erziehung besteht in erster Linie darin, das Dispositionsgefüge der Educanden in mehr oder weniger großem Umfang zu *ändern*. Damit kann folgendes gemeint sein:

(a) Man will *vorhandene* (angeborene oder erworbene) Dispositionen *ausbauen*, verstärken, stabilisieren oder differenzieren. Das gilt für jene Dispositionen, die als wertvoll beurteilt werden.

(b) Man will *noch nicht vorhandene* Dispositionen – auf der Grundlage der vorhandenen allgemeinen (z. B. Lernfähigkeit) oder spezifischen Dispositionen – *schaffen*, hervorbringen oder erzeugen. Auch bei diesen neuen Dispositionen handelt es sich um solche, die als wertvoll angesehen werden.

(c) Man will *vorhandene* Dispositionen *beseitigen*, abbauen, auflösen, ausschalten, schwächen oder in ihrer Wirkung einschränken. Das gilt für jene Dispositionen, die als schädlich bewertet werden.

Es ist nun für die Präzisierung des Erziehungsbegriffes unerläßlich, sich darüber Klarheit zu verschaffen, *wie* Dispositionen geändert werden können. Es kann einzig und allein *durch die eigene psychische Aktivität* jener konkreten Persönlichkeit geschehen, der wir Dispositionen zuschreiben oder die neue Dispositionen erwerben soll. Diese psychische Aktivität äußert sich in Reifungs- und Lernvorgängen. »*Reifung* kann definiert werden als die Ausbildung angeborener Verhaltenstendenzen, ohne daß Übung und Erfahrung mitwirken«[202]. Die Persönlichkeit eines Menschen ist jedoch nicht in erster Linie auf Reifungsvorgänge zurückzuführen, »sondern eher auf die Art und Weise, in welcher er diese reifenden Funktionen verwendet und sie mit dem verbindet, was er bis dahin gelernt hat«[203]. Mit gewissen Einschränkungen kann man deshalb sagen, daß der Neuerwerb oder die Änderung von psychischen Dispositionen durch *Lernvorgänge* erfolgt.

Unter *Lernen* wird ein innerer Vorgang verstanden, der durch Erfahrung zum Neuerwerb oder zur Veränderung der psychischen Dispositionen für ein bestimmtes Erleben und/oder Verhalten führt[204]. Lernvorgänge sind nicht beobachtbar, sondern können nur aus Beobachtungsergebnissen erschlossen werden. Der Begriff des Lernens ist also wie der der Disposition ein Konstrukt oder ein theoretischer Begriff[205].

Man kann demnach Änderungen im Dispositionsgefüge eines anderen Menschen nicht direkt herbeiführen, sondern höchstens indirekt über die Bereitstellung von Aufgaben und Lerngelegenheiten sowie über die Einflußnahme auf seine Motivation etwas dazu beizutragen versuchen. Die Leistung des Lernens kann nur der Lernende selbst vollbringen. Der Erzieher kann lediglich Hilfe beim Lernen bieten. Soweit es um die *Änderung* von psychischen Dispositionen des Educanden geht, läßt sich Erziehung deshalb auch als *Lernhilfe* umschreiben.

Jedes Erziehungsziel gibt einen Soll-Zustand der Persönlichkeit an, den der Educand so weit wie möglich verwirklichen soll. Dieser Soll-

202 Allport 1949, 149.

203 Allport 1949, 151.

204 Diese Begriffsbestimmung weicht ab von jenen Definitionen des Lernens, die einseitig am Verhalten orientiert sind und die dispositionellen Grundlagen des Verhaltens vernachlässigen. Ich vertrete demgegenüber eine Auffassung, die Daniels (1970, 386) auf die kurze Formel gebracht hat: »Any satisfactory definition of learning must be in terms of changes in *dispositions* to behave, not in terms of changes in behavior«. – Ausführlicher wird der hier verwendete Begriff des Lernens auf S. 178f. dieses Buches erörtert.

205 Vgl. Kaplan 1964, 54ff. »Constructs are terms which, though not observational either directly or indirectly, may be applied and even defined on the basis of the observables«. Zwischen empirischen oder deskriptiven und theoretischen Begriffen gibt es fließende Übergänge. Über die verschiedenen Bedeutungen des Ausdruckes »theoretischer Begriff« vgl. Achinstein 1968, 179ff.

Zustand ist das vorgestellte psychische Dispositionsgefüge, das der Educand erreichen soll[206]. Es kann auch als das vorgestellte Lernergebnis betrachtet werden, das er erreichen soll. Das Lernergebnis, das sich andere vorstellen und von dem sie wollen, daß er es erreicht, darf jedoch nicht einfach auch für das Lernziel des Educanden gehalten werden. Der Begriff des Lernens ist weiter als der des willentlichen oder absichtlichen Lernens. Im Educanden können sich also Lernergebnisse einstellen, die nicht sein Lernziel gewesen sind, d. h. die er nicht lernen wollte. Wenn gesagt wird, daß eine als Erziehungsziel gesetzte psychische Disposition nur durch Lernvorgänge entstehen kann, dann sind keineswegs bloß jene Lernvorgänge gemeint, die durch Zielbewußtsein und willentliche Anstrengung des Lernenden gekennzeichnet sind. Viele Soll-Zustände der Persönlichkeit werden durch unwillkürliches Lernen erreicht.

Besondere Beachtung verdient die Tatsache, daß Educanden die für sie als Soll-Zustand gesetzten psychischen Dispositionen auch erreichen können, ohne daß ihnen von Erziehern Lernhilfen gegeben worden sind – sei es nun durch unwillkürliches oder willentliches Lernen. Die in den Erziehungszielen angegebenen idealen Persönlichkeitsmerkmale können von Educanden unter günstigen Lernbedingungen auch erworben werden, ohne daß sie erzieherischen Handlungen ausgesetzt worden sind. Die Erziehung ist keineswegs immer und in jedem Fall eine *notwendige* Bedingung für den Erwerb jener psychischen Dispositionen, die zu Erziehungszielen erklärt werden. Eine *hinreichende* Bedingung ist sie in keinem Fall, denn die Lernvorgänge, die zum Erreichen von Erziehungszielen erforderlich sind, sind noch von vielen anderen Faktoren abhängig.

Während die *Änderung* von Dispositionen als Zweck der Erziehung geläufig ist, wird selten beachtet, daß auch Soziale Handlungen, die darauf abzielen, psychische Dispositionen anderer Menschen zu *erhalten,* unter bestimmten Voraussetzungen als »Erziehung« bezeichnet werden können. Wir verdanken WINNEFELD den Hinweis darauf, daß es in der Erziehung nicht nur um »Verhaltensänderung«, sondern auch um *»Verhaltensbewahrung«* geht[207], d. h. genauer: um die Bewahrung der Dispositionen für bestimmtes Erleben und (oder) Verhalten. Erziehung wird also nach unserer Begriffsbestimmung nicht ausschließlich als »Lernhilfe« aufgefaßt[208], sondern es zählen dazu auch jene Sozialen Handlungen, deren Sinn es ist, dazu beizutragen, daß die von Educanden erreichten Lernergebnisse (Dispositionen) erhalten bleiben.

Ein Blick in die soziale Wirklichkeit zeigt, daß gerade die ranghöheren

[206] Vgl. hierzu die ausführliche Darstellung auf S. 111 ff. dieses Buches.
[207] WINNEFELD 1972, 155.
[208] Wie z. B. von LOCH 1969, 125 und 138.

Dispositionen wie z. B. moralische Tugenden, hochwertige Gesinnungen, religiöse Glaubensüberzeugungen usw. keineswegs für immer gesichert sind, sobald sie ein Mensch erst einmal erworben hat. Sie sind mehr oder weniger stark gefährdet und bedürfen äußerer Stützen, um nicht wieder zu zerfallen[209]. Es ist bekannt, wie schnell Kenntnisse vergessen, Fertigkeiten verlernt, Gesinnungen verloren, Haltungen abgebaut werden, wenn Soziale Handlungen, die auf ihre Erhaltung gerichtet sind, ausbleiben. Vor allem in der Erziehung Erwachsener dient ein großer Teil der Aktivitäten der Bewahrung einmal erreichter Dispositionen gegenüber der Gefahr ihrer Auflösung. Man denke an die Seelsorge-Praktiken der Religionsgemeinschaften, an die Propaganda-Aktionen politischer Parteien oder an die Versuche, in anderen Menschen eine bestimmte Weltanschauung zu erhalten.

Schließlich gehören in den Anwendungsbereich unseres Erziehungsbegriffes auch *Handlungen mit dem Zweck, den Erwerb unerwünschter Dispositionen durch Educanden zu verhüten.* Man denke an die Versuche, Einflüsse, die als schädlich bewertet werden, fernzuhalten oder – falls das nicht möglich ist – die Educanden gegen sie zu immunisieren[210]. Alle Handlungen und Handlungssysteme, die in der Pädagogik unter den Begriffen der Aufsicht, der Bewahrung, der vorbeugenden Erziehung oder der Präventiverziehung erörtert werden[211], aber auch die Psychohygiene und der Jugendschutz fallen in diesen Rahmen.

5. Der Versuchs-Charakter der Erziehung

Die Sozialen Handlungen, die als »Erziehung« bezeichnet werden, sind Versuche, das psychische Dispositionsgefüge anderer Menschen zu ändern oder (unter bestimmten Umständen) einige seiner Bestandteile zu erhalten.

Es ist für die Überwindung des bloßen Wunschdenkens über Erziehung und Erziehungspolitik von größter Bedeutung, schon in die Begriffsbestimmung das Merkmal aufzunehmen, daß mit Erziehung ein *Versuch* gemeint ist: eine Handlung, durch die der Handelnde *versucht,* die Persönlichkeit des Educanden zu ändern (bzw. bestimmte von ihm bereits erworbene Dispositionen in ihm zu erhalten). Ob er mit seinem Handeln tatsächlich eine Änderung bewirken wird, ist zum Zeitpunkt dieses Handelns ungewiß. Falls er den Educanden jedoch wirklich

[209] Vgl. Brezinka 1981a, 68ff.
[210] Über Techniken der Immunisierung vgl. Graumann 1972, 1175.
[211] Vgl. z. B. Scherwey 1944; Birnbaum 1950, 96ff.

ändert, bleibt immer noch offen, ob er ihn auch in der erwünschten Richtung geändert hat oder (nur oder daneben auch) in irgendeiner anderen Hinsicht, die er gar nicht beabsichtigt hatte oder die er sogar vermeiden wollte. Es gibt *unbeabsichtigte Wirkungen der Erziehung*[212], ja sogar *unerwünschte* Wirkungen oder Nebenwirkungen, die – gemessen an den Erziehungszielen, d. h. am postulierten Sollzustand seiner Persönlichkeit – als schädlich oder nachteilig für den Educanden zu werten sind. Diese Erfahrungstatsachen werden verschleiert und ihre Beschreibung wird erschwert, wenn ein Erziehungsbegriff mit Erfolgs-Bedeutung zugelassen wird. Deshalb wird hier eine eindeutige Entscheidung für den intentionalen oder Absichts-Begriff der Erziehung getroffen.

Erziehen schließt Versuchen ein[213]. Wer etwas zu tun versucht, hat nicht notwendig auch Erfolg. »Der Erfolg eines Versuches hängt von Faktoren außerhalb seiner selbst ab: die ganze Welt muß dabei behilflich sein«[214]. Erziehung kann also auch erfolglos sein. Etwas versuchen heißt Mißerfolg riskieren. Die Bezeichnung einer Handlung als »Erziehung« enthält demnach keine Voraussage, daß das Ziel, um dessentwillen sie ausgeübt wird, auch erreicht wird. Wird es nicht erreicht, bleibt der Erfolg aus, so wird dadurch die Benennung einer Handlung als »Erziehung« nicht falsch.

Der Versuchscharakter der Erziehung ist – sieht man von meinem eigenen 1964 publizierten Präzisierungsvorschlag[215] ab – in den bisher vorliegenden Begriffsbestimmungen kaum berücksichtigt worden. Ansätze habe ich nur bei Dilthey[216], Adler[217], Häberlin[218] und

[212] Vgl. Spranger 1962; Brezinka 1981a, 76ff.

[213] Smith 1970, 389: »educating involves trying«.

[214] Scheffler 1971, 97.

[215] Brezinka 1964, 198: »Als Erziehung werden . . . Handlungen bezeichnet, durch die Erwachsene in den Prozeß des kindlichen Werdens einzugreifen *versuchen*, um Lernvorgänge zu unterstützen oder in Gang zu bringen, die im Kind zu Dispositionen und Verhaltensweisen führen, welche von den Erwachsenen als wünschenswert angesehen werden. Das Wesentliche an dieser Definition liegt darin, daß die erzieherischen Akte im Hinblick auf den angestrebten Erfolg lediglich als *Versuche* anzusehen sind, über deren Wirkung im vorhinein gar nichts auszumachen ist«. Ähnlich Brezinka 1978, 42ff. und 1981a, 78.

[216] Dilthey 1961, 190: Erziehung ist die »planmäßige Tätigkeit, durch welche Erwachsene das Seelenleben von Heranwachsenden zu bilden *suchen*«. In 1888, 25 dagegen ganz unkritisch: »Unter Erziehung verstehen wir die planmäßige Tätigkeit, durch welche die Erwachsenen das Seelenleben von Heranwachsenden *bilden*«.

[217] Adler 1929, 96: »Erziehung . . . ist ein Versuch, die Persönlichkeit von Individuen zu bilden und zu lenken«.

[218] Häberlin 1953, 9: »Erziehung ist . . . dadurch charakterisiert, daß ein Mensch einem anderen Menschen gegenübertritt in der Absicht, diesen für die Zukunft, also auf die Dauer, in diesem oder jenem Sinne zu beeinflussen; Erziehung ist der *Versuch*, diese Absicht zu verwirklichen«.

ROTH[219] gefunden, aber sie sind von diesen Autoren theoretisch nicht ausgewertet worden. Klar herausgearbeitet wurde der hier gemeinte Sachverhalt bisher nur von DOLCH und SCHEFFLER für den verwandten Begriff »lehren«[220].

Selbstverständlich sind die Probleme des Mißerfolgs der Erziehung, des Scheiterns des Erziehers und der Erziehung als Wagnis nicht neu[221], aber die Beschäftigung mit ihnen hat bisher noch nicht zu einer vorsichtigeren Bestimmung des Erziehungsbegriffes geführt. Selbst empirisch eingestellte Autoren verwenden häufig Erziehungsbegriffe, deren Merkmale in dieser Hinsicht mit den Tatsachen nicht übereinstimmen. So bezeichnet z. B. WINNEFELD die Erziehung als *»Steuerung von Verhaltensänderungen«*, als »Steuerung und Umsteuerung des Verhaltens von Menschen durch andere«[222]. Erziehung ist für ihn ein »steuernder Eingriff«, und er spricht davon, daß der Educand in ein neues Verhalten »hineingesteuert« wird.

Dieses Bild des »Steuerns« ist problematisch, weil es dazu verleitet, eine stärkere Verfügungsgewalt des Erziehers (des »Steuernden«) über den Educanden (den »Gesteuerten«) anzunehmen, als tatsächlich besteht. Das Wort »steuern« bedeutet: lenken, leiten, führen[223]. Wer ein Fahrzeug steuert, ist im allgemeinen Herr der Vorgänge, die zur Erreichung des Zieles führen; er beherrscht die notwendigen Bedingungen. In die pädagogische Fachsprache ist das mehrdeutige Wort »Steuerung« vermutlich über die Kybernetik eingedrungen[224]. Es bedeutet dort einen »Vorgang in einem dynamischen System, bei dem eine oder mehrere Größen als Eingangsgrößen (Input) andere Größen als Ausgangsgrößen (Output) auf Grund der dem abgegrenzten System eigenen Gesetzmäßigkeit beeinflussen«[225]. Das »System«, das Educanden, ihre Erzieher und die sonstigen Bedingungen für das Erreichen von Erziehungszielen miteinander bilden, ist nun aber gerade nicht »abgegrenzt«, sondern offen, labil und uns in seinen Einzelheiten wie besonders hinsichtlich seiner Gesetzmäßigkeiten noch weitgehend unbekannt. Es empfiehlt sich deshalb nicht, für die Präzisierung des Erziehungsbegriffes den anspruchsvollen Begriff der »Steuerung« ein-

219 H. ROTH 1966, 83: »Erziehung ist der . . . *Versuch*, aus erzieherischer Liebe auf die heranwachsende Generation steuernd und regulierend einzuwirken«. Vgl. auch REDL 1964, 171.
220 DOLCH 1965, 87: Lehren ist »ein *Versuch*, beim andern Lernen zu bewirken«; SCHEFFLER 1971, 86ff.
221 Vgl. z. B. BOLLNOW 1959, 132ff.
222 WINNEFELD 1972, 155.
223 KLUGE 1967, 747; Ullstein-Lexikon 1969, 850.
224 Für die DDR, in der WINNEFELD (1911–1968) gewirkt hat, finden sich Hinweise darauf bei RETTER 1971, 83; vgl. ferner MANNSCHATZ 1965, 836.
225 KLAUS 1968, 617.

zuführen, denn er verspricht mehr, als gehalten werden kann. Allenfalls könnte man von einem *Versuch* zur »Steuerung von Verhaltensänderungen« sprechen.

Ähnliches gilt sinngemäß auch von den meisten anderen Erziehungsbegriffen. Wenn wir z. B. bei ALOYS FISCHER lesen: »*Erziehung* ist *Leitung* von Entwicklungen durch den Geist«[226], dann wird man – abgesehen von der Fragwürdigkeit der Begriffe »Entwicklung« und »Geist« – bei realistischer Betrachtung der Sache ergänzen müssen: sie ist »der *Versuch* zur Leitung . . .«. Wenn CORRELL schreibt: »Erziehung besteht . . . aus dem Prozeß der fortschreitenden *Verhaltensänderung*, der Überführung einer Verhaltensform in eine neue andere«[227], dann wäre neben anderen notwendigen Präzisierungen auch hier einzufügen, daß man unter »Erziehung« den »*Versuch* zur Verhaltensänderung« zu verstehen habe.

6. *Die Förderungsabsicht*

Die Sozialen Handlungen, die »Erziehung« genannt werden, sind durch die Absicht gekennzeichnet, die Persönlichkeit anderer Menschen zu fördern – sei es, sie zu verbessern, sei es, ihre wertvollen Bestandteile zu erhalten, sei es, die Entstehung von Eigenschaften, die negativ bewertet werden, zu verhüten.

Im vorwissenschaftlichen Sprachgebrauch wie in der pädagogischen Literatur werden unter »Erziehung« Handlungen verstanden, durch die versucht wird, den Educanden in irgendeiner Hinsicht besser, tüchtiger, leistungsfähiger, vollkommener oder wertvoller zu machen[228]. Sein Dispositionsgefüge soll nicht bloß irgendwie verändert, sondern in seinem Wert gesteigert werden. In anderen Fällen soll es nicht einfach grundlos bewahrt, sondern es soll erhalten werden, weil es für *wertvoll* angesehen wird. Erziehen heißt in der Absicht handeln, die Persönlichkeit des Educanden zu fördern. Es setzt also voraus, daß der Endzustand, den der Educand erreichen soll und zu dessen Erreichung beizutragen der Zweck des erzieherischen Handelns ist, höher bewertet wird als der Anfangs- oder Ausgangszustand. Soweit es um die *Erhaltung* von Persönlichkeitskomponenten geht, wird ihr Ist-Zustand als Soll-Zustand betrachtet und höher bewertet als mögliche andere

226 ALOYS FISCHER, Bd. 2, 1951, 152 (Hervorhebung vom Verfasser).
227 CORRELL 1965, 31.
228 Wird der Geschehens-Begriff der Erziehung verwendet, dann werden Geschehnisse, durch die eine Verbesserung der Persönlichkeit bewirkt worden ist, nachträglich *allein wegen dieser bewirkten Verbesserung* »Erziehung« genannt.

Zustände, deren Eintreten befürchtet und deshalb zu verhindern versucht wird.

Diese Wertung hängt selbstverständlich von der Wertordnung der Gesellschaft oder jener Untergruppe einer Gesellschaft ab, der der Erzieher angehört. Sie kann von anderen Positionen aus in Frage gestellt werden und ist in diesem Sinne *relativ*. Im Rahmen der Präzisierung des wissenschaftlichen Begriffs der Erziehung geht es nicht um die normative Frage der Geltung oder Begründung derartiger Werturteile, sondern allein um die deskriptive Einführung des Begriffsmerkmals, daß die psychischen Dispositionen, die der erzieherisch Handelnde im Educanden auszubilden oder zu erhalten versucht, von ihm gemäß den Normen, die er bejaht, als wertvoll angesehen werden. Diese immer anzutreffende Wertung geht in die Merkmale des Begriffes »Erziehung« also nur als *Tatsache* ein und *nicht* als Vorschrift oder Aufforderung, daß bestimmte psychische Dispositionen ausgebildet oder erhalten werden *sollen*. Dadurch bleibt der Begriff auf sämtliche Sozialen Handlungen anwendbar, durch die versucht wird, die Persönlichkeit von Menschen zu verbessern bzw. in ihrer Qualität zu erhalten – unabhängig davon, was die Handelnden im konkreten Fall als wertvoll ansehen und ob außenstehende Beobachter diesen Werturteilen zustimmen oder nicht.

Da die Förderungsabsicht ein wesentliches Merkmal des vorwissenschaftlichen Erziehungsbegriffes wie der Verwendung des Wortes durch die meisten Pädagogiker ist, verstoßen Begriffsbestimmungen, die von ihr absehen, (unter anderem auch) gegen die Forderung, daß das Explikat dem Explikandum ähnlich sein muß[229].

Auf der anderen Seite sollte die Bedeutung dieses Merkmals auch nicht überschätzt werden. Es schließt nur aus, daß Soziale Handlungen als Erziehung bezeichnet werden, durch die versucht wird, das Dispositionsgefüge von Menschen zu ändern, *ohne sie fördern zu wollen*. Für theoretische Zwecke ist diese Einschränkung vermutlich von relativ geringer Bedeutung, weil jeder Soll-Zustand der Persönlichkeit von einem bestimmten Wertungsstandpunkt aus gegenüber dem Ist-Zustand als besser bewertet werden kann. Es kommt ganz auf den normativen Bezugsrahmen an, an welchem sich der Handelnde orientiert. Persönlichkeitsmerkmale, die der einen Gruppe als Verbesserung gelten (z. B. der Glaube an eine politische Doktrin), werden von anderen Gruppen als Wertminderung beurteilt und umgekehrt[230]. An einem

[229] So z. B. SCHNEIDER 1953, 63: »Alle Maßnahmen, die auf die psychophysische Entwicklung des Menschen Einfluß ausüben«, gehören »zur Erziehung«. Ähnlich KRIECK 1922, 47. Vgl. S. 67 dieses Buches über den Wertungen ignorierenden Geschehens-Begriff der Erziehung.

[230] Die damit zusammenhängenden Probleme werden ausführlich auf S. 142ff. und S. 207f. dieses Buches erörtert.

extremen Beispiel verdeutlicht: Wenn in einer Subkultur von Taschendieben, wie sie Charles Dickens in seinem Roman »Oliver Twist« geschildert hat[231], Handlungen erfolgen, die dazu dienen, in den »Lehrlingen« die Fähigkeit (Disposition) zum Taschendiebstahl zu fördern, dann liegt ein Fall von Erziehung vor. Auch jemand, der das Persönlichkeitsideal der Taschendiebe »Befähigung zur Ausübung des Taschendiebstahls« als moralisch schlecht oder böse beurteilt, kann dennoch die Lernhilfe, die die Meister ihren Lehrlingen zur Annäherung an dieses Ideal gewähren, »Erziehung« nennen. Ähnliches gilt sinngemäß für Versuche zur Änderung des politischen Bewußtseins oder religiöser Glaubensüberzeugungen (»Indoktrination«[232], Propaganda, Mission, »Gehirnwäsche«[233] usw.).

Aus diesen Überlegungen folgt, daß für die erziehungswissenschaftliche Theorienbildung auch das Wissen über jene Sozialen Handlungen von Nutzen sein kann, die zwar durch alle übrigen bisher genannten Merkmale, aber nicht ausdrücklich durch das Merkmal der Absicht zur »Förderung« oder »Verbesserung« (statt bloßer »Veränderung«) der Persönlichkeit gekennzeichnet sind. Es handelt sich prinzipiell um die gleiche Art von Vorgängen. Deshalb läßt sich unter anderem auch die sogenannte »Verhaltensmodifikation« (englisch: behavior modification) – soweit damit ein Beeinflussungsversuch gemeint ist – dem Begriff der Erziehung, wie er hier präzisiert worden ist, unterordnen. Praktisch handelt es sich bei den Versuchen zur Modifikation des Verhaltens (genauer: von Verhaltens*bereitschaften*, d. h. Dispositionen) fast immer um Handlungen, die mit der Absicht der Verbesserung, Förderung oder Heilung (Psychotherapie) der Persönlichkeit der Adressaten erfolgen.

7. Adressaten der Erziehung

Die Adressaten der Erziehung können Menschen in jedem Lebensalter sein.

In der Umgangssprache wie in vielen Begriffsbestimmungen von Pädagogikern wird der Kreis der Adressaten der Erziehung auf Kinder und Jugendliche, auf »die Jugend«[234], auf »Heranwachsende«[235], auf

[231] Dickens 1964, 49ff. Über einen modernen Fall berichtet Wendla Lipsius: Lehrlinge für Verbrecherlaufbahn. Ganoven der Turiner Unterwelt bilden Zehn- bis Vierzehnjährige zu Kriminellen aus. Stuttgarter Zeitung, 25. 4. 1972, 15.
[232] Vgl. Snook 1972.
[233] Vgl. Sargant 1958; Klaus Thomas 1970, 38ff.
[234] Beneke 1835, 2; Ziller 1876, 7.
[235] Dilthey 1963, 25.

»werdende«[236], »unreife«[237] oder »junge Menschen«[238], auf die »reifende«[239] oder die »heranwachsende Generation«[240], auf »Schüler«[241], auf »einen noch Unmündigen«[242] eingeschränkt. Diese Einschränkung ist sachlich nicht gerechtfertigt. Der Mensch kann in jedem Alter lernen, umlernen und verlernen. Es ist grundsätzlich möglich, Menschen jeder Altersstufe beim Erreichen von Lernzielen zu helfen bzw. ihnen zu helfen, daß von ihnen erreichte Lernergebnisse erhalten bleiben (bewahrt werden, nicht wieder verlorengehen). Es erfolgen auch tatsächlich zahlreiche und verschiedenartige Soziale Handlungen, durch die versucht wird, die Persönlichkeitsstruktur von Erwachsenen in irgendeiner Hinsicht zu verbessern oder in ihren als wertvoll bewerteten Zügen zu erhalten.

Im englischen Sprachgebiet spricht man ohne Hemmung von »adult education«[243]. Auch in der Sowjetunion wird der Erziehungsbegriff auf jugendliche wie auf erwachsene Adressaten angewendet[244]. Im deutschen Sprachbereich herrscht zwar noch der Name »Erwachsenenbildung« vor, der mit der ganzen Unklarheit des Stammwortes »Bildung« belastet ist, aber der Gegenstand, den er bezeichnet, ist nichts anderes als »Erziehung« in der hier präzisierten Bedeutung des Wortes[245].

Während Menschen jeden Alters zwischen Geburt und Tod Adressaten der Erziehung sein können, bleibt der Fötus, d. h. die menschliche Leibesfrucht von der Zugehörigkeit zu dieser Gruppe ausgeschlossen. Man trifft zwar gelegentlich auf den Ausdruck »vorgeburtliche Erziehung« und auf ein entsprechendes Programm[246], aber die Sache, die damit gemeint ist, erweist sich bei genauer Analyse teils als Selbstbildung der Schwangeren, teils als Erziehung der Schwangeren.

236 Willmann 1969, 22; Eggersdorfer 1962, 15.
237 März 1965, 146.
238 Spranger 1962, 128.
239 Göttler 1948, 49.
240 Meister 1965, 10.
241 Ogorodnikow und Schimbirew 1954, 11.
242 Röhrs 1969, 121.
243 Vgl. Brunner und Verner 1968.
244 Koroljow 1969, 905: »Die moderne Pädagogik schließt die Probleme des Unterrichts und der Erziehung, der kulturellen Aufklärung, die agitatorisch-propagandistische Arbeit mit Erwachsenen in ihre Gegenstandsbestimmung ein«.
245 Lochner hat schon 1934 betont, daß Erziehen eine Tätigkeit ist, »die sich auf Jugendliche oder Erwachsene richtet« (20). »Das Zöglingsein ist auf das Jugendalter nicht beschränkt« (80). Neuerdings spricht man sogar von der »Erziehung alter Menschen«. Vgl. Cleugh 1970; Mieskes 1970.
246 Vgl. Schneider 1951, 48ff.

8. *Subjekte der Erziehung*

Erzieher kann jeder Mensch sein, der imstande ist, Soziale Handlungen zu vollbringen, die den Zweck haben, die Persönlichkeit anderer Menschen zu verbessern (bzw. ihre wertvollen Bestandteile zu erhalten).

Ich habe es absichtlich vermieden, in meinen Präzisierungsvorschlag eine nähere Bestimmung des Subjekts, des Urhebers oder des Trägers erzieherischer Handlungen aufzunehmen. In der pädagogischen Literatur wird unter anderem von »Erwachsenen«[247], von »gereiften Menschen«[248], von einem »erwachsenen und in seiner Reife fortgeschrittenen Menschen«[249], von der »erwachsenen«[250] oder der »gereiften Generation«[251] gesprochen. Es steht jedoch außer Zweifel, daß auch Jugendliche die mit »Erziehung« gemeinten Handlungen ausüben können. Es kommt vor, daß Kinder ihre Eltern, Schüler ihre Lehrer, Lehrlinge ihre Meister erziehen – manchmal mit Erfolg, manchmal ohne.

Hier gibt es allerdings alters- oder entwicklungsmäßig eine untere Grenze. So ist es zum Beispiel mit den Merkmalen der Handlung und der Förderungsabsicht in unserem Erziehungsbegriff unvereinbar, »das Ungeborene als Erzieher der Mutter«[252] zu bezeichnen. Vom Extremfall des »Ungeborenen« wie vom Kleinkind abgesehen bildet jedoch das Lebensalter kein wesentliches Kriterium. Erwachsensein schließt nicht notwendig geistige oder moralische Überlegenheit gegenüber jüngeren Menschen in sich.

Es kommt weniger auf das Alter oder die soziale Stellung an als auf einen wenigstens *partiellen* Vorsprung im Wissen und Können. Es wird gewöhnlich ein gewisser Niveauunterschied, ein »Reifegefälle«[253] zwischen Erziehern und Educanden vorausgesetzt. Es mag für die Mehrzahl der Fälle zutreffen, daß der Erzieher dem Educanden zumindest in gewisser Hinsicht (»partiell«) überlegen ist, aber man sollte hierüber keine unrealistischen Vorstellungen hegen, die auf idealisierendes pädagogisches Wunschdenken zurückgehen[254]. Es erscheint jedenfalls möglich, erzieherisch zu handeln, auch wenn der Handelnde die psychischen Dispositionen, die er im Educanden fördern will, selbst

247 BENEKE 1835, 2; DILTHEY 1963, 25.
248 WILLMANN 1969, 22.
249 MÄRZ 1965, 146.
250 MEISTER 1965, 10.
251 GÖTTLER 1948, 49.
252 SCHNEIDER 1951, 53.
253 WINNEFELD 1959, 99.
254 Ein seltenes Beispiel für eine realistische Begriffsbestimmung des Erziehers findet sich bei LOCHNER 1934, 118ff., bes. 122.

nicht (oder jedenfalls nicht in höherem Grade als dieser) besitzt. Als Adressat moralischer Erziehung kann der Educand moralisch höher stehen als sein Erzieher; als Adressat religiöser Erziehung kann er gläubiger sein als sein Erzieher; als Adressat von Leibeserziehung kann er leistungstüchtiger sein als sein Sportlehrer (Trainer) usw.

Damit wird nicht bestritten, daß es wünschenswert ist, wenn Erziehung von Personen ausgeübt wird, die den Educanden wenigstens hinsichtlich jener Persönlichkeitsmerkmale überlegen sind, zu deren Ausbildung sie beizutragen versuchen. Die Frage nach der Bedeutung des »guten« oder »schlechten« Beispiels gehört jedoch in den Problemkreis der Bedingungen des Erfolgs der Erziehung und nicht in den Rahmen der Merkmale, durch die ein empirischer Begriff der Erziehung bestimmt wird. Auf Grund dieser Überlegungen scheint es mir zweckmäßig zu sein, bei unserer Begriffsbestimmung auf nähere Angaben über den Erzieher und seine Qualitäten zu verzichten.

IV. Zusammenfassung und Ausblick auf weitere Probleme

Wir können nun das Ergebnis dieser Begriffsexplikation in einer Definition zusammenfassen. Sie ist ein Vorschlag, den Terminus »Erziehung« in folgender Bedeutung zu verwenden:

Unter Erziehung werden Handlungen verstanden, durch die Menschen versuchen, das Gefüge der psychischen Dispositionen anderer Menschen in irgendeiner Hinsicht dauerhaft zu verbessern oder seine als wertvoll beurteilten Bestandteile zu erhalten oder die Entstehung von Dispositionen, die als schlecht bewertet werden, zu verhüten.

Die kürzeste Formulierung für diesen Begriffsinhalt ist folgender Satz: *Als Erziehung werden Handlungen bezeichnet, durch die Menschen versuchen, die Persönlichkeit anderer Menschen in irgendeiner Hinsicht zu fördern.* Diese Begriffsbestimmung in Kurzform ist allerdings nur nach vorausgegangener Interpretation ihrer wichtigsten Bestandteile, insbesondere der Begriffe »Persönlichkeit« und »fördern«, genügend verständlich.

Unser präzisierter Begriff (Explikat) entspricht den vier Forderungen, die für Begriffsexplikationen aufgestellt worden sind[255]: er ist dem gebräuchlichen Handlungs-Begriff der Erziehung *ähnlich;* seine Merkmale sind relativ *exakt* bestimmt; er scheint *fruchtbar* zu sein; er ist so *einfach* wie möglich. Gemessen am Ideal der Exaktheit bleibt er allerdings verbesserungsbedürftig. Er ist nicht mehr als ein vorläufiges

[255] Vgl. S. 32f. dieses Buches.

Hilfsmittel, das aller Voraussicht nach früher oder später durch einen noch genaueren Erziehungsbegriff ersetzt werden wird.

Zum Abschluß möchte ich noch auf einige Probleme hinweisen, die weitere Überlegungen erfordern, aus denen sich vielleicht auch neue Möglichkeiten ergeben werden, den Erziehungsbegriff weiter zu präzisieren.

1. Unser Erziehungsbegriff ist *ein sehr allgemeiner Begriff auf einer hohen Generalisationsstufe*. Man kann ihn auch eine *Kategorie* nennen, weil er den höchsten und allgemeinsten Begriff der Erziehungswissenschaft bildet. Er ist ein Begriff mit geringem Informationsgehalt: sein Inhalt ist relativ arm, sein Geltungsbereich dagegen weit.

Die Abstraktheit des Erziehungsbegriffes verleitet dazu, sich die Phänomene, auf die er angewendet wird, zu gleichförmig vorzustellen. Um den Blick für die Vielfalt der konkreten Erscheinungsformen von Erziehung zu schärfen, empfiehlt es sich, in jedem einzelnen Fall Antwort auf folgende Fragen zu suchen: *Wer* (Subjekt) *erzieht wen* (Adressat) *wozu* (Ziel) *unter welchen Umständen* (Situation, Rahmenbedingungen) *wie* (Art und Weise, Form des erzieherischen Handelns)? Bei normativen Überlegungen wäre sinngemäß zu fragen: Wozu *soll* wer durch wen unter welchen Umständen auf welche Weise erzogen werden?

Zum weiten Anwendungsbereich unseres Erziehungsbegriffes gehört auch, daß *er viele Gegenstände umfaßt, die im alltäglichen wie im wissenschaftlichen Sprachgebrauch anders benannt werden*. Insbesondere werden jene Phänomene, die als »Psychotherapie«, »Psychagogik«, »Seelsorge«, »Sozialarbeit«, »Menschenführung«, »Propaganda« usw. bezeichnet werden, ganz oder wenigstens teilweise in seinen Geltungsbereich einbezogen. Das ist eine notwendige begriffliche Voraussetzung für den Versuch, die speziellen Theorien, die diesen Sonderformen des Sozialen Handelns gewidmet sind, auf Grund ihrer Gemeinsamkeiten durch allgemeinere Theorien der »Sozialen Handlungen« zu ersetzen, »durch die versucht wird, das Dispositionsgefüge anderer Menschen zu ändern«[256].

2. Der Erziehungsbegriff ist ein *theoretischer Begriff*. Ob er auf ein konkretes menschliches Verhalten anwendbar ist, kann nicht direkt durch Beobachtung dieses Verhaltens erkannt, sondern muß aus dem, was man beobachtet hat, in Verbindung mit theoretischen Kenntnissen, die dazu notwendig sind, *erschlossen* werden. Erziehung als eine Klasse konkreter Handlungen, die sich durch beobachtbare Merkmale klar von

[256] Vgl. BREZINKA 1978, 64; 1981a, 81.

den übrigen Sozialen Handlungen unterscheiden lassen, gibt es nicht. Die erzieherischen Handlungen zeichnen sich gegenüber anderen Handlungen allein durch das nicht-beobachtbare (subjektive) Merkmal der Förderungsabsicht des Handelnden aus. Ob eine Soziale Handlung als »Erziehung« bezeichnet werden kann oder nicht, hängt von ihrem *Zweck*, d. h. von der Absicht, der Intention des Handelnden und damit von der *Interpretation* dieser Handlung im Kontext der gesamten Situation ab[257].

3. Mit »Erziehung« ist in erster Linie *eine längerdauernde Handlungseinheit oder ein Handlungssystem* gemeint, das sich unter Umständen über Jahre hinweg erstreckt, – also nicht nur eine kurzdauernde Einzelhandlung. Die meisten Ziele der Erziehung sind (wenn überhaupt, dann) nur nach einer längeren Zeitperiode erreichbar. Deshalb muß die Zeitdimension berücksichtigt werden. Zwischen den einzelnen erzieherischen Handlungen liegen Perioden, in denen nicht erzogen wird, ohne daß die Sinneinheit zusammengehöriger erzieherischer Handlungen dadurch beeinträchtigt werden würde. Erziehung erfolgt mit Unterbrechungen, von Zeit zu Zeit, von Fall zu Fall oder nach Bedarf. Erziehen ist eine »zusammengesetzte Tätigkeit«[258], »ein langes und vielfältiges Tun«[259]. Erziehung »besteht aus einer langen Reihe von Tätigkeiten«[260], in einem »langgestreckten Aktgefüge«[261] oder in einem »System von Handlungen«[262]. Es werden nicht nur die kleinsten sinnvollen Einheiten eines solchen Systems als »Erziehung« bezeichnet, sondern auch größere Einheiten und das System als Ganzes.

4. Das Begriffsmerkmal *»Förderungsabsicht«* (»Versuch, . . . zu verbessern« bzw. »zu fördern«[263]) muß so großzügig interpretiert werden, daß nicht nur aktuelle Willenserlebnisse, sondern auch zeitlich zurückliegende Willensentschlüsse und Absichten sowie die durch sie bedingten *Einstellungen* einbezogen werden. »Es führt irre, wenn man nur das als gewollt ansieht, was im Augenblick der Ausführung von einer bewußten Absicht bestimmt wird. Vielmehr wirkt der Wille in sehr vielen Fällen als dauernde Einstellung«[264].

5. Die Präzisierung des Erziehungsbegriffes als zweckrationale Handlung eines Erziehers bedeutet nicht, daß der Educand für ein

[257] Vgl. zu diesem Problem die Ausführungen über den verwandten Begriff »teaching« bei SCHEFFLER 1971, 92ff.
[258] STOY 1861, 11.
[259] WILLMANN 1876, 278.
[260] WAITZ 1898, 65; ähnlich DILTHEY 1961, 191.
[261] GÖTTLER 1948, 29.
[262] COLADARCI 1963, 385: »a system of actions that are intended to bring about desirable learnings«.
[263] Zur ausführlichen Interpretation dieses Merkmals vgl. S. 207ff. dieses Buches.
[264] COHN 1926, 9.

passives Objekt erzieherischer Handlungen gehalten und seine eigene Aktivität übersehen oder geringgeschätzt wird. Unser Erziehungsbegriff ist völlig vereinbar mit der Tatsache, daß Erzieher und Educanden miteinander in einem Verhältnis der *Wechselwirkung,* der *Sozialen Interaktion* stehen, bei dem nicht nur der Educand Einflüssen des Erziehers, sondern auch der Erzieher Einflüssen des Educanden ausgesetzt ist.

Unter »Erziehung« wird jedoch von jeher etwas anderes verstanden als bloß soziale Wechselwirkung, Soziale Interaktion, »Kommunikation«[265] oder »Umgang« (wie der alte pädagogische Fachausdruck dafür lautet). Erziehung setzt »Umgang«, »Soziale Interaktion« oder »Kommunikation« der Educanden mit anderen Menschen, darunter auch mit ihren Erziehern voraus, aber sie ist nicht damit identisch. Unter »Erziehung« werden vielmehr Handlungen verstanden, durch die der Handelnde Soziale Interaktionen oder Umgangsbeziehungen zu bestimmten Zwecken zu beeinflussen, zu gestalten oder zu nützen versucht.

Die Umgangsbeziehungen oder die sozialen Wechselwirkungen zwischen den Menschen sind unabhängig von Persönlichkeitsidealen da, die als Erziehungsziele gesetzt werden. Sie sind auch unabhängig von erzieherischen Handlungen, die als Mittel zur Verwirklichung dieser Ziele anzuwenden versucht werden. Sie gehören zu den Bedingungen für die Persönlichkeitsverfassung, die ein Mensch zu einem bestimmten Zeitpunkt aufweist, und sie können auch zur Änderung dieser Persönlichkeitsverfassung gemäß den gesetzten Zielen benützt werden. Mit »Erziehung« sind die Handlungen gemeint, die in der Absicht, solche Veränderungen zu bewirken, ausgeübt werden[266].

Es gibt noch andere schwierige Probleme, die bedacht werden müssen, wenn man versucht, den hier präzisierten Erziehungsbegriff für den Entwurf von Hypothesen und Theorien zu verwenden. Besonders dringlich für die erziehungswissenschaftliche Theorienbildung scheint mir eine Klärung des Unterschiedes zwischen *direkter* und *indirekter Erziehung*[267] und die Präzisierung dieser Begriffe zu sein.

Es ist im Verlauf dieser Studie deutlich geworden, daß jede wissenschaftliche Theorie der Erziehung mehr Faktoren zu berücksichtigen

[265] Vgl. Mollenhauer 1972, 84ff.

[266] Vgl. auch Mannschatz 1965, 834: »Der Gegenstand der Pädagogik besteht . . . in der zielgerichteten Steuerung objektiver, das Verhalten der Kinder determinierender Prozesse der Wechselwirkung zwischen Individuum und Gesellschaft. Wohlgemerkt: Nicht die objektiven Prozesse der Wechselwirkung selbst, sondern deren Beeinflussung machen den Gegenstand der Pädagogik aus«.

[267] Zu den Ansätzen bei Rousseau vgl. M. Rang 1959, 339 und Inversini 1978.

hat als nur die Erziehung. Sie muß die Untersuchung *aller* Bedingungen einschließen, die für das Erreichen von Erziehungszielen, d. h. für den Erfolg oder Mißerfolg des erzieherischen Handelns relevant sind. Die Erziehungswissenschaft hat es also keineswegs nur mit der Erziehung zu tun, aber diese bildet doch ihren zentralen Gegenstand, und darum ist es notwendig, ihren Begriff so klar wie möglich zu bestimmen.

Erziehungsziel

»Dem nützt kein Wind, der keinen Hafen hat, zu dem er steuert.«

Michel de Montaigne[1]

Da Erziehung ein *ziel*gerichtetes Handeln ist, gehört der Begriff des Erziehungsziels zu den Grundbegriffen der Pädagogik. Dennoch fehlt dieses Stichwort in neueren deutschsprachigen Lexika und Handbüchern der Pädagogik entweder ganz[2] oder es wird ohne ausreichendes Problembewußtsein und in einer Kürze behandelt[3], die seiner Wichtigkeit nicht entspricht. Obwohl es unzählige Sätze über Erziehungsziele gibt, sucht man in der pädagogischen Literatur vergeblich nach einer hinreichenden Erläuterung dieses Begriffes. Seine Präzisierung ist überfällig.

Im Unterschied zur Explikation des Begriffes »Erziehung« können wir dabei nur wenig Gebrauch von älteren Definitionen machen, weil es solche kaum gibt. Als einer der seltenen Fälle einer derartigen Definition sei die von Göttler angeführt: »Formal ist unter Erziehungsziel zu verstehen jene leib-seelische Verfassung des Zöglings, welche am Ende der Erziehungszeit und der Erziehungsarbeit aller Erzieher erreicht sein soll«[4]. Von solchen Ausnahmen abgesehen, muß man bei einer Analyse hauptsächlich auf Sätze zurückgreifen, in denen bestimmte Erziehungsziele formuliert werden, als sei der Inhalt des Begriffes »Erziehungsziel« bekannt. Wir lassen uns also bei der Untersuchung von Sätzen über einzelne Erziehungsziele von den Fragen leiten: Was ist allen diesen Erziehungszielen gemeinsam? Durch welche Merkmale wird der Begriff »Erziehungsziel« bestimmt? Welche Klasse von Phänomenen wird mit diesem Ausdruck bezeichnet?

Man geht am besten vom Bekannten aus, um zunächst einen Eindruck von der Menge und der Vielfalt dessen zu gewinnen, was als Erziehungsziel bezeichnet wird. Ich nenne unter Verzicht auf systematische Ordnung folgende Beispiele aus neueren Texten: »Erziehung zur Menschlichkeit«, Erziehung »zur Selbstachtung und zur Selbstkritik«, »Erziehung zum Gewissen«, »Erziehung zum Verantwortungsbe-

[1] »Nul vent fait pour celuy qui n'a point de port destiné«. Montaigne 1962, 320.
[2] So bei Speck und Wehle 1970; Groothoff und Stallmann 1971; Lexikon der Pädagogik. Neue Ausgabe. Bd. I. Freiburg 1970 (Herder); Ipfling 1974; Leo Roth 1976.
[3] Dolch 1965, 129f.; Geissler 1970; Schaller 1977; Brumlik 1983.
[4] Göttler 1948, 42.

wußtsein«, »Erziehung zur Liebe«[5]; »Erziehung zur Persönlichkeit«, Erziehung zur »kultivierten Persönlichkeit«[6]; »Erziehung zur Freiheit«[7]; »Erziehung zur Freiheit der Persönlichkeit«[8]; Erziehung zur »allseitigen Entwicklung der Persönlichkeit«[9]; »Erziehung zur Mündigkeit«[10]; »Erziehung zur rationalen Kritik«[11]; »Erziehung zum Frieden«; »Erziehung zur Demokratie«; »Erziehung zur Meisterung der Technik«[12]; »Erziehung zum Sozialismus«[13]; »Erziehung zum Ungehorsam«[14]; »Erziehung zur Selbstbestimmung«[15]; »Erziehung zur Tugend«[16].

Man könnte die Aufzählung solcher Formulierungen »Erziehung zur . . .«, »Erziehung zum . . .« seitenweise fortführen bis zu der amüsanten Zielsetzung eines um den Export besorgten französischen Landwirtschaftsministers: »Wir müssen Europa zum Käse erziehen!«[17] Wenigstens an einem Beispiel soll noch erläutert werden, wieviele spezielle oder besondere Ziele hinter einem allgemeinen Erziehungsziel stecken. Horney differenziert das allgemeine Ziel »Erziehung zur Tugend« zu folgendem Katalog besonderer »Ziele der Schulerziehung«: Erziehung zur Ordnungsliebe, zur Pünktlichkeit, zur Sauberkeit, zur Sparsamkeit; zum Pflichtbewußtsein, zum Fleiß, zur Ausdauer, zur Sorgfalt; zum Verantwortungsbewußtsein, zur Selbständigkeit, zur Gewissenhaftigkeit; zur Hilfsbereitschaft, zum Mitgefühl, zur Verträglichkeit; zur Kameradschaftlichkeit, zur Anständigkeit, zur Treue; zur Gerechtigkeit, zur Rücksichtnahme, zur Duldsamkeit, zur Höflichkeit, zur Dienstwilligkeit; zur Ehrlichkeit, zur Offenheit, zur Tapferkeit, zur Wahrheitsliebe, zur Verschwiegenheit, zur Wahrhaftigkeit, zur Ehrfurcht, zur Urteilsfähigkeit, zur Sachlichkeit[18].

Die Erziehungsartikel in den Verfassungen, die Schulgesetze, die Berufsausbildungsgesetze, die Lehrpläne und die Empfehlungen zur Schulreform sind voll von Sätzen über Erziehungsziele[19]. Dafür noch zwei Beispiele. Die Verfassung des Landes Hessen vom 1. 12. 1946 bestimmt im Artikel 56 folgendes: »Ziel der Erziehung ist, den jungen Menschen zur sittlichen Persönlichkeit zu bilden, seine berufliche Tüchtigkeit und die politische Verantwortung vorzubereiten zum selbständigen und verantwortlichen Dienst am Volk und der Mensch-

[5] Spranger 1964, 122, 128, 130, 134, 135.
[6] Bosshart 1951, 35.
[7] Feifel 1962, 647.
[8] Wenke 1960, 28.
[9] Koroljow und Gmurman 1973, 119.
[10] Adorno 1970.
[11] Lenk 1971, 68.
[12] Tröger 1970, 213f.
[13] Beck 1970, 151.
[14] Bott 1970.
[15] Hentig 1971a, 11.
[16] Horney 1963, 346.
[17] Edgar Pisani laut »Wochenpresse« (Wien), 16. 1. 1965.
[18] Horney 1963, 359ff.
[19] Vgl. Schulz 1955; Froese 1969; Evers 1979; Häberle 1981.

heit durch Ehrfurcht und Nächstenliebe, Achtung und Duldsamkeit, Rechtlichkeit und Wahrhaftigkeit«[20]. Das Schulgesetz für Baden-Württemberg von 1976 gebietet, die Schüler »über die Vermittlung von Wissen, Fähigkeiten und Fertigkeiten hinaus . . . in Verantwortung vor Gott, im Geiste christlicher Nächstenliebe, zur Menschlichkeit und Friedensliebe, in der Liebe zu Volk und Heimat, zur Achtung der Würde und der Überzeugung anderer, zu Leistungswillen und Eigenverantwortung sowie zu sozialer Bewährung zu erziehen«[21].

Von derart allgemeinen Formulierungen reicht die Skala möglicher Erziehungsziele bis zu so speziellen Zielen wie der »Bereitschaft, keinen Alkohol zu trinken«, der »Beherrschung des Einmaleins« oder der »Fähigkeit, einen Fahrradreifen zu flicken«. Es dürfte kaum ein Persönlichkeitsmerkmal, das irgend jemand für wertvoll hält, kaum eine Tugend, ein Wissen, ein Können, eine Fähigkeit oder eine Handlungsbereitschaft geben, die nicht schon zum Ziel der Erziehung erklärt worden sind.

Es ist also mißverständlich, über »*das* Ziel der Erziehung« in einem Sinne zu schreiben, als gäbe es nur ein einziges. Wo solche Formulierungen verwendet werden, handelt es sich meist um den Anspruch des Anhängers einer bestimmten Weltanschauung, ein von ihm gesetztes oder übernommenes und anerkanntes Ziel als das »*richtige* Erziehungsziel« aufzustellen[22]. Der Satz »Wir suchen *das* Ziel der Erziehung«[23] lenkt die Aufmerksamkeit von der Vielfalt der tatsächlich vorhandenen und erforderlichen Zielsetzungen ab und begünstigt die wirklichkeitsferne Vorstellung, es gäbe ein »letztes« oder »höchstes« oder »allgemeines« Ziel der Erziehung, das alles in sich enthält, was durch erzieherisches Handeln verwirklicht werden soll. Der Wirklichkeit näher kommt die Auffassung: »Alles, was irgend jemand für wünschenswert hält, kann ein Erziehungsziel werden«[24]. Dieser Satz bedarf zwar noch einiger Einschränkungen, weil die Menge des Wünschenswerten größer ist als die Teilmenge der wünschenswerten Persönlichkeitsmerkmale oder psychischen Dispositionen, aber er drückt den Tatbestand treffend aus, daß es eine große Vielfalt möglicher Erziehungsziele gibt.

Die Notwendigkeit, den Begriff »Erziehungsziel« zu präzisieren, ergibt sich schon aus der Begriffsverwirrung, die im Problemkreis »Ziele der Erziehung« herrscht (I). Um ihr abzuhelfen, ist eine Besinnung auf die Wortbedeutung von »Ziel« unerläßlich (II). Auf diese Vorüberle-

[20] Verfassungen 1981, 170.
[21] Holfelder und Bosse 1984, 2.
[22] Häberlin 1965, 20ff.
[23] Cohn 1919, 18 (Hervorhebung vom Verfasser).
[24] Broudy 1970, 5: »anything anyone regards as desirable can become an educational objective«.

gungen folgt im Hauptteil die eigentliche Präzisierung des Begriffes »Erziehungsziel« (III). Daran anschließend werden einige Hinweise auf Zwecke und Funktionen von Erziehungszielen gegeben (IV).

I. Die Begriffsverwirrung im Problemkreis »Erziehungsziele«

Der Problemkreis der Ziele der Erziehung ist für die Erziehungswissenschaft, die Philosophie der Erziehung und die Praktische Pädagogik[25] von zentraler Bedeutung. Dennoch herrscht auf diesem Gebiet noch immer große begriffliche Unklarheit. Sie zeigt sich schon darin, daß neben dem Terminus »Erziehungsziel« und an seiner Stelle auffallend viele Synonyme, d. h. bedeutungsähnliche oder sinnverwandte Worte verwendet werden. Das wäre überflüssig, wenn der Begriff »Erziehungsziel« präzis bestimmt wäre und über seine Stellung im System erziehungswissenschaftlicher Grundbegriffe für jedermann Klarheit bestünde. Es ist als Vorarbeit für eine Begriffsexplikation erforderlich, sich einen Überblick über diese Ausdrücke zu verschaffen.

Als erstes ist das Wort *»Bildungsziel«* zu nennen. Es ist belastet mit der Vieldeutigkeit des Wortes »Bildung« und mit mehr oder weniger verworrenen Vorstellungen über die Beziehungen zwischen »Bildung« und »Erziehung«[26]. Es gehört zu den erziehungsgeschichtlichen Merkwürdigkeiten in Deutschland, daß dort 1953 ein »Deutscher Ausschuß für das Erziehungs- und Bildungswesen« eingesetzt worden ist, obwohl niemand zu sagen vermochte, wodurch sich das »Erziehungswesen« vom »Bildungswesen« unterscheidet. In den Gutachten dieses Ausschusses wird auf Kosten des empirischen Begriffes »Erziehung« ein exzessiver Gebrauch von dem nicht-empirischen Begriff »Bildung«[27] bzw. von einer ganzen Serie durcheinandergehender vager Bildungsbegriffe gemacht, und dementsprechend herrscht bei den Zielangaben der Begriff »Bildungsziel« vor[28]. Das Nachfolgegremium, der »Deutsche Bildungsrat«, hat die Inflation des unpräzisierten »Bildungs«-Vokabulars noch gesteigert und vom *»Ziel der Bildung«* gesprochen, ohne je definiert zu haben, was er mit »Bildung« meint. Auch in der DDR ist die obskure Unterscheidung zwischen »Bildung« und »Erziehung« noch

[25] Zur Unterscheidung dieser drei Satzsysteme vgl. Brezinka 1978.
[26] Zur Kritik des Bildungsbegriffes vgl. Dolch 1963; Brezinka 1988, 30ff.
[27] Über den nicht-empirischen Charakter des Bildungsbegriffes vgl. Dolch 1966a, 59.
[28] Vgl. Deutscher Ausschuß 1966. Nach Dolch 1963, 217 kommen allein auf den 70 Seiten des Gutachtens »Zur Situation und Aufgabe der deutschen Erwachsenenbildung« (1960) über 80 verschiedene Begriffe mit dem Wortteil »bilden« vor.

üblich, und dementsprechend wird dort stereotyp die Formel »Bildungs- und Erziehungsziele« benutzt, ohne daß der Unterschied zwischen beiden jemals klar dargestellt worden wäre[29].

Ein zweiter Ausdruck, der in der deutschen pädagogischen Literatur häufig verwendet wird, ist das Wort *»Bildungsideal«*. SPRANGER verstand darunter »ein Wunschbild von der leiblich-seelisch-geistigen Endbeschaffenheit eines . . . Menschen, das bei dem bewußten Bildungsbemühen zielgebend wirkt«[30]. Ähnlich wie beim Wort »Bildungsziel« ist aus den Texten selten ersichtlich, ob seine Bedeutung mit der des Ausdruckes »Erziehungsziel« als identisch angesehen wird oder nicht. So gebraucht z. B. ROTH fast durchgehend die Formulierung »Erziehungsziele *und* Bildungsideale«, ohne daß je auf eventuell mitgedachte Unterschiede zwischen beiden aufmerksam gemacht wird[31]. TRÖGER spricht sowohl von »Erziehungszielen *und* Bildungsidealen« als auch von »Erziehungszielen *oder* Bildungsidealen«[32]. DILTHEY hat ganz allgemein das, »was die Erziehung erstrebt«, mit dem Ausdruck »Bildungsideal« benannt[33]. KLAFKI dagegen gibt zu erkennen, daß er unter »Bildungsidealen« eine besondere Klasse von Erziehungszielen versteht[34]. ERLINGHAGEN wiederum spricht von »Bildungsideal und Bildungsziel«. Da er »Bildung und Erziehung unterschiedslos« gebraucht, kann man dafür nach ihm auch die Ausdrücke »Erziehungsideal« und »Erziehungsziel« einsetzen[35].

Wir haben drittens also das Wort *»Erziehungsideal«* zu registrieren. NIEUWENHUIS sieht darin »ein ideelles Ideal, das der Erziehung eine bestimmte Richtung geben muß«, im Unterschied zum »konkreten« Erziehungsziel, »das – der allgemeinen Ansicht nach – immer wieder erreicht werden kann und auch wird«. Hinter dieser begrifflichen Unterscheidung stecke der auf die Griechen zurückgehende »Gedanke, daß die junge Generation nicht zu dem, was die Erwachsenen erreicht haben, sondern zu einem Idealbild des erwachsenen Menschen erzogen werden muß«[36].

Viertens wird der Ausdruck *»pädagogisches Ziel«* verwendet, und zwar in der Regel bedeutungsgleich mit »Erziehungsziel«[37].

[29] Vgl. z. B. MADER 1966.
[30] SPRANGER 1955, 18. Vgl. ferner ERLINGHAGEN 1960, 15ff.
[31] Vgl. H. ROTH 1966, 271–360, besonders 352f. (Hervorhebung vom Verfasser).
[32] TRÖGER 1970, 192 bzw. 191 (Hervorhebung vom Verfasser).
[33] DILTHEY 1961, 14.
[34] KLAFKI 1970, 41: »Der Begriff ›Bildungsideal‹ meint die bildhafte Vorstellung einer bestimmten, komplexen menschlichen Haltung, an der sich die Erziehung als an ihrem Ziel orientiert«.
[35] ERLINGHAGEN 1970, 185f.
[36] NIEUWENHUIS 1971, 267; vgl. auch DILTHEY 1961, 10.
[37] Vgl. MARSCHNER 1959; BOHNSACK 1969, 21; DAVE 1968; EBEL 1968.

Ein fünfter hierher gehöriger Ausdruck ist *»Zweck der Erziehung«*. Er wird in den meisten Fällen in gleicher Bedeutung wie »Ziel der Erziehung« verwendet. So schon bei HERBART, der fast ausschließlich vom »Zweck« der Erziehung spricht, gelegentlich das Gemeinte aber auch als »Ziel« bezeichnet[38]. Ebenso schreibt BENEKE vom »Zweck oder Ziel der Erziehung«[39]. REIN bevorzugt zwar den Ausdruck »Erziehungsziel«, verwendet aber ebenso auch das Wort »Erziehungszweck« in derselben Bedeutung[40]. GÖTTLER dagegen unterscheidet zwischen beiden und wendet sich gegen die »häufige Vermengung der Begriffe Erziehungszweck und Erziehungsziel«[41]. Auch außerhalb der Pädagogik werden jedoch die Ausdrücke »Ziel« und »Zweck« überwiegend in gleicher Bedeutung gebraucht[42].

Ein sechster einschlägiger Terminus ist *»Erziehungsaufgabe«* oder »Aufgabe der Erziehung«. Auch er findet sich schon bei HERBART und wird von ihm in gleicher Bedeutung wie »Zweck« verwendet[43]. GÖTTLER dagegen unterscheidet die Aufgaben von den Zielen und den Zwecken der Erziehung: »In der Verwirklichung des Erziehungszieles besteht die Erziehungsaufgabe«[44]. Für TRÖGER wiederum bilden die »Erziehungsaufgaben« einen Typus von »drei Typen pädagogischer Ziele«[45]. MÄRZ hält es überhaupt für besser, statt von Zielen von »Aufgaben der Erziehung« zu sprechen[46]. Auch DOLCH meint, man spreche heute statt vom »Erziehungs- oder Bildungsideal« lieber »anspruchsloser von Erziehungsaufgaben«[47].

Der früher erwähnten Rivalität zwischen »Erziehung« und »Bildung« entsprechend finden wir siebentens den Ausdruck *»Bildungsaufgabe«*[48].

Achtens wird auch das Wort *»pädagogische Aufgabe«* verwendet[49].

38 Vgl. z. B. HERBART 1913, Bd. I, 221: »*Zweck* der Erziehung ist die Tugend«. »Das einzige Wort Tugend . . . stellt der Erziehung ein höchst zusammengesetztes *Ziel* vor Augen« (Hervorhebung vom Verfasser).
39 BENEKE 1835, Bd. I, 30.
40 Vgl. REIN 1904, besonders 614.
41 GÖTTLER 1948, 38.
42 MILL 1965, 619: »end or purpose«; MILL 1968, 368; MAX WEBER 1968, 4f., 114ff. und 155f.; WEINBERGER 1970, 291ff. – WEBER und WEINBERGER bevorzugen – orientiert am Zweck-Mittel-Schema – den Zweckbegriff, KRAFT und STEGMÜLLER den Terminus »Ziel«. Vgl. KRAFT 1968, 106ff.; STEGMÜLLER 1969a, 521ff.; BRECHT spricht von »Zielen *und* Zwecken«: 1961, 140ff.
43 Vgl. HERBART 1913, Bd. I, 91, wo »Moralität« als »Aufgabe der Erziehung« und als »höchster Zweck . . . der Erziehung« bezeichnet wird.
44 GÖTTLER 1948, 47.
45 TRÖGER 1970, 213.
46 MÄRZ 1965, 103.
47 DOLCH 1965, 130.
48 PETZELT 1963, 83ff.
49 PETZELT 1963, 86.

Neuntens stößt man auf den Begriff *»Erziehungsabsicht«*. Nach TRÖGER fallen die »Absichten (der Erzieher) unter den üblichen Sprachgebrauch des Begriffs ›Erziehungsziel‹«[50]. Diese Ansicht läßt sich durch Beispiele aus der Alltagssprache wie aus philosophischen Texten stützen. So verwendet z. B. HARTMANN die Ausdrücke »Absicht« und »Zweck« in der gleichen Bedeutung[51]. Auch KRAFT unterscheidet nicht zwischen Absichten, Zielen und Zwecken[52].

Der derzeit neueste Ausdruck, der bedeutungsgleich oder bedeutungsähnlich mit dem Terminus Erziehungsziel verwendet wird, ist zehntens das Wort *»Lernziel«*. Es hat sich merkwürdigerweise in der deutschen pädagogischen Fachsprache an Stelle der traditionellen Ausdrücke »Erziehungsziel« bzw. »Unterrichtsziel« eingebürgert[53], obwohl in der amerikanischen Fachliteratur sachlich richtig von »*educational* objectives« oder »*educational* goals« bzw. von »*instructional* objectives« (Unterrichtszielen) die Rede ist[54]. Es ist von den Wortbedeutungen her zunächst einmal anzunehmen, daß Erziehungsziele und Lernziele ebensowenig miteinander identisch sind wie Erziehung und Lernen. Tatsächlich scheint jedoch mit beiden Ausdrücken ungefähr das gleiche gemeint zu sein. Was aber ist das Gemeinte genau? Durch welche Merkmale ist es gekennzeichnet? Welche Stellung nimmt es im System der erziehungswissenschaftlichen Grundbegriffe ein?

Schließlich findet man im Bedeutungsfeld des Wortes »Erziehungsziel« noch den Begriff *Norm*. KLAFKI z. B. spricht von »Norm- und Zielvorstellungen« als Kennzeichen aller Erziehungsvorgänge und betrachtet die Erziehungsziele als »eine bestimmte Art von soziokulturellen Normen«[55].

Weitere einschlägige Ausdrücke sind *»Ideal«*[56], *»Leitbild«*[57], *»Zielbild«*[58], *»Zielformel«*[59], *»Zielvorstellung«*[60], *»pädagogische Zielsetzung«*[61], *»Grundwert«*[62], *»Bestimmung des Menschen«*[63] und *»Menschenbild«*[64].

[50] TRÖGER 1970, 194 (Einschub vom Verfasser).
[51] Vgl. HARTMANN 1962, 128: »Der Gegenstand des Wollens hat für das wollende Bewußtsein selbst die Form der Absicht, des Zweckes«.
[52] Vgl. KRAFT 1968, 106f.
[53] Vgl. z. B. Deutscher Bildungsrat 1970; HENTIG 1968, 69ff.; HENTIG 1971; FLECHSIG 1970; CORTE 1971.
[54] Vgl. BLOOM 1956; CECCO 1968, 30ff.
[55] KLAFKI 1970, 15f.
[56] Bei TRÖGER 1970, 213 einer der »drei Typen pädagogischer Ziele« neben »Grundwerten« und »Aufgaben«; H. ROTH 1966, 271.
[57] LITT 1949, 107; WENKE 1956; DOLCH 1965, 219; H. ROTH 1966, 271; KLAFKI 1970, 45.
[58] DOLCH 1965, 129.
[59] DOLCH 1965, 130.
[60] TRÖGER 1970, 192; KLAFKI 1970, 15.
[61] BOHNSACK 1969, 11ff.; TRÖGER 1970, 209.
[62] TRÖGER 1970, 213.
[63] H. ROTH 1966, 275.
[64] Über »das Menschenbild, das sog. Erziehungsideal« vgl. PETERSEN 1951, 9; ferner KLAFKI 1970, 44.

Von ähnlicher Vielfalt sind die Ausdrücke in der englischen pädagogischen Fachsprache. Der derzeit gebräuchlichste Terminus ist *»educational objective«*[65]. Daneben trifft man auf *»aim of education«*[66] oder *»educational aim«*[67], *»educational ideal«*[68], *»educational goal«*[69], *»educational task«*[70], *»end of education«*[71] und *»purpose of education«*[72].

Im allgemeinen enthalten die Texte, in denen diese Ausdrücke stehen, keinen Versuch, die Bedeutung, in der sie verwendet werden, ausdrücklich anzugeben. Das gilt sogar für pädagogische Lexika, Einführungswerke und Handbücher. Weil ihre Bedeutung mangelhaft bestimmt ist, besteht in ihrem Gebrauch große Unsicherheit. Man weiß nie genau, ob der gleiche Gegenstand gemeint ist oder ob verschiedene Gegenstände gemeint sind, wenn man auf so verschiedenartige Ausdrücke stößt wie »Bildungsziel«, »Bildungsideal«, »Erziehungszweck«, »Erziehungsaufgabe«, »Erziehungsabsicht«, »Lernziel« oder »objective«, »aim«, »goal«, »ideal«, »end«, »task« und »purpose of education«.

Dieser Zustand behindert sowohl die gegenseitige Verständigung der Erzieher als auch die wissenschaftliche Bearbeitung von Erziehungsproblemen. Um Abhilfe zu schaffen, brauchen wir einen wissenschaftlichen Begriff, der an Stelle der vorstehend referierten umgangssprachlichen Ausdrücke mit ihren ungeklärten Bedeutungen verwendet werden kann. Der Versuch, für diesen Zweck den vagen Begriff »Erziehungsziel« zu präzisieren, muß von der Wortbedeutung von »Ziel« ausgehen.

II. Bedeutungsanalyse des Wortes »Ziel«

Der Ausdruck »Erziehungsziel« ist eine abgekürzte Form des Ausdrukkes »Ziel der Erziehung«. Der Begriff *»Ziel«* ist wie die Begriffe »Zweck«, »Absicht«, »Aufgabe«, »Ideal« ein teleologischer Begriff (vom griechischen »telos« = Ziel, Zweck, dem das lateinische »finis« entspricht)[73]. Von einem Ziel kann man nur reden, wenn jemand da ist, der es gesetzt hat oder der es verfolgt[74]. Das Wort hat die Grundbedeu-

65 Vgl. Ammons 1969; Broudy 1970.
66 Vgl. Connell, Debus und Niblett 1967, 1ff.; Dupuis 1970.
67 Vgl. Stake 1970, 181ff.
68 Nagel 1969, 15ff. spricht von »educational ideals *or* aims«.
69 Broudy 1970, 5; Stake 1970, 181.
70 Stake 1970, 193.
71 R. Peters 1963, 85; Guttchen 1969, 28. Beide Autoren kritisieren das »means-end model«.
72 Vgl. Collier 1962; Brameld 1970, 179ff.; Lindvall 1964, 1.
73 Vgl. Hartmann 1966.
74 Vgl. Stegmüller 1969a, 522 und 531.

tung: Endpunkt einer Bewegung. Als räumliche Vorstellung, die auch auf das geistige Gebiet übertragen wird, meint es den Zielpunkt, auf welchen der Schütze schießt, oder den Endpunkt einer Handlung[75]. »Eine Hauptaufgabe fällt dem Wort ›Ziel‹ als sprachlicher Ausdruck des realen und geistigen Strebens zu; . . . zur Seite treten ihm, oft verbündet, die gleichfalls aus der Zielvorstellung stammenden Wörter ›Zweck‹ und ›Absicht‹«[76].

Die Beziehung der Bedeutungen der Ausdrücke »Ziel« und »Zweck« zueinander ist uneinheitlich. *»Zweck«* bedeutet ursprünglich einen kurzen Nagel mit breitem Kopf, der die Mitte einer Zielscheibe kennzeichnet. Diese Bedeutung hat sich in »Zwecke« erhalten, dem Namen für den Nagel, den der Schuster verwendet. Das Wort »Zwecke« (weiblich) ist aus dem Wort »Zweck« (männlich) erst um 1800 von Campe gebildet worden, um Mißverständnisse zu vermeiden[77]. »Zweck« bedeutet also ursprünglich das gleiche wie »Ziel«: den Zielpunkt, auf den der Schütze zielt; das beabsichtigte Ziel einer Handlung; das, um dessentwillen eine Handlung ausgeführt wird[78]; das, »was man mit einer Handlung will, die Aufgabe, um deren willen sie geschieht, das Ergebnis, das irgendwie hinter der Handlung als Endpunkt steht«[79]; die vorgestellte und erstrebte Wirkung einer Tätigkeit[80]. Sprachgeschichtlich findet sich ebenso die Gleichsetzung von »Ziel« und »Zweck« wie das Auseinandertreten der Bedeutungen. Manchmal wurde »Zweck« dem »Ziel«, manchmal »Ziel« dem »Zweck« untergeordnet[81].

In der philosophischen Fachsprache wird »Ziel« im allgemeinen bedeutungsgleich mit »Zweck« verwendet[82]. Einige Autoren machen jedoch einen Unterschied: »Ziel« wird dem Streben und »Zweck« dem Mittel zugeordnet. »Das Ziel ist also das durch ein Streben zu verwirklichende oder zu erreichende Gut«. Als »Zweck« wird dagegen meist nur jenes Ziel bezeichnet, »das durch Anwendung von Mitteln erstrebt wird«[83]. In diesem Sinne wird auch vorwiegend von der »Zweck-Mittel-Beziehung« gesprochen[84], während »Ziel« und »Mittel« selten in einer Formel miteinander verbunden werden. »Zweck«

[75] Vgl. Grimm, Bd 15, 1956, 1042.
[76] Grimm, Bd. 15, 1061.
[77] Grimm, Bd. 16, 1954, 955 und 964.
[78] Mauthner 1910, 643 ff.
[79] Grimm, Bd. 16, 959.
[80] Hoffmeister 1955, 682.
[81] Grimm, Bd. 15, 1063/64; Grimm, Bd. 16, 959.
[82] Eisler 1922, 775 und 777 ff.; Hoffmeister 1955, 680 und 682; Schischkoff 1969, 676 und 678 f.; Stegmüller 1969a, 521 ff.
[83] Brugger 1964, 397 und 399.
[84] Vgl. z. B. Max Weber 1968, 4; Gäfgen 1968, 25 ff.; Weinberger 1970, 291 ff.

und »Mittel« sind korrelative Begriffe[85], d. h. sie stehen in wechselseitiger Beziehung zueinander.

Dem deutschen Wort »Zweck« entspricht das englische Wort *»end«*[86], der Zweck-Mittel-Beziehung also die Beziehung zwischen »ends and means«[87]. Dem deutschen Wort »Ziel« entsprechen dagegen die englischen Worte »aim« und »goal«[88]. Auch im Deutschen ist übrigens früher das Wort »Ende« in der gleichen Bedeutung wie »Zweck«, »Absicht«, »Ziel« verwendet worden[89].

Sehen wir uns zur Ergänzung dieser Bedeutungsanalyse noch einige Begriffserläuterungen von »Ziel« und »Zweck« an. Grundsätzlich gilt, daß die Begriffe »Ziel« bzw. »Zweck« nur dort angewendet werden können, wo eine bewußte Ziel- oder Zwecksetzung vorliegt. »Der Zweck ist durch den Willen gesetzt, denn erst dadurch, daß etwas gewollt, ein ›Willensziel‹ wird, charakterisiert es sich als Zweck«. Nach Eisler ist zwischen »den unmittelbaren, immanenten Willenszielen« und dem »Zweck des Handelns« zu unterscheiden. Der Zweck einer Handlung »ist die Verwirklichung dieses und jenes Willenszieles, welches eben nur unter der Bedingung der Handlung, durch diese, ›vermittels‹ ihrer zu realisieren ist«. Eisler versteht unter dem »Zweck einer Handlung eine im Bewußtsein vorgenommene (vorgestellte oder gedachte) Änderung, deren gefühlsbetonte Vorstellung den Willensimpuls zu einer bestimmten (inneren oder äußeren) Handlung auslöst«[90].

Nach Schischkoff ist Zweck »ein vorgestellter und gewollter zukünftiger Vorgang oder Zustand, dessen Verwirklichung das kausale Zwischenglied auf dem Wege zum Ziel ist; er ist die antizipierte Vorstellung der Wirkung unseres Handelns (Wilhelm Wundt), ihm werden die zu seiner Erreichung notwendigen Mittel zu- und untergeordnet. Zweck und Ziel können zusammenfallen und das erreichte Ziel kann sich als Zweck zur Erreichung eines noch weiter gesteckten Zieles erweisen«[91].

Nach Klaus und Buhr ist Zweck ein »gedanklich vorweggenomme-

[85] Eisler 1922, 777; Weinberger 1970, 294: »Zweck ist ein Relativbegriff, zu dem der Begriff des Mittels korrelativ ist«.

[86] Vgl. Klein und Friedrich 1968, 889: *»end* stresses intended effect and may subordinate, or contrast with, notions of means«. Daneben wird auch *»purpose«* verwendet: »the word has reference to the hoped-for result, the intended effect«; *»objective* strongly implies attainability; it is chiefly applied to an end that is concrete and can be achieved as easily as a destination is reached by travel« (890).

[87] Vgl. z. B. Flew 1967.

[88] Vgl. Klein und Friedrich 1968, 874f.: *»aim«* is »that which is aimed at. Fig.: An intention or purpose«; *»goal* is that towards which one runs, the point that limits a race; hence, fig., any object of ambition or desire«.

[89] Grimm, Bd. 15, 1064; Mauthner 1910, 645.

[90] Eisler 1922, 777.

[91] Schischkoff 1969, 678f.

nes Resultat einer Handlung, das unter Anwendung bestimmter Mittel realisiert werden soll«[92].

WEINBERGER schreibt: »Zweck ist, was als gewollt gesetzt ist und durch gewisse Mittel erreicht, realisiert wird«[93].

MILL spricht von »dem zu erreichenden Ziel« als von »der zu erzeugenden Wirkung« (»the end to be aimed at« = »the effect to be produced«)[94].

GÄFGEN bemerkt, das Wort »Ziel« bedeute »meist einen bestimmten, schon gewählten, erwünschten Endzustand«[95].

KRAFT macht zwischen »Ziel«, »Zweck« und »Absicht« keinen Unterschied: »Eine Absicht betrifft einen Zustand, der erst erstrebt wird, der noch nicht real ist, und das Mittel ist eine Ursache, die erst herbeigeführt werden muß; wenn eine bestimmte Wirkung zum Ziel gesetzt ist, erfordert das, daß ihre Ursache verwirklicht wird«[96].

GÖTTLER schreibt: »Ziel einer Tätigkeit, der erzieherischen so gut wie der technischen, künstlerischen, ärztlichen, ist der als Endergebnis der Bemühungen vorschwebende verbesserte Zustand von Stoffen oder Organismen«[97].

Fragen wir schließlich noch nach den *Verben, die in Verbindung mit dem Wort »Ziel« am häufigsten verwendet werden.* Man kann ein Ziel »bestimmen«, »wählen«, »setzen«, »verfolgen«, »intendieren«, »erstreben«, »anstreben«, »verwirklichen«, »realisieren«, »erreichen« oder »verfehlen«. Alle diese Worte weisen darauf hin, daß Ziele in Verbindung mit Willensakten stehen, daß sie etwas »Gewolltes« sind[98].

III. Präzisierung des Begriffes »Erziehungsziel«

Der Terminus »Erziehungsziel« ist aus den Worten »Erziehung« und »Ziel« zusammengesetzt. Die Interpretation eines zusammengesetzten Ausdruckes muß auf die Interpretation der einfachen Ausdrücke, die seine Bestandteile bilden, Bezug nehmen und mit ihr übereinstimmen[99]. Dementsprechend ist der Begriff »Erziehung« eine notwendige Voraussetzung für die Definition von »Erziehungsziel«.

[92] KLAUS und BUHR 1966, 620.
[93] WEINBERGER 1970, 294.
[94] MILL 1968, 367. Im englischen Original MILL 1965, 619.
[95] GÄFGEN 1968, 26.
[96] KRAFT 1968, 107.
[97] GÖTTLER 1948, 39.
[98] »Den Gegenstand, die Sachlage oder das Verhalten, welches gewollt ist, nennt man *das Gewollte*«. WEINBERGER 1970, 293.
[99] ESSLER 1972, 53.

Um so einfach wie möglich zu beginnen, gehe ich von einem *Minimalbegriff des Erziehungsziels* aus. Damit ist ein Begriff gemeint, der nur die Mindestmenge der Merkmale aufweist, die vorhanden sein müssen, damit sinnvoll von »Erziehungsziel« gesprochen werden kann. Unter einem Erziehungsziel im Sinne des Minimalbegriffs wird *ein vorgestellter Zustand der Persönlichkeit oder eine vorgestellte Persönlichkeitseigenschaft verstanden, der (bzw. die) in einer zu-erziehenden Person* (oder in mehreren zu-erziehenden Personen) *durch Erziehung zu verwirklichen gewollt, versucht oder gefordert wird.*

Daß der gewollte Persönlichkeitszustand oder die gewollte Persönlichkeitseigenschaft »vorgestellt« sind, bedeutet, daß sie entweder Vorstellungen in Subjekten (z. B. Erziehern) oder sprachliche Objektivationen solcher Vorstellungen sind. Im ersten Fall handelt es sich um ein psychisches Phänomen, das nur in der Person dessen existiert, der die Vorstellung erlebt, im zweiten Fall um ein kulturelles Phänomen. Meistens ist letzteres gemeint. Ein Erziehungsziel im Sinne des Minimalbegriffs bezeichnet das von einem Erzieher (oder seinem Auftraggeber) im Zu-Erziehenden *Gewollte* oder *Bezweckte* – ohne Rücksicht darauf, ob es auch das rechtlich oder moralisch Gesollte ist. Es kann in einem einzigen Wort (z. B. »Berufstüchtigkeit«, »Vaterlandsliebe« usw.) oder in einem Satz ausgedrückt werden. Dieser Begriff ist unabhängig von der Problematik der Normen und ihrer Geltung. Er ist für erfahrungswissenschaftliche Untersuchungen ausreichend, aber er genügt nicht für normative Zwecke.

Faßt man das im Educanden Gewollte oder Bezweckte als etwas *Gesolltes* auf, dann gehört zum Inhalt des Begriffs des Erziehungsziels wesentlich eine Sollensforderung oder Norm. Die Möglichkeit, daß das im Educanden durch Erziehung Bezweckte geboten ist oder gefordert wird, ist zwar auch im Minimalbegriff des Erziehungsziels enthalten, aber eben nur soweit es etwas Gewolltes oder Bezwecktes ist und nicht in seiner normativen Eigenart als solcher. Um diese zu kennzeichnen, braucht man einen *Normbegriff des Erziehungsziels.* Er wird durch Zusätze aus dem Minimalbegriff gewonnen und ist komplizierter als dieser. Ich bestimme ihn vorläufig wie folgt: Ein Erziehungsziel im Sinne des Normbegriffs ist eine *Norm, die einen vorgestellten Zustand der Persönlichkeit oder eine vorgestellte Persönlichkeitseigenschaft eines* (oder mehrerer) *Educanden beschreibt, den (bzw. die) dieser* (bzw. diese) *verwirklichen soll* (bzw. sollen) *und zu dessen (oder deren) Verwirklichung seine Erzieher durch Erziehung beitragen sollen.*

Da ein Norminhalt nur in einem Satz ausgedrückt werden kann[100],

[100] Zur Terminologie vgl. Weingartner 1971, 26f.

lassen sich auch Erziehungsziele im Sinne des Normbegriffs nicht in einzelnen Wörtern, sondern nur in Sätzen ausdrücken (z. B. »Geboten ist, die Educanden so zu erziehen, daß sie Berufstüchtigkeit erwerben«). Der Normbegriff des Erziehungsziels wird gebraucht, um Forderungen an Educanden und Erzieher als solche bezeichnen sowie normative Untersuchungen durchführen zu können, in denen die Begründung (Rechtfertigung, der Nachweis der Gültigkeit) oder die Kritik von Erziehungszielen als Norminhalte bezweckt wird.

Ich werde zunächst jene Merkmale erläutern, die beiden Erziehungsziel-Begriffen gemeinsam sind. Ich gehe bei der Begriffspräzisierung von der Frage aus: Was beschreiben Erziehungsziele? (1). Dabei muß auch auf das Problem eingegangen werden, ob Zustände der Gesellschaft als Erziehungsziele gelten können (2). Als nächstes ist zu fragen: Wer setzt und (oder) verfolgt Erziehungsziele? (3). Damit hängt das Problem zusammen, ob man nur Personen oder auch Organisationen als Träger von Erziehungszielen ansehen kann (4). Anschließend wird der normative Aspekt der Erziehungsziele untersucht und der Normbegriff des Erziehungsziels präzisiert (5). Um den zentralen empirischen Aspekt geht es bei der Frage: gehört »Realisierbarkeit« zu den Begriffsmerkmalen von »Erziehungsziel«? (6).

1. Was beschreiben Erziehungsziele?

Formulierungen von Erziehungszielen sind Sätze über das gewollte oder angestrebte *Ergebnis,* das durch Erziehung zu erreichen versucht wird oder zu erreichen versucht werden soll. Dieses angestrebte Ergebnis ist in jedem Fall ein bestimmter Zustand oder eine bestimmte Verfassung der Persönlichkeit des Adressaten der Erziehung (des Educanden). Ein Erziehungsziel beschreibt das, was der Erzieher »im Zögling herbeiführen will«, was er »aus seinem Zögling machen« will. Es beschreibt das gewollte »Endresultat«, auf das die erzieherischen Handlungen gerichtet sind, die relativ »bleibende Gestalt im Innern des Zöglings«, die geschaffen werden soll[101]. In jenen Fällen, in denen die Erhaltung einer bereits vorhandenen Persönlichkeitsverfassung bezweckt wird, enthält das Erziehungsziel die Beschreibung jener Eigenschaft oder jenes Komplexes von Eigenschaften des Educanden, die erhalten werden sollen.

Göttler hat unter »Erziehungsziel« »jene *leib-seelische Verfassung des Zöglings*« verstanden, »welche am Ende der Erziehungszeit und der

[101] Rein 1904, 611 und 619. Vgl. auch Lindvall 1964, 4.

Erziehungsarbeit aller Erzieher erreicht sein soll«[102]. Diese Begriffsbestimmung trifft zwar genaugenommen nur für die jeweils letzten, umfassendsten oder komplexesten Endziele der Erziehung zu, aber auch für alle begrenzteren und einfacheren Teilziele gilt, daß sie Beschreibungen von bestimmten Eigenschaften oder Merkmalen der »leib-seelischen Verfassung des Zöglings« sind, die erreicht werden sollen. Die meisten Autoren lassen allerdings den leiblichen Aspekt unerwähnt und beschränken sich auf die »*seelische* Verfassung« oder – kurz gesagt – auf die *»Persönlichkeit« des Educanden*[103].

Man kann auch sagen, daß Erziehungsziele den *Soll-Zustand* der Persönlichkeit von Educanden bezeichnen. Das ist in den meisten Fällen ein Zustand, der in der Persönlichkeit des Educanden noch nicht verwirklicht ist, sondern angestrebt wird. Er existiert nur als gedankliche Konstruktion im Bewußtsein der Erzieher oder ihrer Auftraggeber bzw. in kulturellen Objektivationen, d. h. vor allem in den Texten, in denen er beschrieben wird. Die Beschreibung eines solchen angestrebten Persönlichkeitszustandes ist die *Beschreibung eines »Ideals«* und nicht die Beschreibung von Beobachtungsergebnissen über die reale Verfassung eines konkreten Menschen. Sie schließt nicht zwangsläufig ein, daß der angestrebte Zustand schon jemals von irgendwelchen Menschen verwirklicht worden ist oder daß er überhaupt verwirklichbar ist. Es bedarf zusätzlicher Untersuchungen darüber, was dem meist in der Alltagssprache beschriebenen Soll-Zustand der Persönlichkeit nach den vorhandenen psychologischen Erkenntnissen ungefähr entspricht. Erst wenn diese Interpretation der gewollten Persönlichkeitsverfassung im Lichte des psychologischen Wissens über reale psychische Zustände und Vorgänge erfolgt ist, kann abgeschätzt werden, ob sie verwirklichbar ist. Diese Ungewißheit über den Wirklichkeitsgehalt von Zielangaben macht das Verständnis dessen, was mit Erziehungszielen eigentlich gemeint ist, außerordentlich schwierig. Man ist zu leicht geneigt, Beschreibungen erwünschter Persönlichkeitsverfassungen unkritisch für solche realer Persönlichkeitsverfassungen zu halten.

Es kommt allerdings auch vor, daß der Ist-Zustand der Persönlichkeit als Soll-Zustand gewertet wird. Das ist dann der Fall, wenn die reale Persönlichkeitsverfassung von Educanden oder einzelne ihrer Komponenten als wertvoll beurteilt werden und versucht wird, sie mittels erzieherischer Handlungen zu erhalten oder zu bewahren.

Mit dem Wort »Persönlichkeit« ist hier nicht ein ethischer, sondern

[102] Göttler 1948, 42 (Hervorhebung vom Verfasser).
[103] Vgl. Meister 1965, 20: »Verfassung ist hier im Sinne des Aristotelischen Terminus ›Hexis der Psyche‹ verstanden, psychologisch gesprochen eine komplexe Disposition«.

ein psychologischer Begriff gemeint. Es wird also nicht wertend, sondern beschreibend gebraucht. Der Begriff bezeichnet das Gefüge der psychischen Dispositionen, d. h. der Erlebnis- und Verhaltensbereitschaften eines Menschen. *Mit »Erziehungsziel« ist immer etwas Bezwecktes gemeint, das sich auf psychische Dispositionen von Educanden bezieht.* Das wird zwar von vielen, die über Ziele der Erziehung reden oder schreiben, nicht klar erkannt, aber wenn man ihre Zielangaben genauer untersucht, ergibt sich stets, daß im Grunde psychische Dispositionen gemeint sind.

In der traditionellen Pädagogik ist diese Einsicht seit den Erziehungslehren von PLATON und ARISTOTELES, die das Ziel der Erziehung in der »arete«, d. h. der *Tüchtigkeit*, der Tugend gesehen haben[104], selten unbeachtet geblieben. Auch HERBART hat als Erziehungsziel die *Tugend* bezeichnet[105], d. h. die Disposition zum sittlich guten Handeln. SCHLEIERMACHER hat von *Gesinnung* und *Fertigkeit* gesprochen[106]: beides sind Dispositionsbegriffe. HÄBERLIN gliedert in *Gesinnung* und *Tüchtigkeit*[107]; PETZELT in *Wissen* und *Haltung*[108]. HORNEY spricht von »Arbeits*tugenden*«, »sozialen *Tugenden*« und »persönlichen *Tugenden*«[109]. Am häufigsten wird der Begriff *»Fähigkeit«* benützt. Ferner treffen wir auf die Ausdrücke *Tüchtigkeit*[110], *Interesse* und *Überzeugung*. In der anglo-amerikanischen pädagogischen Literatur ist von *»ability«*, *»capability«*[111], *»virtue«*, *»attitude«*, *»habit«*[112], *»trait«* oder *»disposition«* die Rede[113].

Jede Art von Verfassung der Persönlichkeit des Educanden, die zu einem Ziel der Erziehung gemacht wird, kann nur in Dispositionsbegriffen zulänglich beschrieben werden. Immer handelt es sich um psychische Dispositionen für bestimmte Erlebnisse und (oder) Verhaltenswei-

[104] Zum Begriff der »arete« vgl. JAEGER 1959, 25ff. Die Griechen sahen die Arete vor allem als »eine Kraft, ein Vermögen« an, d. h. psychologisch gesprochen als Disposition. Vgl. auch die Einleitung von OTTO APELT zu PLATON: Der Staat. Leipzig ⁶1923 (Meiner), V f. Über »Tüchtigkeit« als allgemeinstes Erziehungsziel vgl. BREZINKA 1987.

[105] HERBART 1913, Bd. I, 221; 1914, Bd. II, 9 und 16.

[106] Vgl. SCHLEIERMACHER 1957, 85ff.

[107] HÄBERLIN 1965, 92ff.

[108] PETZELT 1963; PETZELT 1964, 21ff.

[109] HORNEY 1963, 359; ähnlich GEISSLER 1970, 809.

[110] So spricht zum Beispiel das Gesetz für Jugendwohlfahrt der Bundesrepublik Deutschland vom 11. 8. 1961, § 1, von der »Erziehung zur leiblichen, seelischen und gesellschaftlichen Tüchtigkeit«.

[111] Vgl. GAGNE 1964, 38ff.

[112] Vgl. DEWEY 1944, 13ff.; DEWEY 1949, 17ff. über »Gewohnheiten des Handelns« bzw. »Dispositionen zum Handeln«.

[113] Vgl. FRANKENA 1970, 99: »The goals which education is to promote consist of certain abilities, dispositions, habits, or traits«.

sen. Nicht die aktuellen, flüchtigen Erlebnisse und (oder) Verhaltensweisen selbst sind gemeint, sondern die psychischen *Bereitschaften* für sie, d. h. die relativ dauerhaften Fähigkeiten, Haltungen, Einstellungen oder Neigungen, die ihnen zugrundeliegend gedacht werden.

Nur wenn man sich darüber klar ist, gewinnt man eine Ahnung von den komplizierten theoretischen Problemen, die die Erziehungsziele aufwerfen, und von den enormen praktischen Schwierigkeiten, die für die Erzieher beim Versuch auftreten, in rational begründeter Weise zu ihrer Verwirklichung beizutragen. Es ist dann nicht mehr so leicht möglich, sich mit vagen Vorstellungen über die Unwissenheit hinwegzutäuschen, in der wir uns hinsichtlich des äußerst komplexen psychischen Bedingungsgefüges, in das der Erzieher einzugreifen versucht, in den meisten Fällen noch befinden. Erst das genaue Fragen nach den konkreten psychischen Dispositionen, die als Erziehungsziel angestrebt werden, verhilft zur Einsicht, daß *wir häufig gar nicht wissen, welche seelische Verfassung es eigentlich ist, zu deren Verwirklichung wir durch Erziehung beitragen wollen*[114].

Unter diesem Gesichtspunkt können zum Beispiel Zielangaben wie »Erziehung zur Freiheit der Persönlichkeit«[115], Erziehung zur »Teilhabe am absoluten, dreifaltigen Du«[116], »Erziehung zum Frieden« oder »Erziehung zur Demokratie«[117] ebensowenig befriedigen wie die vage Formulierung: »den einzelnen in die Lage versetzen, die gesellschaftlichen Zwänge und seine eigene Situation zu durchschauen, damit er zu erfolgreichem Handeln fähig wird«[118]. Derartige Formulierungen sind nicht mehr als ein Anstoß, um über die Persönlichkeitsverfassung, die ihrem Inhalt entsprechen könnte, nachzudenken. Sie sind jedoch viel zu unbestimmt, um als Zielangaben gelten zu können, welche es ermöglichen, nach den Entstehungsbedingungen für die gemeinte Persönlichkeitsverfassung des Educanden zu suchen und dann dank solcher Kenntnisse Mittel zu finden, die für die Herbeiführung dieser Persönlichkeitsmerkmale geeignet sind.

In diesem Sinne sind zum Beispiel »Erziehung zum Frieden« oder »Erziehung zur Demokratie« keine wissenschaftlich annehmbaren oder gar praktisch brauchbaren Angaben von Erziehungszielen, sondern eher Stichworte für sehr umfangreiche Forschungsthemen. Sieht man einmal davon ab, daß das Wort »Frieden« mehrdeutig ist und daß der

[114] Vgl. Wilson, Williams und Sugarman 1967, 190ff. über die Schwierigkeit, die Merkmale der »morally educated person« anzugeben.
[115] Wenke 1960.
[116] Bucher 1965, 239.
[117] Tröger 1970, 213f.
[118] Willi Wolf in Klafki 1971, 80.

Zustand des Friedens nur sehr indirekt von erzieherisch beeinflußbaren Persönlichkeitsmerkmalen einer Bevölkerung abhängig sein dürfte, dann bleibt als psychologisch eventuell faßbarer Kern der Zielformel »Erziehung zum Frieden« so etwas wie »die Fähigkeit, Frieden zu halten bzw. zu stiften« (»Friedensfähigkeit«[119]), oder »Friedensgesinnung« übrig. Das wäre eine sehr komplexe psychische Disposition, aber es ist fraglich, ob es genügend Beobachtungsergebnisse oder Erfahrungsdaten gibt, die dazu berechtigen, sie als hypothetisches Konstrukt einzuführen. Das wäre nur dann zulässig, wenn wir an vielen Personen ein ganzes Netz miteinander verknüpfter Verhaltensweisen beobachten könnten, deren Auftreten nicht anders erklärt werden kann als durch die Annahme einer Eigenschaft »Friedensfähigkeit«[120].

Ich kann hier auf Einzelheiten der Problematik, die im Nachweis der Gültigkeit der Annahme von psychischen Dispositionen liegt, nicht eingehen. Sie wird vor allem in der neueren Testtheorie unter dem Begriff der Konstruktvalidierung behandelt[121]. Für unser Thema kommt es vorwiegend auf zwei Gesichtspunkte an: 1. Eine Prüfung von Erziehungszielen ergibt, daß sie Vorstellungen von »idealen« Persönlichkeitsmerkmalen enthalten, deren Inhalt sich stets auf psychische Dispositionen in Educanden bezieht; 2. Nicht jeder Zielvorstellung entspricht in den wirklichen Persönlichkeiten der Menschen tatsächlich eine psychische Disposition.

Die Erziehungsziele werden vielmehr weitgehend im Rahmen des vorwissenschaftlichen oder vulgärpsychologischen Denkens formuliert. Es bedarf deshalb wissenschaftlich-psychologischer Untersuchungen darüber, ob es entsprechende Dispositionen überhaupt gibt und – falls dies bejaht wird – welche es sind und wie sie untereinander und mit dem beobachtbaren Verhalten zusammenhängen[122]. Den meisten Erziehungszielen, die mit einem einzigen Wort wie »Friedensfähigkeit« oder »Mündigkeit« bezeichnet werden, entspricht in der menschlichen Psyche nicht eine einzelne Disposition, sondern ein mehr oder weniger komplexes Dispositionsgefüge, das von sehr vielen inneren und äußeren Bedingungen abhängig ist. Eine zweckrationale Auswahl von Mitteln ist jedenfalls nur möglich, wenn es sich beim Ziel um Dispositionen handelt, die im Menschen wirklich anzutreffen bzw. herstellbar sind, und nicht bloß um vermeintliche, erdichtete oder fiktive Dispositionen.

Die Unzufriedenheit mit verschwommenen Zielvorstellungen und naiv angenommenen Dispositionen ohne klaren Realitätsbezug hat zu

[119] Vgl. Gamm 1968, bes. 16ff. über »Erziehung zur Friedensfähigkeit«.
[120] Vgl. Hörmann 1961.
[121] Vgl. Hörmann 1961; ferner Gerhard H. Fischer 1968, 68ff.
[122] Vgl. Perrez 1984.

der Forderung geführt, Erziehungsziele ausschließlich so zu beschreiben, daß die *Verhaltensweisen* angegeben werden, die der Educand »zeigen können soll, nachdem die Einflußnahme auf ihn beendet ist« (englisch: »terminal behavior« = Endverhalten)[123]. Ein Erziehungsziel soll etwas über das Verhalten sagen, das vom Educanden erwartet wird, wenn er das Ziel verwirklicht oder sich ihm wenigstens genähert hat. Diese Forderung hat den Zweck, die Mehrdeutigkeit von Zielformulierungen zu überwinden und eindeutige Zieldefinitionen zu gewinnen[124].

Durch den Gebrauch von Verben, die beobachtbare Handlungen bezeichnen, hofft man so eindeutige Beschreibungen geben zu können, daß alternative Interpretationen weitgehend ausgeschlossen werden. Worte wie zum Beispiel »wissen« oder »verstehen«, die viele Interpretationsmöglichkeiten zulassen, sollen durch Worte, die beobachtbares Verhalten bezeichnen, wie »schreiben«, »auswendig hersagen«, »identifizieren«, »lösen« usw. ersetzt werden[125]. Es handelt sich also um den Versuch, mehrdeutige Zielangaben eindeutig zu machen, vage zu präzisieren, allgemeine zu differenzieren, abstrakte zu konkretisieren. Auf diese Weise soll der unbefriedigende Zustand überwunden werden, der in der Erziehungspraxis beim Gebrauch von allzu allgemeinen und vagen Erziehungszielen häufig zu beobachten ist: die Erzieher berufen sich auf solche Ziele ganz unabhängig davon, was sie erzieherisch wirklich tun und welches Endverhalten sie in ihren Educanden tatsächlich fördern oder zu fördern unterlassen[126].

Die Forderung, daß Erziehungsziele in Verhaltensbegriffen beschrieben werden sollen, darf jedoch nicht zu dem Mißverständnis verleiten, das Verhalten sei als solches das Ziel der Erziehung. Das Ziel ist vielmehr in jedem Fall die *Disposition* für ein bestimmtes Verhalten, d. h. eine Verhaltens- bzw. Erlebnis*bereitschaft* und nicht das aktuelle Verhalten oder Erleben. Der Versuch, Erziehungsziele so zu beschreiben, daß die Verhaltensweisen angegeben werden, die der Educand können soll, schließt die Anerkennung von Dispositionen als den eigentlichen Zielen der Erziehung nicht etwa aus, sondern ist nur ein Hilfsmittel, um die Dispositionen, die immer bloß hypothetischen Charakter haben, durch ihnen zugeordnete empirisch überprüfbare Verhaltensweisen genauer zu bestimmen. Auch wo zur Beschreibung von Erziehungszielen Verhaltensbegriffe verwendet werden, geht es nie um das aktuelle Verhalten »schreiben«, »auswendig hersagen«, »identifizieren«, »lösen« usw. als solches, sondern darum, daß der Educand *fähig ist, zu*

[123] Mager 1969, 2.
[124] Gagne 1969, 197.
[125] Vgl. Mager 1969, 11.
[126] Vgl. Lindvall 1964, 1.

. . . schreiben, *imstande ist, zu* . . . identifizieren usw.[127] »Fähig sein zu etwas« aber ist psychologisch nichts anderes als: »die Disposition für etwas besitzen«.

Es ist unter den Gesichtspunkten ihrer wissenschaftlichen Überprüfbarkeit wie ihrer erziehungspraktischen Brauchbarkeit sicher zweckmäßig, zu fordern, daß bei der Angabe von Erziehungszielen die verwendeten Dispositionsbegriffe grundsätzlich durch Aussagen über das zugehörige Verhalten erläutert werden sollen, aber das ist nicht in jedem Fall möglich. Erstens gibt es viele Erziehungsziele, die primär als *Erlebnis*bereitschaften und nicht als Verhaltensbereitschaften anzusehen sind. Ich erinnere zum Beispiel an die Dispositionen zum religiösen oder ästhetischen Erleben. Gewiß wird sich religiöses oder ästhetisches Erleben auch im Verhalten eines Menschen äußern, aber es dürfte aussichtslos sein, bestimmte Klassen beobachtbarer Verhaltensweisen anzugeben, die diesem Erleben gesetzmäßig als Indikatoren zugeordnet werden können. Die Versuche, so etwas zu tun, enden rasch in Banalitäten. Die Disposition zum religiösen Gotteserlebnis läßt sich zum Beispiel nicht in Verhaltensaussagen über den Besuch des Gottesdienstes, die Einhaltung des religiösen Rituals oder die Mitarbeit in der religiösen Gemeinde angemessen umschreiben[128]. Die Disposition »Gefühlsansprechbarkeit durch Gedichte« läßt sich nicht durch Verhaltensaussagen über die Lektüre und Diskussion von Lyrik-Bänden darstellen.

Zweitens sind gerade jene Erziehungsziele, denen in allen Gesellschaften die größte Bedeutung zugemessen wird, die *moralischen Grundhaltungen* oder *Tugenden,* in vielen verschiedenen Situationen und für ganz unterschiedliche Probleme und Tätigkeiten relevant. Man denke zum Beispiel an die antiken Kardinaltugenden Klugheit, Gerechtigkeit, Tapferkeit und Mäßigkeit oder an das Erziehungsziel der Aufklärung »Fähigkeit zum kritischen Gebrauch der Vernunft«. Welche Verhaltensweisen können als gültiger Nachweis für das Vorhandensein dieser Dispositionen angesehen werden? Man müßte für jede dieser

[127] Vgl. auch Lindvall 1964, 2: »Statements of the purpose of education are truly meaningful only when they are made so specific as to tell exactly what a pupil is to *be able* to do after he has had a given learning experience . . . or what behavior may *be able* to exhibit« (Hervorhebung vom Verfasser).

Klar erkennbar ist die Unentbehrlichkeit der Dispositionsbegriffe auch bei Gagne 1964, 39ff., wo über *»capabilities«* als Resultate von Lernvorgängen gesprochen wird; vgl. ferner Gagne 1969, 25, wo von »Wissen und Fertigkeiten«, »Verhaltensbereitschaften«, »Einstellungen« und »Fähigkeiten« als Zielen der Erziehung bzw. des Unterrichts die Rede ist.

[128] Vgl. zur Problematik der gültigen Zuordnung von Verhaltensweisen zu Dispositionen im allgemeinen und zu Zielen der religiösen Erziehung im besonderen Schmitt 1971, 64ff.

Tugenden einen langen Katalog verschiedenartigster situationsspezifischer Verhaltensweisen in allen möglichen Lebenslagen zusammenstellen, um sie ausschließlich verhaltenspsychologisch umschreiben zu können. Das würde einen riesigen Aufwand erfordern und doch keine klare Orientierung ermöglichen. Die Leistung der Dispositionsbegriffe liegt gerade darin, diese Vielfalt der ihnen entsprechenden möglichen Verhaltensweisen unter einen einzigen leitenden Begriff zu bringen. Ohne daß hier auf diese Probleme näher eingegangen werden kann, verdient für unsere Frage »Was beschreiben Erziehungsziele?« festgehalten zu werden, daß es psychische Dispositionen sind, die durch Hinweise auf ihnen entsprechendes Verhalten zwar erläutert, aber nicht ersetzt werden können.

2. *Zustände der Gesellschaft als Erziehungsziele?*

Aus manchen Äußerungen über Erziehungsziele gewinnt man den Eindruck, nicht nur gewollte Zustände der Persönlichkeit von Educanden, sondern auch gewollte Zustände einer Gesellschaft und ihrer Kultur könnten Ziele der Erziehung sein. SCHLEIERMACHERS Frage: »Was soll durch die Erziehung bewirkt werden?«[129] ist zwar von ihm selbst als Frage nach dem »Zustand« des Educanden, nach der »Beschaffenheit des Menschen«[130] verstanden worden, aber sie kann auch so interpretiert werden, als ob sie sich auf einen gewollten Zustand der Gesellschaft bezieht. Seit PLATON und ARISTOTELES die Staatslehre und die Erziehungslehre in engster Verbindung miteinander behandelt haben, wird die Erziehung immer wieder auch als ein Mittel zur Verwirklichung politischer Ziele und werden die Verfassung und Regierung eines Staates wenigstens teilweise auch als Mittel zur Vervollkommnung der Persönlichkeit seiner Bürger angesehen.

Nach DILTHEY hat die Erziehung »zwei getrennt auftretende Zielpunkte. Sie will den Individuen eine sie befriedigende wertvolle Entwicklung, und sie will den Gemeinschaften den höchsten Grad von Leistungskraft verschaffen«. Unter den »Gemeinschaften« werden von DILTHEY vor allem die Nationen verstanden[131]. Diese Sätze erwecken den Anschein, als wäre der Begriff »Erziehungsziel« auch zur Bezeichnung erwünschter Zustände von Gruppen, in diesem Falle der Leistungskraft einer Nation, anwendbar. Noch deutlicher scheint sich BROUDY in diesem Sinne zu äußern, wenn er in seinem Versuch einer

[129] SCHLEIERMACHER 1957, 13.
[130] SCHLEIERMACHER 1957, 20 und 26.
[131] DILTHEY 1961, 197f.

Klassifikation von Erziehungszielen die Klasse »Formen der Gesellschaft als Ziele« einführt[132]. Auch der Gebrauch der Zielformel »Erziehung zur Demokratie« als der »Gesamtverfassung, die wir uns für eine Gesellschaft . . . vorstellen«[133], begünstigt diese Meinung. Ähnliches gilt für das Erziehungsziel »Fortschritt zur Demokratie«, den Bohnsack »als Abbau jeglicher Form unnötiger ›Herrschaft‹ von Menschen über Menschen« definiert[134], oder für das Ziel »Erziehung zum Sozialismus, als Aufhebung der Ausbeutung des Menschen durch den Menschen«[135]. Man stößt ferner auf die Frage: »Zu welcher sozialen Ordnung erzieht . . . unser gegenwärtiges Erziehungswesen?« und sogar auf die Formulierung »Beruf und Freizeit als Erziehungsziele«[136].

Untersucht man genauer, was die Verfasser derartiger Texte meinen, dann zeigt sich folgendes. In vielen Fällen ist nur ungenau, mißverständlich oder falsch formuliert worden. So meint zum Beispiel Schelsky mit der verwirrenden Formulierung »Beruf und Freizeit als Erziehungsziele« nichts anderes als jene psychischen Dispositionen, die der Mensch erwerben soll, um in den »Verhaltensbereichen« Beruf und Freizeit den gegebenen wirtschaftlichen und sozialen Tatsachen gewachsen zu sein.

In anderen Fällen werden Ziele der Erziehung mit nicht-erzieherischen Bedingungen für ihre Verwirklichung durcheinandergebracht. Das geschieht zum Beispiel durch Broudy, der seine Ausführungen über »Gesellschaftsformen als Erziehungsziele« mit der Fragestellung einleitet: »Welche Art von Gesellschaft, welche sozialen und institutionellen Vorkehrungen werden gebraucht, um individuelle Menschen so zu erziehen, daß sie bestimmte Werthaltungen erwerben?«[137] Hier liegt folgender logischer Zusammenhang vor: Erziehungsziel 1 ist eine bestimmte Werthaltung in der Persönlichkeit der Educanden; gesucht werden die sozial-kulturellen Bedingungen, insbesondere die Staats- oder Regierungsform, die vorhanden sein müssen, damit den auf das Erziehungsziel gerichteten erzieherischen Handlungen Aussicht auf Erfolg zugesprochen werden kann; sofern das Erziehungsziel gewollt wird, muß dann auch jene Staatsform, die eine notwendige, wenn auch nicht hinreichende Bedingung für seine Verwirklichung ist, gewollt werden; diese Staatsform wird dann zum »Erziehungsziel« 2 erklärt. Erziehungsziel 1 ist also ein Zustand der Persönlichkeit des Educanden, »Erziehungsziel« 2 ein Zustand der Gesellschaft, der gewollt wird, weil er eine notwendige Bedingung für die Erreichung des Erziehungszieles 1 zu sein scheint. Man kann diesen Argumentationszusammenhang am Beispiel folgender Hypothese erläutern: Das Erziehungsziel »Disposi-

[132] Broudy 1970, 8ff.
[133] Tröger 1970, 214.
[134] Bohnsack 1969, 28.
[135] Beck 1970, 151.
[136] Schelsky 1961, 54 und 51.
[137] Broudy 1970, 8.

tion zum kritischen Gebrauch der Vernunft« kann nur innerhalb eines Staates von der Form »liberale Demokratie« mit Aussicht auf Verwirklichung verfolgt werden. Aus dieser Hypothese wird dann die Berechtigung hergeleitet, auch die Staatsform »liberale Demokratie« als Erziehungsziel zu bezeichnen.

Nun kann man selbstverständlich auch die Herstellung notwendiger Bedingungen für die Verwirklichung gewollter Persönlichkeitsverfassungen ein Ziel des erzieherischen Handelns nennen, aber nur sofern es sich dabei um psychische Dispositionen im Educanden handelt. Es gibt Fundierungs- und Abhängigkeitsbeziehungen zwischen verschiedenen Dispositionen in dem Sinne, daß komplexe Erlebnis-, Verhaltens- oder Leistungsbereitschaften nur dann entstehen können, wenn einfachere bereits erworben worden sind. So setzt zum Beispiel die Fähigkeit des Multiplizierens die Fähigkeit des Addierens voraus. Die eine wie die andere kann zum Ziel der Erziehung gemacht werden. Es widerspricht jedoch dem Sprachgebrauch und der logischen Forderung nach möglichst präzisen Begriffen, wenn auch Entstehungsbedingungen für Dispositionen, die selbst nicht Dispositionen sind, als Erziehungsziele bezeichnet werden. Der berechtigte Kern solcher Formulierungen liegt einzig und allein in dem Gedanken, daß auch gesellschaftlich-kulturelle Zustände oder Staatsformen wie Demokratie und Diktatur von Menschen hervorgebracht und getragen werden, die dafür disponiert sind. Aber nicht irgendwelche gesellschaftliche Zustände als solche, sondern nur *die in der Person liegenden Bedingungen* für die Herstellung oder Erhaltung bestimmter Zustände der Gesellschaft und ihrer Kultur sind denkbare Ziele der Erziehung.

Damit haben wir bereits die dritte und wichtigste Gruppe von Fällen berührt. Hier werden gewollte Zustände der Gesellschaft nicht wie im zweiten Fall als Bedingungen dafür angesehen, daß gewollte Persönlichkeitsverfassungen durch erzieherisches Handeln verwirklicht werden können, sondern als Endziele oder als letzte Ziele der Erziehung. Beispiele dafür sind Zielvorstellungen wie »demokratische Gesellschaft«, »Leistungskraft der Nation« oder »Abbau unnötiger Herrschaft«. Wo solche gesellschaftlichen Zustände oder Vorgänge zum Ziel der Erziehung erklärt werden, liegt immer eine unzulässige Verkürzung und eine einseitige Darstellung eines komplizierten Kausalzusammenhanges vor. Es wird der Anschein erweckt, als könnte der fälschlich »Erziehungsziel« genannte Zustand der Gesellschaft *unmittelbar* durch die Handlungen von Erziehern erreicht werden und als seien derartige Handlungen jener Kausalfaktor, von welchem sein Eintreten mehr als von allen anderen abhängig ist.

Wie aber verhält es sich tatsächlich? Es wird von irgendwelchen

Personen oder Gruppen ein politisches Ziel gesetzt, zum Beispiel den Zustand einer »demokratischen Gesellschaftsordnung« herbeizuführen oder – wo er bereits besteht – zu erhalten. Dann wird nach den Bedingungen gefragt, von denen die Einführung bzw. die Erhaltung dieses Gesellschaftszustandes abhängt. Eine Teilmenge aus der Gesamtmenge der notwendigen Bedingungen wird in einem bestimmten psychischen Dispositionsgefüge der Bürger dieser Gesellschaft gefunden. Wir wollen dieses Dispositionsgefüge die »demokratische Persönlichkeitsstruktur« nennen. Sie ist die Summe der für die Errichtung bzw. den Bestand einer demokratischen Gesellschaftsordnung als notwendig erachteten psychischen Dispositionen eines Menschen.

Wenn die demokratische Gesellschaftsordnung gewollt wird, dann muß nun folgerichtig auch versucht werden, die demokratische Persönlichkeitsstruktur hervorzubringen bzw. zu erhalten. Ein Handlungssystem, das um der Schaffung dieser Persönlichkeitsstruktur willen hergestellt wird, können wir »demokratische Erziehung« nennen. Das Ziel der demokratischen Erziehung ist die Verwirklichung bzw. die Erhaltung der »demokratischen Persönlichkeitsstruktur«. Aus der Gesamtmenge der Bedingungen für die Verwirklichung bzw. Erhaltung der »demokratischen Persönlichkeitsstruktur« bildet die »demokratische Erziehung« nur eine Teilmenge. Diese unterscheidet sich von den übrigen Bedingungen dadurch, daß sie in der Verfügungsgewalt des Erziehers liegt, d. h. daß sie von seinen Willensentschlüssen abhängig oder von ihm herstellbar ist. Mit anderen Worten: die »demokratische Erziehung« wird als Mittel zur Verwirklichung des Erziehungszieles »demokratische Persönlichkeitsstruktur« angesehen. Das Vorhandensein von »demokratischen Persönlichkeitsstrukturen« in ausreichender Menge ist wiederum eine von vielen Bedingungen für die Verwirklichung des politischen Zieles »demokratische Gesellschaftsordnung«. Insofern wird mit den erzieherischen Handlungen, durch welche die »demokratische Persönlichkeitsstruktur« zu verwirklichen versucht wird, zumindest in jenen Fällen, in denen sie erfolgreich sind, *mittelbar* auch ein Beitrag zur Verwirklichung des politischen Zieles »demokratische Gesellschaftsordnung« geleistet. Dieser indirekte Zusammenhang berechtigt jedoch nicht dazu, die »demokratische Gesellschaftsordnung« ein Erziehungsziel zu nennen, denn das Handeln der Erzieher ist in keiner Weise auf diesen Gesellschaftszustand, sondern auf die Änderung des Dispositionsgefüges von Personen gerichtet.

Diese komplizierten Zusammenhänge muß man sich vergegenwärtigen, um verstehen zu können, was gemeint ist, wenn die Erziehung ein Mittel zur Erhaltung oder zur Verbesserung der Gesellschaft genannt wird. Die Erhaltung oder die Verbesserung eines bestimmten Gesellschaftszustandes sind politische Ziele. Zu den Bedingungen, von denen ihre Verwirklichung abhängt, gehört auch die psychische Verfassung der Mitglieder dieser Gesellschaft, insbesondere deren Wert-Orientierung[138]. Die Mittel, die zur Ausbildung bzw. zur Erhaltung politisch (d. h. für den Bestand der Gesellschaft) erwünschter Persönlichkeitsmerkmale der Mitglieder einer Gesellschaft geeignet zu sein scheinen, sind vom Standpunkt dessen aus, dem es auf die Verwirklichung politischer Ziele ankommt, auch Mittel zur Erreichung des gewollten Gesellschaftszustandes. In gesellschaftlich-politischer Betrachtungsweise kann das gesamte Erziehungssystem einer Gesellschaft, d. h. der Zusammenhang von Zielen und Mitteln der Erziehung einschließlich der Erziehungsinstitutionen und des Erziehungspersonals als einer von mehreren Mittelkomplexen zur Verwirklichung politischer Ziele neben den Mittelkomplexen Gesetzgebung, Verwaltung, Wirtschaft, Militär usw. angesehen werden. DURKHEIM hat diesen Sachverhalt wie folgt ausgedrückt: »Die Erziehung ist . . . das Mittel, mit dem die Gesellschaft *in ihren Kindern* die wesentlichen Bedingungen ihrer Existenz vorbereitet«[139].

Zwischen der Erziehung und dem politischen Ziel eines erwünschten Gesellschaftszustandes besteht also keine direkte oder unmittelbare, sondern nur eine *indirekte* oder *mittelbare* Beziehung. Dabei ist vor allem zu beachten, daß nicht einmal jene *eine* der vielen notwendigen Bedingungen für die Verwirklichung des angestrebten Gesellschaftszustandes, welche herbeizuführen das Ziel der Erziehung ist, d. h. die politisch erwünschte Persönlichkeitsstruktur der Staatsbürger, allein durch Erziehung verwirklicht werden kann, sondern selbst wiederum von vielen Bedingungen abhängig ist, über welche die Erzieher keine Macht haben. Dazu gehören vor allem jene Bedingungen, die in der Moral, der Weltanschauung, der Sitte, den Institutionen, den kulturellen Lebensformen einer Gesellschaft liegen[140].

Der unklare Gedanke, Zustände der Gesellschaft könnten Erziehungsziele sein, scheint unter anderem auch durch eine Verwechslung begünstigt zu werden: aufgrund der Tatsache, daß die meisten Erziehungsziele inhaltlich auf Forderungen der Gesellschaft an ihre Mitglie-

[138] Zum Begriff der Wert-Orientierung vgl. KLUCKHOHN 1963, bes. 341 ff.; BREZINKA 1986, 114.

[139] DURKHEIM 1972, 30 (Hervorhebung vom Verfasser).

[140] Terminologisch unklar, aber sachlich zutreffend unterscheidet auch DILTHEY 1961, 15 »die Mittel der Erziehung, welche in der wissenschaftlichen Einsicht liegen«, d. h. »Erziehungsmittel« in der strengen Bedeutung des Wortes, vom »Inbegriff der Mittel, welche in der Zucht und Sitte der Nation und der Ideenwelt derselben und in ihren Lebensidealen liegen«, d. h. von den nicht-erzieherischen Bedingungen für die Verwirklichung von Erziehungszielen.

der zurückgehen, wird fälschlich angenommen, auch eine ideale Verfassung der Gesellschaft könne als ein mögliches Erziehungsziel aufgestellt werden. Tatsächlich aber beziehen sich alle Forderungen, die eine Gesellschaft an ihre Angehörigen stellt, auf deren Fähigkeiten, Haltungen, Einstellungen und Überzeugungen, d. h. auf deren psychische Dispositionen. Unter dem Gesichtspunkt der Erhaltung der Gesellschaft hat SCHLEIERMACHER als Ziel der Erziehung formuliert, den einzelnen auszubilden »in der Ähnlichkeit mit dem größeren moralischen Ganzen, dem er angehört«[141]. Die Jugend solle »tüchtig« werden, »einzutreten in das, was sie (im Staat) vorfindet«[142]. Auch DURKHEIM betont, daß eine Gesellschaft nur überleben kann, »wenn unter ihren Mitbürgern ein ausreichender Grad an Homogenität besteht. Die Erziehung erhält und bestärkt fortwährend diese Homogenität, indem sie in der Seele des Kindes . . . jene wesentlichen Gleichförmigkeiten fixiert, welche das kollektive Leben erfordert«. »Ihr Ziel ist es, im Kinde gewisse physische, intellektuelle und sittliche Zustände zu schaffen und zu entwickeln, die sowohl die politische Gesellschaft in ihrer Einheit als auch das spezielle Milieu, zu dem es in besonderer Weise bestimmt ist, von ihm verlangen«[143].

Unter dem Gesichtspunkt der Verbesserung der Gesellschaft fordert SCHLEIERMACHER ergänzend, die Jugend solle auch »tüchtig« werden, auf »die sich darbietenden (Möglichkeiten für) Verbesserungen mit Kraft einzugehen«[144]. In Perioden rascher gesellschaftlich-kultureller Veränderung und großer Unsicherheit in der Wert-Orientierung, wie wir sie gegenwärtig erleben, neigen Personen und Gruppen, die sich für »fortschrittlich« halten, dazu, diesen Aspekt der Erziehung stärker zu betonen als ihren Beitrag zur Erhaltung der Gesellschaft. Wie immer man aber in dieser Frage auch werten mag: die Erziehungsziele sind in jedem Falle psychische Dispositionen im Educanden, seien es solche, von denen man erwartet, daß sie ihn zur Erhaltung der Gesellschaft »tüchtig« machen, oder solche, in denen man eine personale Voraussetzung für ihre Verbesserung zu gewinnen meint[145].

Daß der Begriff des Erziehungszieles nicht mit dem des politischen Zieles durcheinandergebracht werden sollte, ist übrigens schon 1856 von ZILLER im Rahmen seiner Bestimmung des Erziehungsbegriffes

[141] SCHLEIERMACHER 1957, 34.
[142] SCHLEIERMACHER 1957, 31 (Ergänzung vom Verfasser).
[143] DURKHEIM 1972, 29f.
[144] SCHLEIERMACHER 1957, 31 (Ergänzung vom Verfasser).
[145] Dieser logische Zusammenhang ist in der Zielformel von REIN 1904, 620 besonders klar ausgedrückt worden: »Die Erziehung soll den Menschen zu einer sittlichen Persönlichkeit heranbilden und ihn damit ausrüsten für die großen Lebensgemeinschaften, in denen er zu wirken berufen ist, deren Unvollkommenheiten entgegenzutreten er Kraft und Freiheit besitzen soll«.

festgestellt worden: »Wir werden . . . nicht daran denken, den Zweck der Erziehung außerhalb des Einzelnen zu suchen. Wir werden diesen also nicht dazu benutzen wollen, um aus der Familie, aus dem Staate, aus der Menschheit etwas zu machen, und sie bestimmten Zielen entgegenzuführen. Die erziehende Tätigkeit muß in dem Einzelnen . . . ihr Ende haben. *Eine Tätigkeit, die durch den Einzelnen hindurch auf die Gesellschaft zu wirken sucht, ist keine erziehende.* Den Erzieher als solchen geht es nichts an, daß die Bildung, die der Einzelne in sich trägt, auch der Gesellschaft zu Gute kommt, ja daß die Erhebung der letzteren von dem Einzelnen auszugehen hat. Es sind das politische Reflexionen, die außerhalb des pädagogischen Gesichtskreises liegen«[146]. Im gleichen Sinne hat auch NOHL betont, daß der erzieherische »Veränderungswille« im Unterschied zum politischen »nicht Verhältnisse, sondern Menschen ändern will«[147].

3. Wer setzt und (oder) verfolgt Erziehungsziele?

Hier ist zunächst an die einfache Tatsache zu erinnern, daß *nur Menschen Ziele wollen, setzen, haben oder verfolgen können*, nicht aber ein theoretischer Begriff wie »Erziehung«. Ein Beispiel für den mißverständlichen Gebrauch des Begriffes »Ziel der Erziehung« ist folgender Satz von HÄBERLIN: »Wie immer Erziehung definiert werden möge: sie ist ein Handeln und *will* als solches ein Ziel verwirklichen«[148]. Hier liegt eine unzulässige Personifikation eines Begriffes vor: dem Begriff »Erziehung« bzw. der Klasse von Handlungen, die er bezeichnet, wird ein Wollen zugeschrieben, als ob es sich um eine Person handle. Tatsächlich aber ist »Erziehung« keine Person und »sie« kann deshalb auch nichts »wollen«. Die mit dem Begriff »Erziehung« gemeinten Handlungen sind vielmehr die Mittel, mit deren Hilfe Ziele, die von Personen gesetzt worden sind, durch (dieselben oder andere) Personen zu erreichen versucht werden. Erziehung ist ein zielgerichtetes, zielgeleitetes oder zielbewußtes Handeln, aber die Ziele, um derentwillen es erfolgt, können nur Menschen haben[149].

Es muß nun geklärt werden, *welche Personen* es sind, die Erziehungsziele setzen, aufstellen, empfehlen, haben oder verfolgen. Da unter »Erziehung« Handlungen zu verstehen sind, scheint von der Wortbedeutung her außer Zweifel zu sein, daß als »Erziehungsziele« in erster

[146] ZILLER 1856, 2 (Hervorhebung vom Verfasser).
[147] NOHL 1949, 137.
[148] HÄBERLIN 1965, 9 (Hervorhebung vom Verfasser). Ähnlich DILTHEY 1961, 198.
[149] Daran erinnert u. a. auch DEWEY 1949, 147.

Linie die Ziele jener Personen anzusehen sind, die erzieherisch handeln. Ein Erziehungsziel ist ein Ziel, das mit einer Handlung oder einem Handlungssystem verfolgt wird, die bzw. das wir »Erziehung« nennen. Es ist das Ziel eines Handelnden, dessen Handeln durch die Absicht bestimmt wird, die Persönlichkeit anderer Menschen in irgendeiner Hinsicht dauerhaft zu verbessern. *Erziehungsziele sind zuallererst Ziele eines Erziehers.* Der Wille, der das Ziel setzt und zu verwirklichen versucht, ist der Wille des Erziehers. Die Handlungen, die um der Zielerreichung willen erfolgen, sind die Handlungen des Erziehers.

Diese Auffassung vom Träger der Erziehungsziele galt in der Pädagogik meist als selbstverständlich. So hat z. B. HERBART an den Anfang seiner »Allgemeinen Pädagogik« die Frage gestellt, »mit welcher Absicht der Erzieher sein Werk angreifen soll«; es sei notwendig, zu wissen, »was man wolle, indem man erzieht und Erziehung fordert«[150]. REIN schreibt, daß der Erzieher »zuerst sich Rechenschaft geben müsse über das, was er im Zögling herbeiführen will«[151]. Das Erziehungsziel ist für ihn »das Ziel des Erziehers«[152].

Diese Betrachtungsweise bedarf jedoch der Ergänzung. *Erziehungsziele werden auch von Personen gesetzt und (oder) zu verwirklichen verlangt, die selbst nicht erziehen.* Das gilt zunächst für die Verfasser von Erziehungslehren oder Lehrbüchern der Praktischen Pädagogik. Sie schreiben den Erziehern vor, welche Ziele von ihnen angestrebt werden sollen. Kaum ein Erzieher wäre von selbst darauf gekommen, sich zum Beispiel die Erziehungsziele »Vielseitigkeit des Interesses« und »Charakterstärke der Sittlichkeit«[153] zu setzen, sondern HERBART hat sie für die Erzieher ausgedacht und ihnen empfohlen, sie anzuerkennen und zu ihren eigenen Zielen zu machen.

Vor allem aber sind hier die Gesetzgeber zu nennen. Sie legen in Erziehungs- oder Schulgesetzen fest, welche Ziele in einem nationalen Schulsystem oder in einem bestimmten Schultyp erreicht werden sollen. Ferner ist an die Führer und Mitglieder von Verbänden zu denken wie politische Parteien, Gewerkschaften, Berufsverbände, Kirchen und Interessengruppen aller Art. Sie treffen Entscheidungen für oder gegen bestimmte Erziehungsziele und versuchen, die von ihnen gewollten Ziele zu den von den Erziehern tatsächlich verfolgten zu machen. Wahrscheinlich ist es innerhalb einer modernen Großgesellschaft in den meisten Fällen so, daß den Erziehern die Ziele der Erziehung von Personen vorgegeben werden, die selbst nicht erziehen, die aber für das

[150] HERBART 1913, Bd. I, 237 und 230; ähnlich 236.
[151] REIN 1904, 611; ähnlich REIN 1906, Bd. II, 6.
[152] REIN 1904, 619.
[153] HERBART 1913, Bd. I, 262ff.

Erziehungswesen politisch verantwortlich sind oder die einfach genügend Einfluß darauf haben.

Schließlich können aber auch Personen, die weder selbst erziehen noch rechtlich oder politisch für das Erziehungswesen mitverantwortlich sind, Erziehungsziele aufstellen, anerkennen oder wünschen, daß solche Ziele verwirklicht werden. Auch für die Adressaten der Erziehung, d. h. für die Educanden ist es von einem gewissen Alter an grundsätzlich möglich, Erziehungsziele zu haben, zu bejahen oder für erstrebenswert zu halten.

Erziehungsziele sind also keineswgs immer und ausschließlich Ziele der Erzieher. Es gibt vielmehr Ziele der Erziehung, die nicht Ziele der Erzieher, sondern Ziele von Nicht-Erziehern sind, die sich der Erzieher zu ihrer Verwirklichung bedienen möchten. Man muß zwar den Merkmalen des Erziehungsbegriffes entsprechend davon ausgehen, daß jeder, der erzieherisch handelt, dies um eines Zieles willen tut, aber umgekehrt ist der Besitz von Erziehungszielen nicht auf den Kreis jener Personen beschränkt, die erzieherisch handeln. Wesentlich zum Begriff »Erziehungsziel« gehört nur das Merkmal, daß es ein Ziel ist, welches dem erzieherischen Handeln zugeordnet ist. *Erziehungsziele sind immer Ziele für Personen, die erzieherisch handeln, d. h. für Erzieher.* Sie sind Ziele, die der Erzieher verfolgt oder verfolgen soll.

Mit der Formulierung »verfolgt oder verfolgen soll« wird ausgedrückt, daß das Wort »Erziehungsziel« zur Bezeichnung von zwei verschiedenen Gegenständen verwendet wird. Erstens kann damit ein Ziel gemeint sein, das ein wirklich vorhandener, konkreter Erzieher tatsächlich *hat.* Es handelt sich hier um die im Bewußtsein des Erziehers vorhandene Zweck-Vorstellung von dem gewollten Endzustand, den er im Objekt seines erzieherischen Handelns mittels dieses Handelns herbeizuführen versucht.

Zweitens kann mit »Erziehungsziel« ein Ziel gemeint sein, das ein konkret vorhandener oder ein abstrakt gedachter Erzieher (wie »die« Mutter oder »der« christliche Lehrer) *haben soll.* Das ist ein Ziel, von dem andere wünschen oder fordern, daß der Erzieher es haben und sein erzieherisches Handeln darauf richten soll. Hier haben wir es mit einer Zweck-Vorstellung zu tun, die nicht im Bewußtsein der wirklichen Erzieher, sondern im Bewußtsein von Nicht-Erziehern anzutreffen ist. Ihr Inhalt ist der Endzustand, den irgendwelche konkrete oder abstrakt gedachte Adressaten erzieherischer Handlungen nach Ansicht von Personen, die nicht ihre Erzieher sind, erreichen sollen. In der Mehrzahl der Fälle, in denen von »Erziehungszielen« die Rede ist, scheint diese zweite Bedeutung vorzuliegen.

Diese Analyse des Sprachgebrauchs ergibt also, daß das Wort

»Erziehungsziel« auch zur Bezeichnung von Zielvorstellungen verwendet wird, deren Träger nicht Erzieher sind. Vielmehr scheint jeder Mensch solche Ziele haben oder propagieren zu können. Jeder kann wollen und fordern, daß ein bestimmtes Ziel zu erreichen versucht wird – aber kann man auch sagen, er *wolle*, daß es *durch Erziehung* zu erreichen versucht wird, wenn er weder selbst erzieht noch Einfluß auf Erzieher hat?

Geht man von einem strengen Begriff von »Ziel« oder »Zweck« aus, dann gilt, »daß das Subjekt seinen Zweck nur sich selbst setzen kann«[154]. »Es setzt ihn . . . seiner eigenen Aktivität, seinem Wollen und Handeln. Es bezieht in der Zwecksetzung schon sich selbst ein in die Realisation als deren Ausgangsglied«[155]. »Die Setzung ist reflexiv: Setzung des Subjekts für das Subjekt«. HARTMANN räumt allerdings ein, daß ein Subjekt auch anderen Subjekten Zwecke setzen könne, »aber nur in den Grenzen seiner aktiven Kraft, das fremde Subjekt mit seinem Wollen auch wirklich auf sie hinzulenken, d. h. es zu veranlassen, sie seinerseits sich reflexiv zum Zweck zu setzen. Die Zwecksetzung ist hier nur eine doppelte, und zwar in beiden Subjekten eine reflexive«[156]. Für die Beziehung zwischen Nicht-Erziehern, die Erziehungsziele setzen, und Erziehern, für die sie gesetzt werden, dürfte in besonderer Weise zutreffen, was HARTMANN ganz allgemein festgestellt hat: »Das Subjekt, an das sich die in der Zwecksetzung liegende Aufforderung wendet, ist in seinen empirischen Intentionen zumeist nicht mehr dasselbe wie das zwecksetzende; es tritt mit seinem Wollen nur bedingterweise für den von ihm selbst gesetzten Zweck ein. Es identifiziert sich nicht unbedingt und nicht restlos mit dem zwecksetzenden Subjekt«[157].

Ich werde später bei der Untersuchung des normativen Aspekts der Erziehungsziele[158] ihren Doppelcharakter als Ideal und Vorschrift entsprechend dem Unterschied zwischen »Seinsollen« und »Tunsollen« herausarbeiten. Soweit Erziehungsziele als »Ideale« angesehen werden, d. h. als Normen, die fordern, daß ein bestimmter Persönlichkeitszustand sein soll, besteht keine Schwierigkeit, auch von Nicht-Erziehern zu sagen, daß sie Erziehungsziele haben. Problematisch wird das nur, wenn Erziehungsziele als Vorschriften, d. h. als Sollensforderungen an Erzieher aufgefaßt werden. Hier kommt man über die von HARTMANN betonte Verbindung zwischen Zielsetzung und eigenem Wollen nicht hinweg. Ein Erziehungsziel setzen heißt: dieses Ziel unter dem Doppelaspekt des Ideals und der Sollensforderung an den Erzieher *wollen*. Zum Wollen aber gehört auch das »Tunkönnen«. Dadurch unterscheidet sich

[154] HARTMANN 1962, 183.
[155] HARTMANN 1962, 197.
[156] HARTMANN 1962, 183.
[157] HARTMANN 1962, 198.
[158] Vgl. S. 136ff.

Wollen vom Wünschen. Nach SCHELER[159] hat »alles Streben, dessen Inhalt *außerhalb* der Sphäre des erlebten ›Tunkönnens‹ liegt, ... ›Wunschcharakter‹«[160].

Ich komme auf dieses Problem später bei der Frage, ob »Erreichbarkeit« oder »Realisierbarkeit« zu den Begriffsmerkmalen von »Erziehungsziel« gehört, noch zurück. Hier genügt der Hinweis, daß Erziehungsziele jenen Personen, die weder selbst erziehen noch Einfluß auf Erzieher haben, eher als etwas bloß »Gewünschtes« statt als »Gewolltes« gegeben sind. Dabei ist allerdings zu beachten, daß sich inhaltlich ein Erziehungsziel als »Wunschgegenstand« nicht vom gleichen Erziehungsziel als »Willensgegenstand« unterscheidet. Der Unterschied betrifft allein das Subjekt, d. h. dessen Fähigkeit oder Unfähigkeit, das Erziehungsziel durch eigenes Handeln zu verwirklichen. In vielen Fällen ist freilich gar nicht eine empirisch feststellbare wirkliche Fähigkeit vorhanden, sondern nur der subjektive Glaube daran, diese Fähigkeit zu besitzen.

Unsere Frage: »Wer setzt und (oder) verfolgt Erziehungsziele?« muß also ziemlich differenziert beantwortet werden. Als etwas »Gewolltes« oder als Willensgegenstand können sie Erzieher und jene nichterziehenden Personen haben, die Einfluß auf die Zielsetzungen von Erziehern besitzen. Als etwas »Gewünschtes« oder als Wunschgegenstand kann sie jedermann haben. Das gleiche inhaltliche Erziehungsziel kann von den einen gewollt, von anderen bloß gewünscht werden. Außerdem kann jedermann *Meinungen* haben über Erziehungsziele, die andere Personen wollen oder wünschen.

Unabhängig davon, wer sie hat, können Erziehungsziele sinnvoll nur als Ziele *für Erzieher* bestimmt werden. Ihr Hauptzweck ist es, das Handeln der Erzieher zu leiten. Daraus folgt, daß sie *nicht identisch sind mit den Zielen der Educanden.* Es ist zwar möglich, daß ein Educand den Persönlichkeitszustand, der mit einem Erziehungsziel gemeint ist, das einer seiner Erzieher ihm gegenüber verfolgt oder verfolgen soll, auch zum Ziel seines eigenen Strebens, d. h. zu seinem Lernziel oder zum Ziel seiner Selbstbildung macht. Das ist aber nicht die Regel. Es kommt vor und es ist häufig auch zweckmäßig, daß ein Educand die Erziehungsziele seiner Erzieher gar nicht kennt. Selbst Erziehungsziele, die er kennt, braucht er nicht zu bejahen, sondern kann sie ablehnen. Er macht die Persönlichkeitsmerkmale, die sie beschreiben, also nicht willentlich zu den Zielen seines Lernens, aber deswegen bleiben sie trotzdem die Ziele

[159] SCHELER 1954, 144.
[160] ROHRACHER 1976, 500 vertritt dagegen die Auffassung, daß auch das bloße Wünschen ein echtes Wollen sein kann. Es gebe »auch ein echtes Wollen, das auf unerreichbare Ziele gerichtet ist«.

der Erziehung, die seine Erzieher im Hinblick auf ihn verfolgen oder verfolgen sollen. Selbstverständlich wird man als Erzieher versuchen, den Educanden so zu motivieren, daß er die psychischen Dispositionen, die die Erziehungsziele meinen, bejaht und durch Lernvorgänge zu erwerben trachtet. Aber die Erziehungsziele des Erziehers können höchstens mit jenen Lernzielen, die der Educand nach Meinung seiner Erzieher *haben soll*, gleichgesetzt werden und nicht mit jenen, die der Educand tatsächlich hat.

Exkurs über den Begriff »Lernziel«

Aus diesen Überlegungen folgt, daß der seit einiger Zeit viel benützte *Begriff »Lernziel« kein brauchbarer Ersatz für die bewährten Begriffe »Erziehungsziel« und »Unterrichtsziel« ist.* Sofern man sich an die bisherige Wortbedeutung von »Lernen« hält, wird unter einem »Lernziel« primär ein *Ziel eines Lernenden* zu verstehen sein, das er sich selbst gesetzt hat. In zweiter Linie könnte damit auch ein *Ziel für einen Lernenden* gemeint sein, das andere Personen als der Lernende setzen.

Vom Lernziel als einem *Ziel des Lernenden* kann man sinnvoll nur reden, wenn der Lernende dieses Ziel *will*. Der Begriff Lernziel setzt die Annahme voraus, daß das damit gemeinte gedanklich vorweggenommene Lernergebnis etwas vom Lernenden Gewolltes ist, daß der Lernende es vor Beginn des Lernvorganges zu seinem Willensziel gemacht hat. Dies trifft jedoch nur für jene Teilmenge aus der Gesamtmenge der Lernvorgänge zu, die durch das Merkmal der Absichtlichkeit, der Willensbestimmtheit oder der Zielgerichtetheit gekennzeichnet sind. Nur wenn dieser alltagssprachliche *enge* Lernbegriff vom Lernen als einer Willenshandlung zugrunde gelegt wird[161], kann man sagen, daß der Lernende ein Lernziel hat. Dagegen wird beim *weiten* Lernbegriff vom Willens- oder Zielaspekt abgesehen. Er meint einen inneren Vorgang, der durch Erfahrung zum Neuerwerb oder zur Veränderung der psychischen Dispositionen für ein bestimmtes Erleben oder Verhalten führt[162]. Im Sinne dieses weiten Lernbegriffes lernt ein Lernender vieles, was er nie zum Ziel seines Lernens gemacht hat. Er lernt es unbemerkt von sich selbst und ohne bewußte Anstrengung. Auch derartige Lerninhalte, die sich der Lernende selbst nie zum Ziel gesetzt hat, können zu Erziehungszielen werden. Auf der anderen Seite gibt es Lernziele (enger Lernbegriff), die nicht Ziele der Erziehung sind. Schließlich wird auch vieles unwillkürlich gelernt (weiter Lernbegriff), was kein Erziehungsziel ist. Man sieht also, daß sich die Begriffsinhalte

[161] Zum Begriff der Willenshandlung vgl. ROHRACHER 1976, 514ff.
[162] Vgl. in diesem Buch S. 85 und S. 178f.

von »Erziehungsziel« und »Lernziel, verstanden als Ziel eines Lernenden«, keineswegs decken.

Die zweite denkbare Bedeutung von Lernziel als einem *Ziel für einen Lernenden* deckt sich ebensowenig mit dem Begriffsinhalt von »Erziehungsziel«. Erziehungsziele werden *für Erzieher* gesetzt und fordern von ihnen, in Educanden die in der Zielangabe beschriebene Persönlichkeitsverfassung herbeizuführen. Educanden sind nicht mit Lernenden identisch. Es gibt viel mehr Lernende (in der weiten wie in der engen Bedeutung von »Lernen«) als Educanden. Umgekehrt gibt es Educanden, die das, was sie nach dem Willen ihrer Erzieher lernen sollen, nicht lernen. Zu den Merkmalen des Begriffes Educand gehört nur, daß es sich um ein Objekt der Erziehung handelt. Durch Erziehung wird *versucht*, Educanden zum willentlichen oder unwillkürlichen Lernen bestimmter Inhalte (psychische Dispositionen) zu bringen, aber ob diese Inhalte auch tatsächlich gelernt werden, bleibt offen. Der Begriff »Lernziel« in der Bedeutung von »Ziel *für* einen Lernenden« täuscht eine Verfügungsgewalt des Erziehers (»Steuerung«, »Kontrolle«) über die Lernprozesse im Educanden vor, die es nicht gibt.

Wer den Begriff »Lernziel« an Stelle des Begriffes »Erziehungsziel« verwendet, unterschlägt den eigentlich erzieherischen Aspekt des gemeinten Phänomens entweder ganz oder nimmt zumindest eine mißverständliche Akzentverlagerung vom Erziehen, Lehren oder Unterrichten als Aktivitäten eines Erziehers auf das Lernen als Aktivität eines Lernenden vor. Man kann das z. B. auch an folgender Begriffsbestimmung erkennen: »Lernziele sind intendierte Ergebnisse von Unterricht, Vorstellungen von Kenntnissen, Fähigkeiten, Haltungen usf., die der Schüler nach Abschluß des Unterrichts erworben haben soll«[163]. Hier wird zwar nicht angegeben, wer etwas »intendiert« oder wer eine Sollensforderung aufstellt, aber es ist zu vermuten, daß die Erzieher oder die gegenüber den Erziehern weisungsbefugten Personen gemeint sind. Wenn das zutreffen sollte, dann ist »Lernziel« einfach ein falsches Wort, und der Satz wird verständlicher, sobald man es durch »Lehrziel« oder »Unterrichtsziel« ersetzt. Auch dann wäre allerdings erst *einer* der beiden normativen Aspekte von Erziehungszielen getroffen: der ideale Zustand, den der Schüler erreichen soll, während die Sollensforderung an den Erzieher, so zu handeln, daß der Schüler diesen Zustand erreicht, unberücksichtigt bleibt.

Es ist im Einzelfall schwer erkennbar, ob der Gebrauch des Begriffes »Lernziel« auf begrifflich-theoretische Gedankenlosigkeit zurückzuführen ist oder als Symptom für ein illusionistisches Menschen- und

[163] MESSNER und POSCH 1971, 9.

Gesellschaftsbild interpretiert werden kann. Wenn man z. B. wie HENTIG vom »Lern- *oder* Lehrziel«[164] bzw. von »Lern- und Erziehungszielen« spricht[165], als bedeuteten diese drei Ausdrücke dasselbe, dann könnte das als bloße Nachlässigkeit im Gebrauch von pädagogischen Grundbegriffen gedeutet werden. Da der gleiche Autor jedoch sonst fast ausschließlich den Begriff »Lernziel« verwendet, könnte allerdings auch vermutet werden, daß dieses Abweichen von der traditionellen Terminologie ideologische Gründe hat wie z. B. Mißtrauen gegen die Autorität des Erziehers, Parteinahme für die »Selbstbestimmung« oder die »Emanzipation« des Educanden, Glauben an die Möglichkeit »autonomen« Lernens in »herrschaftsfreien« Sozialbeziehungen usw. Auf jeden Fall dürfte die vorstehende Analyse deutlich gemacht haben, daß die Verwendung des Begriffes »Lernziel« *an Stelle* der Begriffe »Erziehungsziel«, »Unterrichtsziel« oder »Lehrziel« eher das verschwommene als das klare Denken über Erziehungsprobleme begünstigt[166].

4. Organisationen als Träger von Erziehungszielen?

Der Wortlaut mancher Erziehungs- und Schulgesetze sowie sonstiger pädagogischer Texte erweckt den Eindruck, nicht nur Personen, sondern auch Organisationen seien Träger von Erziehungszielen. Dafür zwei Beispiele: »Die Schule hat den Zweck, . . . die ihr anvertraute Jugend nach christlichen Grundsätzen zu tüchtigen, verantwortungsbewußten Menschen und zu vaterlandstreuen Bürgern heranzubilden«[167]. »Das Ziel des einheitlichen sozialistischen Bildungssystems ist . . . die Bildung und Erziehung allseitig und harmonisch entwickelter sozialistischer Persönlichkeiten, die bewußt das gesellschaftliche Leben gestalten, die Natur verändern und ein erfülltes, glückliches, menschenwürdiges Leben führen«[168]. Als Beispiel aus der pädagogischen Fachliteratur sei BROUDY erwähnt, der »educational objective« ohne weiteres mit »school objective« identifiziert, und zwar mit dem Ziel eines »Schulsystems«[169]. Außerdem faßt er »school objectives« als »school outcomes«

[164] HENTIG 1971, 16.
[165] HENTIG 1968, 69.
[166] Auch WOLFGANG SCHULZ hält den Terminus »Lernziel« für bedenklich und bevorzugt an seiner Stelle den Terminus »Lehrziel«. Vgl. sein Vorwort zu MAGER 1969, XIff.
[167] Erziehungsgesetz des Kantons St. Gallen 1952, Art. 1. Gesetzessammlung des Kantons St. Gallen, Neue Reihe, Bd. 8 (1972), 1.
[168] Gesetz über das einheitliche sozialistische Bildungssystem der DDR 1965, § 1. In: FROESE 1969, 197.
[169] BROUDY 1970, 5.

auf[170], obwohl doch die psychischen Dispositionen, welche Schüler als Resultat des Schulbesuches erwerben (outcomes), keineswegs mit den Zielen der Schule (objectives) identisch zu sein brauchen[171].

Um über unklare Vorstellungen hinauszukommen, empfiehlt es sich, vom Zweck-Mittel-Schema auszugehen. Der Zweck (oder das Ziel), der von einem Wollenden oder einem Willenssubjekt als gewollt gesetzt wird, ist ein bestimmtes psychisches Dispositionsgefüge eines Educanden. Es wird angenommen, daß es Mittel gibt, die dazu benutzt werden können, um dieses gewollte Dispositionsgefüge (den Zweck oder das Ziel) zu verwirklichen. Die wichtigste Klasse dieser Mittel wird durch den Begriff der Erziehung bestimmt. Als »Erziehung« werden Soziale Handlungen bezeichnet, »durch die Menschen versuchen, das Gefüge der psychischen Dispositionen anderer Menschen in irgendeiner Hinsicht dauerhaft zu verbessern oder seine als wertvoll beurteilten Bestandteile zu erhalten«[172].

Unter dem Gesichtspunkt der Erziehungsziele können Erziehungsorganisationen nur als Mittel zur Verwirklichung solcher Ziele angesehen werden. »Organisationen sind Instrumente; sie werden geschaffen, um einem oder mehreren spezifischen Zielen zu dienen«[173]. Nur diese Ziele geben ihnen Daseinsberechtigung. *Genaugenommen können also Erziehungsorganisationen ebensowenig Träger von Erziehungszielen sein wie erzieherische Handlungen.* Beide Phänomene gehören im Rahmen der Zweck-Mittel-Beziehung zur Klasse der Mittel.

Die am Beginn dieses Kapitels zitierten Sätze müßten demnach etwa folgende Form erhalten, um unmißverständlich zu sein: »Die Schule ist so zu organisieren, daß sie zu einem geeigneten Mittel wird, um die ihr anvertrauten Schüler bei der Verwirklichung des ihnen als Erziehungsziel gesetzten Persönlichkeitszustandes ›tüchtiger, verantwortungsbewußter Mensch und vaterlandstreuer Bürger‹ zu fördern«; »Das sozialistische Schulsystem soll als Mittel dazu dienen, in den Schülern das ihnen als Erziehungsziel gesetzte psychische Dispositionsgefüge ›allseitig und harmonisch entwickelte sozialistische Persönlichkeit‹ herbeizuführen«.

Selbstverständlich steht außer Zweifel, daß es in anderem Zusammenhang durchaus sinnvoll sein kann, davon zu sprechen, daß Organisationen und damit auch Erziehungsorganisationen Ziele haben[174]. Wesentlich für unsere Fragestellung ist nur, daß *Erziehungsziele nicht identisch*

170 Broudy 1970, 14.
171 Zum Unterschied zwischen Ziel (goal) und Wirkung des Versuchs der Zielerreichung (output) bei Organisationen vgl. Gross 1969, 285.
172 Vgl. in diesem Buch S. 95.
173 Etzioni 1967, 24.
174 Vgl. z. B. Mayntz 1963, 58ff.; Presthus 1966, passim; Etzioni 1967, 15ff.

sind mit den Zielen von Erziehungsorganisationen. Wenn das übersehen wird, kommt man durch diese falsche Vereinfachung zu unlösbaren Schwierigkeiten in der erziehungswissenschaftlichen Theorienbildung, insbesondere zu einer illusionären Fehleinschätzung des zweckrationalen Charakters von Erziehungsorganisationen.

Unter dem Gesichtspunkt des Zweck-Mittel-Schemas oder der Zweckrationalität im Sinne von MAX WEBER[175] ist es notwendig, zu betonen, daß *Erziehungsziele begrifflich völlig freigehalten werden müssen von Beziehungen zu irgendwelchen bestimmten Mitteln.* Bei der Festsetzung wie beim Gebrauch von Erziehungszielen bleibt im Begriffsinhalt grundsätzlich offen, durch welche Mittel das Ziel zu verwirklichen versucht werden kann oder soll. Nur durch das Festhalten an der scharfen begrifflichen Unterscheidung zwischen Zielen und Mitteln ist es möglich, jedes erzieherische Handlungssystem, jede Erziehungsorganisation, jede Erzieherpersönlichkeit, jedes Lehrmittel usw. daraufhin zu befragen, ob sie auch die *geeigneten* Mittel sind. Es ist ja denkbar, daß eine bestimmte Erziehungsorganisation für die Verwirklichung jener Erziehungsziele, die vielleicht schon seit vielen Generationen als deren Ziele proklamiert werden, ein ungeeignetes Mittel ist. Sie ist möglicherweise längst zum Selbstzweck geworden, so daß deren Personal und andere Nutznießer die als Ziel der Organisation proklamierten Erziehungsziele nur noch als Tarnung für ihre ganz anders gearteten wirklichen Ziele benutzen. Man denke z. B. an die Geschichte der humanistischen Gymnasien, an die Zielverschiebung innerhalb Theologischer Fakultäten in einer säkularisierten Gesellschaft, an den riesigen Komplex des zeitgenössischen Bildungsschwindels oder an die Begründung für die extreme Forderung nach Abschaffung der Schule[176].

Auf der anderen Seite ermöglicht es gerade die Unterscheidung zwischen Erziehungszielen und Zielen einer Erziehungsorganisation, die ganze Vielfalt der Ziele einer Erziehungsorganisation zu untersuchen. Es wäre ein Irrtum, anzunehmen, Erziehungsorganisationen seien in dem Sinne zweckrational eingerichtet, daß sie primär oder gar ausschließlich als Mittel zur Verwirklichung von Erziehungszielen verstanden werden können.

Dieser Gedanke liegt besonders nahe, wenn man sich die Situation bei der Gründung von Erziehungsorganisationen vorzustellen versucht: man nimmt an, am Anfang würden die Erziehungsziele bzw. Hierarchien von Teilzielen festgesetzt und dann werde die Organisation als Mittel zu ihrer Verwirklichung geschaffen. Schon in der Gründungs-

175 Vgl. MAX WEBER 1968, 303.
176 Vgl. REIMER 1972; HENTIG 1971b.

phase spielen jedoch bei den Initiatoren wie beim Personal einer Erziehungsorganisation neben den Erziehungszielen noch ganz andere Zielkomplexe herein und machen es unmöglich, das neue Gebilde ausschließlich unter dem Gesichtspunkt eines Mittels zur Erreichung der gesetzten Erziehungsziele zu organisieren. Das gilt selbst dann, wenn man schon besser wüßte, wie das zu machen wäre, d. h. wenn alle relevanten Gesetzmäßigkeiten bekannt wären, was ja bisher keineswegs der Fall ist.

Als Beispiel sei an die Gesamtschulen erinnert: es wäre falsch, würde man ihren Ursprung im Willen zur Verwirklichung von Erziehungszielen sehen. Sie können vielmehr nur als Mittel zur Verwirklichung *politischer* Ziele hinlänglich verstanden werden. Die »soziale Integration«[177], d. h. der Abbau der Unterschiede zwischen den sozialen Schichten und die Nivellierung der Unterschiede zwischen den weltanschaulichen Gruppen als Beitrag zur Annäherung an den utopischen Zustand der »klassenlosen Gesellschaft«, ist das leitende politische Ziel. Erinnert man sich ferner noch an den Unterschied zwischen vorgetäuschten und wirklichen oder zwischen proklamierten und tatsächlich verfolgten Zielen einer Organisation[178], dann wird klar, daß es naiv wäre, ohne weitere Prüfung die Verwirklichung von Erziehungszielen für das dominierende Ziel einer Erziehungsorganisation zu halten.

Was von der Gründungs-Situation gesagt worden ist, gilt erst recht für bereits bestehende Erziehungsorganisationen. Ein Blick auf die Änderungen im Schulwesen, die in Deutschland im Gefolge der politischen Umbrüche 1918, 1933 und 1945 vollzogen worden sind, lehrt, daß schulische Erziehungsziele relativ unschwierig gesetzt und abgelöst werden können, während die Erziehungsorganisationen weniger leicht veränderbar sind. Umgekehrt beweist auch der schleichende Mentalitätswandel des Erziehungspersonals wie der Educanden während der letzten Jahrzehnte (vom christlichen Bekenntnis zur religiösen Indifferenz, vom Antikommunismus zur Verharmlosung der kommunistischen Diktatur, vom Willen zur Wiederherstellung der Einheit Deutschlands in Freiheit zur nationalen Resignation usw.) bei weitgehend gleichgebliebenen offiziellen Erziehungszielen, daß *der Zusammenhang zwischen Erziehungszielen und Erziehungsorganisationen viel lockerer und weniger zweckrational ist, als man nach dem Zweck-Mittel-Schema anzunehmen geneigt wäre.* Auch für Erziehungseinrichtungen gilt, was LUHMANN allgemein zur Korrektur des klassischen Bildes der »zweckmäßigen« Organisation ausgeführt hat: »Das, was als Organisationszweck proklamiert wird, ist oft nur eine vage, vieldeutige

[177] Vgl. RANG und SCHULZ 1969, 118, 135, 185.
[178] Vgl. ETZIONI 1967, 18; MAYNTZ 1963, 58.

Rechtfertigungsvorstellung, die dem Handeln im Einzelnen große Freiheit läßt und mehr dazu bestimmt ist, es gegen Angriffe zu schützen, als es anzuleiten«[179]. Das bedeutet z. B., daß die Schulen öffentliche Unterstützung unabhängig davon erhalten, ob sie sich als Mittel zur Erreichung von Erziehungszielen bewähren oder nicht. Ich komme auf diesen Gesichtspunkt später noch einmal zurück[180].

Die vorstehende Analyse hat bestätigt, daß nur Personen Träger (Willenssubjekte) von Erziehungszielen sein können. Im letzten Kapitel wurde festgestellt, daß Erziehungsziele immer Ziele für Personen sind, die erzieherisch handeln oder handeln sollen – sei es, daß sie ihnen von einem Norm-Geber gesetzt werden, sei es, daß sie sie sich selbst setzen. Soweit Erziehungsorganisationen vorhanden sind, treten sie nicht als Träger dieser Erziehungsziele auf, sondern *die Erziehungsziele sind vielmehr als Sollensforderungen an die Leiter und das Personal der Erziehungsorganisation zu interpretieren.* Sie fordern diesen Personenkreis dazu auf, die Erziehungsorganisation so zu gestalten und in ihrem Rahmen so zu handeln, daß die Organisation und das Handlungssystem als geeignete, d. h. wirksame Mittel zur Verwirklichung der Erziehungsziele dienen können. Träger der Erziehungsziele sind in diesem Fall also in erster Linie jene Personen, die die Erziehungsorganisation als Mittel zur Verwirklichung ihrer Erziehungsziele gegründet haben oder sie erhalten bzw. deren Beauftragte. Das Erziehungspersonal der Erziehungsorganisation kann unter diesem Gesichtspunkt selbst als eines von mehreren Mitteln zur Verwirklichung der Erziehungsziele angesehen werden. In zweiter Linie kann auch das Erziehungspersonal Träger von Erziehungszielen sein – sei es, daß es sich mit den ihm vom Norm-Geber gesetzten Erziehungszielen identifiziert, sei es, daß es davon abweichende Ziele verfolgt.

Die hier vertretene Auffassung wird noch besser verständlich werden, sobald über den normativen Aspekt der Erziehungsziele, insbesondere über ihren Charakter als Aufgabennorm für Erzieher Klarheit gewonnen ist.

5. *Der normative Aspekt der Erziehungsziele*

Der Norm-Begriff des Erziehungszieles besteht aus einem deskriptiven und aus einem normativen Teil. Er enthält erstens die Beschreibung einer bestimmten Persönlichkeitsverfassung oder bestimmter Persönlichkeitsmerkmale, d. h. einer einfachen oder komplexen psychischen

[179] Luhmann 1968, 40.
[180] Vgl. S. 149ff.

Disposition bzw. eines psychischen Dispositionsgefüges. Er enthält zweitens die Forderung, daß der beschriebene Sachverhalt durch Erziehung verwirklicht werden soll. Der Gegenstand der Beschreibung oder ihr Inhalt ist »als ein zu realisierender (d. h. real ›seinsollender‹) gegeben«, also als einer, der »gewollt« wird[181] – gleichgültig von wem. Damit ist zugleich gesagt, daß er zumindest von jenen Personen, die ihn verwirklicht haben wollen, für wertvoll gehalten wird. »Es ist unmöglich, sich etwas als Zweck vorzunehmen, ohne daß man darin ein Wertvolles erblickte«[182].

Soweit es zu den Merkmalen eines Erziehungszieles gehört, daß es von irgend jemandem als eine vorgestellte Persönlichkeitsverfassung gesetzt oder anerkannt wird, die durch Erziehung verwirklicht werden *soll*, kann man die Erziehungsziele den *Normen* zurechnen[183]. Das Wort »Norm« wird in verschiedenen Bedeutungen gebraucht[184]. Wir wollen hier darunter ganz allgemein eine *Sollensforderung* verstehen. Normen »enthalten nicht etwas, das tatsächlich vorhanden ist, wie es bei Aussagen über Tatsachen der Fall ist, sondern etwas, das erst sein soll«. »Allerdings sind auch Forderungen Tatsachen in dem Sinn, daß sie tatsächlich gestellt und anerkannt werden«, aber ihr wesentlicher Bedeutungsgehalt liegt nicht in dieser Tatsächlichkeit, sondern in dem *Sollen*, das sie ausdrücken[185]. Deshalb können Normen auch nicht wahr oder falsch sein wie eine Aussage, sondern sie sind logisch richtig oder unrichtig im Hinblick auf die Ableitung aus anderen, höheren Normen (Prämissen)[186], gültig oder ungültig in bezug auf die Begründung, die für die Forderung, sie anzuerkennen, gegeben wird[187].

Beim Gebrauch des Wortes »Norm« ist noch folgende Doppeldeutigkeit zu beachten: »Eine Norm ist entweder (a) der schriftsprachliche Ausdruck einer Sollensforderung oder (b) die Bedeutung oder der Inhalt einer Sollensforderung bzw. das, was in (a) gesollt oder gefordert wird, bzw. der Norminhalt«[188]. Terminologisch scheint es dementsprechend zweckmäßig zu sein, zwischen Normsatz und Norm zu unterscheiden. »Der Normsatz ist der sprachliche Ausdruck der Norm, die Norm die

[181] Vgl. die Analyse von »Willenszweck« bei SCHELER 1954, 52ff., bes. 61.
[182] HARTMANN 1962, 128; ähnlich 183: »Das Subjekt kann nur ein als wertvoll Empfundenes zum Zweck machen«.
[183] Vgl. auch KLAFKI 1970, 16: »Erziehungsziele bilden eine bestimmte Art von soziokulturellen Normen«.
[184] Vgl. LAUTMANN 1969.
[185] KRAFT 1968, 105.
[186] KRAFT 1951, 216ff.; über weitere Aspekte der Richtigkeit des Wollens bzw. des Gewollten vgl. MALLY 1971, 286ff.
[187] Zum Problem der Gültigkeit von Werturteilen und Normen vgl. KRAFT 1951, 203ff.
[188] WEINGARTNER 1971, 26.

Bedeutung des Normsatzes«[189]. Die gleiche Norm kann in verschiedenen Normsätzen ausgedrückt werden wie z. B. »Erziehe zur Völkerverständigung!« und »Educate for international understanding!«

Es gibt verschiedene Klassen von Normen wie Regeln, Vorschriften und technische Normen[190], aber es ist schwierig, die Erziehungsziele einer von ihnen eindeutig zuzuordnen. Sie haben einen *Doppelcharakter:* sie sind Persönlichkeitsideale für Educanden und zugleich Aufgabennormen für deren Erzieher.

a. Erziehungsziel als Ideal für Educanden

In einer Hinsicht kann man die Erziehungsziele als Ideale ansehen. Diese Kennzeichnung beruht auf dem Unterschied zwischen »Seinsollen« und »Tunsollen«[191], d. h. zwischen Normen, die ein Sein, und Normen, die ein Handeln betreffen. Jene Normen, die fordern, daß etwas *sein* soll, werden hier im Unterschied zu Normen, die fordern, daß etwas *getan* werden soll, »Ideale« genannt[192]. Sie beziehen sich in den meisten Fällen auf einen bestimmten Zustand der Persönlichkeit, auf bestimmte Qualitäten eines Menschen. Ein bestimmtes vorgestelltes Sein, in unserem Fall ein gedachtes Gefüge psychischer Dispositionen, wird zum Ideal durch eine positive Wertung und durch die zusätzliche Forderung, es solle verwirklicht werden.

Psychologisch gesehen kann man sich zwar den Akt der positiven Wertung im Akt des Forderns, daß das positiv Gewertete verwirklicht werden soll, enthalten vorstellen, aber es muß dennoch zwischen Wertung und Sollensforderung klar unterschieden werden[193]. Eine Wertung besagt nur, daß zu etwas lobend oder tadelnd, bejahend oder ablehnend Stellung genommen wird. Die Wertung tritt also zum sachlichen Inhalt des vorgestellten Seins als Auszeichnung in positiver oder negativer Hinsicht hinzu[194]. Durch eine positive Wertung wird ein bestimmtes psychisches Dispositionsgefüge für den Wertenden zu etwas Wertvollem, zu einem Gut, zu einem Wertobjekt oder Wertträger. »Ein Wertträger ist dasjenige, dem Wert zugeschrieben wird«[195]. Einem gedachten Gegenstand Wert zuschreiben heißt aber noch nicht,

[189] Weinberger 1970, 32f.
[190] Vgl. hierzu die grundlegenden Untersuchungen von Wright 1963, 6ff. (rules, prescriptions, directives).
[191] Vgl. Hartmann 1962, 170ff.
[192] Vgl. Wright 1963, 14 und 112.
[193] Vgl. Taylor 1961, 223ff.
[194] Vgl. Kraft 1951, 17 und 66ff.
[195] Vgl. Kraft 1951, 10.

seine Verwirklichung fordern. Die Sollensforderung ist etwas, das zum sachlichen Gehalt des Gegenstandes und zu seiner positiven Bewertung als ein weiteres Moment hinzukommt. Der Bereich der Wertungen hat einen weit größeren Umfang als der Bereich des Sollens[196].

Soweit Erziehungsziele als Ideale (in der vorstehend angegebenen Bedeutung des Wortes) *aufgefaßt werden, haben sie als solche noch keinen Bezug zu einem Erzieher und zu dessen erzieherischem Handeln.* Dementsprechend beziehen sie sich auch nicht ausdrücklich auf einen Educanden, sondern auf zu verwirklichende Persönlichkeitszustände schlechthin ohne Rücksicht auf irgendwelche Mittel, die für ihre Verwirklichung in Betracht kommen, wie z. B. die Erziehung.

Dieser Aspekt ist gemeint, wenn gesagt wird, daß ein Erziehungsziel identisch sei mit dem Ideal, das eine Gesellschaft vom Menschen, wie er sein soll, hat[197]. Unter diesem Aspekt ist auch der Satz DILTHEYS zu sehen: »Das Bildungsideal ist abhängig von dem Lebensideal derjenigen Generation, welche erzieht«[198]. Ähnlich formuliert WILHELM FLITNER: Was »Bildung« (als idealer Zustand des Gebildet-Seins) »sei, das ergibt sich anschaulich aus den Lebensformen, die in einem historisch bestimmten Lebenskreis als gültig empfunden werden«. Das »Ziel der Erziehung« sei in einem »Gemeinleben bereits anschaulich vorgegeben«[199]. Der Inhalt von Erziehungszielen unterscheide sich nicht vom Inhalt dessen, was in einer Gesellschaft unabhängig von erzieherischen Überlegungen als normative »Lebensformen«, als »Normgefüge«[200], als »Bilder vom menschlich Vollkommenen«[201], als »Vorbilder«, als »Forderungen an Sitte, Ehre, Leistung, Selbstzucht, Anstand«[202] in Geltung ist.

Das gilt grundsätzlich nicht nur für »hohe« und komplexe, sondern auch für »niedrigere« und einfache Erziehungsziele. Auch das Erziehungsziel »Disposition zum täglichen Reinigen der Zähne« hat unter rein inhaltlichem Aspekt keinen Bezug zur Erziehung, sondern ist eine hygienische Sollensforderung, die zu den Persönlichkeitsidealen unserer Gesellschaft gehört.

Aufgrund dieser Analyse ergibt sich die Frage: was muß zur inhaltlichen Bestimmung einer vorgestellten psychischen Disposition und zur Forderung, sie solle verwirklicht werden, noch hinzutreten, damit von einem Erziehungsziel gesprochen werden kann? Es genügt

196 Vgl. SCHELER 1954, 199.
197 Vgl. DURKHEIM 1972, 29.
198 DILTHEY 1961, 14. Ausführlicher hierzu BREZINKA 1981a, 148ff.
199 W. FLITNER 1966, 128f.
200 Vgl. W. FLITNER 1961, 112.
201 W. FLITNER 1947, 62.
202 W. FLITNER 1954, 44. Vgl. auch ERLINGHAGEN 1960, 144.

offensichtlich nicht, Erziehungsziele nur als »Ideale« anzusehen, weil damit zwar ihr Inhalt und ihr Sollenscharakter (im Sinne des »Seinsollens«), aber nicht ihr Bezug zur Erziehung erfaßt werden kann.

b. Erziehungsziel als Aufgabennorm für Erzieher

Der früher erwähnte »Doppelcharakter« von Erziehungszielen besteht darin, daß sie nicht nur als »Ideale«, sondern – zumindest im Bereich der institutionalisierten Erziehung – auch als *Vorschriften* aufgefaßt werden müssen. Unter diesem Aspekt ist ein Erziehungsziel eine *Sollensforderung an den Erzieher.* Sie schreibt ihm vor, er solle so handeln, daß die Educanden den Inhalt des Erziehungszieles, d. h. das zu verwirklichende Dispositionsgefüge in ihrer Person auch tatsächlich (ganz oder wenigstens annähernd) verwirklichen.

Zu den Merkmalen einer Vorschrift gehört, daß sie von irgend jemandem gegeben wird. Ihr Ursprung liegt im Willen eines Norm-Gebers oder einer Norm-Autorität. Sie ist an einen Handelnden oder an eine Gruppe von Handelnden gerichtet, die Norm-Adressaten genannt werden können. Die Norm-Autorität will, daß sich die Norm-Adressaten in einer bestimmten Weise verhalten[203]. Als Norm-Autorität kann der Gesetzgeber, eine Regierungsbehörde, die Leitung einer Kirche, eines Berufsverbandes, eines Betriebes, eines Vereins oder irgendeiner anderen Organisation auftreten, der Personen unterstellt sind, die den Auftrag zur Erziehung haben. Beispiele für solche als Vorschriften aufzufassende Erziehungsziele sind jene, die in Verfassungen, Schulgesetzen, Lehrplänen und Ausbildungsvorschriften enthalten sind.

Nicht alle Erziehungsziele können jedoch als Vorschriften im strengen Sinne des Wortes aufgefaßt werden. Es gibt auch Erziehungsziele, die von keiner dem Erzieher übergeordneten Norm-Autorität gesetzt worden sind, sondern die er sich selbst setzt. Von diesen Fällen könnte man sagen, daß Norm-Autorität und Norm-Adressat zusammenfallen. Hier ist es der Erzieher selbst, der erstens will, daß der Educand einen bestimmten Soll-Zustand erreicht, und der zweitens will, daß er selbst sich als Erzieher so verhält, daß er den Educanden durch dieses Erzieherverhalten dem Soll-Zustand näherbringt. Das Erziehungsziel wird hier also als eine Vorschrift angesehen, die ein Erzieher sich selbst gibt.

Noch schwieriger ist es, jene Erziehungsziele als Vorschriften zu bezeichnen, die weder von einer in der Gesellschaft anerkannten Norm-Autorität noch von einem Erzieher für sich selbst als Norm-Adressat

[203] Wright 1963, 7.

gesetzt werden. Wie früher betont worden ist, können auch Personen, die weder selbst erziehen noch rechtlich zum Erlaß von Vorschriften für das Erziehungswesen befugt sind, Erziehungsziele fordern. Eine solche Forderung richtet sich stets an »die« Erzieher im allgemeinen oder an bestimmte konkrete Erzieher, aber ihr fehlen die Merkmale einer Vorschrift in der strengen Bedeutung des Wortes, insbesondere die Möglichkeit, eine solche Forderung durchzusetzen, indem sie mit einer Sanktion, d. h. mit der Androhung einer Strafe bei Nichtbefolgung verbunden wird.

Trotz dieser Einschränkungen scheint es mir sachgerecht zu sein, Erziehungsziele auch als Vorschriften anzusehen. Dieser Aspekt ist deswegen besonders wichtig, weil er allein es ermöglicht, die logische Verbindung zu erkennen, welche zwischen Persönlichkeitsidealen und Erziehung besteht und durch die irgendwelche Ideale erst zu Erziehungszielen im Sinne des Norm-Begriffes werden. Insbesondere wird nur unter dem Aspekt der Vorschrift deutlich sichtbar, daß *Erziehungsziele in zweifacher Hinsicht normativ sind:* 1. enthalten sie eine Sollensforderung, die zwar nicht speziell oder gar ausschließlich an den Educanden, sondern an Personen unabhängig von ihrer Stellung als mögliche Erziehungsobjekte gerichtet ist, die aber doch *als an Educanden gerichtet interpretiert werden kann.* Sie besagt, daß ein bestimmter als »Ideal« gesetzter Zustand der Persönlichkeit verwirklicht werden soll. Sie betrifft also das *»Seinsollen« von Educanden.* 2. enthalten Erziehungsziele eine Sollensforderung *an den Erzieher,* so zu handeln, daß der Educand dem für ihn gesetzten Soll-Zustand so nahe wie möglich kommt. Sie betrifft also das *»Tunsollen« von Erziehern.*

Was ein Erzieher tun soll, läßt sich in zweifacher Weise normieren. Der Norm-Geber kann ihm entweder vorschreiben, wie er sich verhalten soll, oder ihm ein Ziel stecken, das er erreichen soll, ohne ihm die Methode dafür vorzuschreiben. Im ersten Fall handelt es sich um eine *Verhaltensnorm,* im zweiten Fall um eine *Aufgabennorm* (oder teleologische Norm)[204]. *Erziehungsziele sind zweifellos als Aufgabennormen anzusehen.* Sie stellen dem Erzieher die Aufgabe, ein gewisses Ziel zu erreichen, aber sie sagen nichts über die Mittel, deren er sich dabei bedienen soll. Erziehungsziele lassen offen, welche Methode für ihre Verwirklichung geeignet ist. Dadurch unterscheiden sie sich von »technischen Normen«, die mit den Mitteln zu tun haben, welche benutzt werden sollen, um ein bestimmtes Ziel zu erreichen[205].

Selbstverständlich gibt es auch für die Erzieher »Verhaltensnormen« oder »technische Normen«, aber diese können auf rationale Weise

[204] Vgl. Weinberger 1970, 244 ff.
[205] Vgl. Wright 1963, 9.

jeweils nur im Hinblick auf bestimmte Erziehungsziele gesetzt werden. Es hängt vom Inhalt der erzieherischen Aufgabennormen ab, wie der Inhalt der erziehungstechnischen Normen aussieht. Brauchbare erziehungstechnische Normen können allerdings nur aufgestellt werden, wenn das erforderliche Wissen über die relevanten Gesetzmäßigkeiten vorhanden ist. Es gibt Erziehungsziele, von denen derzeit noch unbekannt ist, wie sie erreicht werden können, und sogar solche, von denen man es vermutlich nie wird wissen können.

c. Erziehungsziele und wissenschaftlicher Wertrelativismus

Nach dieser Analyse der beiden normativen Aspekte, welche Erziehungsziele aufweisen (»Ideal« und »Aufgabennorm«), muß noch betont werden, daß hier von Normen im Sinne des wissenschaftlichen Wertrelativismus[206] gesprochen wird. Die philosophischen Probleme, die mit ihrer Gültigkeit oder ihrer Begründung zusammenhängen, können hier, beim Versuch, den wissenschaftlichen Begriff »Erziehungsziel« zu präzisieren, unberücksichtigt bleiben.

Es genügt, darauf hinzuweisen, daß viele Erziehungsziele von verschiedenen Personen ganz verschieden bewertet werden. Erziehungsziele sind immer Ziele *für jemanden,* der sie verwirklicht haben will. Ihr Inhalt, d. h. der vorgestellte Persönlichkeitszustand des Educanden, kann vom einen bejaht, vom anderen abgelehnt werden. Man denke als Beispiel an das Erziehungsziel »religiöse Glaubensbereitschaft«. Die damit gemeinte Disposition kann vom Anhänger einer Religion als wertvoll, vom Anhänger des Ideals der autonomen, aufgeklärten, nur ihrer Vernunft folgenden Persönlichkeit als wertwidrig beurteilt werden. Ähnliches gilt von Erziehungszielen wie »sozialistische Gesinnung«, »Nationalbewußtsein«, »militärische Kampfbereitschaft«, »Bereitschaft, den Wehrdienst zu verweigern«, »Bereitschaft zur sexuellen Enthaltsamkeit« usw.

Alle Dispositionen und Dispositionskomplexe, die als Erziehungsziele in Betracht kommen, sind nicht in sich selbst wertvoll, sondern sie sind es einzig und allein in bezug auf wertende Personen. Ob es viele oder wenige Personen sind, die ein bestimmtes Erziehungsziel wollen, ist für die Begriffsbestimmung belanglos. Selbstverständlich gibt es einen Unterschied zwischen rein persönlichen und kollektiven Erziehungszielen[207], und es ist auch naheliegend, vorwiegend jene Erziehungsziele

[206] Vgl. Heyde 1926, 92ff.; Brecht 1961, 139ff.; Myrdal 1971, 78ff.
[207] Zum Unterschied zwischen individuellen und kollektiven Wertungen vgl. Kraft 1951, 226ff.

zu untersuchen, »die von ganzen gesellschaftlichen Gruppen getragen werden und sich auf ganze Nachwuchsgruppen beziehen«[208]. Neben gruppenspezifischen Erziehungszielen gibt es auch universale oder allgemeine Erziehungsziele, die für alle Menschen gelten. Aber diese Unterschiede betreffen kein Merkmal des Begriffs »Erziehungsziel«, sondern die Klassifikation und die Problematik der Geltung und Begründung von Erziehungszielen. Ebenso belanglos ist es, ob ein Erziehungsziel heute noch von Menschen gewollt wird, oder ob alle diejenigen, die es einmal gewollt haben, bereits gestorben sind. Zu den wesentlichen Begriffsmerkmalen gehört allein, daß überhaupt ein Mensch da ist oder dagewesen ist, der es will oder gewollt hat.

Das bedeutet, daß Erziehungsziele nicht unabhängig von wertenden und wollenden Subjekten gedacht werden können, sondern daß ihnen lediglich ein *»relationales Sein«* zukommt[209]. Auch wo sie als kulturelle Objektivationen in der Sitte einer Gesellschaft, in Gesetzestexten, programmatischen Schriften oder pädagogischen Lehrbüchern angetroffen werden, existieren sie nur dank ihres Bezugs oder der »Relation« zu irgendwelchen Menschen, die sie einmal als Normen gesetzt haben.

Aus dem Gesagten folgt, daß die Klassifizierung eines Phänomens als »Erziehungsziel« nicht notwendig einschließt, daß es von jedem Menschen als moralisch gut beurteilt werden kann. Das Gewollte ist zwar für den Wollenden auch das Gesollte (d. h. das Seinsollende), aber es ist als solches noch nicht das moralisch Gute in einem allgemeingültigen oder absoluten Sinne. Man darf sich in diesem Zusammenhang nicht durch die Mehrdeutigkeit des Wortes »Sollen« täuschen lassen. Mit dem Begriff »Erziehungsziel« ist ein gewollter Sachverhalt gemeint. Statt dessen kann man auch vom Seinsollen dieses Sachverhaltes sprechen. Das Sollen ist in dieser Bedeutung nichts anderes als das Gegenstück zum Wollen: dem Gegenstand, auf den das Wollen sich richtet, wird Seinsollen zugeschrieben[210]. Dieser psychologische Sollens-Begriff ist etwas anderes als der Begriff des moralischen Sollens, den wir gebrauchen, wenn wir allgemeingültige moralische Forderungen ausdrücken wollen[211].

Zum Normbegriff des Erziehungszieles gehört also nicht, daß es sich um eine Norm handelt, die Bestandteil einer allgemeingültigen Moral ist. Es genügt vielmehr, daß ein Erziehungsziel als wertvoll erlebt wird in bezug auf das Wertungssystem dessen, der es will, bzw. der Gruppe, der er angehört. Dieses Wertungssystem kann vom Standpunkt eines

[208] Spranger 1955, 18.
[209] Vgl. Kunz 1954, 322ff.
[210] Vgl. Mally 1971, 241.
[211] Über »Sollen« in nicht-moralischen und in moralischen Kontexten vgl. Mackie 1981, 79ff.

anderen Wertungssystems aus als schlecht beurteilt werden. Man denke an Ziele wie »Erziehung zum Atheismus« oder »Bereitschaft zum Vollzug der Blutrache«. In einer sozialen Gruppe, in der Atheismus für ein Element der menschlichen Weisheit gehalten wird, wie z. B. bei den Epikuräern, wird man ihn auch als Erziehungsziel setzen. In einer sozialen Gruppe, zu deren Ordnung die Blutrache gehört, steht die Erziehung zur Bereitschaft, sie notfalls auszuüben, in Übereinstimmung mit der vorherrschenden Wert-Orientierung.

Der normative Charakter von Erziehungszielen (hier in der Bedeutung von »Idealen«) *ist also immer relativ zum Normen-System der Personen zu sehen, die Erziehungsziele setzen bzw. anerkennen.* Ob diese Normen nach den Maßstäben einer allgemeingültigen Moral als gut oder schlecht zu beurteilen sind, ist ein ethisches Problem, das bei der Präzisierung des Begriffes »Erziehungsziel« außer acht gelassen werden muß. Für eine als empirische Sozialwissenschaft verstandene Erziehungswissenschaft scheint mir keine andere als die wertrelativistische Position vertretbar zu sein, die schon SCHLEIERMACHER eingenommen hat: »Die Pädagogik beruht auf der Einsicht vom Sittlichen, wie diese in einem bestimmten Gesamtleben, für welches die Pädagogik gegeben wird, im einzelnen und großen gerade ist. Wenn in einem gesellschaftlichen Ganzen manches für gut gehalten wird, was in einem anderen nicht dafür gilt, so können wir, wenn das jüngere Geschlecht nach dieser Einsicht erzogen wird . . ., dies nicht für einen Fehler der Erziehung halten . . ., sondern es ist ein Fehler der sittlichen Einsicht. Die Erziehung ist gut und sittlich, wenn sie dem sittlichen Standpunkt der Gesellschaft entspricht«[212].

6. *Realisierbarkeit als Begriffsmerkmal?*

Es ist mit Recht gefordert worden, der Erzieher solle »nicht über Ziele nachdenken, ohne gleichzeitig an ihre Realisierbarkeit zu denken«[213]. Das Wort »realisieren« bedeutet: etwas, wovon man eine Vorstellung hat, verwirklichen, in die Wirklichkeit, in die Tat umsetzen, ins Werk setzen; ausführen, durchführen[214]. Dementsprechend wird ein Ziel dann als »realisierbar« bezeichnet, wenn es verwirklichbar ist, wenn es in die Wirklichkeit umgesetzt oder erreicht werden kann. Dabei lassen sich Gradunterschiede zwischen unvollständiger oder annähernder und vollständiger Verwirklichung bzw. Verwirklichbarkeit denken.

212 SCHLEIERMACHER 1957, 28.
213 H. ROTH 1966, 275.
214 Ullstein-Lexikon 1969, 722; Duden, Bd. 5, 1980, 2108.

Offensichtlich erfolgen erzieherische Handlungen überhaupt nur deswegen, weil sie vom Erzieher für ein Mittel zur Verwirklichung eines Erziehungszieles gehalten werden. Wer etwas als Mittel für die Verwirklichung eines bestimmten Zieles ansieht oder gebraucht, bestätigt damit, daß er dieses Ziel für verwirklichbar hält. In diesem Sinne setzt Erziehung den Glauben an die Realisierbarkeit der jeweiligen Erziehungsziele voraus. Dieser Glaube kann jedoch falsch sein. Jemand kann Erziehungsziele für realisierbar halten, die entweder nicht realisierbar sind oder deren Realisierbarkeit bisher noch nicht erwiesen ist oder die grundsätzlich nicht als realisierbar erwiesen werden können, weil sie inhaltsleer bzw. in nicht-empirischer Sprache formuliert sind. Schon diese Überlegungen zum Unterschied zwischen »realisierbar sein« und »etwas für realisierbar halten« lassen es bedenklich erscheinen, »Realisierbarkeit« zu einem Begriffsmerkmal des Begriffes »Erziehungsziel« zu machen.

Diese Bedenken werden auch durch den Sprachgebrauch gestützt. Ein Blick auf die Geschichte der pädagogischen Ideen lehrt, daß viele Erziehungsziele ohne Rücksicht auf ihre Realisierbarkeit aufgestellt worden sind. Deshalb konnte Spranger zur Definition des Begriffes »Bildungsideal« auch den Begriff »Wunschbild« verwenden. Er hat keinen Zweifel daran gelassen, daß es »verstiegene« Bildungsideale gibt, d. h. solche, die »vielleicht prinzipiell Unmögliches« fordern. Er sprach in diesem Zusammenhang von »Wunschträumen« und »Erziehungsträumen«[215]. Frischeisen-Köhler hat der Pädagogik die Aufgabe gestellt, »die wie immer gegebenen und wie weit immer geltenden Ziele kritisch daraufhin zu prüfen, ob sie gemäß der Beschaffenheit des Objektes, an dem sie zu verwirklichen sind, realisiert werden können«[216]. Umgekehrt hat Hentig für seine Aufstellung von »Lernzielen« betont, sie könne und solle »keine Angaben über die Verwirklichungsmöglichkeiten enthalten, sich also auch nicht durch Schwierigkeiten, die dabei auftreten, von der Feststellung der Wünschbarkeit eines Lernziels abhalten lassen«[217]. Aus diesen Beispielen für den Sprachgebrauch geht hervor, daß »Realisierbarkeit« gewöhnlich nicht für ein Merkmal des Begriffes »Erziehungsziel« gehalten wird. Vielmehr wird dessen Inhalt so bestimmt, daß offen bleibt, ob ein Erziehungsziel realisierbar ist oder nicht. Gibt es triftige Gründe, bei der Präzisierung des wissenschaftlichen Begriffes »Erziehungsziel« von diesem Sprachgebrauch abzuweichen?

Es wäre zweifellos nützlich, immer dann, wenn etwas als »Erzie-

[215] Vgl. Spranger 1955, 18ff.
[216] Frischeisen-Köhler 1962, 42.
[217] Hentig 1971, 15.

hungsziel« bezeichnet wird, zugleich zu wissen, daß sein Inhalt »realisierbar« oder »erreichbar« ist. Eine notwendige Voraussetzung dafür wäre allerdings, daß die »Realisierbarkeit« relativ einfach und zweifelsfrei erkannt werden kann. Nur dann könnte jedem, der Erziehungsziele setzt, zugemutet werden, daß er dies erst tut, nachdem er sich von ihrer Realisierbarkeit überzeugt hat. Tatsächlich ist die Prüfung von Erziehungszielen auf ihre Realisierbarkeit jedoch außerordentlich schwierig. Das zeigt sich bereits, sobald man Antwort auf die Frage sucht, was »Realisierbarkeit« genau bedeutet.

Es ist schon angedeutet worden, daß die Realisierbarkeit eines Zieles etwas anderes ist als die Tatsache, »daß man an die Erreichbarkeit des Zieles glaubt«. Auch die Bereitschaft, »zur Erreichung des Zieles etwas zu *tun*«[218], beweist nicht, daß es realisierbar ist. Diese Merkmale sind für das Erlebnis des Wollens wesentlich, aber die subjektive Gewißheit, das Gewollte erreichen zu können, kann auch dann auftreten, wenn die Realisierbarkeit des Gewollten nicht gegeben ist[219].

Um verstehen zu können, was »Realisierbarkeit« im Hinblick auf Erziehungsziele genau bedeutet, muß man beachten, daß Erziehungsziele zweifache Normen sind: Ideale für Educanden und Aufgabennormen für Erzieher.

Unter dem *Aspekt des Ideals* betrifft die Realisierbarkeit das »Seinsollen« von irgendwelchen Personen, insbesondere von Educanden. Es handelt sich hier um die Frage: ist die als Ideal gesetzte Vorstellung von der Persönlichkeit oder von einem Persönlichkeitsmerkmal realisierbar? Dabei geht es nicht darum, ob der Persönlichkeitszustand, der dem Ziel entspricht, unter wirklichen Menschen schon irgendwann und irgendwo einmal vorgekommen ist, sondern ob jene Personen, die das Ideal verwirklichen sollen, es auch verwirklichen *können*. Es geht darum, ob sie die *Fähigkeit* haben, sich selbst so zu ändern, daß sie dem Ideal (mehr oder weniger) ähnlich werden. Es geht um den Nachweis, daß ein Mensch, der so und so *sein soll*, tatsächlich auch so und so *werden kann* (falls er nicht schon so und so ist)[220].

Bei dieser Frage wird zunächst einmal von jeder Rücksicht auf irgendwelche Mittel, die der geforderten Persönlichkeitsänderung dienlich sein könnten, abgesehen. Es bleibt also auch der Mittelkomplex

[218] Vgl. ROHRACHER 1976, 497ff.

[219] Damit wird selbstverständlich nicht bestritten, daß sich die Gewißheit von der Erreichbarkeit eines Zieles im allgemeinen auf Erfahrungen stützt. Vgl. auch MALLY 1971, 283: »Je entfernter das Ziel, je mehr äußere Umstände Einfluß auf seine Verwirklichung haben, desto geringer wird unter sonst gleichen Bedingungen die *Annäherung* an Gewißheit des Erreichens sein« (Hervorhebung vom Verfasser).

[220] Hier handelt es sich um eine den Idealen angemessene Version des Prinzips »Sollen impliziert Können«. Vgl. WRIGHT 1963, 112.

»Erziehung« außer Betracht. Die Frage ist jedoch gar nicht beantwortbar, ohne die Ausgangsverfassung und die Lebensumstände jener Personen, für die das Ideal gesetzt worden ist, zu berücksichtigen. Ferner muß präzisiert werden, was unter »werden können« zu verstehen ist. Ist damit nur gemeint, was aus der eigenen Anstrengung hervorgeht? Oder sind darin auch jene Möglichkeiten der Persönlichkeitsänderung eingeschlossen, die in Einflüssen liegen, welche durch äußere Faktoren bedingt sind? Mir scheint nur die zuletzt genannte Auffassung vertretbar zu sein. Sie beruht auf der Annahme, daß die Fähigkeit einer Person, einem Ideal ähnlich zu werden, von Bedingungen außerhalb dieser Person abhängt.

Aus diesen Überlegungen folgt, daß *mit »Realisierbarkeit« eines Ideals nicht ein Merkmal dieses Ideals gemeint ist, sondern eine Beziehung zwischen einem Ideal und einem Merkmal der Person (oder der Personen), für welche das Ideal gesetzt worden ist: ihre Fähigkeit, dem Ideal ähnlich zu werden* oder den Ist-Zustand ihrer Persönlichkeit dem Soll-Zustand anzunähern – sei es durch Willenshandlungen, sei es durch unwillkürliche Lernvorgänge. Realisierbar oder nicht-realisierbar ist ein Ideal immer nur durch bestimmte Menschen. Die Realisierbarkeit eines Ideals ist ganz allgemein von der Natur des Menschen abhängig. Innerhalb dieses Rahmens aber ist sie relativ zu den Personen, die es realisieren sollen. Sie hängt von ihrer Lernfähigkeit und Motivation sowie von deren Bedingungen ab. Die einen können ein Ideal mehr oder weniger vollständig verwirklichen, die anderen gar nicht. Aus der Tatsache, daß jemand ein Ideal nicht verwirklichen kann, folgt keineswegs, daß dieses Ideal deswegen aufhört, ein Ideal zu sein. Dies würde man jedoch fordern, wenn man darauf bestünde, daß »Realisierbarkeit« ein konstitutives Merkmal des Begriffes »Erziehungsziel« sein solle.

Ob ein Erziehungsziel, soweit es ein Ideal ist, realisiert werden kann, ist ein schwieriges empirisches Problem, das nur im Hinblick auf jene Menschen, für welche dieses Ideal gilt, zu lösen versucht werden kann. Es scheint mir jedenfalls keinen stichhaltigen Grund dafür zu geben, den Begriff des Erziehungszieles mit dieser Problematik zu belasten.

Was bedeutet »Realisierbarkeit«, wenn man den zweiten normativen Aspekt eines Erziehungszieles betrachtet: den *Aspekt der Aufgabennorm für Erzieher?* In dieser Hinsicht betrifft die Realisierbarkeit das »Tunsollen« von Erziehern. Es geht hier um die Frage: ist die Sollensforderung, der Erzieher solle so handeln, daß der Educand dem für ihn als Ideal gesetzten Persönlichkeitszustand so nahe wie möglich kommt, realisierbar?

Um diese Frage beantworten zu können, bedarf es einer genauen Analyse der Situation. Gegeben ist ein Ideal, d. h. eine Norm, die fordert, daß der Educand ein bestimmtes psychisches Dispositionsgefüge erreichen soll. Gegeben ist ferner eine Aufgabennorm für den Erzieher, die von ihm fordert, er solle das für den Educanden gesetzte Ideal auch sich als etwas Gewolltes setzen und durch Handlungen (»Erziehung« genannt) zu verwirklichen versuchen. Erst durch diese Aufgabennorm wird das »Ideal« zum »Erziehungsziel«. Die »Realisierbarkeit« eines Erziehungszieles bedeutet unter dem Aspekt der Aufgabennorm, daß das Ziel *durch Erziehung* realisierbar ist. *Mit »Realisierbarkeit« der Aufgabennorm ist also nicht ein Merkmal des Erziehungszieles gemeint, sondern eine Beziehung zwischen der Aufgabennorm und einem Merkmal des Erziehers: seiner Fähigkeit, das zu tun, was für die Erreichung des Zieles notwendig ist.* Das Wort »Fähigkeit« bedeutet in diesem Zusammenhang nicht die individuelle Qualität irgendeines konkreten Erziehers, sondern die *generelle* Fähigkeit von Erziehern, die sich auf die Kenntnis von Kausalbeziehungen stützt und sich in der Anwendung geeigneter Mittel erweist.

Wie kann festgestellt werden, ob »Realisierbarkeit« in diesem Sinne besteht? Das zu erreichende Ziel, d. h. das vorgestellte Dispositionsgefüge des Educanden, wird als eine Wirkung betrachtet, deren Ursachen oder Bedingungen aufgefunden werden müssen. Gelingt das, dann läßt sich auch sagen, durch welche Kombination von Bedingungen diese Wirkung erzeugt werden könnte. Je nachdem, welche dieser Bedingungen »in menschlicher Gewalt stehen oder nicht«, wird das Ziel für erreichbar oder unerreichbar erklärt[221]. Die »Realisierbarkeit« eines Erziehungszieles hängt also davon ab, daß der Erzieher *weiß*, wie das Ziel erreicht werden kann, und daß er die Dinge, die dazu erforderlich sind, auch *tun* kann[222]. In vielen Fällen ist das erforderliche Wissen nicht vorhanden, d. h. unsere Kenntnisse genügen nicht zur Auffindung aller Bedingungen, von denen die Wirkung abhängt. Doch selbst dann, wenn die notwendigen Kausalkenntnisse vorliegen, ist damit keineswegs gesichert, daß der Erzieher über die ausreichenden Mittel verfügt. Viele Bedingungen, die vorhanden sein müßten, damit die gewollte Persönlichkeitsstruktur des Educanden entstehen kann, liegen außerhalb des Handlungsspielraumes des Erziehers. Sie sind kein möglicher Gegenstand seines »Tunkönnens«.

Die Erfahrung der Grenzen des »Tunkönnens« führt in jedem Bereich des menschlichen Handelns dazu, daß »die Zielinhalte immer bescheidener werden«. Nach SCHELER erweist sich seelische Reifung geradezu darin, daß »eine fortgesetzte Beschränkung des Wollens auf die Sphäre des ›Tunlichen‹« erfolgt. »Je primitiver der Mensch ist, desto mehr hat er

221 Nach MILL 1968, 363; vgl. auch WEINBERGER 1970, 294f.
222 Vgl. WRIGHT 1963, 114.

den Glauben, alles durch sein bloßes Wollen erreichen zu können.... Erst allmählich scheiden sich aus den ursprünglichen Willenszielen die überhaupt ›tunlichen‹, und in der Sphäre des Tunlichen die durch diese oder jene Formen des Tuns realisierbaren aus«[223]. Auf die Erziehungsziele angewendet bedeutet das, daß sie zwar in den meisten Fällen ohne genaue Kenntnis ihrer Realisierbarkeit gesetzt werden, daß aber auch sie der Korrektur durch die Erfahrung der Grenzen des »Tunkönnens« unterliegen. Da man jedoch die Möglichkeiten und Grenzen des »Tunkönnens« nicht von vornherein absehen kann, sondern für ihre Kenntnis auf die empirische Forschung angewiesen ist, wäre es unzweckmäßig, ein so schwer überprüfbares Phänomen wie die »Realisierbarkeit« zu einem Merkmal des Begriffes »Erziehungsziel« zu machen.

IV. Zwecke und Funktionen der Erziehungsziele

Erziehungsziele können verschiedenen Zwecken dienen und verschiedene Funktionen erfüllen. Mit dem Begriff »Zweck« (englisch: »purpose«) ist das gemeint, um dessentwillen Menschen Erziehungsziele setzen; das, was Erziehungsziele nach ihrer Absicht leisten sollen. Mit dem Begriff »Funktion« (englisch: »function«) ist das gemeint, was Erziehungsziele als Elemente eines Sozialen Systems zur Erhaltung dieses Systems beitragen, unabhängig davon, ob dieser Beitrag von denen, die Erziehungsziele setzen, beabsichtigt worden ist oder nicht. Wenn von den »Funktionen« eines sozial-kulturellen Phänomens gesprochen wird, bleiben die Absichten, die Personen möglicherweise mit ihm verfolgen, unberücksichtigt. Es wird nur die Leistung untersucht, die solche Phänomene im Ganzen des Systems erfüllen[224]. Würde man sich bloß auf die Analyse der Zwecke beschränken, dann würden die unbeabsichtigten Nebenwirkungen, die das Setzen von Erziehungszielen hat, unbeachtet bleiben.

1. Orientierung des erzieherischen Handelns

Der wichtigste Zweck, um dessentwillen Erziehungsziele gesetzt werden, ist es, *den Erziehern wie den Erziehungspolitikern Orientierung für ihr erzieherisches bzw. erziehungspolitisches Handeln zu geben.* Unter

[223] Scheler 1954, 145f.
[224] Zum Unterschied zwischen Zweck und Funktion vgl. Emmet 1958, bes. 46ff. und 106ff.

Erziehung wird ein zielgerichtetes oder zielgeleitetes Handeln verstanden. Es ist ohne eine Zielvorstellung im Bewußtsein des Handelnden gar nicht möglich. Erzieherische Handlungen werden vom Handelnden selbst wie von außenstehenden Beobachtern als Mittel zur Verwirklichung von Erziehungszielen angesehen, und zwar unabhängig davon, ob sie im konkreten Fall auch wirklich die *geeigneten* Mittel sind oder nicht. Nach unserer Begriffsbestimmung von »Erziehung« genügt es, daß sie für geeignete Mittel *gehalten* werden.

Von Mitteln kann man nur sprechen, wenn ein Ziel oder Zweck gegeben ist. Die Zielsetzung ist logisch gesehen die Voraussetzung, der »Ausgangspunkt des Suchens nach Mitteln«[225]. »Der Zweck bestimmt die Mittel . . .; er geht in Gedanken den Mitteln voran, aber tritt erst durch diese und nach ihnen in die Wirklichkeit ein«. Die Scholastiker haben das in der Formel ausgedrückt: »Der Zweck ist das Erste beim Vorhaben und das Letzte bei der Ausführung«[226]. Erst wenn das Ziel der Erziehung feststeht, kann man nach den Bedingungen fragen, von denen seine (vollständige oder teilweise) Verwirklichung abhängt[227].

Je genauer ein Erziehungsziel bestimmt worden ist, desto größer ist die Aussicht, daß geeignete Mittel zur Erreichung des Zieles gefunden werden können oder daß zumindest Klarheit darüber gewonnen wird, daß es solche Mittel nicht gibt. Das gilt für die komplexesten Ziele der gesamten Erziehung wie für die einfachsten Ziele jedes Unterrichts. Wenn klar definierte Ziele fehlen, dann fehlt »jede sichere Grundlage für die Auswahl geeigneten Materials und angemessener Inhalte und Unterrichtsmethoden«[228]. Sailers Bemerkung über den »Wegweiser ohne Arm« gilt auch für Erziehungsziele: »Was überall hindeutet, weiset nirgends hin«[229].

2. *Maßstab für die Erfolgskontrolle*

Erziehungsziele dienen als Maßstäbe oder Kriterien für die Prüfung des Erfolgs der Erziehung. Ob die angestrebten Persönlichkeitsänderungen eingetreten sind, läßt sich nur feststellen, wenn man vorher den psychischen Zustand, der erreicht werden soll, möglichst genau beschrieben hat. Nur wenn der Soll-Zustand des Educanden bekannt ist, läßt sich durch Vergleich mit dem Ist-Zustand, den er nach einer

225 Weinberger 1970, 294.
226 Willmann 1959, 37.
227 Über Erziehung im Lichte des Zweck-Mittel-Schemas vgl. Brezinka 1981a, 106ff.
228 Mager 1969, 3.
229 Sailer 1841, 542.

kürzeren oder längeren Zeitperiode erreicht hat, auch der Grad der Annäherung an das Erziehungsziel (unter dem Aspekt des »Ideals«), d. h. das bisher erreichte Ausmaß der Verbesserung gegenüber dem Ausgangszustand abschätzen.

Ohne Erziehungsziele kann der Erfolg der Erziehung nicht geprüft werden, aber man muß sich vor vereinfachendem Wunschdenken hüten. Es wird in der pädagogischen wie in der psychotherapeutischen Literatur häufig der Eindruck erweckt, der Nachweis, daß der Educand den Soll-Zustand erreicht oder sich ihm genähert hat, sei als solcher auch schon ein Beweis für den Erfolg der Erziehung bzw. der Psychotherapie. Tatsächlich beweist er aber nicht mehr, als daß der Educand sich geändert hat. Auf welche Bedingungen diese Veränderung zurückzuführen ist, ist eine zweite Frage. In den meisten Fällen werden Lernprozesse erfolgt sein, aber es kann sich auch um das Resultat von Reifungsprozessen oder sonstigen organischen Vorgängen handeln. Wenn die Persönlichkeitsänderung zweifelsfrei als Lernergebnis angesehen werden kann, dann bleibt erst noch zu prüfen, ob und inwieweit das Lernen, das zu diesem Ergebnis geführt hat, durch Erziehung beeinflußt worden ist.

Die Zusammenhänge sind also viel komplizierter als es den Anschein hat, wenn man die Funktionen eines Erziehungszieles darin sieht, »(1) einen erkennen zu lassen, wann die Arbeit vollendet ist, und (2) einen erkennen zu lassen, wie gut die Arbeit getan worden ist«[230]. Das würde nur unter der Voraussetzung zutreffen, daß die Erreichung eines Erziehungszieles oder die Annäherung an ein solches durch den Educanden hauptsächlich und in jedem Fall von den erzieherischen Handlungen abhängt, denen er zuvor ausgesetzt gewesen ist. Solche Gesetzmäßigkeiten bestehen jedoch nicht. Vorsichtiger ist die Formulierung, Erziehungsziele dienten als »Kriterien, nach denen beurteilt wird, ob der Trend des Einflusses unserer Erziehungsmethoden die richtige Richtung hat«[231].

3. Stabilisierung oder Unterminierung gesellschaftlicher Wertordnungen

Eine wesentliche Funktion komplexer Erziehungsziele, die häufig auch Erziehungsideale genannt werden, besteht darin, innerhalb der Gesellschaft, in der sie vertreten werden, *die Homogenität der Wert-*

[230] Perkinson 1970, 74.
[231] Collier 1962, 81. Neben »criterion« wird auch der Ausdruck »standard« verwendet (60).

Orientierung zu erhalten und zu stärken[232]. Durch die fortgesetzte Nennung solcher Erziehungsziele werden nicht nur die Erzieher und die Educanden, sondern auch die übrigen Mitglieder einer Gesellschaft an die geltenden Persönlichkeitsideale erinnert. Erziehungsziele dieser Art können unter anderem auch als *Symbole dienen, die das soziale Zusammengehörigkeitsbewußtsein fördern und die Überzeugung vom Wert der vorhandenen normativen Ordnung bekräftigen.* Sie fordern infolge der öffentlichen Anerkennung, die sie erfahren, schon durch ihr bloßes Vorhandensein und unabhängig von jeder Erziehung die Menschen dazu heraus, sich spontan an ihnen zu orientieren sowie zu versuchen, sich ihnen durch bewußte Selbstbildung anzunähern.

Auf der anderen Seite können gewisse Erziehungsziele in Gesellschaften, deren Mitglieder in ihrer Wert-Orientierung unsicher sind, *auch dazu beitragen, daß die noch vorhandene Homogenität der Wert-Orientierung zerstört wird.* In solchen Fällen besteht ihre Funktion durch den Einfluß, den sie auf das Wertbewußtsein der Bevölkerung ausüben, nicht in einem Beitrag zur Erhaltung, sondern zur Änderung, im Extremfall zur Revolutionierung der Gesellschaftsordnung. Aktuelle Beispiele dafür sind die Erziehungsziele »Autonomie der Persönlichkeit«, »emanzipierte Persönlichkeit« und »Mündigkeit«, soweit sie einseitig gesellschaftskritisch interpretiert werden[233]. Ihre fortgesetzte Propagierung durch die Massenmedien trägt unabhängig von ihrem Einfluß auf das reale erzieherische Handeln auch dazu bei, die Bevölkerung in ihrer historisch bedingten pluralistischen Wertorientierung irre und für die Annahme des neuen Kultes der Vernunft und der Gleichheit gefügig zu machen[234]. Daneben dient sie zugleich auch der Förderung des Gruppenbewußtseins derer, die dem neuen Glauben bereits anhängen.

Mag es sich nun um den Einfluß von Erziehungsidealen auf die Stabilisierung oder auf die Revolutionierung einer Wertordnung handeln: in jedem Falle kann er unabhängig davon erfolgen, ob die propagierten Ideale überhaupt verwirklichbar sind oder nicht.

[232] Vgl. Durkheim 1972, 29ff.

[233] Zur Kritik dieser Erziehungsziele vgl. Spaemann 1971 und 1975; Brezinka 1981, 145ff.; Rössner 1974.

[234] »Der Kult der Vernunft steht auf der gleichen Stufe wie jeder beliebige andere religiöse Kult.« Pareto 1962, 73 (§ 300).

4. *Hebung des Selbstbewußtseins und des sozialen Ansehens der Erzieher*

Eine weitere Funktion von Erziehungszielen ist es, in den Erziehern das Gefühl ihrer Bedeutung zu wecken und zu erhalten. Vor allem die letzten, die hohen, die anspruchsvollsten Ziele sind geeignet, denjenigen, die sich zu ihrer Verwirklichung berufen wissen, Selbstbewußtsein zu verleihen und in ihnen den Anspruch auf besondere Wertschätzung seitens der Gesellschaft zu begünstigen. Wenn man das Schlagwort »Erziehung entscheidet unser Schicksal«[235] für zutreffend hält und wenn daran geglaubt wird, daß es den Erziehern aufgegeben und möglich sei, Erziehungsziele wie »Gottähnlichkeit«[236], »Humanität«, »die vollkommene Persönlichkeit«[237] oder (die Fähigkeit zur Erhaltung der) »Demokratie«, »Friedensfähigkeit«, »Mündigkeit«, »Vernünftigkeit« usw. zu verwirklichen, dann fällt von diesen hohen Zielen auch etwas Glanz auf diejenigen, denen die Sorge für ihre Verwirklichung zugewiesen wird.

Es spricht manches dafür, daß zumindest ein Teil der Erzieher hohe Erziehungsideale als Kompensation für den Mangel an Befriedigung in ihrer Erziehungstätigkeit nötig hat[238]. Man kann in diesem Zusammenhang von einem »zeremoniellen Gebrauch«[239] von Erziehungszielen sprechen: sie dienen dazu, das Selbstwertgefühl oder Gefühle der Begeisterung oder der Loyalität gegenüber der eigenen Berufsgruppe zu fördern. In Extremfällen können Erziehungsideale als bloße »Wortmusik«[240] erscheinen.

5. *Abschirmung der Erzieher gegen die Kontrolle ihrer Tätigkeit*

Eine wenig beachtete Funktion »allgemeiner, nicht klar definierter Ziele« scheint es zu sein, »den Erzieher vor der Kontrolle der Öffentlichkeit zu schützen, die in diesem Falle nicht entscheiden kann, ob gute Arbeit geleistet worden ist«[241]. Wie will man prüfen, ob bzw. bis zu welchem Grad »Humanität«, »leibliche, seelische und gesellschaftliche Tüchtigkeit«, »Mündigkeit«, »Emanzipiertheit«, »kritische Rationali-

[235] Thema eines Kongresses der Arbeitsgemeinschaft Deutscher Lehrerverbände 1958 in München.
[236] Schwarz 1968, 108f.
[237] Henz 1964, 26.
[238] Vgl. Bernfeld 1928, 139f.
[239] Über zeremoniellen und nicht-zeremoniellen Gebrauch von pädagogischen Schlagworten vgl. Komisar und McClellan 1961, 195f.
[240] Pareto 1962, 5 (§ 1686).
[241] Brim 1963, 23.

tät«, »Friedensfähigkeit« usw. erreicht worden sind? Derartige Zielvorstellungen sind auch in dem Sinne »Ideale«, daß sie nie vollständig verwirklichbar sind. Da man nicht genau weiß, wie ein seelisches Dispositionsgefüge, das ihnen entspricht, beschaffen sein müßte, kann man auch die Bedingungen für die Entstehung eines solchen Dispositionsgefüges nicht mit ausreichender Genauigkeit angeben. Dadurch ist es möglich, für ganz verschiedene Erziehungspraktiken zu behaupten, daß sie um eines solchen allgemeinen, aber unklaren Erziehungszieles willen erfolgen.

Derartige Erziehungsziele können besonders leicht zur Rechtfertigung der vielen »nichtlogischen Handlungen« benützt werden, die von Erziehern vollbracht werden. Damit sind im Sinne von Pareto Handlungen gemeint, die zwar vom Handelnden selbst als zielgerichtet oder zweckmäßig erlebt werden, an denen aber ein außenstehender Beobachter, der die nötige Sachkenntnis besitzt, keine logische Beziehung zum Ziel oder Zweck erkennen kann[242]. Ein vages Ziel »gibt keine Kriterien zur Beurteilung von Tatsachen her; es verhindert Selbstkontrolle, Selbstkritik und Selbsterneuerung oder Selbstreform der Beteiligten; es dient leicht als ideologischer Schutzschild zur Abwehr aller Angriffe, es wird zum Ruhekissen der Bequemen, weil es niemandem zumutet, sich konkreten Ansprüchen zu stellen«[243].

V. Zusammenfassung

Es scheint zweckmäßig zu sein, zwischen einem Minimalbegriff und einem Normbegriff des Erziehungsziels zu unterscheiden. Aus unserer Analyse ergibt sich der Vorschlag, sie durch folgende Merkmale zu bestimmen.

A. *Minimalbegriff:*
Ein Erziehungsziel ist eine vorgestellte psychische Disposition (oder ein vorgestelltes Dispositionsgefüge), *die* (bzw. das) *im Educanden durch Erziehung zu verwirklichen gewollt, versucht oder gefordert wird.*

B. *Normbegriff:*
1. Als Erziehungsziel wird eine *Norm* bezeichnet. Sie ist – wie jede Norm – von einem Norm-Geber oder einer Norm-Autorität für bestimmte Norm-Adressaten gesetzt worden.

[242] Pareto 1962, 65 (§ 150).
[243] Rumpf 1971, 77.

2. Diese Norm hat einen doppelten Inhalt, d. h. sie besteht aus einer *Verbindung von zwei Normen für zwei verschiedene Norm-Adressaten.*

3. Sie enthält (a) ein *Ideal für Educanden.* Darunter wird eine Norm verstanden, die fordert, daß ein bestimmter Zustand der Persönlichkeit sein soll. Es handelt sich dabei immer um die *Vorstellung von einer einfachen oder komplexen Disposition* bzw. von einem Dispositionsgefüge. Sie kann als eine Beschreibung des Soll-Zustandes der Persönlichkeit des Educanden angesehen werden.

4. Sie enthält (b) eine *Vorschrift für Erzieher.* Darunter wird eine Norm verstanden, die fordert, der Erzieher solle so handeln, daß der Educand befähigt wird, das ihm gesetzte Ideal so weit wie möglich zu verwirklichen (oder sich dem Soll-Zustand anzunähern). Diese Norm legt jedoch nicht fest, *wie* der Erzieher dabei vorgehen soll. Sie ist eine *Aufgabennorm,* keine technische Norm.

Diese Begriffsmerkmale lassen sich in folgendem Satz zusammenfassen: *Ein Erziehungsziel ist eine Norm, die eine für Educanden als Ideal gesetzte psychische Disposition* (oder ein Dispositionsgefüge) *beschreibt und vom Erzieher fordert, er solle so handeln, daß der Educand befähigt wird, dieses Ideal so weit wie möglich zu verwirklichen*[244].

[244] Als Ergänzung dieser begriffsanalytischen Untersuchung vgl. zum Problem der Begründung von Erziehungszielen HEID 1972; ZECHA 1972, 1978 und 1979. Über den Beitrag der Empirischen Erziehungswissenschaft vgl. BREZINKA 1981 a, 148 ff.; TROMMSDORFF 1984; HOFER 1986, 27 ff.

Erziehungsbedürftigkeit

»Himmel! Welche Verwechslungen anderer Einflüsse immer zum Vorteil und Vorurteil der Erziehung.«

JEAN PAUL (1807)[1]

Man stößt in der pädagogischen Literatur zunehmend häufiger auf den Begriff der Erziehungsbedürftigkeit[2]. ROTH ist der Ansicht, wir seien »uns heute mehr denn je der Erziehungsbedürftigkeit des Menschen bewußt«. Er meint damit »die *prinzipielle* Erziehungsbedürftigkeit *des* Menschen«[3] und nicht etwa ein individuelles Merkmal, das von Fall zu Fall an bestimmten Personen feststellbar ist. Erziehung gehöre »zur Menschwerdung«, zum »Wesen des Menschen«[4]. Der Mensch sei »ein zu erziehendes Wesen«, er sei »auf Erziehung angewiesen«, er sei »nur als homo educandus zu verstehen«[5]. Die Formulierung »homo educandus« haben ROTH und viele andere von LANGEVELD übernommen. Sie kann als Kurzformel für dessen Behauptung angesehen werden: »Ohne menschliche Erziehung wird das Menschenjunge kein Mensch«[6].

Die Begeisterung für die Formel vom »homo educandus et educabilis« hat sogar zu der Behauptung geführt, erst jetzt habe die Pädagogik mit ihr »endlich einen Gegenstand und eine eigene Logik, nach der sie ihre Begriffe ordnen kann: zum System des homo educandus«. Dieser Gegenstand begründe ihre Autonomie als Wissenschaft[7]. Diese Ansicht hat sich zwar nicht allgemein durchgesetzt, aber es ist immerhin zur

[1] JEAN PAUL 1963, 23.

[2] Der Terminus findet sich bereits bei ROLFUS und PFISTER, Bd. 3, 1865, 541; ferner bei KERSCHENSTEINER 1921, 52; GÖTTLER 1948, 36. Vgl. auch SAILER 1807, 28: ». . . die arme junge Menschheit mußte sich nicht selten . . . von erziehungsbedürftigen Erziehern behandeln lassen«.

[3] H. ROTH 1966, 41 (Hervorhebung vom Verfasser).

[4] H. ROTH 1966, 42.

[5] H. ROTH 1966, 117, 256, 149. Der Ausdruck »homo educandus« besteht aus der Verbindung des Substantivs »homo« mit dem attributiv gestellten Gerundiv »educandus«. Es wird vielfach irrtümlich angenommen, dieses Gerundiv drücke aus, daß der Mensch *naturnotwendig* auf Erziehung angewiesen sei (so z. B. DIENELT 1970, 108; auch BOKELMANN 1970, 189 meint: »die Bezeichnung ›Educand‹ bezieht sich auf die Erziehungsnotwendigkeit«). Tatsächlich ist aber das Gerundiv als ein umgewandeltes Gerundium (d. h. ein deklinierter Infinitiv) anzusehen (MÜLLER 1971, 71). Es drückt also keineswegs eine wesentliche Eigenschaft des Menschen aus, die ihm unabhängig von einem Erzieher zukommt, sondern lediglich das akzidentelle Merkmal, daß der betreffende Mensch für einen Erzieher ein Zu-Erziehender ist, d. h. ein Adressat erzieherischer Handlungen. Vgl. auch GOOD 1959, 191: »educand: anyone undergoing the process of education«.

[6] LANGEVELD 1962, 168.

[7] LOCH 1965, 165.

Propagierung einer neuen fragwürdigen »Teildisziplin« der Pädagogik gekommen, die »Pädagogische Anthropologie« genannt wird und deren Gegenstand ANDREAS FLITNER wie folgt bestimmt hat: »Thema der Pädagogischen Anthropologie ist der Mensch als erziehbares und erziehungsbedürftiges Wesen – homo educandus et educabilis«[8]. Unter diesen Voraussetzungen ist es verständlich, daß die Erziehungsbedürftigkeit in einem 1969 erschienenen Handbuch pädagogischer Grundbegriffe als »Zentralkategorie anthropologisch-pädagogischer Forschung« bezeichnet wird[9].

Das Problem, an das der Terminus »Erziehungsbedürftigkeit« erinnert, hat die Erziehungstheoretiker allerdings schon lange beschäftigt. Es wurde früher meistens unter den Stichworten »Notwendigkeit der Erziehung«[10] oder »Bedeutung der Erziehung«[11] behandelt. Auch die unklare Vorstellung von der »Menschwerdung des Menschen«, die angeblich ohne Erziehung unmöglich sei, ist nicht neu. Schon COMENIUS hat in seiner 1657 erschienenen »Didactica magna« ein Kapitel der Behauptung gewidmet, »daß der Mensch, wenn er Mensch werden soll«, erzogen werden müsse[12]. HEGEL spricht von der »Notwendigkeit, erzogen zu werden«[13].

Neben dem Wort »Erziehungsbedürftigkeit« stößt man auch auf Ausdrücke wie »Erziehungsangewiesenheit«[14], »Angewiesensein auf Erziehung«[15], »Erziehungsverwiesenheit«[16], »Erziehungsnotwendigkeit«[17] und »Bildungsbedürftigkeit«[18]. Es hat den Anschein, daß sie in gleicher oder ähnlicher Bedeutung verwendet werden wie das Wort »Erziehungsbedürftigkeit«. Über diese Bedeutung besteht jedoch keine Klarheit. Man sucht vergeblich nach Definitionen, in denen Regeln für den Gebrauch dieses Ausdruckes angegeben werden. Selbst Autoren, die ausdrücklich den »Nachweis der Erziehungsbedürftigkeit des Menschen« zu liefern versprechen[19], unterlassen es, den Begriff dessen,

[8] ANDREAS FLITNER 1963, 218 (Richtig muß es heißen: homo educabilis et educandus). Zur Kritik dieser diffusen »Disziplin« vgl. BREZINKA 1978, 72.
[9] SÜSSMUTH 1969, 405. Vgl. SACHER 1984.
[10] Vgl. z. B. TRAPP 1780, 3ff.; ZILLER 1856, 78ff.; ROLFUS und PFISTER 1863, Bd. 1, 524ff.; LOCHNER 1967, 130f.; GÖTTLER 1948, 35; HÄBERLIN 1953, 22ff.; LANDMANN 1961, 97; LIEDTKE 1972, 170ff.
[11] Vgl. PAULSEN 1912, 9.
[12] COMENIUS, Ausgabe LINDNER 1876, 42ff.; COMENIUS, Ausgabe ANDREAS FLITNER 1960, 45ff.
[13] HEGEL 1821, 328.
[14] DERBOLAV 1971, 22; SÜSSMUTH 1969, 405; SCHORB 1967, 76 spricht von »Angewiesenheit auf Erziehung«.
[15] LICHTENSTEIN 1957, 27; EIGLER 1967, 35ff.
[16] RÖHRS 1969, 196.
[17] BOKELMANN 1970, 189; HENZ 1970, 396; ERICH WEBER 1972, 11.
[18] LINDNER im Kommentar zu COMENIUS 1876, 281; BRANDT 1971, 89ff.
[19] H. ROTH 1966, 109. Vgl. auch MÄRZ 1978.

was sie nachweisen wollen, hinreichend scharf zu bestimmen. Sein Inhalt wird anscheinend als bekannt und unproblematisch vorausgesetzt. Da jedoch das Wort »Erziehung« in verschiedenen Bedeutungen gebraucht wird, ist von dieser Mehrdeutigkeit zwangsläufig auch der zusammengesetzte Ausdruck »Erziehungsbedürftigkeit« betroffen. Dazu kommt noch, daß auch der Ausdruck »Bedürftigkeit« mehrdeutig und vage ist.

Wir müssen also zunächst eine Bedeutungsanalyse des Wortes »Erziehungsbedürftigkeit« vornehmen (I) und dann jene Bedeutung vorläufig präzisieren, die mit unserem Erziehungsbegriff logisch vereinbar ist (II). Anschließend ist zu prüfen, ob der so präzisierte Begriff der Erziehungsbedürftigkeit für die erziehungswissenschaftliche Theorienbildung brauchbar ist. Dazu bedarf es einer logisch-empirischen Analyse, in der zu untersuchen ist, ob der Sachverhalt, der mit Hilfe dieses Begriffes ausgedrückt wird, tatsächlich nachweisbar ist (III). Da der Ausdruck »Erziehungsbedürftigkeit« im Unterschied zu den Begriffen »Erziehung« und »Erziehungsziel« auch als pädagogisches Schlagwort interpretiert werden kann, ist in diesem Falle auch eine ideologiekritische Analyse erforderlich. Ich werde dabei seine ideengeschichtlichen Hintergründe und seinen praktisch-politischen Nutzen zu klären versuchen (IV).

I. Bedeutungsanalyse des Wortes »Erziehungsbedürftigkeit«

Das Wort »Erziehungsbedürftigkeit« ist aus den Worten »Erziehung« und »Bedürftigkeit« zusammengesetzt. Was es bedeutet, hängt somit von den Bedeutungen dieser beiden Worte ab. Da uns die Bedeutungen des Wortes »Erziehung« bereits bekannt sind, empfiehlt es sich, zunächst nach der Bedeutung von »Bedürftigkeit« zu fragen.

1. Zur Bedeutung des Wortes »Bedürftigkeit«

a. Die etymologische Grundbedeutung

Das Substantiv »Bedürftigkeit« bedeutet ursprünglich »Mangel«. Es entspricht dem lateinischen Wort »egestas« (Elend, Armut, Dürftigkeit; Mangel)[20]. Diese Bedeutung hat sich bis heute in der Rechtssprache erhalten, wo unter »Bedürftigkeit« der persönliche Mangel am notdürf-

[20] Grimm, Bd. 1, 1962, 1240; Trübner, Bd. 1, 1939, 253.

tigen Unterhalt[21], »das Außerstandesein zur Bestreitung des eigenen angemessenen Unterhalts und zur Erfüllung der gesetzlichen Unterhaltspflicht gegenüber Angehörigen«[22] verstanden wird.

Das Wort ist eine Ableitung aus dem Verb *»bedürfen«* (lateinisch: »egere« = dürftig, im Elend sein, darben; bedürfen, nötig haben; entbehren, nicht haben; verlangen, wünschen). Es geht auf das Verb *»dürfen«* zurück, dessen Grundbedeutung »entbehren« ist und das mit »darben« (d. h. an dem Notwendigen Mangel leiden) zusammenhängt[23]. Aus der gleichen Wurzel stammt auch das Wort »Bedürfnis«.

»Bedürfen« bedeutet: »sehr nötig haben, nicht entbehren können«[24]; »erforderlich sein, besonders insofern aus irgend einem Mangel der Zweck nicht erreicht werden kann«[25]; »etwas nötig haben, brauchen«[26].

Im frühen 19. Jahrhundert wird auf folgenden Unterschied im Sprachgebrauch zwischen »Bedürfnis« und »Nötig haben« hingewiesen: »Mit beiden wird zwar ein Mangel an Mitteln zu gewissen Zwecken bezeichnet, jedoch so, daß Bedürfnis einen *gefühlten* oder gedachten Mangel, das Nötighaben aber einen Mangel ausdrückt, der nicht gefühlt oder gedacht wird. So hat der Acker Regen *nötig,* aber nicht das Bedürfnis danach . . .«[27].

Das Adjektiv *»bedürftig«* findet sich schon im Spätmittelhochdeutschen. Es erfordert eine Ergänzung, die im Genetiv steht, wie zum Beispiel: des Geldes, des Trostes, der Hilfe bedürftig[28]. Das Wort hat noch heute zwei Bedeutungen: 1. »einer Sache oder Person bedürfend, sie nötig habend«, und 2. »arm, Mangel leidend«[29]. Die erste Bedeutung wird lateinisch mit »necessarius«, die zweite mit »egenus« wiedergegeben[30].

b. »Bedürftigkeit« und »Erziehung«

Eine Untersuchung der Sätze, in denen die Worte »Erziehungsbedürftigkeit« und »erziehungsbedürftig« vorkommen, ergibt, daß hier – im Unterschied zur Rechtssprache – nicht die ursprüngliche Bedeutung von »Bedürftigkeit« als »Mangel« gemeint ist. Es soll nicht ausgedrückt

[21] Meyers Enzyklopädisches Lexikon, Bd. 3, 1971, 698.
[22] Das Große Duden-Lexikon, Bd. 1, 1964, 512.
[23] Weigand, Bd. 1, 1909, 396; Kluge 1967, 149 und 121; Grimm, Bd. 2, 1860, 1721 ff.
[24] Campe, 1. Teil, 1807, 408.
[25] Weigand, Bd. 1, 1909, 175.
[26] Ullstein-Lexikon 1969, 119.
[27] Ersch und Gruber, 8. Teil, 1822, 324.
[28] Trübner, Bd. 1, 1939, 253; Grimm, Bd. 1, 1962, 1240.
[29] Ullstein-Lexikon 1969, 119.
[30] Grimm, Bd. 1, 1962, 1240.

werden, daß Erziehung mangelt, fehlt oder entbehrt wird, sondern daß jemand ihrer bedarf, daß Erziehung nötig ist. Wenn gesagt wird, jemand sei der Erziehung »bedürftig«, dann ist damit gemeint: »er hat Erziehung nötig«; »er braucht Erziehung«; »er muß erzogen werden«; »Erziehung ist für ihn notwendig«, »erforderlich« oder »unentbehrlich«.

Im Ausdruck »Erziehungsbedürftigkeit« ist also die Bedeutung von *»nötig haben«* enthalten, entsprechend dem lateinischen »necessitas« bzw. »necessarius«. Darin liegt die Ähnlichkeit seiner Bedeutung mit der des Ausdruckes *»Notwendigkeit der Erziehung«* begründet.

Dieser Ausdruck kann allerdings nur teilweise als Vorläufer des Terminus »Erziehungsbedürftigkeit« angesehen werden. Seine Bedeutung ist keineswegs auf »die Notwendigkeit der Erziehung für den Educanden« beschränkt, sondern er kann ebenso auch dazu verwendet werden, die »Notwendigkeit der Erziehung« für die Gesellschaft und ähnliches zu bezeichnen. Das liegt an folgendem Unterschied. Der Ausdruck »Notwendigkeit der Erziehung« bezieht sich *auf die Erziehung*. Er besagt, sie sei notwendig, aber er läßt offen, *für wen* (Educand, Gesellschaft usw.) Erziehung notwendig ist. Der Ausdruck »Erziehungsbedürftigkeit« dagegen bezieht sich *auf eine Person*. Er bezeichnet ein Merkmal, eine Eigenschaft, ein Kennzeichen oder eine Beschaffenheit eines (oder »des«, d. h. aller) Menschen. *»Erziehungsbedürftigkeit« ist das Merkmal einer Person, der Erziehung bedürftig zu sein.* Derjenige, dem es zugeschrieben wird, ist ein »Erziehungsbedürftiger«.

Zur korrekten Benutzung der Worte »Bedürftigkeit«, »bedürftig sein« oder »brauchen« gehört, daß man angeben kann, *wozu* oder *wofür* etwas gebraucht wird. Wenn etwas gebraucht wird, so wird es immer um eines Zieles oder Zweckes willen gebraucht. In unserem Fall kann das Ziel ein bestimmter Persönlichkeitszustand sein, der herbeigeführt, erhalten oder vermieden werden soll. Was man nicht *für* etwas braucht (oder benötigt), das braucht (oder benötigt) man überhaupt nicht[31]. Von »Erziehungsbedürftigkeit« kann also sinnvoll nur gesprochen werden, wenn gesagt wird, *wofür* der Mensch der Erziehung bedarf. Das bedeutet, daß der Begriff der Erziehungsbedürftigkeit ebenso wie der Begriff der Erziehung in den Bezugsrahmen der Zweck-Mittel-Beziehung gehört[32].

[31] Vgl. Komisar 1961, 25ff.

[32] Zur Zweck-Mittel-Beziehung als zentralem Inhalt einer Logik der Praxis vgl. Mill 1968, 361ff. und Brezinka 1981a, 106ff.

c. »Bedürfnis« und »Erziehung«

Neben dem Ausdruck »Bedürftigkeit« wird in Verbindung mit »Erziehung« auch das Wort »Bedürfnis« verwendet: es ist die Rede vom »Erziehungsbedürfnis«[33] oder vom »Bedürfnis nach Erziehung«[34]. Das Wort »Bedürfnis« bedeutet: Begehren, Verlangen, Wunsch. Als psychologischer Terminus bezeichnet es in erster Linie das Erlebnis eines Mangelzustandes[35] oder »einen Zustand, der sich durch ein Gefühl des Begehrens nach etwas«, durch den »Wunsch nach Vollzug einer bestimmten Klasse von Handlungen äußert«[36].

Wenn man allein der Wortbedeutung folgen würde, müßte man annehmen, daß mit »Erziehungsbedürfnis« das Begehren gemeint ist, erzieherische Handlungen auszuüben, also der Wunsch oder das Verlangen, zu erziehen[37]. Tatsächlich ist hier aber nicht ein Bedürfnis nach Erziehung, sondern ein *Bedürfnis nach Erzogen-werden* gemeint. Unter »Erziehungsbedürfnis« wird ein Merkmal der Persönlichkeit verstanden, das sich durch ein Gefühl des Begehrens, erzogen zu werden, äußert. Diese Bedeutung scheint auch von einem Teil jener Autoren mitgemeint zu sein, die den Terminus »Erziehungsbedürftigkeit« verwenden.

Der Terminus »Erziehungsbedürfnis« gehört zu den Begriffen der Motivation und bezeichnet entweder das psychische Erlebnis des Begehrens danach, erzogen zu werden, oder die Disposition zu diesem Erlebnis. Ob solche Erlebnisse tatsächlich vorkommen, kann durch den Vergleich des Satzes, in dem das behauptet wird, mit einschlägigen Beobachtungsergebnissen nachgeprüft werden. So ist zum Beispiel bei Göttler über die Erziehung zu lesen: »Der werdende Mensch verlangt nach ihr mit Erziehungsbedürfnissen in unbewußtem Streben und mit zum Bewußtsein kommenden Interessen«[38]. Bei der Prüfung eines derartigen Satzes stellt sich meistens heraus, daß der Autor zwar »Erziehungsbedürfnis« sagt, aber »Lernbedürfnis« oder ähnliches meint. Göttler etwa hält das »Erziehungsbedürfnis« für identisch mit dem »Hungern aller äußeren und inneren Sinne nach Nahrung«, mit »geistigem Wachstumsverlangen«; es gebe »sich zunächst kund als Nachahmungs*trieb*« und entwickle sich später »zum bewußteren

[33] Stoy 1861, 24; Göppert 1926; Göttler 1948, 35; Langeveld 1960, 22; Pense 1963, 122; Mollenhauer 1965, 26; Henz 1970, 397; Küppers 1977.

[34] Süssmuth 1969, 410. Aloys Fischer 1930, 345 spricht von »subjektiver Erziehungsbereitschaft« als dem »Wunsch und Willen, erzogen und gebildet zu werden«.

[35] Schönpflug 1971, 767ff.

[36] Drever und Fröhlich 1968, 39.

[37] Diese Bedeutung findet sich unter den erwähnten Autoren nur bei Stoy 1861, 24.

[38] Göttler 1948, 35.

geistigen Wachstums*willen*«, zum Verlangen, es den »Großen« gleichzutun. Henz nennt als »Teilstrebungen« des Erziehungsbedürfnisses »Nachahmungstrieb, Erlebnisdrang, Pflege- und Bildungsbedürfnis, Streben nach Selbstgestaltung«[39]. Küppers meint mit Erziehungsbedürfnis »Interaktionsbedürfnis«[40]. Derartige Triebe, Dränge, Bedürfnisse und Strebungen mag es geben, und sie wären dann als eine wichtige Teilmenge der im Educanden gelegenen Bedingungen für das Erreichen von Erziehungszielen anzusehen, aber sie können sicher nicht als Beweis dafür anerkannt werden, daß es ein »*Erziehungs*bedürfnis« gibt.

Von einem Bedürfnis sprechen wir nur, wenn ein Motiv als besonders beharrlich und dringend erlebt wird, wenn man sich von ihm wirklich »angetrieben« fühlt[41]. Die Behauptung, das »Erziehungsbedürfnis« sei eben »unbewußt«, wäre bloß eine Flucht vor der Beweisführung. Nur wenn ein Bedürfnis, erzogen zu werden, von jenen Personen, denen es zugeschrieben wird, wirklich erlebt wird, sind wir berechtigt, es nicht bloß für ein Phantasiegebilde, sondern für eine psychische Realität zu halten[42].

2. *Interpretationsmöglichkeiten des Wortes »Erziehungsbedürftigkeit«*

Wir wissen jetzt genügend über die Bedeutungen der Worte »Erziehung« und »Bedürftigkeit«, um die verschiedenen Möglichkeiten einer Interpretation des zusammengesetzten Ausdruckes »Erziehungsbedürftigkeit« erkennen zu können.

a. Deskriptive oder normative Interpretation

aa. Der Satz »Der Mensch ist der Erziehung bedürftig« kann als eine abgekürzte Form der *Aussage* oder der Behauptung verstanden werden: »Erziehung ist eine notwendige Bedingung dafür, daß der Mensch Mensch wird«, d. h. ein als »lebensfähig«, »vollwertig«, »reif« oder »selbständig« anerkannter Mensch. Daß sie Erziehung nötig haben,

39 Henz 1970, 397.
40 Küppers 1977.
41 Komisar 1961, 33.
42 In älteren pädagogischen Schriften wird, der ursprünglichen Bedeutung von »Bedürfnis« entsprechend, gelegentlich das Wort »Erziehungsbedürfnis« verwendet, wo »Erziehungsbedürftigkeit« gemeint ist. So z. B. bei Niemeyer 1877, Bd. I, 1, wo vom »Bedürfnis des Menschen, erzogen und unterrichtet zu werden«, die Rede ist, ohne daß die Existenz eines Bedürfnisses in der psychologischen Bedeutung des Wortes behauptet wird.

kann entweder für alle Menschen in allen historischen Epochen und an allen Orten behauptet werden, oder für bestimmte Menschen in bestimmten Situationen im Hinblick auf bestimmte Persönlichkeitsideale, die als für sie gültig angesehen werden. In jedem Falle möchte man ausdrücken, daß der Mensch jene Verfassung seiner Persönlichkeit, die er erreichen soll, nicht erreichen kann, wenn er keine Erziehung erfährt. Die Erziehungsbedürftigkeit wird als »eine Grundbefindlichkeit des Menschen« verstanden, die ihn als »*objektiv* notwendig« auf Erziehung angewiesen kennzeichnet[43].

Das ist die *deskriptive Verwendung* des Wortes »Erziehungsbedürftigkeit«. Hier wird eine Aussage über alle Menschen bzw. über bestimmte Menschen gemacht, die wahr oder falsch sein kann. Sie ist von gleicher Art wie die Aussage: »Der Mensch bedarf des Sauerstoffes, um am Leben bleiben zu können«, oder wie der Satz: »Dieser Schüler bedarf der Ermutigung, um Selbstvertrauen gewinnen und leistungsfähig werden zu können«. Der Gegenstand, dessen zu bedürfen behauptet wird, wird als eine *notwendige Bedingung* dafür angesehen, daß ein bestimmtes Ereignis eintreten kann. Ähnlich wie Sauerstoff vorhanden sein *muß*, damit der Mensch am Leben bleiben kann, so wird auch angenommen, daß der Mensch erzogen werden *muß*, damit er »Mensch« bzw. ein Mensch mit bestimmten Persönlichkeitsmerkmalen werden kann. Mit »Notwendigkeit« ist hier eine auf Naturgesetzen beruhende Notwendigkeit gemeint: wenn eine bestimmte Wirkung zustande kommen soll, dann müssen bestimmte Bedingungen gegeben sein.

ab. Der Satz »Der Mensch ist der Erziehung bedürftig« kann aber auch als eine *Norm* interpretiert werden. Er wird dann als Ausdruck der Forderung verstanden: »Der Mensch *soll* erzogen werden!« *Wenn* ein bestimmter Persönlichkeitszustand als Ideal anerkannt wird und *wenn* es wahr ist, daß Erziehung eine notwendige Bedingung dafür ist, daß er erreicht werden kann, *dann* läßt sich daraus die Vorschrift ableiten, der Mensch solle erzogen werden. Eine solche Vorschrift, die auf der Zweck-Mittel-Relation beruht, ist eine *technische Norm.*

Unser Satz kann aber auch als eine *moralische Norm,* als ein »moralisches Verpflichtungsurteil«[44] interpretiert werden. Er besagt dann, daß Erziehung moralisch geboten ist. Diese Bedeutung ist gemeint, wenn im Unterschied zur Naturnotwendigkeit von der »moralischen Notwendigkeit«[45] oder von der »sittlichen Notwendigkeit der Erziehung«[46] gesprochen wird.

[43] Henz 1970, 396f. (Hervorhebung vom Verfasser).
[44] Vgl. Frankena 1972, 27.
[45] Schwarz 1968, 17.
[46] Flashar 1860, 283.

Die Verhältnisse liegen hier ähnlich wie bei dem Satz: »Ein Kind braucht Liebe«[47]. Er kann als eine Behauptung interpretiert werden (»Liebe ist eine notwendige Bedingung für das Wohlergehen eines Kindes«), aber auch als eine technische Norm, die festlegt, wie ein Kind behandelt werden soll, oder als eine moralische Norm, die ausdrückt, wozu wir einem Kind gegenüber moralisch verpflichtet sind.

Wird das Wort »Erziehungsbedürftigkeit« als Kurzformel für eine technische oder moralische Norm benützt, dann können wir im Unterschied zur deskriptiven von einer *normativen Verwendung* sprechen.

b. Interpretation gemäß dem Geschehens-Begriff oder dem Handlungs-Begriff der Erziehung

Die wichtigsten Unterschiede, die sich bei der Interpretation des Wortes »Erziehungsbedürftigkeit« ergeben, sind durch die Erziehungsbegriffe bedingt, die zugrunde gelegt werden.

ba. Geht man vom *Geschehens-Begriff der Erziehung*[48] aus, dann erhält der Terminus »Erziehungsbedürftigkeit« folgende Bedeutung: Das Merkmal eines Menschen, auf von außen kommende Einflüsse angewiesen zu sein. Wird der *universale* Geschehens-Begriff der Erziehung benutzt, dann fallen darunter *sämtliche* Geschehnisse, Ereignisse oder Vorgänge, durch die ein Mensch »geformt« wird. Dementsprechend wird unter »Erziehungsbedürftigkeit« *das Merkmal* verstanden, *Umwelteinflüsse nötig zu haben* oder ihrer zu bedürfen.

Wird der *soziale* Geschehens-Begriff der Erziehung verwendet, dann fallen darunter nur die *sozialen* Geschehnisse, d. h. die von den Mitmenschen ausgehenden Einflüsse. Dementsprechend wird dann unter »Erziehungsbedürftigkeit« *das Merkmal* verstanden, *soziale Einflüsse nötig zu haben,* auf soziale Verhaltensweisen anderer Menschen angewiesen zu sein.

Bei vielen Sätzen, in denen wörtlich oder sinngemäß von »Erziehungsbedürftigkeit« die Rede ist, bleibt die Bedeutung unklar. Ich erinnere zum Beispiel an folgende Sätze KANTS: »Der Mensch ist das einzige Geschöpf, das erzogen werden muß«. »Der Mensch kann nur Mensch werden durch Erziehung. Er ist nichts, als was die Erziehung aus ihm macht«[49]. Ersetzt man in solchen Texten das Wort »Erziehung«

[47] Vgl. HIRST und PETERS 1972, 27f.
[48] Vgl. in diesem Buch S. 65ff.
[49] KANT 1963, 9 und 11.

durch die Worte »Umwelteinfluß« oder »sozialer Einfluß«, dann ergeben sie einen ganz anderen Sinn, als wenn wir das Wort »erzieherisches Handeln« einfügen. Daß »Umwelteinflüsse« zu den notwendigen Bedingungen für das Werden der Persönlichkeit gehören, ist eine Binsenwahrheit. Nicht bloß der Mensch, sondern jedes Lebewesen ist auf Einflüsse aus seiner Umwelt angewiesen. Ebenso unbestreitbar ist es, daß auch »soziale Einflüsse« zu den notwendigen Bedingungen für das Werden der Persönlichkeit gehören. Nicht nur für den Menschen, sondern auch für viele Arten der Tiere trifft es zu, daß sie auf Einflüsse, die von ihren Artgenossen ausgehen, wie zum Beispiel auf deren Brutpflegeverhalten, angewiesen sind.

Zur Kritik jenes Begriffes der Erziehungsbedürftigkeit, dem der Geschehens-Begriff der Erziehung zugrunde liegt, läßt sich sinngemäß das gleiche sagen, was früher gegen diesen Erziehungsbegriff vorgebracht worden ist[50]. Um das Angewiesensein auf »Umwelteinfluß« im allgemeinen oder »sozialen Einfluß« im besonderen auszudrücken, ist das Wort »Erziehungsbedürftigkeit« ebenso irreführend wie das Wort »Erziehung« ungeeignet ist, um äußere Geschehnisse zu bezeichnen, die in der Persönlichkeit irgendeine Veränderung bewirken. Der so verstandene Begriff der Erziehungsbedürftigkeit scheint mir schon deswegen wissenschaftlich unfruchtbar zu sein, weil er völlig verschiedenartige Bedingungen für das Werden der Persönlichkeit zusammenfaßt, die begrifflich differenziert werden müßten, um in der Theorie der Erziehung über verworrene Vorstellungen und triviale Aussagen hinauskommen zu können.

bb. Legt man den *Handlungs-Begriff der Erziehung* zugrunde, dann erhält der Ausdruck »Erziehungsbedürftigkeit« folgende Bedeutung: *das Merkmal eines Menschen, auf Handlungen angewiesen zu sein, durch die andere Menschen versuchen, die Persönlichkeit* (d. h. das psychische Dispositionsgefüge des »Erziehungsbedürftigen«) *in irgendeiner Hinsicht dauerhaft zu verbessern oder ihre als wertvoll beurteilten Bestandteile zu erhalten oder die Entstehung von Dispositionen, die als schlecht bewertet werden, zu verhüten.* Wird also von jemandem gesagt, er sei erziehungsbedürftig, dann ist damit gemeint, er sei so beschaffen, daß er der als »Erziehung« bezeichneten Handlungen anderer Menschen bedarf oder daß er es nötig habe, solchen Handlungen ausgesetzt zu werden. Die viel zitierte[51] Behauptung KANTS wäre demnach wie folgt zu präzisieren: »Der Mensch kann nur dadurch Mensch werden, daß er Handlungen ausgesetzt wird, durch die andere

[50] Vgl. S. 68f.
[51] Vgl. z.B. REIN 1908, 7; H. ROTH 1966, 41; GROOTHOFF 1972, 734.

Menschen versuchen, sein psychisches Dispositionsgefüge in irgendeiner Hinsicht dauerhaft zu verbessern«.

c. Wesensmerkmal oder Akzidens

Mit dem Terminus »Erziehungsbedürftigkeit« kann entweder ein Merkmal gemeint sein, das wesentlich oder notwendig zur Eigenart eines jeden Mitgliedes der Gattung »Mensch« gehört, oder ein Merkmal, das nur bestimmten Menschen unter bestimmten Bedingungen während einer bestimmten Periode ihres Lebens zukommt.

ca. In den meisten pädagogischen Texten, in denen das Wort »Erziehungsbedürftigkeit« vorkommt, ist damit ein *Wesensmerkmal des Menschen* gemeint. Man bezeichnet mit ihm eine Eigenschaft, von der angenommen wird, daß sie zur »Natur« des Menschen gehört. Das heißt, daß sie *allen* Menschen zukommt, die je gelebt haben, derzeit leben und in Zukunft leben werden. Dabei scheint die Ansicht vorzuherrschen, daß Erziehungsbedürftigkeit nur im Kindes- und Jugendalter besteht. Im übrigen kann unter »Erziehungsbedürftigkeit« als Wesensmerkmal des Menschen auch verstanden werden, daß sie ähnlich wie die Sprache oder das Lachen *nur* beim Menschen und bei keinem anderen Lebewesen anzutreffen ist.

Als Beleg sei daran erinnert, daß von der »*prinzipiellen* Erziehungsbedürftigkeit *des* Menschen« gesprochen wird, von der Erziehungsbedürftigkeit als einer »Grundbefindlichkeit des Menschen«, von der Erziehung als einer »*wesensnotwendigen*, unersetzlichen Lebensbedingung des Menschen«, der »darauf angelegt ist, erzogen zu werden«[52]. Stets ist damit die »*allgemeine*, d. h. unabhängig von den jeweiligen kulturellen und geschichtlichen Verhältnissen bestehende Notwendigkeit von Erziehung«[53] gemeint. Es wird behauptet, die Frage, ob *jeder* Heranwachsende erziehungsbedürftig sei, lasse »sich (bejahend) beantworten, ohne daß die geschichtlichen und gesellschaftlichen Verhältnisse und Gegebenheiten berücksichtigt werden«[54].

Wir können diesen Begriff als den *Begriff der generellen Erziehungsbedürftigkeit* bezeichnen (vom lateinischen »generalis« = die Gattung betreffend, gattungsmäßig). Er hat zum Inhalt, daß jeder Mensch durch das Merkmal gekennzeichnet ist, (zumindest) im Kindes- und Jugendalter naturnotwendig auf Erziehung angewiesen zu sein.

[52] Süssmuth 1969, 406; Langeveld 1962, 108 (Hervorhebung vom Verfasser).
[53] Giesecke 1969, 17 (Hervorhebung vom Verfasser).
[54] Ritzel 1973, 25 (Ergänzung vom Verfasser).

cb. Unter »Erziehungsbedürftigkeit« kann aber auch ein Merkmal verstanden werden, das nicht allen Menschen von Natur aus zukommt, sondern das einzelnen Menschen unter bestimmten Bedingungen zugeschrieben wird und anderen Menschen, die unter anderen Bedingungen leben, nicht. Erinnern wir uns daran, daß in der Philosophie ein nicht-notwendiges, unwesentliches, wechselndes oder »zufälliges« Merkmal eines Dinges, das nur in Beziehung zu anderen Dingen auftritt, *Akzidens* genannt wird[55]. Unter Benutzung dieses Terminus kann man sagen, daß mit »Erziehungsbedürftigkeit« in der hier zu erläuternden Bedeutung *das akzidentelle Merkmal eines konkreten Menschen oder einer bestimmten Gruppe von Menschen, auf Erziehung angewiesen zu sein,* gemeint ist. So wie wir von einer bestimmten Person unter bestimmten Umständen im Hinblick auf bestimmte Normen sagen, sie sei erholungsbedürftig, trostbedürftig oder ratbedürftig, so können wir auch behaupten, sie sei erziehungsbedürftig. Das bedeutet: sie bedarf in einer bestimmten Phase ihres Lebens der Erziehung, um einem bestimmten für sie gesetzten Soll-Zustand ihrer Persönlichkeit (einem bestimmten »Ideal«) näherkommen zu können. Man kann diesen Begriff im Unterschied zu dem der »generellen Erziehungsbedürftigkeit« als den *Begriff der individuellen Erziehungsbedürftigkeit* bezeichnen (»individuell« = einem einzelnen zukommend, ein einzelnes betreffend).

Während der Begriff der generellen Erziehungsbedürftigkeit fast ausschließlich in Schriften zur »Pädagogischen Anthropologie« und zur Philosophie der Erziehung anzutreffen ist, finden wir den Begriff der individuellen Erziehungsbedürftigkeit vorwiegend in Texten der Sozialpädagogik[56], der Heilpädagogik[57], der Kriminalpädagogik[58] und der Forensischen Jugendpsychiatrie[59]. So wird zum Beispiel von der Kriminalerziehung gesagt, ihr Anlaß sei »nicht eine schlechthin gegebene Erziehungsbedürftigkeit, sondern eine Erziehungsbedürftigkeit, die mit einem bestimmten von der Rechtsordnung mit Strafe bedrohten Verhalten in Beziehung steht«[60]. Nicht jeder Straffällige sei der Erziehung bedürftig, sondern es gebe »eine große Anzahl von Verurteilten, bei denen es von vornherein feststeht, daß sie auch ohne Erziehungsvorgang ein der rechtlichen und sittlichen Ordnung entsprechendes Leben künftig führen werden«[61]. In diesen Zusammenhang gehört auch die

[55] Vgl. Brugger 1964, 6; Eisler 1927, Bd. 1, 12.
[56] Mollenhauer 1964, 291.
[57] Bleidick 1972, 59, 119, 125.
[58] K. Peters 1960, 14; Deimling 1969, 61ff.
[59] Lempp 1971, 346.
[60] K. Peters 1960, 14.
[61] K. Peters 1960, 192.

Rede vom »Umfang der Erziehungsbedürftigkeit«[62], der »von der sozialen und kulturellen Situation« des Educanden abhängig sei.

Es verdient schließlich noch beachtet zu werden, daß dem Begriff der individuellen Erziehungsbedürftigkeit anscheinend immer der Handlungs-Begriff der Erziehung zugrunde liegt. Ich habe jedenfalls keinen Text gefunden, in dem eine Interpretation gemäß dem Geschehens-Begriff der Erziehung einen Sinn ergeben hätte. Das ist in praxisorientierten Texten auch leicht verständlich: »Gerade die Begrenzung (auf den Handlungs-Begriff der Erziehung) lenkt den Blick auf das Entscheidende: das bewußte Planen«[63].

II. Vorläufige Präzisierung des Begriffes »Erziehungsbedürftigkeit«

Für eine Explikation des Begriffes »Erziehungsbedürftigkeit« steht relativ wenig Material zur Verfügung. Der Terminus hat sich erst zwischen 1960 und 1970 in der deutschsprachigen pädagogischen Literatur eingebürgert und ist bisher noch nicht ausdrücklich definiert worden. In der anglo-amerikanischen pädagogischen Fachsprache gibt es keinen Terminus, der ihm entspricht. Wir sind also darauf angewiesen, seine Bedeutung aus dem Kontext, in dem das Wort steht, zu erschließen.

Von den Interpretationsmöglichkeiten, die wir bei unserer Bedeutungsanalyse kennengelernt haben, findet sich in der pädagogischen Literatur folgende Kombination weitaus am häufigsten: deskriptive Bedeutung, Handlungs-Begriff der Erziehung, Wesensmerkmal der Gattung »Mensch«. Mit dem Terminus »Erziehungsbedürftigkeit« wird die Behauptung ausgedrückt, daß »die menschliche Natur eine auf Erziehung angelegte Natur ist« und daß der Mensch ohne Erziehung »nicht Mensch werden kann«[64]. Diese Bedeutung des Wortes entspricht dem vorherrschenden Sprachgebrauch und ist auch mit unserem Erziehungsbegriff logisch vereinbar.

Auf Grund dieser Voraussetzungen wird der Inhalt des Begriffes »Erziehungsbedürftigkeit« vorläufig wie folgt bestimmt: *Unter Erziehungsbedürftigkeit wird das Merkmal des Menschen verstanden, naturnotwendig auf Handlungen anderer Menschen angewiesen zu sein, durch welche diese versuchen, das Gefüge seiner psychischen Dispositionen (seine Persönlichkeit) in irgendeiner Hinsicht dauerhaft zu verbes-*

[62] Schorb 1967, 76.
[63] K. Peters 1960, 14 (Ergänzung vom Verfasser).
[64] H. Roth 1967, 17.

sern oder seine als wertvoll beurteilten Bestandteile zu erhalten oder die Entstehung von Dispositionen, die als schlecht bewertet werden, zu verhüten.

Der so präzisierte Begriff der generellen Erziehungsbedürftigkeit beruht auf der Hypothese, daß der Mensch nicht »Mensch« werden kann, ohne jenen Handlungen ausgesetzt zu werden, die unter dem Begriff der Erziehung zusammengefaßt werden. Wir müssen nun prüfen, ob diese Hypothese durch Tatsachen hinreichend belegt ist.

III. Logisch-empirische Analyse: Erziehungsbedürftigkeit als Wesensmerkmal des Menschen?

Gibt es empirische Befunde, welche es rechtfertigen, den Begriff der generellen Erziehungsbedürftigkeit in die Erziehungswissenschaft einzuführen? Welche Beweise werden vorgelegt? Es sind drei Argumente von sehr unterschiedlichem Gewicht: 1. der Schluß vom »Erziehenkönnen« über das »Erzogen-werden-können« auf das »Erzogen-werden-müssen«; 2. der Schluß von einem angeblich vorhandenen subjektiven Bedürfnis, erzogen zu werden, auf die »objektive« Erziehungsbedürftigkeit; 3. der Schluß vom »Lernen« über die »Lernfähigkeit« und die »Lernbedürftigkeit« auf die »Erziehungsbedürftigkeit«.

Es scheint zumindest darin allgemeine Übereinstimmung zu bestehen, daß die »Erziehungsbedürftigkeit« nicht beobachtet werden kann, sondern der »Erschließung«[65] bedarf. Sehen wir uns diese Schlüsse etwas näher an.

1. Beweisversuch mit Hilfe der »Erziehbarkeit«

Im Zusammenleben der Menschen lassen sich zweifellos Phänomene beobachten, die jene Merkmale aufweisen, welche den Begriff der Erziehung ausmachen. Es wird erzogen, und daraus kann abgeleitet werden, daß Erziehung möglich ist. Schon SCHWARZ hat argumentiert, daß sich »die Möglichkeit aus der Wirklichkeit . . . ersehen« lasse[66]. Das bedeutet genaugenommen nur folgendes: von jeder Person, die eine erzieherische Handlung ausübt, muß man zwangsläufig annehmen, daß es ihr möglich ist, sie auszuüben. Hier wird also vom Akt auf die Potenz zurückgeschlossen: wer handelt, der *kann* auch handeln (d. h. er ist fähig, zu handeln).

[65] SÜSSMUTH 1969, 409 spricht von der »Erschließung der Erziehungsbedürftigkeit«.
[66] SCHWARZ 1968, 17.

Dieser Schluß ist berechtigt, aber für unser Thema belanglos. Tatsächlich denken jene Pädagogiker, die von der Wirklichkeit und der Möglichkeit der Erziehung sprechen, an einen ganz anderen Schluß: sie meinen, von der Wirklichkeit der Erziehung, d. h. also von einer bestimmten Klasse Sozialer Handlungen, lasse sich auf die Möglichkeit, erzogen werden zu können, schließen, d. h. auf eine Eigenschaft der Adressaten dieser Handlungen. Diese von den Pädagogikern erfundene Eigenschaft wird in pädagogischen Begriffssystemen als *»Erziehbarkeit«* bezeichnet (englisch: »educability«). Es ist damit »die Fähigkeit oder Tauglichkeit eines Zöglings, erzogen zu werden«[67], oder kurz die »Fähigkeit zum Erzogenwerden«[68] gemeint[69].

Der unklare Begriff der Erziehbarkeit scheint häufig als identisch mit dem Inhalt der Begriffe »Plastizität« und »Lernfähigkeit« angesehen zu werden[70]. Dann wäre er allerdings überflüssig. Versucht man, ihm einen spezielleren Sinn abzugewinnen, so könnte dieser nur in irgendeinem Bezug zur Erziehung liegen. Legt man den Handlungs- und Absichtsbegriff der Erziehung zugrunde, dann kann der Terminus »Erziehbarkeit« nur folgende Bedeutung haben: er bezeichnet *das Merkmal eines Menschen, Objekt oder Adressat erzieherischer Handlungen sein zu können.* Dieser Begriff enthält keinerlei Bezug zur Reaktion des Erziehungsobjektes auf die Erziehung, insbesondere nicht zum Problem der Erfolgsaussichten erzieherischer Handlungen. Er ist vergleichbar dem Begriff »Behandelbarkeit« im Hinblick auf das ärztliche Handeln: wer behandelt, setzt voraus, daß derjenige, den er behandelt, Objekt einer Behandlung sein kann. Er ist in diesem Sinne »behandelbar«, aber das hat selbstverständlich nichts mit der Frage nach dem Erfolg einer Behandlung (der »Heilung«) zu tun. Diese Bedeutung von »Erziehbarkeit« ist banal, und ein solcher Begriff der Erziehbarkeit ist überflüssig.

Tatsächlich scheinen auch die meisten pädagogischen Autoren, die von »Erziehbarkeit« sprechen, eine andere Bedeutung vor Augen zu haben. Sie sehen nicht – wie bei dem soeben präzisierten *banalen Begriff der Erziehbarkeit* – von den Erfolgsaussichten der Erziehung gänzlich ab, sondern sie machen vielmehr ein Urteil über die Erfolgsaussichten zum zentralen Inhalt ihres Begriffes. Ich nenne diesen Begriff den

[67] Eyferth 1959, 457.

[68] Lochner 1952, 124.

[69] Sie wird vielfach noch immer mit dem falschen Ausdruck »Erziehungs*fähigkeit*« bezeichnet, der sogar in das Reichsjugendwohlfahrtsgesetz von 1922 Eingang gefunden hat (§ 73). Vgl. z. B. H. Roth 1966, 104; ferner H. Roth 1959, 69ff.; Ritzel 1973, 25ff.; März 1980, 11.

[70] Vgl. Lochner 1967, 132: »Die Voraussetzung aller Erziehung ist eine mit der Anlage gegebene *Erziehbarkeit, Bildsamkeit oder Plastizität*« (Hervorhebung vom Verfasser).

erfolgsorientierten Begriff der Erziehbarkeit. Sein Inhalt ist mit dem identisch, was früher mit dem pädagogischen Terminus *»Bildsamkeit«* bezeichnet worden ist[71]. HERBART hat darunter »Bestimmbarkeit durch Erziehung« verstanden[72]. Sie wird einem Menschen zugeschrieben, der »*mit Aussicht auf Erfolg* den Versuch gestattet, seiner geistigen Entwicklung eine bestimmte Richtung zu geben und gewissen idealen, dem Erzieher als erstrebenswert vorschwebenden Zielen entgegen zu führen«[73]. Der Hinweis auf die Erfolgsaussichten bzw. auf Schwierigkeiten, die den Erfolg gefährden, ist besonders deutlich im Begriff der »*Schwer*erziehbarkeit« enthalten[74], von dem es sogar die Steigerungsform »*Schwerst*erziehbarkeit« gibt[75]. In diese Gruppe fragwürdiger Begriffe gehört schließlich auch noch der Begriff der »*Un*erziehbarkeit«[76].

Versucht man herauszufinden, was mit dem erfolgsorientierten Begriff der Erziehbarkeit gemeint ist, dann stößt man auf folgenden Sachverhalt. Gemeint ist a) die Fähigkeit eines Menschen, eine bestimmte Klasse von äußeren Reizen (erzieherische Handlungen) aufzunehmen und gemäß der Zielsetzung ihrer Urheber, d. h. der Erzieher als Reizquelle zu verarbeiten. b) Es handelt sich dabei um Reize, die von ihren Urhebern für geeignete Mittel gehalten werden, um im Adressaten Lernvorgänge auszulösen, welche zum Erwerb bestimmter als seinsollend geforderter psychischer Dispositionen führen, bzw. Lernvorgänge zu verhindern, durch welche Dispositionen erworben werden, die von den Urhebern als nicht-seinsollend beurteilt werden. Wird diese Fähigkeit grundsätzlich für alle Menschen angenommen, dann handelt es sich um ein Wesensmerkmal des Menschen (generelle Erziehbarkeit). Wird sie für einzelne Menschen oder Menschengruppen in einer bestimmten Situation behauptet, dann handelt es sich um ein akzidentelles Merkmal (individuelle Erziehbarkeit).

Aus dieser Begriffserläuterung ist ersichtlich, daß der Begriff der Erziehbarkeit eine hochabstrakte Konstruktion mit geringem Realitätsbezug ist. Sucht man nach den Beziehungen, durch die er mit der Wirklichkeit verbunden ist, dann stößt man nur auf folgende Tatsachen: Der Mensch lernt; folglich ist er fähig, zu lernen; er lernt unter Umständen auch vieles von dem, was er nach dem Willen anderer

[71] Besonders klar erkennbar z. B. bei LICHTENSTEIN 1957, 22ff. Zur Begriffsgeschichte von »Bildsamkeit« vgl. HÖCHT 1927 und MÄRZ 1980.
[72] HERBART 1914, Bd. II, 11. Daneben benutzt er aber auch schon den Ausdruck »Erziehbarkeit«: vgl. 1913, Bd. I, 384.
[73] FOLTZ 1895, 412 (Hervorhebung vom Verfasser).
[74] Vgl. zu diesem Begriff WIDMER 1953, 18ff.; EYFERTH 1959, 455ff.; MOOR 1965, 38ff.; RÖHRS 1969a.
[75] Vgl. z. B. PFAFFENBERGER 1960.
[76] Vgl. EYFERTH 1959, 457.

Menschen lernen soll; folglich ist er (in Grenzen) auch fähig, zu lernen, was er lernen soll. Diese aus der Tatsache des Lernens erschlossene Fähigkeit, zu lernen, wird *»Lernfähigkeit«* genannt.

Wir müssen nun fragen, welches Merkmal der Begriff der Erziehbarkeit enthält, das über den Inhalt des Begriffes der Lernfähigkeit hinausgeht. Das ist offensichtlich der Bezug zur Erziehung: es ist an Lernfähigkeit als Empfänglichkeit für Erziehung gedacht und im Hinblick auf Lernvorgänge, die zur Verwirklichung von Erziehungszielen führen. Es wird behauptet, es gebe eine »bereits in der Seinsordnung . . . grundgelegte innere Bereitschaft, sich erziehen zu lassen, ein Angelegtsein auf Erziehung«[77]. Es wird vorausgesetzt, daß die Jugend der Hilfe, die die Erzieher zu leisten versuchen, *»eine spezifische Fähigkeit* entgegenbringt«[78].

Es scheint mir keine Beobachtungsergebnisse zu geben, die die Annahme eines solchen Persönlichkeitsmerkmals rechtfertigen würden. Sie ließe sich empirisch nur begründen, wenn eine *spezielle* Lernfähigkeit nachweisbar wäre, die dadurch gekennzeichnet ist, daß sie zum Erwerb aller jener Dispositionen befähigt, die als Erziehungsziele gesetzt werden können, *und zwar* zum Erwerb *auf Grund von Erziehung*. Tatsächlich bilden aber die psychischen Dispositionen, die im Laufe der Geschichte als Erziehungsziele zu verwirklichen gefordert worden sind, in psychologischer Hinsicht nicht eine Klasse zusammengehöriger Gegenstände, sondern sie sind sehr verschieden. Die motorische Fähigkeit, zu schreiben, ist zum Beispiel von ganz anderer Art als die Fähigkeit zur Lösung einer mathematischen Gleichung oder die Fähigkeit zu tolerantem sozialen Verhalten. Dementsprechend dürften auch die Lernvorgänge, durch welche diese Fähigkeiten erworben werden, untereinander sehr verschieden sein. Ebenso verschieden sind die inneren und äußeren Bedingungen, von denen das Eintreten dieser Lernvorgänge und ihr Ergebnis abhängen.

Ob und unter welchen Umständen erzieherische Handlungen als notwendige äußere Bedingungen anzusehen sind, ist in allgemeiner Form gar nicht nachweisbar, sondern müßte von Fall zu Fall untersucht werden. Man darf ja nie vergessen, daß auch der Begriff der Erziehung ein sehr allgemeiner Begriff auf einer hohen Abstraktionsstufe ist und daß es in der konkreten Wirklichkeit unübersehbar viele Formen erzieherischer Handlungen gibt. Deshalb kann auch niemals nachgewiesen werden, daß Erziehung als solche eine notwendige Bedingung für das Eintreten bestimmter Lernvorgänge und das Erreichen bestimmter Lernergebnisse ist. Es käme immer auf die Untersuchung konkreter

[77] Lichtenstein 1957, 32.
[78] Ritzel 1973, 50.

erzieherischer Handlungen in speziellen Situationen an. In solchen Situationen kann man aber nie mit Sicherheit wissen, daß eine konkrete erzieherische Handlung auch das *geeignete* Mittel für die Erreichung des als Erziehungsziel gewollten Lernergebnisses im Educanden ist. Man weiß nur, daß der Erzieher sie für ein geeignetes Mittel *gehalten* hat.

Aus diesen Überlegungen ergibt sich, daß der erfolgsorientierte Begriff der Erziehbarkeit kein geeignetes Werkzeug zur Analyse der für die Erreichung von Erziehungszielen relevanten Wirklichkeit ist. Er ist das Ergebnis unklarer Vorstellungen und begünstigt Illusionen über die Beziehungen zwischen Erziehung und Lernen. Er suggeriert eine Parallele zwischen Lernen und Lernfähigkeit einerseits, Erziehung und Erziehbarkeit andererseits. Erziehbarkeit erscheint als eine Spezialform von Lernfähigkeit, die zur Erziehung im gleichen Verhältnis steht wie die allgemeine Lernfähigkeit zum Lernen.

Tatsächlich liegen die Dinge aber folgendermaßen. *Lernen und Lernfähigkeit* verhalten sich zueinander wie Akt und Potenz im gleichen Subjekt. Die Lernfähigkeit ist die den Akt des Lernens ermöglichende psychische Disposition. Methodisch gelangen wir dadurch zu ihrer Annahme, daß wir sie aus Lernvorgängen erschließen. *Erziehen und Erziehbarkeit* sind dagegen nicht im gleichen Subjekt lokalisiert, sondern Erziehen im Subjekt und Erziehbarkeit im Objekt. Erziehen ist ein Akt des Subjektes, und es hat von der sprachlichen Form her den Anschein, als sei »Erziehbarkeit« die zugehörige Potenz im Objekt. Eine genauere Analyse aber zeigt, daß »Erziehbarkeit« der Name der Disposition für eine ganz andere Klasse von Akten als der des Erziehens ist, nämlich für Lernen. Dementsprechend ermöglicht auch »Erziehbarkeit« nicht Erziehung, sondern Lernvorgänge, die zu Lernergebnissen führen, deren Erreichung für ein Erfolg der Erziehung gehalten wird. Man kann deshalb »Erziehbarkeit« auch nicht aus Erziehung erschließen (wie Lernfähigkeit aus Lernen), sondern man kann sie nur einfach erfinden. Eine notwendige Verbindung zwischen beiden sowie der Anschein, es handle sich bei der »Erziehbarkeit« um einen empirisch nachweisbaren Tatbestand, werden uns nur durch Worte vorgespiegelt – besonders, wenn man noch dazu von »Erziehungsfähigkeit«[79] statt von »Erziehbarkeit« spricht.

Das ganze begriffliche Durcheinander auf diesem Gebiet geht darauf zurück, daß statt des scharfen Absichts- und Handlungs-Begriffes der Erziehung ein vager Wirkungs- und Geschehens-Begriff verwendet wird[80]. Der gedankliche Zusammenhang ist dabei folgender. Bei einem Menschen treten Lernergebnisse ein, die Wirkungen irgendwelcher

[79] Wie z. B. H. Roth und Ritzel. Vgl. Fußnote 69.
[80] Vgl. in diesem Buch S. 60ff. und S. 64ff.

unbekannter Geschehnisse sind. Diese unbekannten Geschehnisse werden als »Erziehung« bezeichnet, weil sie zufällig eine Wirkung ausgelöst haben, die einem Ideal entspricht, das von einem Normgeber als seinsollend gesetzt worden ist. Das genügt, um im Lernenden eine Disposition zu postulieren, die ihn zur Hervorbringung solcher Lernergebnisse befähigt, und diese wird dann »Erziehbarkeit« genannt.

Zur Klarheit kann man nur gelangen, wenn der Erziehungsbegriff von Merkmalen, die auf die Wirkung oder den Erfolg bezogen sind, völlig freigehalten wird. Das zieht dann notwendig auch nach sich, daß die in der Person des Educanden gelegenen Voraussetzungen für den Erwerb von Dispositionen, die von ihm zu erreichen gefordert werden, nicht mit einem Terminus bezeichnet werden, in dem »Erziehung« vorkommt. Was wir berechtigt sind, im Educanden als Tatsache anzunehmen, ist nicht mehr, als was HERBART »die Veränderlichkeit des menschlichen Gemüts« und »die Fähigkeit desselben, zu einer gewissen Stetigkeit und Beharrlichkeit zu gelangen«, genannt hat[81]. Man kann diese Eigenschaft als »Modifikabilität«[82], »Modifizierbarkeit der psychischen Verfassung des Menschen«[83], »Plastizität«[84], »Flexibilität«[85], »Beeinflußbarkeit«[86] (englisch: »influenceability«), »Empfänglichkeit für soziale Einflüsse« (englisch: »susceptibility to social influence«)[87], »Entwicklungsfähigkeit«[88] oder »Lernfähigkeit« bezeichnen. Gemeint ist damit immer eine allgemeine Fähigkeit, sich unter dem Einfluß von äußeren, insbesondere sozial-kulturellen Reizen zu ändern.

Wesentlich an diesem Begriff ist, daß ihm jeder Bezug zu von außen gesetzten Zielen und zu den Bedingungen der Zielerreichung fehlt, d. h. er ist von der Erfolgsproblematik unbelastet. Benutzt man ihn, dann erscheinen die erzieherischen Handlungen als eine bloße Teilmenge aus der Gesamtmenge der sozial-kulturellen Einflüsse oder Reize. Nichts berechtigt uns zu der Annahme, daß gerade dieser Teilmenge im Educanden eine spezifische Disposition entgegenkommt. Welche Wirkung diese Teilmenge hat, hängt vielmehr von den unübersehbar komplizierten Wechselbeziehungen ab, die zwischen sämtlichen Determinanten einer Persönlichkeit bestehen.

[81] HERBART 1913, Bd. I, 130.
[82] LOCHNER 1960, 290.
[83] LIEDTKE 1972, 104.
[84] Vgl. MURPHY 1947, 994, wo »Plastizität« wie folgt definiert wird: »capacity for being molded, like clay or plaster. Metaphorically, of persons, it designates *the capacity to be altered as a result of experience*«.
[85] Zur Bedeutung von »Flexibilität« vgl. MURPHY 1947, 986: »readiness to yield to influence; tractability. Capable of being adapted, modified, or molded; plastic; pliant«.
[86] Vgl. PROKOP 1966, 21ff.
[87] Vgl. MCGUIRE 1968, 1130ff.
[88] EYFERTH 1959, 458.

Der erfolgsorientierte Begriff der Erziehbarkeit ist der Aufklärung der soeben dargestellten Zusammenhänge lange im Wege gestanden. Ich habe nachzuweisen versucht, daß er irreführend und überflüssig ist. Selbst wenn dieser Nachweis nicht gelungen sein sollte, gibt es dennoch logisch keine Möglichkeit, aus der »Erziehbarkeit« die »Erziehungsbedürftigkeit« zu erschließen. Bisher ging es nur darum, naive Ansichten über die Beziehungen zwischen »Erziehen«, »Erziehen-können« und »Erzogen-werden-können« zu erschüttern sowie die Annahme einer spezifischen Disposition »Erziehbarkeit« als empirisch nicht gerechtfertigt zu erweisen. Der Gedankensprung von der »Erziehbarkeit« zur »Erziehungsbedürftigkeit« ist aber noch viel größer als der von der Erziehung zur »Erziehbarkeit«. Beim Rückgriff auf die »Erziehbarkeit« als erstem Schritt der Beweisführung handelt es sich um die Beziehung zwischen den beiden Sätzen »Erziehung ist möglich« und »Erzogen-werden ist möglich«. Beim zweiten Schritt dagegen geht es um einen Schluß von der Möglichkeit auf die Notwendigkeit, d. h. von der Aussage »Erzogen-werden ist möglich« zur Aussage »Der Mensch hat Erziehung notwendig« (»er *muß* erzogen werden«). Dieser Schluß ist logisch nicht zulässig. Ebensowenig wie aus der »Verführbarkeit« des Menschen seine »Verführungsbedürftigkeit« folgt, kann aus seiner »Erziehbarkeit« auf seine »Erziehungsbedürftigkeit« geschlossen werden.

2. *Beweisversuch mit Hilfe des »Erziehungsbedürfnisses«*

Dieser Beweisversuch braucht hier nur kurz behandelt zu werden, weil schon seine erste Prämisse sehr unsicher ist. Er verläuft in folgenden Schritten. Es wird behauptet, der Mensch habe ein Bedürfnis, erzogen zu werden. Dieser ersten Prämisse wird eine zweite, ebenso fragwürdige, hinzugefügt, die ungefähr so lautet: »Jedes Bedürfnis ist allein schon durch die Tatsache seines Auftretens als Beweis dafür anzusehen, daß der Mensch das, wonach er verlangt, naturnotwendig braucht«. Aus diesen Vordersätzen wird dann der Schluß gezogen: »Der Mensch hat Erziehung notwendig«, »er braucht Erziehung«, er ist »erziehungsbedürftig«.

Wie früher schon angedeutet[89], ist es fraglich, ob der erste Vordersatz wahr ist. Bei allen mir bekannten Texten, in denen vom »Erziehungsbedürfnis« oder vom »Bedürfnis nach Erziehung« gesprochen wird, bleiben die Autoren den Nachweis eines solchen Bedürfnisses schuldig.

Bei manchen Texten läßt sich dieser Mangel damit erklären, daß in

[89] Vgl. S. 161.

ihnen das Wort »Erziehung« eine ganz andere Bedeutung als gewöhnlich hat. Wenn darunter zum Beispiel nicht Handlungen, sondern soziale Interaktionen verstanden werden, dann kann eben mit »Erziehungsbedürfnis« auch nichts anderes als ein »Bedürfnis nach sozialer Interaktion« gemeint sein, und für dessen Annahme gibt es selbstverständlich gute Gründe. Ein solcher Fall liegt bei BOLLNOW vor. Er schreibt: »Der Mensch . . . drängt sich von sich aus freudig der Erziehung entgegen. Er verlangt von sich aus nach der Erziehung«. Diese Behauptung ist nur so lange überraschend, wie man annimmt, daß hier mit »Erziehung« erzieherische Handlungen gemeint sind. Sie wird verständlicher, sobald klar geworden ist, daß der Autor etwas viel Unbestimmteres meint: die Wechselwirkung mit der Umwelt. BOLLNOW wollte nach seiner eigenen Interpretation anscheinend nicht mehr sagen, als »daß der Mensch, um sich zu seinem vollen Wesen zu entfalten, *auf die* sich in der Erziehung äußernden *Wechselwirkungen mit seiner Umgebung angewiesen* ist«[90]. Ähnliches gilt für HEGEL. Was er das »eigene Streben der Kinder nach Erziehung« nennt, bedeutet bei ihm das »Bedürfnis . . ., groß zu werden«, oder den »Wunsch, zu werden, wie die Erwachsenen sind«[91].

Es scheint kein Zufall zu sein, daß alle Autoren zur Erläuterung dessen, was sie behaupten, aber anscheinend nicht nachweisen können, auf ganz andere Bedürfnisse wie »Nachahmungstrieb«, »Lern- und Wissensdrang«, »Selbständigkeitsdrang«, »Liebesbedürfnis« usw. ausweichen[92]. Neben diesen bekannten Begriffen finden sich auch modische Neuschöpfungen wie das »Bedürfnis nach Sozialisation, Enkulturation und Personalisation«[93], von dem anzunehmen ist, daß es noch nie jemand erlebt hat. Wie immer es sich aber auch mit dem Realitätsbezug dieser Begriffe verhalten mag – sie haben einen anderen Inhalt als der Begriff »Erziehungsbedürfnis«.

Nehmen wir zum Beispiel an, es sei berechtigt, von einem Grundbedürfnis nach Wissen zu sprechen. Es wird dadurch befriedigt, daß Kenntnisse erworben werden. Wie derjenige, der das Bedürfnis hat, zu Kenntnissen kommen kann, ist für ihn aus dem Erleben seines Bedürfnisses nicht erfahrbar. Das Bedürfnis leistet nicht mehr, als ihn zur Suche nach Möglichkeiten der Befriedigung zu motivieren. Macht er nun die Erfahrung, daß seine Erzieher (Lehrer) ihm durch Unterricht zu dem Wissen verhelfen können, das er sucht, dann wird ihm das Empfangen von Unterricht als ein geeignetes Mittel zur Bedürfnisbefriedigung erscheinen. Er wird deshalb auch nach diesem Mittel streben,

[90] BOLLNOW 1965, 46.
[91] HEGEL 1830, 80f.
[92] Vgl. GÖTTLER 1948, 35; HENZ 1970, 397.
[93] SÜSSMUTH 1969, 417.

und ein solches Streben könnte man »Interesse am Unterrichtet-werden« nennen. Es ist aber in einem konkreten Fall keineswegs sicher, daß das Unterrichtet-werden tatsächlich als geeignetes Mittel zur Befriedigung des Grundbedürfnisses nach Wissen erlebt wird. Wir haben unzählige Zeugnisse dafür, daß durch Unterrichtet-werden das Bedürfnis nach Wissen nicht befriedigt worden ist, ja daß dieses Bedürfnis dadurch vielmehr abgetötet worden sei.

Bei dieser Sachlage scheint es mir nicht gerechtfertigt zu sein, die Existenz eines »Grundbedürfnisses«[94], erzogen zu werden, anzunehmen. Mehr als ein vereinzelt auftretendes und immer von der Situation abhängiges Interesse am Belehrt- oder Unterrichtet-werden scheint mir empirisch nicht nachweisbar zu sein. Wenn aber ein »Bedürfnis, erzogen zu werden«, höchstens in Einzelfällen als akzidentelles Merkmal der Persönlichkeit vorkommt, dann kann von einem Wesensmerkmal keine Rede sein. Damit fehlt auch die empirische Grundlage, die es erlauben würde, auf eine generelle Erziehungsbedürftigkeit des Menschen zu schließen – ganz abgesehen von der Unhaltbarkeit der zweiten Prämisse.

3. Beweisversuch mit Hilfe der »Lernbedürftigkeit«

Dieser Beweisversuch ist der häufigste und er scheint als besonders einleuchtend angesehen zu werden. Er besteht darin, daß in einem ersten Schritt Beweise für die *»Lernfähigkeit«* des Menschen zusammengetragen werden. In einem zweiten Schritt wird die Lernfähigkeit als *»Lernbedürftigkeit«* interpretiert. Durch diesen verbalen Kunstgriff wird erreicht, daß jeder Beleg für Lernfähigkeit ohne Einschränkung auch als Beleg für die »Lernbedürftigkeit« ausgegeben werden kann. Den dritten Schritt bildet dann ein logischer Sprung von der »Lernbedürftigkeit« zur *»Erziehungsbedürftigkeit«* nach dem Schema: »wer lernen muß, der muß auch erzogen werden«.

Roth drückt diesen Gedankensprung wie folgt aus: *»Wenn der Mensch auf Lernen hin ›entworfen‹ ist,* dann ist er auf Lehrende und Erziehende angewiesen, *dann ist er prinzipiell ein zu erziehendes Wesen«*[95]. Beide Phänomene scheinen ihm so eng zusammenzugehören, daß er in einem Atemzug von der »Lern- und Erziehungsbedürftigkeit« des Menschen spricht[96]. In offensichtlicher Übertreibung werden dem Menschen »unendliche Lernfähigkeit«, »unendliche Lernbedürftig-

[94] Süssmuth 1969, 410.
[95] H. Roth 1966, 117 (Hervorhebung vom Verfasser); ähnlich Eigler 1967, 35ff.
[96] H. Roth 1966, 149.

keit«[97] und »unendliche« Erziehbarkeit[98] zugeschrieben und als Nachweis seiner »Erziehungsbedürftigkeit« ausgegeben.

Um diese Beweisführung zu prüfen, müssen wir zunächst untersuchen, was mit »Lernbedürftigkeit« gemeint ist. Das ist wiederum nur möglich, wenn zuvor die Begriffe »Lernfähigkeit« und »Lernen« geklärt werden. Erst dann läßt sich beurteilen, ob es zutrifft, daß sich die »Erziehungsbedürftigkeit« des Menschen notwendig aus seiner »Lernbedürftigkeit« ergibt.

Der Begriff der *Lernfähigkeit* meint *die Fähigkeit, zu lernen.* Wir haben früher bereits festgestellt, daß damit eine psychische Disposition gemeint ist, die aus Lernvorgängen erschlossen wird. Nach der Regel, daß man von der Wirklichkeit auf die Möglichkeit, vom Akt auf die Potenz schließen darf, wird hier gefolgert: Wer lernt, der *kann* auch lernen (d. h. er ist fähig, zu lernen). Was aber ist mit »Lernen« gemeint?

Auch *Lernen* kann nicht beobachtet, sondern nur erschlossen werden[99]. Beobachtbar ist lediglich ein psychisches Erlebnis (durch Selbstbeobachtung) oder ein Verhalten (durch Fremdbeobachtung), die früher nicht vorhanden gewesen sind. Wenn wir annehmen dürfen, daß diesem Erlebnis eine Erlebnisbereitschaft, dem Verhalten eine Verhaltensbereitschaft zugrundeliegt, die neu entstanden sind, und wenn wir ausschließen können, daß deren Entstehung einem Reifungsvorgang zuzuschreiben ist, dann schließen wir, daß diese Bereitschaften (oder psychischen Dispositionen) das Ergebnis eines Lernvorganges sind. Zu den Merkmalen des Lernens gehört, daß es durch die Verarbeitung von Umwelteinflüssen (Reizen), durch Erfahrung zustande kommt. Dadurch unterscheidet es sich von jenen psychischen Vorgängen, die primär durch angeborene Reaktionstendenzen, durch Reifung oder durch organische Zustände wie Ermüdung, drogenbedingte Veränderungen usw. bedingt sind[100]. Ob die Erfahrungen, die zur Änderung einer psychischen Disposition führen, von einem Erzieher oder Lehrer »gezielt vorbereitet oder gelenkt werden oder ob sie ungelenkt und sogar ohne Absicht des Lernenden selbst sich ergeben«, ist für die Bestimmung des Lernbegriffes belanglos[101].

Wir kommen also dadurch zur Annahme der Existenz von Lernvorgängen, daß wir den Zustand einer Persönlichkeit zum Zeitpunkt t_2 mit ihrem Zustand zu einem früheren Zeitpunkt t_1 vergleichen und feststel-

97 H. Roth 1966, 115.

98 H. Roth 1966, 149 spricht mißverständlich von »unendlicher Erziehungsfähigkeit«. Die Idee der »*unendlichen* Bildsamkeit« als Gattungsmerkmal findet sich schon beim jungen Herbart. Vgl. 1913, Bd. I, 130; ferner 1919, Bd. III, 232.

99 Vgl. Gagne 1969, 10ff.

100 Vgl. Hilgard und Bower 1970, 16ff.

101 Vgl. Skowronek 1969, 9ff.

len, daß sie sich in irgendeiner Hinsicht verändert hat. Sind solche Veränderungen nicht primär durch organische Faktoren zu erklären, dann führen wir sie auf die psychische Verarbeitung von Reizen zurück und nennen den so erschlossenen inneren Vorgang, der zu dem veränderten Zustand der Persönlichkeit geführt hat, »Lernen«. Aus diesen Hinweisen ist ersichtlich, daß Lernen ein *hypothetischer* Vorgang und der Lernbegriff ein *Konstruktum* ist[102]. Damit ist gemeint, daß das Lernen keine direkt beobachtbare, sondern eine erfundene Größe ist, die es ermöglicht, bestimmte Beobachtungsergebnisse zu erklären[103]. Der Begriff des Lernens läßt sich demnach folgendermaßen definieren: *Als Lernen wird ein innerer Vorgang bezeichnet, der durch Erfahrung zum Neuerwerb oder zur Veränderung der psychischen Dispositionen für ein bestimmtes Erleben oder Verhalten führt.*

Wie kommt man nun zum Begriff der *»Lernbedürftigkeit«*? Auch dieser Begriff ist ein Konstruktum, und wir müssen prüfen, ob es Tatsachen gibt, die seine Erfindung rechtfertigen. Man geht dabei am besten vom Werden der Persönlichkeit aus und unterscheidet daran Reifungs- und Lernvorgänge. Nun denkt man sich die Lernvorgänge weg und fragt, was aus dem Menschen werden würde, wenn nur Reifungsvorgänge in ihm ablaufen würden, wenn er also nichts lernen, keine Erfahrungen machen, keinerlei Kultur übernehmen könnte. Durch dieses Gedankenexperiment wird klar, daß man sich ein solches lernunfähiges Lebewesen nur schwer vorstellen kann. Es hätte kaum etwas mit den psychischen Merkmalen der uns bekannten Menschen gemein. Seine Fähigkeiten wären vermutlich kaum größer als die eines Idioten. Wir schließen hier also aus dem Anteil, den Lernergebnisse an der Persönlichkeit haben, auf die Bedeutung der Lernvorgänge für das Werden der Persönlichkeit zurück. Das ist die empirische Basis für die Aussage: »Der Mensch *muß* lernen«. In diesem gedanklichen Zusammenhang kann man auch der mißverständlichen Redewendung von der »Menschwerdung des Menschen« einen Sinn abgewinnen: Lernen ist eine notwendige Bedingung für sie.

Die Tatsache, die mit dem Satz »Der Mensch *muß* lernen« gemeint ist, ist ein biologisches Gattungsmerkmal: es gehört zur erbbedingten Natur des Menschen, lernen zu müssen; er ist durch seine genetische Ausstattung von innen her zum Lernen gezwungen. Diese Tatsache wird zwar meistens als »Lernbedürftigkeit« bezeichnet, aber treffender ist der von

[102] Zum Begriff des Konstruktums vgl. Kaplan 1964, 54ff.; Schneewind 1969, 64ff.
[103] Eine solche Größe wird in der statistischen Fachsprache auch »intervenierende Variable« genannt. Vgl. Haseloff und Jorswieck 1970, 13: »Das Wort Lernen bezeichnet diejenige intervenierende Variable, die längerfristige Neuanpassungen an äußere Umstände, an soziale Systeme und an innere Zustände erklärt«.

Rössner eingeführte Terminus *»Lernzwang«*[104]. Er kann als Anstoß dazu dienen, zwei ganz verschiedene Sachverhalte, die bisher unter dem mehrdeutigen Ausdruck »Lernbedürftigkeit« wie einer erschienen sind, terminologisch klar auseinanderzuhalten: 1. die Phänomene, die mit der Aussage »Der Mensch *muß* lernen« gemeint sind, und 2. die Norm: »Der Mensch *soll* lernen«.

In der ersten Bedeutung ist mit dem Wort »Lernbedürftigkeit« die Tatsache gemeint, daß der Mensch naturbedingt zwangsläufig lernen *muß*: er steht unter Lernzwang; er kann gar nicht anders als lernen. Aufgrund seiner organischen Ausstattung ist Lernen für den Menschen ebenso unausweichlich wie körperliches Wachstum und die Reifung des Nervensystems. Er ist durch seine Natur zum Lernen determiniert, d. h. er ist dazu bestimmt, *etwas* zu lernen, aber es ist genetisch nicht festgelegt, *was* er lernt. Hinsichtlich möglicher Lernergebnisse hat er dank seiner Anlagen einen großen Spielraum. Ich schlage vor, für diesen Sachverhalt den *Begriff der organischen Determiniertheit zum Lernen* zu verwenden. Sie hängt mit dem Mangel an ererbten Verhaltensbereitschaften, an Instinktmechanismen und angeborenen Antriebsregulatoren zusammen. Sie ist notwendig für ein Lebewesen, das statt dessen Intelligenz, Fähigkeit zum Symbolgebrauch, Fähigkeit zur Hervorbringung, zur Weitergabe und zur Übernahme von Kultur besitzt[105]. Ein Lebewesen, dessen seelische Verfassung im Geburtszustand so plastisch, unbestimmt und bestimmbar ist wie die des Menschen, kann sich nur dadurch am Leben erhalten, daß es gerade jene Kenntnisse, Haltungen, Gefühlsdispositionen und technischen Fähigkeiten lernt, die die Orientierung, die Kanalisierung der Antriebe und das Zusammenleben mit Sozialpartnern in jener bestimmten Umwelt ermöglichen, in die es hineingeboren wird.

Von ganz anderer Art ist das Phänomen, das mit »Lernbedürftigkeit« in der zweiten Bedeutung des Wortes gemeint ist: die Tatsache, daß von außen *Lernforderungen* an den Menschen gestellt werden. Irgendwelche Personen behaupten, daß einem Menschen, einer Gruppe von Menschen oder allen Menschen ein bestimmtes Persönlichkeitsmerkmal (wie z. B. eine Fähigkeit, eine Einstellung, eine Glaubensüberzeugung usw.) fehlt, das ihrer Ansicht nach vorhanden sein sollte. Sie wollen, daß es erworben wird, und da es – falls es überhaupt erworben werden kann – nur durch Lernvorgänge erworben werden könnte, fordern sie, daß es gelernt werden soll.

In den meisten Fällen handelt es sich um psychische Dispositionen, von denen die, die sie in anderen Menschen verwirklicht sehen wollen,

[104] Vgl. Rössner 1971 und Rössner 1972, 38ff.
[105] Vgl. Brezinka 1981a, 42ff.; Brezinka 1971, 20–48.

annehmen, daß diese Menschen sie aus eigenem Antrieb nicht erwerben würden. Wer von anderen fordert, etwas Bestimmtes zu lernen, setzt voraus, daß diese es von selbst nicht oder jedenfalls nicht in ausreichendem Maße lernen würden. Er will, daß sie in irgendeiner Hinsicht besser, tüchtiger, leistungsfähiger oder vollkommener werden, als sie spontan werden würden, wobei als Maßstab kulturspezifische Wertvorstellungen dienen. Was zu lernen gefordert wird, sind im allgemeinen Persönlichkeitsmerkmale, die das Individuum nicht unbedingt braucht, um überleben zu können. Es sind eher Leistungsbereitschaften, die man für eine Gesellschaft zur Aufrechterhaltung ihrer Kultur zu brauchen meint, aber da sie nur durch Individuen bereitgestellt werden können, wird eben von den Individuen gefordert, sie zu erwerben.

Der Terminus »Lernbedürftigkeit« ist ungeeignet, um diesen komplizierten Sachverhalt zu bezeichnen. Er erweckt den Anschein, als *brauche* jener Mensch, dem »Lernbedürftigkeit« zugeschrieben wird, etwas, während doch tatsächlich *andere etwas von ihm wollen*. Es geht in diesem Kontext gar nicht um die Beschreibung eines Merkmals oder eines Mangelzustandes des Individuums, sondern um eine Norm, d. h. um eine Forderung, die von anderen an das Individuum gestellt wird: es *soll* eine bestimmte psychische Disposition in sich ausbilden, und da das nur durch Lernen möglich ist, *soll* es lernen.

Nun ist aber die Forderung »Der Mensch soll lernen« ohne zusätzliche Bestimmung sinnlos. Man kann nicht schlechthin, sondern immer nur *etwas Bestimmtes* lernen. Nur ein bestimmter Inhalt, ein konkretes Persönlichkeitsmerkmal, eine spezifische Fähigkeit kann zu erwerben gefordert werden. Das Lernen ist nur das Mittel, das zum Erwerb der geforderten Disposition dient. Man kann nicht sagen, daß jemand ein Mittel braucht, ohne zu sagen, *wofür*. Das Lernen ist ein wertneutraler Vorgang. Die Bereitschaften, zu lügen, zu stehlen, zu morden, sind ebenso das Resultat von Lernvorgängen wie die Tugenden. Es wird »Schlechtes« wie »Gutes« gelernt. Wir müssen uns von der durch die Alltagssprache nahegelegten Vorstellung lösen, Lernen als solches sei etwas Gutes oder Sein-Sollendes. Als gut oder schlecht, sein-sollend oder nicht-sein-sollend können immer nur die Resultate des Lernens beurteilt werden.

Die Wertneutralität des Lernens ergibt sich schon daraus, daß Lernen – wie wir gesehen haben – ein hypothetischer Vorgang ist, der aus relativ dauerhaften Veränderungen in der Persönlichkeit, die wir anders nicht erklären können, erschlossen wird. Wer von »Lernbedürftigkeit« spricht, sagt also genaugenommen: der Mensch ist jener Vorgänge bedürftig (oder braucht jene Vorgänge), die als hypothetische Ursache von Persönlichkeitsänderungen angenommen werden. Das ist eine sinnlose Feststellung. Man kann höchstens sagen, daß ein Mensch eine bestimmte Eigenschaft oder Fähigkeit braucht. Wenn von dieser Eigenschaft bekannt ist, daß sie nicht von Reifungsvorgängen abhängt (oder daß Reifungsvorgänge jedenfalls keine genügende Bedingung für ihr Auftreten sind), dann kann ihr Erwerb nur von Lernvorgängen abhängen. Zu behaupten, daß diese Eigenschaft gebraucht wird, schließt dann aber selbstverständlich ein, daß auch die Bedingung für ihre Entstehung, d. h. das Lernen gerade dieser Eigenschaft gebraucht wird. Das Lernen als solches, ohne Gegenstandsbezug, wird nie gebraucht.

Aus diesen Überlegungen ergibt sich, daß »Lernbedürftigkeit« in der Bedeutung von »lernen sollen« ohne Bezug zu einem bestimmten Inhalt, der gelernt werden soll, ein sinnloser Begriff ist. Es hat sich ferner herausgestellt, daß die so verstandene »Lernbedürftigkeit« kein Wesensmerkmal des Menschen ist, sondern der mißverständliche *Name für Forderungen, die von außen an den Menschen herangetragen werden.* Deshalb ist der Sachverhalt, der mit diesem Begriff gemeint ist, auch nicht dazu geeignet, aus ihm die Erziehungsbedürftigkeit als Wesensmerkmal des Menschen zu erschließen. Uns bleibt als letzte Möglichkeit einer solchen »Erschließung« nur der Ausgang von der Tatsache des »Lernzwanges« oder der »organischen Determiniertheit zum Lernen«. Das sind gegenüber dem Begriffswort »Lernbedürftigkeit« in der Bedeutung von »lernen müssen« die treffenderen Termini.

In der *»organischen Determiniertheit zum Lernen«* haben wir unzweifelhaft ein Wesensmerkmal des Menschen vor uns. Der Mensch muß lernen, aber folgt daraus auch, daß er erzogen werden muß? Das wäre nur dann der Fall, wenn das »Erzogen-werden« eine notwendige Bedingung für das »Lernen-können« wäre. Aber in dieser abstrakten Weise ist die Frage gar nicht zu beantworten. Wir haben früher festgestellt, daß Lernen als ein Mittel anzusehen ist, das nur in Gedanken getrennt werden kann von dem, *was* gelernt wird. Auch wenn vom »Lernzwang« oder von der »organischen Determiniertheit zum Lernen« gesprochen wird, läßt sich nicht gänzlich von einem Resultat absehen, das durch Lernen hervorgebracht wird, d. h. von einem psychischen Zustand des Menschen, um dessentwillen Lernen erfolgt und aus dem es überhaupt erst erschlossen werden kann.

Dieses Resultat wird allerdings nur sehr vage umschrieben. Für Comenius ist es der Zustand des »wirklichen Mensch-seins«, wenn er schreibt: »Niemand glaube also, daß *wirklich Mensch sein* kann, wer sich nicht als Mensch zu verhalten gelernt hat«[106]. Auch Kant nennt in seinem Satz »Der Mensch kann nur *Mensch* werden durch Erziehung«[107]

[106] Comenius 1960, 46 (Hervorhebung vom Verfasser).
[107] Kant 1963, 11 (Hervorhebung vom Verfasser).

das »Menschsein« als Resultat. Für andere ist es die *»Lebensfähigkeit«*[108], die *Fähigkeit zur »Lebenserhaltung«*[109] oder *das »volle Wesen« des Menschen*[110]. Auch die Rede von der »*Mensch*werdung des Menschen«[111] gibt als Resultat des Werdens, d. h. hier des Lernens, den Zustand des »Mensch-seins« an, worunter man sich vermutlich das Ideal oder den Soll-Zustand des jeweils als vollwertig angesehenen erwachsenen Mitgliedes einer Gesellschaft vorzustellen hat.

Damit spitzt sich die Möglichkeit, die »generelle Erziehungsbedürftigkeit« des Menschen mit Hilfe seiner »organischen Determiniertheit zum Lernen« zu beweisen, auf folgende Fragen zu: Können die Lernvorgänge, von denen das Zustandekommen einer »lebensfähigen«, in sozialer und kultureller Hinsicht »vollwertigen« Persönlichkeit abhängt, *in jedem Fall* nur dann erfolgen, wenn der Mensch erzieherischen Handlungen ausgesetzt wird? Ist Erziehung bzw. Erzogenwerden also »generell« oder »prinzipiell« eine *notwendige* Bedingung dafür, daß jene psychischen Dispositionen gelernt werden, die den »wirklichen« Menschen, den »menschlichen« Menschen, den »lebensfähigen« oder »lebenstüchtigen« Menschen ausmachen? Ist »Menschwerdung« ohne Erziehung unmöglich? Nur wenn es keine Tatsachen gibt, die der Bejahung dieser Fragen entgegenstehen, wäre es berechtigt, die »Erziehungsbedürftigkeit« für ein Wesensmerkmal des Menschen zu halten.

4. Widerlegung: »Menschwerdung« ohne Erziehung

Es ist von nüchternen Beobachtern schon oft festgestellt worden, daß die sogenannte »Menschwerdung« des Menschen auch ohne Erziehung möglich ist. So schrieb zum Beispiel Helvetius: »Der Mensch ist von Natur (wie die Erfahrung es beweist) ein Nachahmer und Nachäffer. Lebt er unter rechtschaffenen Bürgern, so wird er selbst rechtschaffen«; er wird »die Tugend lernen, wie man seine Muttersprache lernt, ohne es gewahr zu werden«[112].

Bei Herbart lesen wir: »Von Natur kommt der Mensch zur Erkenntnis durch *Erfahrung* und zur Teilnahme durch *Umgang*«[113]. Die Erziehung wird nur als deren *Ergänzung* angesehen, weil man, *sofern man den Menschen an einem bestimmten Ideal mißt,* »mit den Resultaten des bloßen Umgangs« und der bloßen Erfahrung nicht

[108] Vgl. Gehlen 1950, 37ff.; Rössner 1972, 43.
[109] Süssmuth 1969, 410.
[110] Bollnow 1965, 46.
[111] H. Roth 1966, 149.
[112] Helvetius 1877, 247.
[113] Herbart 1913, Bd. I, 290.

zufrieden sein könne; weil »der eigentliche Kern unseres geistigen Daseins . . . durch Erfahrung und Umgang nicht mit sicherm Erfolge gebildet werden« könne[114]. Wenn HERBART schreibt, daß der Mensch der Erziehung »bedarf«, dann ist das nicht als Aussage über eine Naturnotwendigkeit, sondern als moralische Norm gemeint: »Nicht, als ob er ohne Erziehung nicht gedeihen *könnte*, sondern weil es nicht dem Zufall überlassen bleiben *soll*, ob er gedeihen werde«[115]. HERBART weiß, daß »man ausnahmsweise die Unerzogenen wohlgeraten (sieht), und umgekehrt«[116]. »Die beste Erziehung mißlingt gar oft. Vorzügliche Menschen werden das, was sie sind, meist durch sich selbst; die mittelmäßigen aber, und eben so die scharf gezeichneten Individualitäten bleiben in ihrer Sphäre trotz der Kunst, die man, um sie zu heben oder bessern zu können, auf sie wirken ließ«. HERBART verweist auf die Tatsache »einer oft glücklichen Ausbildung ohne Hilfe der Kunst« und rät den Erziehern, sich an den Ärzten ein Beispiel zu nehmen, die »der heilenden Naturkraft die Ehre gönnen, wo ihre eigne Leistung wenig in Betracht kam«[117]. An anderer Stelle heißt es: »Welt und Natur tun im ganzen sehr viel mehr für den Zögling, als im Durchschnitt die Erziehung zu tun sich rühmen darf«[118].

Nach SAILER gibt es »eine doppelte Entwicklung« des Kindes: »eine, wie sie geschieht, die andere, wie sie geschehen *soll*, um dem Ideale der Vollendung sich anzunähern«. Die erste ist die »natürliche Entwicklung«; sie führe jedoch nicht zum *»vollkommenen«* Menschen[119]. Man erkennt hier deutlich, daß es von einem Ideal, in unserem Fall vom Ideal der »Vollkommenheit« abhängt, ob Erziehung für notwendig gehalten wird oder nicht. Dieser Gesichtspunkt des Ideals, der Sollensforderung oder der Norm wird auch bei SCHWARZ berücksichtigt, wo es heißt: »Der Mensch wird nur durch Menschen *so* Mensch, wie er werden *soll*«[120].

SCHLEIERMACHER hat »das Verhältnis der Erziehung zu dem, was ohne sie von selbst erfolgt«, untersucht und festgestellt: »Die Vernunft würde schon zur Entwicklung kommen, wenn es auch keine eigentliche Erziehung gäbe. Denken wir uns ein Volk, wo die Erziehung fast Null ist, so finden wir doch die menschliche Entwicklung bis auf einen gewissen Punkt gehend«[121]. An einer anderen, für unser Thema zentralen Stelle setzt SCHLEIERMACHER die Notwendigkeit der Erziehung

[114] HERBART 1913, Bd. I, 293.
[115] HERBART 1914, Bd. II, 186.
[116] HERBART 1919, Bd. III, 594.
[117] HERBART 1919, Bd. III, 592.
[118] HERBART 1913, Bd. I, 126.
[119] SAILER 1913, 65 (Hervorhebung vom Verfasser).
[120] SCHWARZ 1968, 17 (Hervorhebung vom Verfasser).
[121] SCHLEIERMACHER 1957, 99.

in Beziehung zum Zustand einer Gesellschaft. In einer Gesellschaft, in der »die großen Lebensgemeinschaften vollkommen sittlich gestaltet sind« und in der es eine von allen befolgte Sitte gibt, »würde die Einwirkung auf die jüngere Generation nichts anderes sein als ein Ausfluß der Sitte . . .; die Einwirkung wäre der der Idee der Sittlichkeit gemäße *Umgang* der älteren Generation mit der jüngeren«. »Unter Voraussetzung der absoluten Vollkommenheit würde die Erziehung als besondere Tätigkeit. . . aufhören können«[122]. Auch aus diesem Text ist erkennbar, daß es von Idealen abhängt, ob die »Erziehungsbedürftigkeit« bejaht oder verneint wird. SCHLEIERMACHER wendet dabei jedoch nicht ein Persönlichkeitsideal, sondern ein Ideal der Gesellschaft als Kriterium an. Der moralische Gesichtspunkt der »vollkommenen sittlichen Gestaltung« einer Gesellschaft, die durchaus als historisch relativ aufzufassen ist, ist hier unlösbar verbunden mit dem empirischen (kausalanalytisch-technologischen) Gesichtspunkt der Geschlossenheit einer Gesellschaft, d. h. der Einheit ihrer Wertordnung. In Gesellschaften, in denen es statt rivalisierender Weltanschauungen nur eine einzige, statt mehrerer einander ausschließender moralischer Verhaltensmuster nur »*eine* Sitte« gibt, lernen Kinder und Jugendliche *spontan* die der geltenden Sitte gemäßen Erlebnis- und Verhaltensbereitschaften, d. h. sie werden *ohne* Erziehung »lebensfähige«, sozial-kulturell »vollwertige« Persönlichkeiten.

Besonders treffend hat sich ZILLER im Zusammenhang mit Gedanken über Erziehung und Zufall zu unserem Problem geäußert. Man könne sich leicht davon überzeugen, »daß *die große Mehrheit der Menschen gar nicht erzogen wird.* Ihre Lebensverhältnisse und Lebensschicksale setzen sie einer Menge von Einwirkungen aus, die sie teilweise annehmen, teilweise zurückweisen, und darnach richtet sich die allmählig entstehende Consolidation ihres Innern. Der Zufall gibt ihnen also im Laufe der Zeit eine feste Gestalt; denn er baut sich überall an, wo ihm die Erziehung nicht entschieden entgegenwirkt«. »Gar nicht selten gelingt dem Zufall sein Werk in ungleich höherem Grade als der Erziehung das ihrige; denn *oft werden die dem Zufall preis Gegebenen ganz von selbst das, was die am sorgfältigsten Erzogenen werden sollen, aber trotz aller Anstrengungen nicht werden,* oder sie befinden sich doch zuletzt besser als andere, für die eine absichtliche Einwirkung gesorgt hat, weil es noch weit mehr schlechte als gute Erziehung gibt«[123].

Auch WILLMANN hat zu unserer Frage sehr realistische Hinweise gegeben. Bei Völkern niedriger Entwicklungsstufe werden die Jungen den Alten ähnlich, nehmen deren Denkweise und Gemütsart an,

[122] SCHLEIERMACHER 1957, 58 (Hervorhebung vom Verfasser); vgl. auch 52 und 112.
[123] ZILLER 1856, 3 und 4.

wachsen in ihre Sprache und Sitte, ihre Erinnerungen und Interessen hinein lediglich vermöge einer (von den »Alten«) *»ungewollten Assimilation,* wie sie Verkehr und Zusammenleben mit sich bringen. Aber auch bei vorgeschrittener Kultur, wo die absichtlichen und planmäßigen Einwirkungen Platz gegriffen haben, werden dieselben von jenen ohne Zutun erfolgenden getragen, vorbereitet, begleitet, oft genug freilich auch gekreuzt und gehemmt, und es bildet dasjenige, was, wie man wohl sagt, der Jugend anfliegt, sich also wie der Niederschlag aus einer umgebenden Atmosphäre auf sie lagert, einen breiten und unentbehrlichen Hintergrund für alle Lehre und Leitung. Auf solche Weise geht die Überlieferung und *Aneignung der Muttersprache* . . . vor sich, und mit ihr vollzieht sich ein bedeutungsvoller Akt der geistigen Angleichung; denn . . . in dem Schatze einer Sprache . . . liegen die Anfänge einer Welt- und Lebensanschauung beschlossen, die mit der Sprache zugleich übertragen werden. . . . Rede und Gespräch werden weiterhin das Vehikel, welches . . . die Übertragung von Erfahrungen, Erinnerungen, Anschauungen, Werturteilen vermittelt, um so wirksamer, je mehr das Gehörte an dem Gesehenen einen Rückhalt findet. Im Gebiete des Handelns und Schaffens wohnt dem Beispiele die stärkste assimilierende Kraft inne, und auch *Fertigkeiten und Sitten übertragen sich vielfach ohne jedes Zutun kraft einer sich von selbst einstellenden,* nachahmenden und nachschaffenden *Tätigkeit des menschlichen Geistes;* sie aber sind wieder Mittel für die Überleitung von Interessen, Bestrebungen, Neigungen, Willensbestimmungen aller Art«.

WILLMANN weit dann darauf hin, daß auch die Kulturgegenstände, die »Güterwelt«, »der mannigfaltige Apparat« die *»absichtslose Assimilation des Nachwuchses«* fördern. Die Kinder knüpfen mit ihren Fragen daran an und »machen die ersten Schritte zum Verständnisse desselben lange vor der eigentlichen Lehre; Gewöhnungen, die auf ihn Bezug haben, tragen mehr dazu bei, ›die kleinen Wilden in unserer Mitte‹ zu zivilisieren, als Zucht und Weisung«[124]. Die spontane »Angleichung der Jungen an die Alten« ist nach WILLMANN »nur ein besonderer Fall eines viel weiter reichenden sozialpsychologischen Gesetzes«. »Nicht bloß Kinder, sondern auch Erwachsene nehmen ohne Zutun Meinungen und Sympathien, Manier und Stil der Kreise an, in denen sie sich bewegen«[125].

Ganz ähnlich spricht DILTHEY davon, daß die »Assimilation der Jungen an die Alten« »zunächst bis zu einem gewissen Grade absichtslos« geschieht und lediglich der »Ergänzung« durch Erziehung bedürfe[126].

[124] WILLMANN 1957, 6f. (Hervorhebung vom Verfasser).

[125] WILLMANN 1957, 9f.

[126] DILTHEY 1961, 192.

Auch REIN meint, daß wir hinsichtlich der Macht der Erziehung »durch Tatsachen des täglichen Lebens« zur Bescheidenheit gemahnt werden. »Denn sehen wir nicht immerfort Kinder . . . ohne besondere Veranstaltungen, allein ihrem inneren Drange folgend, ja unter den widerwärtigsten äußeren Verhältnissen tüchtig voranschreiten und sich weit erheben über den Kreis, aus dem sie hervorgegangen? Also bei den einen Rückgang trotz aller Erziehung, bei den andern Fortschritt aus eigener Kraft«[127].

BUSEMANN meint, daß das normale Kind keiner Entwicklungshilfe durch Erzieher bedarf: es »findet in seiner normalen Situation alle Entwicklungsreize vor, deren es zur Entfaltung seiner intellektuellen und psychodynamischen Anlagen bedarf«. In den ersten Lebensjahren bedarf der »Selbstbildungsprozeß« nur hier und da der Unterstützung durch Erziehung[128].

Alle zitierten Autoren stimmen darin überein, daß die sogenannte »Menschwerdung« des Menschen auch unabhängig von Erziehung erfolgen kann. Niemand aber behauptet, daß ein bloßes Ausreifen der Anlagen genügen würde, sondern man ist sich durchaus darüber klar, daß die Art der Erfahrungen, die ein Mensch in seiner Umwelt macht, von größter Bedeutung für die Persönlichkeitsverfassung ist, die er erwirbt. Ob nun von »Lernen«, »Nachahmung«, »Erfahrung«, »Umgang« oder »Assimilation« gesprochen wird – immer wird damit die Notwendigkeit von Lernvorgängen betont. Es wird jedoch nicht einfach unkritisch behauptet, daß der Mensch zum Lernen der Fähigkeiten, die in seiner Gesellschaft als »menschlich« angesehen werden, *generell* äußerer Hilfen in Form von Erziehung bedarf. Es wird vielmehr auf die jedem unbefangenen Beobachter zugängliche Tatsache verwiesen, daß es nicht immer und keineswegs notwendig von den Erziehungsabsichten anderer Personen und den daraus entspringenden Handlungen abhängt, ob und was gelernt wird bzw. ob »Lebensfähigkeit«, »wirkliches Mensch-Sein«, soziale Vollwertigkeit usw. erreicht werden oder nicht.

An diesen schon vor mehr als 100 Jahren erreichten Stand der Analyse sollte man sich erinnern, wenn man Sätze wie den folgenden liest: »Der soziale Eingliederungsprozeß ist beim Menschen nicht die Folge eines Ausreifens angeborener sozialer Tugendformen, sondern vollzieht sich in Unterrichtsformen und Erziehungsakten«[129]. Diese Alternative ist falsch, weil hier »Erziehungsakten« Leistungen zugeschrieben werden, die tatsächlich durch Lernvorgänge zustande kommen. Man kann auf

[127] REIN 1908, 8.
[128] BUSEMANN 1956, 41 ff.
[129] H. ROTH 1966, 130.

diese Alternative nur verfallen, wenn man Lernen und Erziehung verwechselt oder kritiklos miteinander identifiziert[130]. Tatsächlich sind jedoch sämtliche Argumente, die ROTH als Nachweis der »Erziehungsbedürftigkeit« anführt, entweder nur Beweise für die Lernfähigkeit des Menschen und für seine organische Determiniertheit zum Lernen, oder Hinweise darauf, daß er auf den Schutz, die Pflege und die emotionale Zuwendung seiner Mitmenschen, auf die Interaktion mit Sozialpartnern und auf Kultur angewiesen ist[131]. Die bekannten Fallstudien an verwilderten und anderen sozial isolierten Kindern, die seit COMENIUS immer wieder als vermeintlicher Beweis für die Notwendigkeit der Erziehung herangezogen werden[132], beweisen nicht mehr, als daß soziale Beziehungen und kulturelle Anregungen, wie sie normalerweise im Lebensraum jedes Kindes vorhanden sind, große Bedeutung für das Werden seiner Persönlichkeit haben[133].

Ein schwieriges begriffliches Problem wird allerdings durch die Frage aufgeworfen, ob Soziale Handlungen, die als *»Pflege«* bezeichnet werden, unter den Begriff der Erziehung fallen oder nicht (englisch: »care«; meistens in der Zusammensetzung »child care« gebraucht). Es ist eine Tatsache, daß die Menschen zumindest während ihrer frühen Kindheit der Pflege bedürfen. Kinder sind — ähnlich den Jungen vieler Tierarten — pflegebedürftig, d. h. sie sind, um am Leben bleiben zu können, auf Handlungen Erwachsener angewiesen, durch die ihnen die Bedingungen ihrer physischen Existenz in der Gegenwart gesichert werden (Schutz, Ernährung, Bekleidung, Wohnung usw.). Bezieht man die Pflege in den Begriff der Erziehung ein[134], dann muß wegen der generellen Pflegebedürftigkeit des Menschen auch die generelle Erziehungsbedürftigkeit angenommen werden. Da jedoch in der Alltagssprache, in der Rechtssprache[135] und im allgemeinen auch in der pädagogischen Fachsprache klar zwischen »Pflege« und »Erziehung« unterschieden wird, habe auch ich den Erziehungsbegriff so präzisiert, daß rein pflegerische Handlungen nicht darunter fallen. Unter dieser Voraussetzung ist die Tatsache der generellen Pflegebedürftigkeit des Menschen kein Beweis dafür, daß auch eine generelle Erziehungsbedürftigkeit besteht.

Gegenüber der Gefahr, die Bedeutung erzieherischer Handlungen zu überschätzen, verdient beachtet zu werden, daß der Erwerb jener

130 Vgl. z. B. H. ROTH 1966, 138, wo von »Lern- und Erziehungsprozessen« die Rede ist; ähnlich EIGLER 1967, 51ff.
131 Vgl. H. ROTH 1966, 109–267.
132 Vgl. COMENIUS 1960, 47; SCHLEIERMACHER 1957, 11; KRIECK 1934, 23.
133 Vgl. BREZINKA 1958, 1959, 1959a; SCHMALOHR 1968.
134 Wie z. B. WILLMANN 1969, 16ff.; vgl. hierzu auch HAMANN 1965, 168ff.
135 Vgl. z. B. das Grundgesetz für die Bundesrepublik Deutschland, Artikel 6, Abs. 2.

psychischen Dispositionen, die einen Menschen in seiner Gesellschaft »lebensfähig« machen, in erster Linie die eigene Leistung dieses Menschen ist. Sie ist das Ergebnis einer »sich von selbst einstellenden, nachahmenden und nachschaffenden« Aktivität (WILLMANN), der »Prozesse des Sichanformens« (LOCHNER[136]), insbesondere des »nachahmenden Lernens« (englisch: »imitative learning«) oder »beobachtenden Lernens« (englisch: »observational learning«)[137].

Selbstverständlich werden diese Lernvorgänge durch äußere Reize angeregt. Es hängt vom Verhalten der Mitmenschen und von den in der Umwelt vorhandenen Kulturobjekten ab, was gelernt wird. Entscheidend für unsere Frage aber ist, daß *es nicht der Erziehung bedarf, um den Menschen zum Lernen zu bringen.* Es wird auch dann gelernt, wenn nicht von außen durch erzieherische Handlungen versucht worden ist, den Lernenden zum Lernen zu veranlassen. Umgekehrt hat auch nicht jedes Erziehen, Lehren oder Unterrichten ein Lernen zur Folge[138].

Damit wird nicht bestritten, daß Erziehung vermutlich seit den Anfängen der Geschichte der Menschen in allen Gesellschaften vorgekommen ist. Man kann annehmen, daß schon in der Frühzeit die »nachahmende Aneignung« der Kultur »nicht ohne absichts- und zweckgeleitete belehrende Hinweise und helfende Zugriffe gewesen sein wird«[139]. Dabei dürfte die *gelegentliche* Erziehung weitaus häufiger als die planmäßige gewesen sein[140]. Der Abstand der Kultur der Erwachsenen vom Geburtszustand der Kinder war in primitiven Gesellschaften noch nicht so groß, daß es besonderer Erziehungseinrichtungen bedurft hätte, um sicherzustellen, daß die Kinder lernen, was sie als vollwertige Mitglieder ihrer Gesellschaft sein und können mußten.

Auch wenn wir anzunehmen berechtigt sind, daß es zumindest gelegentliche Erziehung überall gibt, wo Menschen zusammenleben und Nachwuchs haben, folgt daraus keineswegs, daß dieser Nachwuchs nicht »Mensch« werden würde, wenn man ihn ohne Erziehung ließe. »Die Tatsache der Erziehung allein reicht zur Begründung ihrer Notwendigkeit noch nicht aus«[141]. Ob Erziehung notwendig ist, hängt allein davon ab, ob sie eine notwendige Bedingung für das Entstehen jener psychischen Dispositionen ist, die von Menschen erworben werden sollen. Es ist unmöglich, diese Frage generell für alle Menschen zu entscheiden. Sie könnte höchstens für bestimmte Personen, die in bestimmten Situationen bestimmte Persönlichkeitsideale verwirklichen

[136] LOCHNER 1960, 284ff.
[137] Vgl. BANDURA und WALTERS 1969, 47ff.
[138] Vgl. WILLMANN 1957, 415.
[139] MEISTER 1965, 97.
[140] LOCHNER 1934, 39ff.
[141] SÜSSMUTH 1969, 406.

sollen, beantwortet werden. Das ergibt sich zwangsläufig aus der Tatsache, daß Erziehung ein Mittel ist und niemals unabhängig von einem Zweck existiert.

5. *Widerlegung unter dem Gesichtspunkt der Zweck-Mittel-Beziehung*

Dem Begriff der generellen Erziehungsbedürftigkeit liegen Vorstellungen über das »pädagogische Kausalverhältnis« (HERBART)[142] zugrunde, die für das mythische Denken kennzeichnend sind. Die Erziehung wird für die »Ursache« einer »Wirkung« im Educanden gehalten. Oder genauer: das »Mensch-sein« aller Menschen, die die »Menschwerdung« hinter sich haben, wird als ein Zustand angesehen, der durch Erziehung verursacht worden ist. Während die wissenschaftliche Erkenntnis, »je weiter sie fortschreitet, sich um so mehr dabei bescheidet, nach dem reinen ›Wie‹ des Werdens, d. h. nach seiner gesetzlichen Form zu fragen, so fragt der Mythos ausschließlich nach seinem ›Was‹, nach dem Woraus und Wohin«[143]. Das »Woraus« ist in unserem Falle die »Erziehung«, das »Wohin« die Persönlichkeitsverfassung der »Mensch gewordenen« Menschen.

»Vom Standpunkt der wissenschaftlichen Weltbetrachtung aus ist niemals ein ›Ding‹ schlechthin die Ursache eines anderen: sondern was es an diesem bewirkt, das bewirkt es unter ganz bestimmten determinierenden Umständen und vor allem in einem fest umgrenzten Zeitmoment. Das ursächliche Verhältnis ist hier nicht . . . ein Dingverhältnis, als vielmehr ein Verhältnis zwischen Veränderungen, die zu bestimmten Zeiten an gewissen Objekten auftreten. Kraft dieser Verfolgung des Zeitverlaufs des Geschehens und seiner Auseinanderlegung in verschiedene, deutlich voneinander abgehobene ›Phasen‹ gestalten sich die ursächlichen Zusammenhänge in dem Maße, als die wissenschaftliche Erkenntnis fortschreitet, *immer komplexer und mittelbarer*«[144]. Auf unser Thema angewendet heißt das: *die* Erziehung kann nicht als Ursache *des* »Menschseins« anerkannt werden. Falls die Erziehung überhaupt einen Einfluß darauf hat, könnte das nur folgendes bedeuten: bestimmte erzieherische Handlungen bewirken in einer bestimmten Zeitperiode (t_1), in der sie als Reize auf einen bestimmten Educanden treffen, in diesem eine bestimmte Veränderung, an die sich dann weiterhin (in den folgenden Zeitperioden t_2, t_3 usw.) andere Verände-

[142] HERBART 1919, Bd. III, 447.
[143] CASSIRER 1964, 70.
[144] CASSIRER 1964, 68f. (Hervorhebung vom Verfasser).

rungen anschließen, die alle zusammen als notwendige Teilbedingungen jenes psychischen Dispositionsgefüges zu denken sind, das mit »Mensch-sein« gemeint ist. Demgegenüber ist es charakteristisch für Mythos und Magie, daß sie »diese Sonderung in Teilbedingungen, deren jede nur einen bestimmten *relativen* Wert im Ganzen des Wirkungszusammenhangs besitzt«, nicht vornehmen[145].

Im Zusammenhang mit diesen grundsätzlichen Überlegungen zur Kausalität steht nun auch der wichtigste Einwand gegen die Behauptung von der generellen »Erziehungsbedürftigkeit« des Menschen: *die Unbestimmtheit der vermeintlichen Ursache »Erziehung« und die Unbestimmtheit der vermeintlichen Wirkung »Mensch-sein«, »lebensfähig sein«, »vollwertiges Mitglied der Gesellschaft sein« usw. machen es prinzipiell unmöglich, eindeutige Beziehungen zwischen ihnen nachzuweisen.* Es handelt sich bei der vermeintlichen Ursache wie bei der vermeintlichen Wirkung nicht um beobachtbare Gegenstände, wie es eine konkrete erzieherische Handlung und ein konkretes Verhalten eines Educanden wären, sondern um sehr abstrakte Begriffe, die für eine Fülle verschiedener Gegenstände stehen: der Begriff der Erziehung für sämtliche Handlungen, die um der Erreichung von Erziehungszielen willen auf seiten der Erzieher erfolgen, und der Begriff des »Menschseins« für sämtliche Soll-Zustände (Ideale) der Persönlichkeit, die jemals durch Erziehung zu verwirklichen gefordert und versucht worden sind.

Wir müssen uns nun nochmals daran erinnern, was die Bedeutungsanalyse der Worte »bedürfen«, »brauchen«, »nötig haben«, »erforderlich sein« usw. ergeben hat: sie können nicht sinnvoll benutzt werden, ohne daß ausdrücklich angegeben wird oder wenigstens aus dem Kontext ersichtlich ist, *wozu* man einer Sache bedarf, *wofür* etwas gebraucht oder benötigt wird, wofür etwas erforderlich ist[146]. Wenn also behauptet wird, der Mensch bedürfe der Erziehung, er brauche Erziehung, er habe Erziehung nötig oder Erziehung sei für ihn erforderlich, dann ist das nur sinnvoll, wenn auch gesagt wird, *wofür* er ihrer bedarf, wofür er sie braucht, *wozu* er sie nötig hat, wozu sie erforderlich ist. Denn »was sind ›Erfordernisse‹? Sie sind die Dinge, die getan werden müssen, um bestimmte Ziele zu erreichen; sie existieren nicht außer in Beziehung zu diesen Zielen. Wenn andere Ziele verfolgt werden, werden auch die ›Erfordernisse‹ andere«[147].

Diese Analyse bestätigt erneut, daß die Erziehung als ein Mittel in einer Zweck-Mittel-Relation angesehen werden muß. Die Handlungen, die unter den Begriff der Erziehung fallen, erfolgen um bestimmter Ziele

[145] Cassirer 1964, 69.
[146] Vgl. S. 160.
[147] Russell 1946, 732.

oder Zwecke willen. Ob ein Mensch solcher auf ihn gerichteter Handlungen anderer Menschen bedarf, kann wissenschaftlich nur beurteilt werden, wenn man folgendes weiß: 1. ob irgendeine Normautorität fordert, daß dieser Mensch eine bestimmte psychische Disposition oder einen bestimmten Zustand seiner Persönlichkeit (Dispositionsgefüge) erwerben *soll* bzw. ob der Betreffende selbst es *will* (Norm bzw. Absicht); 2. *welche* Disposition oder welches Dispositionsgefüge zu verwirklichen gefordert bzw. gewollt wird (Ziel); 3. von welchen *Bedingungen* die Verwirklichung des Zieles abhängt (Kausalbedingungen); 4. ob es irgendwelche in der Reichweite der Erzieher liegende Handlungen gibt, die in der gegebenen Situation eine *notwendige* Bedingung für die Verwirklichung des Zieles sind (Mittel).

Die erste Voraussetzung für eine Antwort auf die Frage, ob Erziehung notwendig sei, besteht also darin, daß »man sich eine möglichst umfassende Vorstellung von dem zu erreichenden Ziele, d. h. von der zu erzeugenden Wirkung« bildet. Anschließend muß »die Gesamtheit der Bedingungen« bestimmt werden, »von denen diese Wirkung abhängt«. Erst dann kann man darangehen, »die Hilfsquellen zu überblicken, die uns zur Verwirklichung dieses Inbegriffs von Bedingungen zu Gebote stehen«[148].

Gegenüber diesen Voraussetzungen einer zweckrationalen und deshalb erfolgversprechenden Erziehung mutet die tatsächlich praktizierte Erziehung weitgehend wie bloßes Probierhandeln nach der Methode von Versuch und Irrtum an. Für solche Probierhandlungen (»Ich habe alles versucht – im Guten und im Bösen«) kann man unmöglich nachweisen, daß jeder Mensch es nötig habe, ihnen ausgesetzt zu werden. Dazu bedarf es genauerer Kenntnisse darüber, welche wirklichen oder möglichen Kombinationen von Umständen imstande sind, jene Wirkungen hervorzubringen, die jeweils hervorgebracht werden sollen[149].

Selbstverständlich ist es bei der Unzahl der Faktoren, die an der Entstehung eines als Ziel gesetzten Gefüges psychischer Dispositionen beteiligt sind, ausgeschlossen, sie vollständig zu erfassen und bei der Planung der Erziehung zu berücksichtigen. Deshalb ist für den Einzelfall auch keine Voraussage möglich. Dennoch kann man »eine bedeutende Gewalt besitzen, auf Erscheinungen Einfluß zu nehmen, bei einer sehr unvollkommenen Kenntnis der Ursachen, durch welche diese in irgendeinem gegebenen Falle bestimmt werden. Es genügt uns zu wissen, daß gewisse Mittel eine *Tendenz* besitzen, eine gewisse Wirkung zu erzeugen, und daß andere eine Tendenz besitzen, sie zu vereiteln.

[148] Mill 1968, 367.
[149] Mill 1968, 278.

Wenn wir die Verhältnisse eines Individuums ... in irgend einem beträchtlichen Maße in unserer Gewalt haben, so können wir durch unsere Kenntnis der Tendenzen befähigt werden, jene Verhältnisse in einer Weise zu gestalten, welche den von uns angestrebten Zwecken viel günstiger ist als die Form, die sie von selbst annehmen würden«[150].

Es wird also keineswegs bestritten, daß eine bestimmte Form von Erziehung *im Einzelfall* zur Verwirklichung eines bestimmten Zieles notwendig sein und Erfolg haben kann. Meine Kritik richtet sich nur gegen die Behauptung von der *generellen* Erziehungsbedürftigkeit des Menschen. *Es ist sinnlos, zu sagen, daß ein Mittel notwendig ist, wenn nicht zuvor ein Ziel festgesetzt worden ist,* das die Suche nach Mitteln überhaupt erst vernünftig erscheinen läßt. »Mensch-sein« ist eine Leerformel[151], die wohl niemand ernsthaft für eine Zielangabe halten dürfte, welche eine Bedingungsanalyse der Persönlichkeitsverfassung, die mit dieser Formel gemeint sein könnte, und die Suche nach geeigneten Mitteln zu ihrer Verwirklichung erlaubt.

Doch selbst wenn für jeden Menschen ein inhaltlich genauer bestimmtes Ziel gesetzt wäre, steht damit noch nicht fest, daß es auch verwirklichbar ist. Das kann nie allgemein, sondern immer nur für bestimmte Menschen in bestimmten Situationen geprüft werden.

Falls aufgrund einer solchen Prüfung die Verwirklichung des Zieles als möglich erscheinen sollte, ist damit jedoch noch nicht gesagt, daß zu den notwendigen Bedingungen dafür auch erzieherische Handlungen gehören. Zumindest einige der Bedingungen für den Erwerb bestimmter psychischer Dispositionen scheinen durch andere ersetzbar zu sein, d. h. ein bestimmtes Dispositionsgefüge kann durch verschiedene Bedingungskomplexe zustande kommen. An einem Beispiel verdeutlicht: die Fähigkeit, Englisch zu sprechen, wird von Kindern, die in englischsprachiger Umwelt aufwachsen, spontan gelernt, ohne daß Englisch-Unterricht als Mittel erforderlich ist; für Kinder dagegen, die in einer anderssprachigen Gesellschaft aufwachsen, ist der Englisch-Unterricht notwendig, wenn sie die Fähigkeit, Englisch zu sprechen, erwerben sollen.

Ähnliches gilt auch für motorische Fähigkeiten (z. B. Schwimmenkönnen), für sittliche Tugenden, für Kenntnisse, Glaubensüberzeugungen usw. Unter gewissen Umständen können sie erworben werden, ohne daß Erziehung erforderlich ist; unter anderen Umständen dagegen scheinen bestimmte Formen von Erziehung eine notwendige Bedingung für ihren Erwerb zu sein. SCHLEIERMACHER hat auf dieser Tatsache der unterschiedlichen Ergebnisse, welche zufällige Einwirkungen auf Edu-

150 MILL 1968, 272f.
151 Zu diesem Begriff vgl. TOPITSCH 1960; KAINZ 1972, 186ff.

canden haben, seine Lehre von der verhütenden, der gegenwirkenden und der unterstützenden Tätigkeit des Erziehers aufgebaut[152]. *Es hängt ganz von der Situation dessen, der ein Ziel erreichen soll, ab, ob er der Erziehung bedarf oder nicht.*

Unsere Untersuchung hat ergeben, daß Erziehungsbedürftigkeit als ein Wesensmerkmal des Menschen nicht nachweisbar ist. Die Argumente, die für sie vorgebracht worden sind, haben der empirischen und logischen Prüfung nicht standgehalten. Auf Grund dieses Ergebnisses sind wir zu der Annahme berechtigt, daß der Begriff der generellen Erziehungsbedürftigkeit für die Erziehungswissenschaft unfruchtbar und überflüssig ist. Ich schlage deshalb vor, auf ihn zu verzichten.

Wie aber ist es zu erklären, daß »die prinzipielle Erziehungsbedürftigkeit des Menschen« als Tatsache ausgegeben wird, obwohl sie keine Tatsache ist? Es scheint unter anderem am Gebrauch eines vagen Erziehungsbegriffes zu liegen, aber auch an der unzulänglichen Analyse der relevanten Tatsachen und an mangelnder Einsicht, daß die Schlüsse, auf denen die Beweisführung beruht, fehlerhaft sind. Diese Gründe scheinen mir jedoch nicht auszureichen, um verständlich zu machen, weshalb dieser unhaltbare Lehrsatz so kritiklos in die Pädagogik Eingang gefunden hat. Ich vermute, daß dieser Umstand auch mit dem Nachwirken alter und dem Aufkommen neuer Glaubensüberzeugungen zusammenhängt. Man dürfte der Lösung näherkommen, wenn man den Ausdruck »Erziehungsbedürftigkeit« nicht als einen wissenschaftlichen Begriff, sondern als ein Schlagwort interpretiert.

IV. Ideologiekritische Analyse: »Erziehungsbedürftigkeit« als Schlagwort

Die Behauptung, daß jeder Mensch, um überhaupt »Mensch« werden zu können, der Erziehung bedarf, scheint unter anderem deswegen so leicht geglaubt zu werden, weil es tief verwurzelte religiöse, metaphysische, moralische und politische Ideen gibt, die für diesen Glauben empfänglich machen. Hier sind vor allem die Vorstellungen von der Erbsünde und der Erlösungsbedürftigkeit sowie die Ideen der Vervollkommnungsfähigkeit (»Perfektibilität«) des Menschen[153] und der Erziehung als Mittel zum Heil zu nennen. Für ein unklares Wunschdenken erscheint »Erziehung« auf dem Hintergrund dieser Ideen als identisch mit »Vervollkommnung«. Die Erziehung wird fraglos für wertvoll gehalten. Demgegenüber läßt sich jedoch nachweisen, daß die

[152] Vgl. Schleiermacher 1957, 66ff.
[153] Vgl. Passmore 1975, 163ff.

naive Wertschätzung der Erziehung als solche wissenschaftlich unhaltbar ist und gefährliche Konsequenzen für die Praxis hat. Im Lichte dieser Überlegungen wird auch der politische Nutzwert, den der Mythos von der generellen Erziehungsbedürftigkeit hat, deutlicher erkennbar werden.

Ich beginne mit einigen Hinweisen auf die religiösen Wurzeln dieses Mythos.

1. Erbsünde, Erlösungsbedürftigkeit und Erziehung

Allen Religionen ist die Vorstellung gemeinsam, daß der Mensch der Erlösung, der Befreiung oder der Rettung von allerlei Übeln bedarf. In der indischen, der buddhistischen und der jüdisch-christlichen Hochreligion, die als Erlösungsreligionen im engeren Sinne bezeichnet werden, wird ein Grundübel angenommen, d. h. ein unheilvoller Gesamtzustand des Menschen schlechthin, in dem alle einzelnen Übel ihre Wurzel haben[154]. Das Christentum führt diese üble Verfassung des Menschen auf den Sündenfall Adams zurück. Die Ursünde des Stammvaters hat nach christlicher Glaubenslehre zur Folge, daß alle Menschen in ihrer Natur gestört und auf die Erlösung durch Gott angewiesen sind. Die *Erlösungsbedürftigkeit* gehöre zur Natur des »gefallenen« Menschen.

Durch den Opfertod des Gottmenschen Jesus sei zwar grundsätzlich allen Menschen Erlösung geschenkt worden, aber es bleibe die Aufgabe eines jeden einzelnen, mit Gottes Gnade mitzuwirken und nach »Vollkommenheit« zu streben. Der durch die Taufe neu geschenkte Gnadenstand der »Gotteskindschaft« hebt nach kirchlicher Lehre »nicht die erbsündige Gestörtheit der Menschennatur, die Verwirrung und Verdunkelung des geistigen Wertungsvermögens, die Ungeordnetheit der Begierlichkeit, die Schwäche des Willens auf. Auch der Gerechtfertigte neigt noch zur Weltförmigkeit, zum ungeordneten Ausleben der blinden Antriebe in Geist und Leib (Genußtriebe, Macht- und Geltungstrieb). Gerade deshalb macht die Rechtfertigung in der Taufe den christlichen Erziehungsprozeß nicht überflüssig, sondern notwendig«. Sein Ziel wird in der »Vergöttlichung der menschlichen Natur«, in der »Angleichung an das Wesen Christi« gesehen[155].

[154] Vgl. ANDRESEN, BAMMEL, KRAUS u. a. 1958.

[155] GERARD FISCHER 1959, 1137. Die hier zitierte Auffassung ist die der katholischen Kirche. Die folgenden Zitate von PALMER und BAUR kennzeichnen die protestantische Position. Im Rahmen unseres Themas kann darauf verzichtet werden, die zwischen den christlichen Konfessionen bestehenden Differenzen in der Gnaden- und Rechtfertigungslehre näher auszuführen, weil in der für uns wesentlichen Lehre von der Erlösungsbedürftigkeit Übereinstimmung besteht.

»Christsein bedeutet . . . zur Heiligkeit berufen sein« und verlangt »eine ständige Bekehrung«[156]. Die »Regenerationsbedürftigkeit«, die dem Menschen »als Folge der Erbsünde« zugeschrieben wird, bringt es mit sich, daß er zu seinem Heil nicht nur auf die Gnade Gottes, sondern ebenso auch auf Erziehung und Selbstbildung angewiesen ist. In einem »Prozeß der Umwandlung soll sich allmählich ein neuer, im Guten gefestigter Mensch bilden, der nach Christus gestaltet ist«[157].

Diese theologischen Glaubenssätze haben es nahegelegt, die generelle Erlösungsbedürftigkeit des Menschen auch als generelle Erziehungsbedürftigkeit zu interpretieren. Da es zur Erlösung neben der Gnade Gottes auch der Mitwirkung des Menschen bedarf, der Mensch im Kindesalter aber noch nicht selbständig zu dieser Mitwirkung imstande ist, müssen andere stellvertretend für ihn leisten, was durch menschliches Handeln zur Annäherung an das Ideal der christlichen Vollkommenheit beigetragen werden kann. Unter diesen Voraussetzungen ist es verständlich, daß die Erziehungsbedürftigkeit mit dem »Sündenfall« in Beziehung gebracht worden ist: »Mit der eingetretenen natürlichen Verkehrtheit des Menschen tritt auch die Notwendigkeit der Erziehung ein und *Erziehung ist in einem gewissen Sinne auch Erlösung*«[158]. Erziehung sei notwendig, weil infolge der Erbsünde »die Naturentwicklung, sich selbst überlassen, einen der ursprünglichen Bestimmung entgegengesetzten Gang nimmt«[159]. Es wird behauptet: »Der natürliche Mensch . . . vermag nichts durch eigene Kraft«[160]. Aus dieser Ansicht entspringt ein besonderer Eifer für die Erziehung: der »gefallene« Mensch muß erneuert, er muß zu Gott zurückgeführt werden; er muß erzogen werden, »damit, noch ehe die Erbsünde sich zu einem System wirklicher Sünden entwickeln kann, schon auch ein Gegengewicht im Bewußtsein vorhanden sei«.

Man kann unter diesem Aspekt geradezu sagen, daß das Christentum nicht nur eine Erlösungsreligion, sondern auch eine Erziehungsreligion ist. »Seine Hauptaufgabe war eigentlich eine pädagogische . . .: den Menschen zu erlösen aus der Tyrannei seines selbstsüchtigen, auf das Vergängliche gerichteten sündigen Willens . . .«. *»Wo eine menschliche Seele lebte, da war auch die pädagogische Aufgabe gestellt«*[161]. Das hohe Ziel, Christus ähnlich oder »vollkommen« zu werden, wie der himmlische Vater vollkommen ist (Matthäus 5,48), bringt es mit sich, daß die Erziehungsbedürftigkeit des Menschen lebenslang erhalten bleibt.

[156] Häring 1965, 865; vgl. auch Platt 1917.
[157] Gerard Fischer 1959a, 1019.
[158] Rolfus und Pfister, Bd. 3, 1865, 541 (Hervorhebung vom Verfasser).
[159] Palmer 1860, 253.
[160] Wilhelm Baur 1860, 159.
[161] G. Baur 1860, 226 (Hervorhebung vom Verfasser).

»Vom kirchlichen Standpunkt aus gesehen zieht sich die Erziehung durch das ganze Leben des Menschen hindurch und hört erst mit diesem auf. *Es gibt an dem Menschen stets etwas zu verbessern und zu vervollkommnen*«[162].

Der Mythos von der Erlösungsbedürftigkeit und der Erlösung bezog sich ursprünglich nur auf die heilsökonomischen Beziehungen zwischen Mensch und Gott. Die Lehre von der »Unmöglichkeit, daß die sich selbst überlassene Natur des Menschen ihre Bestimmung erreiche«, drückt nicht etwa aus, daß der Mensch kein lebenstüchtiges Mitglied seiner Gesellschaft werden könne, sondern meinte nur, »daß der Mensch aus eigener Kraft nicht im Stande sei, zum richtigen Verhältnis zu Gott sich zu erheben und daß er eben darum eines Heilandes bedürfe, der ihn erlöse und selig mache«[163]. Erlösungsbedürftig sein hieß der Gnade, der erbarmenden Zuwendung Gottes bedürftig sein und hatte zunächst gar nichts mit Erziehungsbedürftigkeit zu tun. Wer der Erlösung bedarf, bedarf einer Tat Gottes; wer der Erziehung bedarf, bedarf der Handlungen von Menschen.

Dieser Unterschied wurde jedoch immer mehr verwischt, je stärker sich die Aufmerksamkeit auf den Beitrag richtete, den der Mensch selbst zu seiner Erlösung zu leisten hatte, und je mehr der Gedanke des übernatürlichen Heils gegenüber dem Willen zur Verbesserung der Lage des Menschen in dieser Welt verblaßte. Was der Mensch zu seiner Erlösung beitragen konnte, bestand in Handlungen, die der Verwirklichung des Guten und dem Kampf gegen das Böse dienten. Durch das sittlich gute Handeln tut er etwas für die Vervollkommnung der Welt wie für die Vervollkommnung seiner Persönlichkeit. Das »Wesensmerkmal« der Erlösungsbedürftigkeit wurde im Hinblick auf die dem Menschen mögliche und von Gott gebotene sittliche Aktivität zunächst als *»Vervollkommnungsbedürftigkeit«* interpretiert. Da das Ideal der »Vollkommenheit«, der »Heiligkeit«, der »Gottverähnlichung« und der »Angleichung an Christus«[164] sehr hoch ist, muß man von vornherein annehmen, daß der Mensch es nur dann verwirklichen kann, wenn ihm durch Erziehung geholfen wird. *Die Erziehung wird somit* (neben der Askese, d. h. der sittlichen Selbstbildung) *zum wichtigsten Mittel der Vervollkommnung und damit auch der Erlösung, das dem Menschen zur Verfügung steht.* Wenn aber Vervollkommnung – zumindest im Kindes- und Jugendalter – von Erziehung abhängig ist, dann liegt es nahe, noch einen Schritt weiter zu gehen und die »Vervollkommnungsbedürftigkeit« als *»Erziehungsbedürftigkeit«* zu interpretieren.

162 Rolfus und Pfister, Bd. 1, 1863, 492 (Hervorhebung vom Verfasser).
163 G. Baur 1860, 268.
164 Vgl. hierzu Schneider 1953, 82ff.

Als Ergänzung der bereits angeführten Belege für die im Christentum entstandene Gedankenverbindung zwischen Erlösungsbedürftigkeit und Erziehungsbedürftigkeit, Erlösung und Erziehung sei hier noch an COMENIUS erinnert, bei dem zum Beispiel geschrieben steht: »Wenn es für das verderbte Menschengeschlecht eine Heilung gibt, dann liegt sie vor allem in einer . . . sorgfältigen Erziehung (educatio) der Jugend«[165].

Neben den bisher genannten theologischen Gesichtspunkten hat noch eine weitere religiöse Idee zu dem Glauben beigetragen, daß die Erziehung für den Menschen wesensnotwendig sei und daß »Erziehung« mit »Vervollkommnung« identifiziert wurde: die *Idee von Gott als dem Erzieher des Menschengeschlechts*[166]. Danach wird die Weltgeschichte als Heilsgeschichte gedeutet[167] und angenommen, daß Gott die Menschen auf ein von ihm gesetztes Ziel hin erzieht. Das war in erster Linie geschichtsphilosophisch mit dem Blick auf die Menschheit im ganzen gemeint, aber daneben wurde auch gelehrt, daß Gott der »letzte«, der »höchste und eigentliche Erzieher« jedes einzelnen Menschen sei[168]. Als von Gott bestimmtes Ziel der Menschheit wird »ein neuer Himmel und eine neue Erde« (Isaias 65, 17; Apokalypse 21), d. h. eine von allem Bösen befreite universale Gesellschaft der »Kinder Gottes« angesehen. Jeder einzelne Mensch ist zur Mitarbeit an der Verwirklichung des göttlichen Heilsplanes, zur »Miterlösung der Welt« berufen[169]. Er soll mit Gottes Hilfe ein »neuer Mensch« werden[170]. In ganz besonderer Weise aber gilt der Erzieher als »Mitarbeiter Gottes in der Verwirklichung der göttlichen Urideen«[171].

Die Bezeichnung Gottes als »Erzieher« und seines Handelns am Menschen als »Erziehung« hat mindestens drei Vorstellungen begünstigt, die für unser Thema relevant sind. Erstens die Ansicht, daß »Erziehung« für jeden Menschen heilsnotwendig sei, denn sonst brauchte Gott sie nicht auszuüben. Zweitens die Ansicht, daß »Erziehung« gut ist, denn Gott tut nur Gutes. Drittens die Vorstellung, daß »Erziehung«, wenn sie von Gott geleistet wird, erfolgreich ist, denn Gott kann die Ziele, die er will, auch verwirklichen. Der Vergleich des Handelns Gottes am Menschen mit dem erzieherischen Handeln verleiht rückwirkend der Gefühlsbesetzung des Wortes »Erziehung« Anteil an der Bedeutung, dem Wert und den Erfolgschancen, die dem

165 COMENIUS 1960, 21.
166 Vgl. PIEPMEIER 1971; LICHTENSTEIN 1962.
167 Vgl. hierzu LÖWITH 1967.
168 Vgl. z. B. EGGERSDORFER 1952, 1036; HENZ 1964, 9. Zu den biblischen Quellen vgl. JENTSCH 1951, 161ff.
169 SELLMAIR o. J., 97.
170 Vgl. z. B. Epheserbrief 4, 22–24.
171 SCHNEIDER 1953, 116.

göttlichen Heilshandeln zugeschrieben werden. Die Erziehung erscheint als etwas Heilbringendes, als Mittel zum Heil, als »heilig«. Diese mythische Verklärung der Erziehung drückt sich auch in der Sprache der Pädagogik aus, wenn zum Beispiel die Erziehung ein »heiliges Unterfangen«[172] und »die göttlichste von allen Künsten« genannt wird[173]; wenn von der »heiligen Sache der Erziehung«[174] oder vom »heiligen Werk der Erziehung«[175] die Rede ist; wenn behauptet wird, daß die Erzieher »Mitbildner der ewigen Vollendung sind«[176].

2. *Kulturkritik, Gesellschaftsutopie und Erziehung als Mittel zum Heil*

Das Elend des Menschen, das im Christentum als Folge der Erbsünde gedeutet wird, läßt sich auch anders interpretieren. Man kann darin einen Rückfall aus einem besseren Zustand, d. h. eine Entartung sehen, die allein durch gesellschaftlich-kulturelle Umstände bedingt ist, wie das ROUSSEAU gemeint hat. Man kann es auch für einen historisch frühen Zustand der Unvollkommenheit halten, der durch den Fortschritt, den »die Geschichte« ermöglicht, überwunden werden wird.

Während das Christentum bestreitet, daß der Mensch durch eigene Anstrengung zur Erlösung gelangen kann, dringt mit der Verweltlichung des Denkens seit dem Zeitalter der Aufklärung der Glaube an die Möglichkeit individueller oder kollektiver Selbsterlösung des Menschen durch. Als die wichtigsten Mittel zur Erlösung werden das politische und das erzieherische Handeln angesehen. Das eine zielt auf die Änderung der »Verhältnisse«, das andere auf die Änderung des Menschen. Dabei wird von vielen Autoren angenommen, daß auf weite Sicht hin die Erziehung an Bedeutung allen anderen Mitteln überlegen ist. Der sozialistische Pädagogiker KAWERAU zum Beispiel hat das so ausgedrückt: »Wir arbeiten an der neuen Erziehung – denn alle Revolution ist umsonst, wenn wir nicht *neue Menschen* gewinnen«[177].

Vom wissenschaftlichen Standpunkt aus wird man Erziehung nur dann für notwendig halten können, wenn 1. zwischen dem Ist-Zustand eines Menschen und seinem Soll-Zustand ein Abstand besteht, 2. der Soll-Zustand erreichbar erscheint und 3. Grund zur Vermutung vor-

[172] COMENIUS 1960, 26.
[173] SCHWARZ 1829, 598.
[174] HERBART 1919, Bd. III, 455; ähnlich 1913, Bd. I, 129: »Menschenbildung« als »heilige Angelegenheit«.
[175] STOY 1861, V und 10.
[176] HÄBERLIN 1936, 112.
[177] KAWERAU 1924, 304.

liegt, daß Erziehung eine notwendige Bedingung für die Erreichung des Soll-Zustandes ist. Für den gläubigen Anhänger einer Heilslehre dagegen steht die Erreichbarkeit des gesetzten Soll-Zustandes (Ideal) außer Zweifel. Ebensowenig zweifelhaft erscheint es ihm, daß das empfohlene Mittel geeignet ist. Ihm genügt, daß er den Ist-Zustand des Menschen als elend und verbesserungsbedürftig erlebt, um von der Notwendigkeit der Erziehung überzeugt zu sein. Je weniger dabei an ein in der Natur des Menschen liegendes Elend gedacht wird, das nur durch Gott beseitigt werden kann, desto geringer wird auch die Neigung, die Abhilfe in erster Linie von Gott zu erwarten. Je mehr das Elend durch soziale und kulturelle Ursachen bedingt zu sein scheint, die wenigstens grundsätzlich durch Menschen beeinflußbar sind, desto näher liegt die Erwartung, es durch willentliche Anstrengungen der Menschen beseitigen zu können.

Mit dem Schwinden des christlichen Glaubens gewinnt die radikale *Kulturkritik* als Motiv für die Behauptung von der generellen Erziehungsbedürftigkeit des Menschen an Bedeutung. Schon COMENIUS, der sich selbst als einen »Mann voll Trauer über die Mißstände« seiner Zeit bezeichnet hat[178], fragt kulturkritisch: »Was befindet sich bei uns eigentlich in Ordnung . . . ? Nichts, garnichts. Alles stürzt ein und liegt in wildem Durcheinander«[179]. »Die Zahl der Bösen ist unendlich viel größer als die der Guten«. Weil die Jugend »ohne die gehörige Fürsorge« aufwachse, »erobern wilde und zügellose Sitten und Gewohnheiten die Welt, die kleinen und großen Städte, alle Häuser und alle Menschen; ihre Leiber und Seelen quellen über von toller Verwirrung«[180]. Als einziges Mittel zur Besserung dieser elenden Lage wird von COMENIUS die Erziehung ausgegeben, d. h. genauer: *seine* »unfehlbare«[181] Unterrichtsmethode. Er behauptet, daß es dabei »um das *Heil der gesamten Menschheit*« gehe[182], und er verspricht der Christenheit, sofern sie seine Unterrichtsweise anwendet, »weniger Finsternis, Verwirrung und Streit, dafür mehr Licht, Ordnung, Friede und Ruhe«[183].

Noch radikaler hat ROUSSEAU die Verdorbenheit des Menschengeschlechts zum Ausgangspunkt seiner politischen und pädagogischen Überlegungen gemacht. Er hat die Macht des Bösen in der Welt nicht geringer eingeschätzt als die christlichen Theologen[184], wenn er auch die »Entartung« (»dépravation«) des Menschen auf andere Ursachen

[178] COMENIUS 1960, 14.
[179] COMENIUS 1960, 18.
[180] COMENIUS 1960, 22.
[181] COMENIUS 1960, 25.
[182] COMENIUS 1960, 12 (Hervorhebung vom Verfasser).
[183] COMENIUS 1960, 9.
[184] Vgl. M. RANG 1959, 441ff.

zurückführt: auf die Abkehr vom »Naturzustand« und den Übergang zum »Gesellschaftszustand« als Folge der im Menschen liegenden Vervollkommnungsfähigkeit (»perfectibilité«)[185]. Diese Fähigkeit hat den Fortschritt ermöglicht, und in ihm sieht ROUSSEAU die Quelle aller Übel. Er glaubt allerdings nicht daran, daß der fortschreitende Verfall der Gesellschaft rückgängig gemacht werden kann. Einen Ausweg aus der Entartung gibt es »in diesen verkommenen Zeiten«[186] nur für einzelne, nicht für die Gesamtheit der Menschen. Als Heilmitel sieht er die »natürliche« Erziehung zum »Menschen« statt zum »Bürger« an, d. h. die »private Erziehung«, deren Grundsätze er in seinem Roman »Emile« beschrieben hat[187]. »Die Kunst der Menschenbildung« scheint ihm »das Allernotwendigste« zu sein[188].

ROUSSEAU hat jedoch nicht nur den resignierten Rückzug aus der Gesellschaft empfohlen, sondern er ist durch seine Staatslehre auch zum geistigen Anreger der totalitären Demokratie und damit der geschlossenen Erziehungsgesellschaft geworden[189]. Sein Vorbild für die »öffentliche Erziehung« zum Bürger war Sparta, sein theoretischer Leitfaden PLATONS Staat[190]. An LYKURG, dem Gesetzgeber Spartas, rühmt er, er habe »das Herz des Menschen . . . völlig umgeschaffen«. In seiner Gesellschaftsutopie fordert er, *»die menschliche Natur umzuwandeln«*, »jedes Individuum . . . zu einem Teile eines größeren Ganzen *umzuschaffen*«, »die Beschaffenheit des Menschen . . . zu verändern«. Der Gesetzgeber müsse »dem Menschen die ihm eigentümlichen Kräfte nehmen, um ihn mit anderen auszustatten, die seiner Natur fremd sind und die er ohne den Beistand anderer nicht zu benutzen versteht«, so daß »jeder Bürger nur durch alle anderen etwas ist und vermag«[191].

Diese Sätze lassen erkennen, daß ROUSSEAUS Gesellschaftsutopie von der Annahme der generellen Erziehungsbedürftigkeit des Menschen ausgeht, obwohl dieser Begriff nicht benutzt wird. Es wird vorausgesetzt, daß die seelische Verfassung, die die Menschen wirklich haben, sie nicht dazu geneigt macht, sich dem »Allgemeinen Willen« zu unterwerfen und »das Joch des Staatsglückes gelehrig (zu) tragen«[192]. Da jedoch die Disposition zum Wollen des »Allgemeinen Willens« von jedem Bürger gefordert wird, muß jeder dazu gebracht werden, sie zu erwerben. Man muß die einzelnen »zwingen, ihren Willen der Vernunft

[185] ROUSSEAU 1964, 107ff.
[186] ROUSSEAU 1963, 28.
[187] ROUSSEAU 1963, 15.
[188] ROUSSEAU 1963, 8.
[189] Vgl. TALMON 1961, 34ff.
[190] ROUSSEAU 1963, 15.
[191] ROUSSEAU 1968, 73.
[192] ROUSSEAU 1968, 76.

anzupassen«[193] und tugendhaft zu werden. ROUSSEAUS »Gesetzgeber« ist nichts anderes als der große Erzieher[194], der im Zeitalter der Aufklärung jene Stelle erhält, die im christlichen Weltbild Gott als Erzieher des Menschengeschlechts eingenommen hat.

Um von der generellen Erziehungsbedürftigkeit des Menschen überzeugt zu sein, bedurfte es jedoch gar nicht der radikalen Kritik an der gegenwärtigen Gesellschaft. Es genügte der Glaube an die Möglichkeit, in der Zukunft eine vollkommenere Gesellschaft schaffen zu können. Die Voraussetzung dafür sahen die Aufklärer in der *»Perfektibilität«*, in der Vervollkommnungsfähigkeit des Menschen und das wichtigste Mittel in der Erziehung. So hat zum Beispiel KANT die Erziehungsbedürftigkeit des Menschen in engste Verbindung mit der Idee der »Vervollkommnung der Menschheit« gebracht. Es sei »entzückend, sich vorzustellen, daß *die menschliche Natur immer besser durch Erziehung werde entwickelt werden* . . . Dies eröffnet uns den Prospekt zu einem künftigen glücklichern Menschengeschlechte«. Die Erziehung wird als Mittel angesehen, »das *Weltbeste* und die *Vollkommenheit,* dazu die Menschheit bestimmt ist«, hervorzubringen. »Gute Erziehung gerade ist das, woraus alles Gute in der Welt entspringt«. Von ihr erwartet er sich einen »besseren Zustand der Welt«, einen »besseren Zustand des menschlichen Geschlechts«[195].

Wenn die Kulturkritik und der Mythos von der »unendlichen« Vervollkommnungsfähigkeit des Menschen miteinander verbunden werden, dann erreicht der Glaube, das Heil könne durch Erziehung herbeigeführt werden, seine extremste Form. Sie ist vor allem bei FICHTE anzutreffen. Auch er geht von einer radikalen Kritik an der Gesellschaft aus. Er hielt sein Zeitalter für das der »vollendeten Sündhaftigkeit«[196]. Es ist das Zeitalter der bis zu ihrem höchsten Grade entwickelten Selbstsucht[197], in dem die große Mehrheit der Erwachsenen »durchaus verkehrt« ist[198]. Dieser verdorbenen Gesellschaft verkündete FICHTE, *»daß es allein die Erziehung sei, die uns retten könne von allen Übeln, die uns drücken«*[199]. »Das Rettungsmittel« besteht »in der Bildung zu einem durchaus neuen . . . Selbst und in der Erziehung der Nation . . . zu einem ganz neuen Leben«[200]. Er glaubt, durch Erziehung *»die Verbesse-*

193 ROUSSEAU 1968, 72.
194 Vgl. TALMON 1961, 28. Zum Zusammenhang zwischen politischer Utopie und Erziehung bei ROUSSEAU vgl. auch RÖHRS 1957, 100ff.; ferner M. RANG 1959, 147ff.
195 KANT 1963, 11ff. (Hervorhebung vom Verfasser).
196 FICHTE 1956, 21.
197 FICHTE 1944, 17.
198 FICHTE 1944, 168.
199 FICHTE 1944, 180 (Hervorhebung vom Verfasser).
200 FICHTE 1944, 21.

rung und Umschaffung des gesamten Menschengeschlechts«[201] erreichen zu können. Er verspricht eine »ohne Ausnahme wirksame Regel«, »eine sichere . . . Kunst, einen festen und unfehlbar guten Willen im Menschen zu bilden«[202].

Mit dem Glauben »an unendliche Verbesserlichkeit, an ewiges Fortschreiten unseres Geschlechts«[203] ist bei FICHTE der Wille verbunden, den Menschen so zu »*machen,* daß er gar nicht anders wollen könne, als du willst, daß er wolle«[204]. Wenn es stimmt, »daß nur die Erziehung vor der (sonst) unaufhaltsam über uns hereinbrechenden Barbarei und Verwilderung uns retten könne«, dann erscheint jeder Mensch als der Erziehung bedürftig, und »der Staat als höchster Verweser der menschlichen Angelegenheiten« erhält das Recht, die »Unmündigen . . . zu ihrem Heile auch zu zwingen«[205]. Bei FICHTE wird erstmals deutlich erkennbar, daß die Lehre von der generellen Erziehungsbedürftigkeit des Menschen als wichtigstes Argument für die Forderung nach dem totalitären Erziehungsstaat, nach der »Theokratie der Vernunft«[206] benutzt werden kann.

Auch bei PESTALOZZI findet sich die enge Verbindung zwischen radikaler Kulturkritik und dem utopischen Glauben an die Erziehung als Mittel zum Heil. In seinem Alterswerk geißelt er das »Zivilisationsverderben« und behauptet, »im Verderben der Welt« sei die »Menschenbildung« die »notwendigste . . . Kunst«[207]. »Es ist für den sittlich, geistig und bürgerlich gesunkenen Weltteil *keine Rettung möglich als durch die Erziehung,* als durch die Bildung zur Menschlichkeit, als durch die Menschenbildung«[208]. Er sieht das wichtigste Mittel gegen alle Leiden und alles Elend »in der Veredelung unserer Natur«[209] und verspricht sich von der Erziehung nicht weniger als die »Rettung der Menschheit«[210]. Er glaubt an »die Perfektibilität des Menschengeschlechtes«[211] und ruft die Menschheit zur »Wiederherstellung ihrer selbst«[212] durch Erziehung auf.

Die kulturkritischen Wurzeln dieser phantastischen Vorstellungen von der Notwendigkeit und der Macht der Erziehung sind schon früh

201 FICHTE 1944, 175.
202 FICHTE 1944, 29f.
203 FICHTE 1944, 121.
204 FICHTE 1944, 29 (Hervorhebung vom Verfasser).
205 FICHTE 1944, 183.
206 Vgl. TALMON 1963, 166ff.
207 PESTALOZZI 1946, 207.
208 PESTALOZZI 1946, 394 (Hervorhebung vom Verfasser).
209 PESTALOZZI 1946, 226.
210 PESTALOZZI 1946, 395.
211 PESTALOZZI 1946, 455.
212 PESTALOZZI 1946, 443.

erkannt worden. CHRISTMANN hat bereits 1812 darauf hingewiesen, daß PESTALOZZI von der Welt und vom Menschenleben »bloß die Nachtseite aufzufassen vermochte« und sich ein »Hirngespinst vom Verfall der Menschheit« erschaffen habe, »um es hinterher zu bekämpfen«. Er bezeichnet seine Denkweise als »Weltverbesserungspietismus« und kritisiert daran besonders »die Dreistigkeit, womit man dem presthaften Menschengeschlecht eine untrügliche Hilfe anbot«[213].

Den günstigsten Nährboden hat die Idee von der generellen Erziehungsbedürftigkeit des Menschen im *politischen Messianismus* gefunden. Die Utopien von der totalen Erneuerung der Gesellschaft gehen Hand in Hand mit der »pädagogischen Messiasidee«[214]. Von den Anhängern der modernen weltlichen Religion der totalitären Demokratie werden die Menschen nicht so betrachtet, »wie sie tatsächlich sind, sondern so, wie sie sein sollten und unter den ›richtigen‹ Bedingungen sein würden«[215]. Sie folgen der »Vision einer Gesellschaft gleicher Menschen, die vom Staat nach einem ausschließlichen und universalen Modell neu erzogen werden«[216]. Wer von der Verdorbenheit der vorhandenen Gesellschaft überzeugt ist, sich nach innerweltlicher Erlösung sehnt, auf eine vollkommene Gesellschaftsordnung hofft und an die Vervollkommnungsfähigkeit des Menschen glaubt, der kann kaum anders, als alles Heil von der Erziehung erwarten. Man braucht in seinen moralisch-politischen Anforderungen an die Tugend, die jedermann aufweisen soll, nur perfektionistisch genug zu sein, um feststellen zu können, daß alle Menschen noch weit von ihr entfernt sind und daß deshalb jedermann der Erziehung bedarf[217].

Für die Verkündigung eines Gemischs von Kulturkritik, politischem Messianismus und dem Glauben an das Heil durch Erziehung scheint die Periode nach einer schweren nationalen Niederlage besonders günstig zu sein. Ähnlich wie FICHTE im Jahre 1808 nach der Unterwerfung Preußens durch NAPOLEON die Erziehung als einziges Rettungsmittel angepriesen hat, so hat PAUL NATORP im Jahre 1920 nach dem Zusammenbruch des deutschen Kaiserreiches die Erziehung als »Weg zum Heil« verkündet[218].

Auch NATORP hat mit einem kulturkritischen Gemälde des Elends »einer . . . weit weit von Licht und Leben abgeirrten Menschheit«

[213] CHRISTMANN 1812, 112 und 68. Zur Kritik an der »Hypostasierung der Bildung« durch PESTALOZZI vgl. auch A. RANG 1967, 152ff.
[214] Ein Ausdruck bei STOY 1898, 51.
[215] TALMON 1961, 3.
[216] TALMON 1961, 226.
[217] Über den »Despotismus der Tugend« und die »Erziehung als Heilsweg« in der Praktischen Pädagogik der französischen Revolution vgl. DRECHSEL 1969, 71ff.
[218] Vgl. NATORP 1920.

begonnen, um dann zur »radikalen Umkehr und Erneuerung« im Sinne eines »idealen« Sozialismus aufzurufen[219]. Er sah »Auflösung, Zerrüttung überall«[220]. Die Menschen seien »berufslos, heimlos, treu- und sittenlos, freud- und friedlos, . . . vaterlands- und staatslos«, »seelenlos«, »gemeinschaftslos« und »gottlos« geworden[221]. Diesem elenden Ist-Zustand seiner Zeitgenossen stellt er den Soll-Zustand des »sozialen« Menschen gegenüber, der zur »Gemeinschaft« fähig ist. Dieses Ideal wird so perfektionistisch entworfen, daß »gegenüber der Unendlichkeit der Forderung voller und reiner Menschengemeinschaft« *alle* Menschen als »*Unmündige* und Verirrte« bezeichnet werden[222], als »schwache Säuglinge, arme Irre und Fehlende«[223].

Durch NATORPS strenges moralisches Urteil »Jedes nichtgemeinschaftliche Wollen ist Unmündigkeit«[224] wird sämtlichen Menschen ein seelischer Zustand zugeschrieben, aus dem sie gerettet, erlöst, befreit werden müssen. Als einziges Mittel zur Rettung, Erlösung oder Befreiung wird die Erziehung angesehen: die »Erziehung aller im Sinne der Allheit«, die »soziale Erziehung«[225]. Die Erziehung wird für viel bedeutender als das wirtschaftliche und politische Handeln gehalten, denn »die soziale Wirtschaft, der soziale Staat sind noch gar nicht da; nicht sie können den Menschen, der Mensch kann nur sie schaffen; der Mensch, das heißt aber: die Erziehung. Das allein kann soziale Erziehung besagen wollen: nicht daß die schon fertige Sozietät *die Erziehung,* sondern daß diese *die Sozietät,* die nie fertige, ewig nur werdende, *aufzuerbauen hat*«[226]. Mit der »Sozietät« ist »der deutsche Sozial-Einheitsstaat« gemeint. Ihn durch Erziehung aufzubauen, ist nach NATORP »die höchste Aufgabe, die je einem einzigen Volke gestellt wurde, zu *seiner* Rettung zunächst, durch sie aber zum Heil des ganzen Menschengeschlechts«[227].

Schon die Sprache verrät, daß dieses Bekenntnis zur Notwendigkeit der Erziehung als Verkündigung einer säkularisierten Religion der Selbsterlösung zu deuten ist. Von der Erziehung wird »Rettung«, »Erlösung«, »Befreiung« und »Heil« erwartet. Der Erziehungsbegriff wird verdinglicht, d. h. das Ergebnis einer Abstraktion wird hypostasiert und mit wunderbaren Kräften ausgestattet. Die Erziehung erhält im »sozial-idealistischen« oder »ideal-sozialistischen« Heilsplan die Funktion eines das Heil vermittelnden Sakraments, vergleichbar der christlichen Taufe. Erziehung ist nach NATORP nicht »zeit-räumlich bedingt

[219] NATORP 1920, III.
[220] NATORP 1920, 1.
[221] NATORP 1920, 48.
[222] NATORP 1920, 40.
[223] NATORP 1920, 24.
[224] NATORP 1920, 40.
[225] NATORP 1920, 23.
[226] NATORP 1920, 11f.
[227] NATORP 1920, 18.

und beschränkt«, sondern sie ist »das Allüberdauernde, Überendliche«[228]. Sie ist in »der allgemeinen und äußersten Not« das einzige Mittel, aus dem »der neue soziale Aufbau . . . erwachsen kann und sicher erwachsen wird«[229]. In der verdorbenen Gesellschaft, in der die Menschen nicht das wollen, was NATORP für richtig hält, kommt alles »aufs Wollen*machen*, also aufs Erziehen« an[230].

Wir finden bei NATORP auch die enge Verknüpfung der Idee der Erziehungsbedürftigkeit mit dem Mythos der Art (»die Menschheit«, »die Gesellschaft«), der seit dem 18. Jahrhundert aufgekommen ist[231]. Wer erzieht, arbeitet nach ihm »an einem *ewigen* Werk, nämlich die *Menschheit* in der Person eines jeden Menschen zu bauen und zu erhalten«, ja zusätzlich sogar noch »die *Gottheit* im Menschen«[232].

Aus jüngerer Zeit begnüge ich mich mit einem Hinweis auf GEORG PICHT, den Urheber des Schlagwortes von der »deutschen Bildungskatastrophe«. Er schreibt zu unserem Thema folgendes: »Es gehört seit dem Sündenfall zur Bestimmung des Menschen, daß er genötigt ist, in einem harten Kampf sein Dasein gegen tausendfältige Bedrohungen zu behaupten. Die moderne technische Zivilisation hat uns den äußeren Kampf ums Dasein leicht gemacht . . . Aber der Kampf um die Selbstbehauptung des Menschen ist dadurch um nichts leichter geworden. Wir werden im Gegenteil einsehen müssen, daß der Mensch in seiner Möglichkeit, Mensch zu sein, heute vielleicht tiefer bedroht ist als je zuvor. Das Feld, auf dem der Kampf um die Selbstbehauptung des Menschen heute geführt werden muß, ist der Bereich, den wir Bildung nennen . . . Es ist nicht zu bezweifeln: *Wir leben heute in einer Geschichtsepoche, in der die Erziehung und Bildung zum Feld der zentralen Entscheidungen über den weiteren Gang der Geschichte des Menschen geworden ist*«[233].

3. *Die Erziehung als ein Gut: zur Kritik der naiven Wertschätzung der Erziehung*

Die Ansicht, daß jeder Mensch der Erziehung bedarf, verdankt den Schein der Wahrheit unter anderem dem Umstand, daß »Erziehung« von den meisten Menschen naiv für wertvoll gehalten wird. Das gilt

[228] NATORP 1920, 58.
[229] NATORP 1920, 39. Vgl. dagegen zur Kritik an der »allgemeinen Erziehungssucht« GRISEBACH 1924, 7ff.
[230] NATORP 1920, 43.
[231] Vgl. hierzu MONNEROT 1952, 380ff.
[232] NATORP 1920, 104.
[233] PICHT 1965, 108.

ebenso von den dunklen Sachverhalten, die im Deutschen mit dem unklaren Begriff der »Bildung« bezeichnet werden. Es wird viel zu kritiklos angenommen, daß Erziehung (bzw. »Bildung«) als solche Wert hat, daß sie also ein Wertträger, ein Gut ist[234].

Es scheinen vor allem zwei Gründe zu sein, die es bei oberflächlicher Betrachtung nahelegen, der Erziehung ungeprüft Wert zuzuschreiben. Erstens gehört zu den Merkmalen des Erziehungsbegriffes die Förderungsabsicht. Wenn nicht genau verstanden wird, was damit gemeint ist, verleitet dieses Begriffsmerkmal leicht dazu, erzieherische Handlungen kritiklos durch *Wertbegriffe der sittlichen Sphäre* als gut auszuzeichnen. Zweitens kann man sich Erziehung nur im Rahmen eines *Zweck-Mittel-Verhältnisses* vorstellen. Das verleitet leicht zu der naiven, dem Erzieher schmeichelnden Annahme, erzieherische Handlungen seien im allgemeinen tatsächlich auch *geeignete* Mittel (und würden nicht nur für solche gehalten). Dieses Wunschdenken verführt dazu, »die« Erziehung vorbehaltlos durch *Wertbegriffe der Nützlichkeit* auszuzeichnen. Sehen wir uns diese beiden Irrtümer etwas näher an.

Zunächst zur »Förderungsabsicht«. Die Handlungen, die »Erziehung« genannt werden, sind unter anderem dadurch gekennzeichnet, daß sie aus der Absicht des Handelnden hervorgehen, die Persönlichkeit anderer Menschen in irgendeiner Hinsicht zu fördern, sei es, sie zu verbessern, sei es, sie in ihren als wertvoll beurteilten Komponenten zu erhalten[235]. Man ist daher geneigt, jedem, der erzieht, eine gute Absicht zuzuschreiben.

Dabei wird leicht übersehen, daß mit dem Merkmal der Förderungsabsicht nicht ein sittlich guter psychischer Vorgang oder eine sittlich gute psychische Disposition im Erzieher gemeint ist, sondern lediglich ein Willenserlebnis, das darauf gerichtet ist, die Persönlichkeit des Educanden einem Soll-Zustand näherzubringen, der vom Wertstandpunkt des Erziehers aus als wertvoll angesehen wird. *Die Wertung, die mit dem Begriff der Förderung (oder Verbesserung) gemeint ist, bezieht sich also nicht auf den Erzieher, die sittliche Qualität seiner Absichten oder Handlungen, sondern auf den Soll-Zustand des Educanden.* Es wird damit nur ausgedrückt, daß den psychischen Dispositionen (Ideal-Aspekt des Erziehungsziels), um derentwillen erzieherische Handlungen erfolgen, vom Erzieher Wert zugeschrieben wird. Es ist nichts anderes gemeint, als daß eine Veränderung in der Persönlichkeit des Educanden, die von seinem Ist-Zustand in Richtung auf den geforderten Soll-Zustand erfolgt, von einem bestimmten, historisch jeweils relativen

[234] Zu den Begriffen Wert und Wertträger bzw. Gut vgl. Kraft 1951, 10f.
[235] Vgl. in diesem Buch S. 90.

Wertstandpunkt aus als Verbesserung seiner Persönlichkeit beurteilt wird. Die Erzieher berufen sich zwar gern auf ihre »gute« Absicht, aber ob diese wirklich als sittlich gut beurteilt werden kann und ob einer erzieherischen Handlung nicht ganz andere als sittlich gute Motive zugrunde liegen, müßte in jedem einzelnen Fall nachgeprüft werden und hat jedenfalls mit dem Begriffsmerkmal »Förderungsabsicht«, wie es hier verwendet wird, nichts zu tun.

Doch selbst wenn wir voraussetzen dürften, daß die Absicht, aus der eine erzieherische Handlung entspringt, zweifelsfrei als sittlich gut zu bewerten ist, wäre es unzulässig, vom sittlichen Wert, der der Absicht des Erziehers zugeschrieben wird, auf den Wert der erzieherischen Handlung zu schließen. Denn deren Wert richtet sich in erster Linie danach, ob sie als Mittel für den gesetzten Zweck, d. h. für die Verwirklichung des Erziehungszieles geeignet ist. Damit sind wir beim zweiten der früher genannten Irrtümer, die der naiven Wertschätzung der Erziehung zugrunde liegen.

Da der Sinn von Erziehung in jedem Fall darin liegt, ein Mittel zur Erreichung eines Zweckes zu sein, ist das Wertvollsein von Erziehung primär unter dem Gesichtspunkt der *Nützlichkeit* zu beurteilen. Nützlichkeit »wird durch die Funktion eines Gegenstandes als Mittel, um Zwecke zu erreichen, definiert, und die Schädlichkeit dadurch, daß die Erreichung unserer Zwecke verhindert wird«[236]. Für einen Gegenstand in der Funktion eines Mittels ist es nun charakteristisch, daß er »nicht an und für sich, sondern um seiner Wirkung willen geschätzt« wird[237]. Daß eine Handlung nützlich ist, beruht auf einer Kausalbeziehung. Eine erzieherische Handlung kann nur dann als nützlich bewertet werden, wenn nachgewiesen worden ist, daß sie die Ursache jenes Soll-Zustandes der Persönlichkeit des Educanden ist, der zu verwirklichen gefordert wird. Wenn das Eintreten eines zum Ziel gesetzten Zustandes als Wirkung bestimmter Ursachen erkannt wird, dann erweisen sich diese Ursachen als notwendige Bedingungen für die Erreichung des Zieles[238].

Daraus folgt, daß es ungerechtfertigt ist, der Erziehung als solcher Wert zuzuschreiben. Ob eine erzieherische Handlung nützlich ist, kann jeweils nur im Hinblick auf ihre Eignung als Mittel zur Erreichung bestimmter Erziehungsziele in bestimmten Erziehungssituationen beurteilt werden. *Erzieherische Handlungen können nützlich, aber auch nutzlos oder schädlich sein.* Nutzlos sind sie dann, wenn sie weder zur Erreichung des gesetzten Zieles beitragen, noch sie verhindern. Schäd-

[236] Kraft 1951, 14.
[237] Kraft 1951, 145; vgl. auch 210ff.
[238] Vgl. Kraft 1968, 106ff.

lich sind jene, die die Verwirklichung des Persönlichkeitszustandes, den der Educand erreichen soll, erschweren oder unmöglich machen.

Diese realistische Auffassung vom Nutzen der Erziehung ergibt sich schon aus der Tatsache, daß erzieherische Handlungen *Versuche* sind, die gelingen oder mißlingen können[239]. Sie werden zwar vom Erzieher oder vom Erziehungstheoretiker, der sie dem Erzieher empfiehlt, für geeignete Mittel gehalten, um das gesetzte Ziel zu erreichen, aber es ist möglich, daß sie es gar nicht sind. Es ist sogar möglich, daß sie die Erreichung dessen, was durch sie zu erreichen beabsichtigt wird, geradezu verhindern. Könnte man die realen erzieherischen Handlungen, wie sie tagtäglich in der ganzen Welt ablaufen, daraufhin untersuchen, ob sie zweckmäßig sind, so würde sich wahrscheinlich zeigen, daß ein großer Teil nutzlos oder schädlich ist.

Wie fragwürdig die Erziehung unter dem Gesichtspunkt der Zweckrationalität wirklich ist, wird in der Pädagogik nur selten erörtert[240]. Es wird im allgemeinen viel zu unkritisch daran geglaubt, daß die erzieherischen Handlungen geeignete Mittel seien, um die angestrebte Wirkung herbeizuführen. Gegen eine naive Wertschätzung der Erziehung als solcher muß aber schon die Tatsache stutzig machen, daß auch von »Fehlerziehung«, »unrichtiger Erziehung«, »Erziehungsfehlern«[241], »mis-education«[242] usw. gesprochen wird. Schon seit PLATON wird in der Pädagogik zwischen »richtiger« und »falscher« Erziehung unterschieden[243]. SALZMANN hat neben seiner »Anweisung zu einer vernünftigen Erziehung der Kinder«[244] auch eine Beispielsammlung der »unvernünftigen Erziehung« geschrieben[245]. Damit sind unter anderem erzieherische Handlungen gemeint, die das Gegenteil dessen bewirken, was der Erzieher durch sie bewirken will. So bewirke man zum Beispiel dadurch, daß man den Kindern ihre Pflichten unaufhörlich vorpredigt, nicht Pflichtbewußtsein, sondern Gleichgültigkeit; dadurch, daß man sie zu religiösen Übungen zwingt, nicht Frömmigkeit, sondern Abneigung gegen die Religion usw.[246]

Wenn von »guter« oder »schlechter«[247], von »vernünftiger« und »unvernünftiger«, von »richtiger« und »falscher« Erziehung, von »Bestformen« und von »Fehlformen der Erziehung«[248] gesprochen

239 Vgl. in diesem Buch S. 87ff.
240 Vgl. BERNFELD 1928; BREZINKA 1981a, 76ff. und 130ff.
241 Vgl. z. B. WIDMER 1953, 25ff.
242 Vgl. z. B. GOODMAN 1962.
243 Vgl. PLATON (Nomoi, VI, 766a) 1959, Bd. 6, 139.
244 SALZMANN 1961.
245 SALZMANN 1961a.
246 SALZMANN 1961a, 92 und 55.
247 Vgl. z. B. ROUSSEAU 1963, 7; KANT 1963, 12ff.; JEAN PAUL 1963, 32; ZILLER 1901, 6.
248 PETERSEN 1954, 50ff.

wird, wenn der Mensch »verbildet und verzogen« werden kann[249], dann bestätigt das, daß nicht jede erzieherische Handlung schon als solche Wert hat, sondern daß ihr jeweils erst nach bestimmten Gesichtspunkten Wert- oder Unwertcharakter zugeschrieben wird.

Neben dem Gesichtspunkt der Nützlichkeit oder der Zweckrationalität kann man erzieherische Handlungen auch unter dem Gesichtspunkt des moralisch Guten positiv oder negativ auszeichnen. Es ist möglich, daß eine bestimmte Form des erzieherischen Handelns, die unter dem Gesichtspunkt der Nützlichkeit als geeignetes Mittel für die Erreichung eines Erziehungszieles zu bewerten ist, wegen der Nebenwirkungen, die sie auf den Educanden hat, in moralischer Hinsicht als schlecht beurteilt wird. Beispiele dafür sind die Phänomene, die tadelnd als »Dressur«[250], als »Indoktrination«[251], als »Gehirnwäsche«[252] bezeichnet werden, oder Makarenkos »Explosions- und Schockmethode«, d. h. das Verfahren der seelischen Überwältigung des Educanden durch eine kollektive Situation und seine totale Unterwerfung unter die Gruppe und deren lückenlos geplantes Zusammenleben[253].

Bei der Untersuchung von Werturteilen über Erziehung genügt es jedoch nicht, sich auf die Erziehung als Mittel im Rahmen der Zweck-Mittel-Relation zu beschränken. Wenn irgendeiner bestimmten Art von Erziehung Wert oder Unwert zugeschrieben wird, ist häufig gar nicht diese Erziehung selbst, sondern das *Ziel* gemeint, um dessentwillen sie erfolgt. Je nachdem, ob das Ziel als wertvoll oder als ein Übel bewertet wird, gilt auch die um der Verwirklichung dieses Zieles willen ausgeübte Erziehung als gut oder schlecht.

So hat zum Beispiel Rousseau in seinem 1. Discours (1750) die Erziehung seiner Zeit als »unsinnig« beurteilt, weil sie statt auf moralische Qualitäten auf wissenschaftliche ausgerichtet sei: »Überall sehe ich riesige Institute, in denen man unter großen Kosten die Jugend erzieht, um sie alle Dinge zu lehren – ausgenommen ihre Pflichten«[254]. Auch Helvetius hat die Erziehungspraxis seiner Zeit vollkommen negativ bewertet, weil sie die Schüler dumm mache. Er hielt die Dummheit der Menschen für »die Wirkung eines verderblichen Unterrichtes, einer Erziehung durch falsche Gelehrte«. Er unterstellte den Lehrern, daß sie das Ziel verfolgen, den Charakter ihrer Zöglinge »zu schwächen, abergläubische Leute aus ihnen zu machen, . . . in ihrem

[249] Pestalozzi 1818, 338.
[250] Vgl. z. B. Litt 1961, 84f. (In diesem Buch zitiert auf S. 58).
[251] Vgl. Snook 1972.
[252] Vgl. Sargant 1958, 162–197; K. Thomas 1970, 38–71.
[253] Vgl. Möbus 1965, 391.
[254] Rousseau 1964, 45.

Geiste jede wahre Erkenntnis und in ihrem Herzen jede patriotische Tugend zu ersticken«[255].

Solche Beispiele verdeutlichen, daß die Soll-Zustände der Educanden, die als Erziehungsziele gesetzt werden, je nach den Wertmaßstäben, die jemand anlegt, verschieden bewertet werden können. Das Erziehungsziel »Disposition zum Glauben an die christliche Lehre«, das für den Christen als ein Gut gilt, wird vom Atheisten für ein Übel gehalten und als »Disposition zum Aberglauben« abgewertet. Das Erziehungsziel »Bereitschaft zur Pflichterfüllung« wird von den Emanzipations-Gläubigen als »Untertanengesinnung« diffamiert, das Erziehungsziel »nationales Identitätsbewußtsein« als »Nationalismus« abgelehnt usw.

Aus diesen Überlegungen geht hervor, daß *Handlungen, die unter den Begriff der Erziehung fallen, nicht schon als solche Wertschätzung verdienen.* Das gilt ebenso für alle Handlungen, die als »Unterricht« oder als »Bildung« (sofern damit eine Soziale Handlung gemeint ist) bezeichnet werden. Es muß in jedem einzelnen Fall erst geprüft werden, ob eine solche Handlung bzw. ein solches Handlungssystem als gut oder schlecht, als nützlich, nutzlos oder schädlich zu bewerten ist. Dabei ist sowohl der Wert oder Unwert des jeweiligen *Zieles* als auch der Wert oder Unwert der Handlung als *Mittel* zu beurteilen.

Aus der Tatsache, daß ein bestimmtes Erziehungsziel, d. h. eine bestimmte Wirkung im Educanden gewollt wird, folgt noch nicht, daß die erzieherischen Handlungen, die um dieses Zieles willen geschehen, Wert haben. Sie sind nur dann als nützlich zu bewerten, wenn sie wirklich ein Mittel zur Erreichung des Erziehungszieles sind und nicht bloß fälschlich dafür gehalten werden. Der Wertcharakter der Erziehung hängt davon ab, daß sie tatsächlich die Ursache der gewollten Wirkung ist[256]. Deshalb ist es falsch, der Erziehung schlechthin Nützlichkeit zuzuschreiben. Nützlich können höchstens bestimmte erzieherische Handlungen sein, die um bestimmter Ziele willen von bestimmten Erziehern unter bestimmten Umständen auf bestimmte Educanden gerichtet sind.

Der Irrtum, Erziehung, »Bildung« oder Unterricht als solche seien wertvoll, scheint unter anderem dadurch begünstigt zu werden, daß der Begriff der Erziehung nicht mehr als ein abstrakter Gattungsbegriff erkannt, sondern verdinglicht und so benutzt wird, als repräsentiere er einen konkreten Gegenstand. Demgegenüber ist daran zu erinnern, daß der Erziehungsbegriff ein sehr allgemeiner Begriff auf einer hohen Abstraktionsstufe ist, unter den unzählige konkrete Soziale Handlungen verschiedenster Art fallen. Nur eine solche konkrete erzieherische

[255] Helvetius 1877, 11 ff.
[256] Vgl. Kraft 1951, 211.

Handlung bzw. ein konkretes Handlungssystem kann nach seinem Wert oder Unwert beurteilt werden.

Wir haben gesehen, daß die blinde Wertschätzung der Erziehung wissenschaftlich unhaltbar ist. Sie ist aber auch praktisch gefährlich, weil hier einer ganzen Klasse menschlicher Handlungen Wert zugesprochen wird, obwohl bestenfalls eine gewisse Teilmenge dieser Handlungen Wert hat. Es erhalten also die nutzlosen und die schädlichen erzieherischen Handlungen die gleiche Anerkennung wie die nützlichen, und das kann sich kaum anders als zum Nachteil des Educanden auswirken. Es erscheint mir deshalb nicht nur aus wissenschaftlichen, sondern auch aus praktischen Gründen notwendig, an unserem deskriptiven Erziehungsbegriff festzuhalten und nicht dem ungenauen normativen Wunschdenken zu erliegen, das »Erziehung« mit »Vervollkommnung« oder »Vollkommenmachen« identifiziert und ihr dadurch eine Würde verleiht, die sie höchstens von Fall zu Fall verdient[257].

4. *Der Nutzwert des Schlagwortes »Erziehungsbedürftigkeit« für den pädagogischen Utopismus und den politischen Messianismus*

Der Begriff der generellen Erziehungsbedürftigkeit ist zwar wissenschaftlich unbrauchbar, aber als pseudo-wissenschaftliches Schlagwort kann er für politische Zwecke sehr nützlich sein. *In erster Linie dient er dazu, jedermann zu suggerieren, die Menschen hätten die Beeinflussungsversuche, denen sie unter den Namen »Erziehung«, »Bildung« oder »Unterricht« ausgesetzt werden, durchwegs nötig.* Das Wort »Bedürftigkeit« legt die Vorstellung von »Notwendigkeit« nahe, und dem, was »notwendig« ist, scheint man sich fügen zu müssen: es ist zwangsläufig, unerläßlich, unumgänglich[258]. Gegenüber dieser Verführung durch die Sprache kommt der Gedanke kaum auf, daß eine Handlung wie die Erziehung nur dann zu Recht als notwendig bewertet werden kann, wenn sie *erwiesenermaßen* die Bedingung für einen Zustand ist, der eintreten *soll.*

[257] Diese Bedeutung findet sich zum Beispiel bei LANGEVELD 1971, 26, wo die Pädagogik als »Theorie eines auf *Erziehung* hingerichteten Handelns« bezeichnet wird, oder bei H. ROTH 1966, 140, wenn er schreibt, daß »zur *Erziehung* und Bildung des Menschen als eines geistig-kulturellen Wesens nicht alles getan wird, was durch . . . gezielte Erziehung getan werden kann« (Hervorhebungen vom Verfasser). Beiden Texten läßt sich ein Sinn nur abgewinnen, wenn man annimmt, daß die Autoren in ihnen mit dem Wort Erziehung »Vervollkommnung« oder etwas ähnliches gemeint haben.

[258] Vgl. Ullstein-Lexikon 1969, 643.

Der Begriff der generellen Erziehungsbedürftigkeit enthält eine Wertung der Erziehung als nützlich, die sachlich unbegründet ist. Wer ihn verwendet, gibt Erziehung uneingeschränkt als wertvoll aus, statt ihren Wert von Fall zu Fall nach dem jeweils gesetzten Ziel und nach der Eignung einer bestimmten Form von Erziehung als Mittel zu beurteilen. Er umgeht die Prüfung, *wozu* erzogen wird und *wie* erzogen wird. Was auch immer erzieherisch getan oder zu tun gefordert wird, erhält den Anschein der Berechtigung, denn es wird ja vorausgesetzt, daß jeder Mensch der Erziehung bedarf und daß Erziehung als solche wertvoll ist.

Unter dem Schutz der Behauptung der Erziehungsbedürftigkeit ist es leichter als sonst möglich, irgendwelchen Sollensforderungen an den Menschen Geltung zu verschaffen und Eingriffe in seine Persönlichkeit als notwendig hinzustellen, die sich bei kritischer Überlegung weder als notwendig noch als nützlich noch als moralisch gut erweisen würden. Jeder Autoritätsträger, der Menschen seiner Zielsetzung entsprechend ändern möchte und die darauf gerichteten Handlungen als »Erziehung« oder »Bildung« ankündigt, kann in einer Gesellschaft, die vom Glauben an die Erziehungsbedürftigkeit aller Menschen durchdrungen ist, mit einer vagen Bereitschaft zur Zustimmung oder wenigstens mit einer geschwächten Bereitschaft zum Widerstand rechnen. Dies um so mehr, je besser es zuvor gelungen ist, in den Betroffenen ein Bewußtsein ihrer Unzulänglichkeit, ihrer Rückständigkeit oder ihrer Schuld zu wecken.

Es verhält sich hier ähnlich wie mit den Beziehungen, die im Rahmen der religiösen Seelsorge zwischen Sündenbewußtsein, Überzeugtsein von der Erlösungsbedürftigkeit und Bejahung der angebotenen Heilsmittel herzustellen versucht werden. Das klassische Beispiel für diese Technik sind die »Geistlichen Übungen« des Ignatius von Loyola[259]. Der psychische Mechanismus, auf dem sie beruhen, ist folgender: »Der Mensch wird . . . hinabgeworfen in den Abgrund seiner Bedeutungslosigkeit und Verachtungswürdigkeit vor dem Angesicht seines Gottes. Nun braucht vor eine so entleerte, so niedergebeugte Seele nur ein erlösendes Ideal zu treten, und die Seele fliegt ihm entgegen mit dem starken Freudenschrei des Geretteten«[260].

Diese Technik kann in verschiedenen Abwandlungen auf Individuen wie auf große Gruppen angewendet werden, um sie für die Zustimmung zu einem Persönlichkeitsideal zu disponieren, das andere für sie festgelegt haben, sowie zur Bejahung der erzieherischen Handlungen, denen sie ausgesetzt werden, damit sie sich diesem Ideal gemäß ändern. Man spricht zwar heute kaum mehr von Erlösungsbedürftigkeit, aber der Begriff der generellen Erziehungsbedürftigkeit erfüllt im Denk-

[259] Ignatius von Loyola 1921.
[260] Lippert 1912, 38.

schema derjenigen, die durch Erziehung »neue Menschen« schaffen wollen, die gleiche Funktion. Gerade seine Unbestimmtheit und sein scheinbar empirischer Charakter machen ihn geeignet, die Einstellung einer diffusen Empfänglichkeit für Erziehung und »Bildung« zu verbreiten – losgelöst von der Frage nach ihrem Ziel und ihrer konkreten Form.

Ein zweiter Vorzug des Schlagwortes »Erziehungsbedürftigkeit«, der politisch genützt werden kann, liegt darin, daß es *ein unauffälliges Mittel zur Aufwertung der Erzieher* ist. Wenn jedermann der Erziehung bedürftig ist, dann erscheint der Erzieher als Helfer der Menschheit, ähnlich wie der Priester für die Erlösungsbedürftigen als Mittler des Heils gilt. In einer Zeit, in der die institutionalisierte Erziehung einen viel größeren Umfang angenommen hat und viel stärker beachtet wird als die nicht-institutionalisierte, tritt vor allem der berufsmäßige Erzieher als Geber dessen auf, was die Erziehungsbedürftigen brauchen. Wenn daran geglaubt wird, daß der Mensch ohne Erziehung nicht »Mensch« werden kann, dann schließt das unter den Lebensbedingungen der modernen Industriegesellschaften auch den Glauben ein, daß der Mensch nicht »Mensch« werden kann, ohne den erzieherischen Handlungen von Lehrern unterworfen zu werden. Der Lehrer wird zum »weltlichen Priester«, zum »Wächter, Prediger und Therapeuten«, dem eine Macht auszuüben gestattet wird, »die durch verfassungs- und gewohnheitsrechtliche Hemmnisse viel weniger eingeschränkt wird als die Macht, die Treuhänder in andern Bereichen der Gesellschaft ausüben«[261].

Der dritte und politisch wichtigste Gebrauch, den man vom Schlagwort »Erziehungsbedürftigkeit« machen kann, besteht darin, es als *Schein-Rechtfertigung für Erziehungsutopien* zu verwenden. Es täuscht mit der Notwendigkeit auch die Möglichkeit vor, die Menschen *planmäßig* zu »besseren«, zu »wirklichen«, zu »menschlichen« Menschen zu machen. Es verleitet zu der naiven Annahme, die »Menschwerdung« des Menschen sei zur Gänze oder zumindest in hohem Grade von der Erziehung abhängig. Es begünstigt eine Überschätzung des Einflusses, den man durch erzieherische Handlungen auf das Werden der Persönlichkeit ausüben kann. Da aber die Tatsache kaum zu übersehen ist, daß durch direkte oder unmittelbare Erziehung nur relativ wenig bewirkt werden kann, richten sich die Erwartungen vor allem auf die *indirekte oder mittelbare Erziehung:* auf die zweckrationale Organisation des Lebensraumes der Educanden, auf die Kontrolle ihrer Lerngelegenheiten, letztlich auf *die Änderung der Gesellschaft und ihrer Kultur*

[261] ILLICH 1972, 54 ff.

zugunsten jener Bedingungen, von denen man die Entstehung der gewollten »neuen Menschen« abhängig glaubt[262]. Das ist der gedankliche Hintergrund für die Neigung vieler Erzieher und Erziehungstheoretiker, aus der Arbeit auf ihrem begrenzten Aufgabenfeld wenigstens in der Phantasie auszubrechen und sich der Vision einer besseren zukünftigen Gesellschaft hinzugeben, die nach moralisch-erzieherischen Gesichtspunkten geplant ist. Es ist die Vision des Erziehungsstaates, damit aber kaum vermeidbar auch des Gesinnungsstaates, der Erziehungsdiktatur.

Die Idee der Erziehungsbedürftigkeit aller Menschen, verbunden mit der Vorstellung, eine »*permanente* Erziehung«[263] sei notwendig, fördert nicht nur das Sendungsbewußtsein der Erzieher, sondern auch die Überzeugung der Politiker, man solle und könne für die Menschen einen Soll-Zustand festsetzen und seine Verwirklichung durch Erziehung gesamtgesellschaftlich planen. Die theoretische Begründung für diese Überzeugung scheint zumindest teilweise auf jenem Mißverständnis zu beruhen, das durch den Begriff der Erziehungsbedürftigkeit nahegelegt wird: auf der Meinung, die Persönlichkeit des Menschen, soweit sie nicht organisch festgelegt ist, solle und könne durch Erziehung hervorgebracht werden. Die Verhältnisse werden fälschlich so dargestellt, als werde die naturnotwendige Ergänzung seiner organischen Entwicklung, seiner Wachstums- und Reifungsvorgänge nicht vom Menschen selbst durch sein Lernen, sondern von anderen Menschen für ihn durch die Erziehung, die sie auf ihn einwirken lassen, geleistet. So werden der Erziehung Leistungen zugerechnet, die tatsächlich durch Lernvorgänge hervorgebracht werden, welche überwiegend unabhängig von jeder Erziehung erfolgen. Mag es sich dabei um bloße Gedankenlosigkeit bei der Bildung und beim Gebrauch eines pädagogischen Begriffes oder um einen beabsichtigten verbalen Kunstgriff handeln: jedenfalls wird der Erziehung eine Bedeutung verliehen, die ihr im behaupteten Umfang nicht zukommt.

Die Idee der generellen Erziehungsbedürftigkeit des Menschen ist ein moderner Aberglaube. Würde er nur dazu dienen, etwas mehr Glanz auf die mühselige Tätigkeit der Erzieher zu werfen, dann bliebe er ziemlich ungefährlich. Seine Gefährlichkeit zeigt sich erst, wenn er in den Dienst eines *politischen Messianismus* gestellt wird, dessen Anhänger entschlos-

[262] Zum Programm der »Umerziehung« einer Großgesellschaft durch indirekte Veränderung ihrer Kultur, insbesondere ihres Wertsystems und ihrer Machtkonstellation (»Kultureller Wiederaufbau« Deutschlands nach dem 2. Weltkrieg) vgl. LEWIN 1953, 63–110; zur Praxis vgl. SCHRENCK-NOTZING 1965.

[263] LENGRAND 1972. Vgl. auch KERSCHENSTEINER 1921, 52: »Im Grunde besteht ja die Erziehungsbedürftigkeit bei der großen Mehrzahl der Menschen durch ihr ganzes Leben hindurch«.

sen sind, »neue Menschen« für eine »vollkommene« Gesellschaft zu erziehen. *Er gehört zur Gedankenwelt derer, die eine totale Planung des menschlichen Zusammenlebens für möglich und wünschenswert halten*[264].

V. Zusammenfassung und Ausblick

Unsere Untersuchung des Begriffes der »generellen Erziehungsbedürftigkeit« hat ergeben, daß er für die Aufstellung wissenschaftlicher Theorien der Erziehung unbrauchbar ist. Er kann im Unterschied zu den Begriffen »Erziehung« und »Erziehungsziel« nicht als Grundbegriff der Erziehungswissenschaft angesehen werden. Dieses Ergebnis ist zwar negativ, aber deswegen doch nicht ohne Wert. Es ist ein begriffskritischer Beitrag zur Befreiung der Pädagogik aus dem Nebel der großen Worte, der das klare Denken über Erziehungsprobleme behindert.

Unsere Analyse hat aber auch Gelegenheit geboten, den Begriff der Erziehung weiter zu erläutern und den begrifflichen Bezugsrahmen einer realwissenschaftlichen Theorie der Erziehung zu skizzieren. Sie hat schließlich den Blick auch auf die Wertungs- und Normprobleme gelenkt, die mit der Erziehung zusammenhängen.

Es hat sich gezeigt, daß der Begriff der generellen Erziehungsbedürftigkeit nicht nur wissenschaftlich unfruchtbar, sondern auch irreführend ist. Er begünstigt die falsche Vorstellung, Erziehung sei in jedem Falle gut und nützlich. Durch die Behauptung, jeder Mensch sei erziehungsbedürftig, wird verschleiert, daß mit dem Begriff der Erziehung Handlungen oder Handlungssysteme gemeint sind, die keineswegs als solche Wert haben, sondern deren Wert oder Unwert von Fall zu Fall zu beurteilen ist. Es ist für den Aufbau der Erziehungswissenschaft wie für die Erziehungspraxis von größter Bedeutung, sich darüber klar zu sein, daß Erziehung Entscheidungen voraussetzt und laufend Entscheidungen erfordert.

Erziehen ist Handeln und Handeln schließt ein, daß stets eines auf Kosten von etwas anderem getan wird. Nicht nur über die Erziehungsziele muß entschieden werden, sondern auch über die Mittel, durch die sie zu verwirklichen versucht werden: also über die jeweils konkrete Form des erzieherischen Handelns. Es ist zwar anzunehmen, daß diese Wahlsituationen von den Erziehern nur selten klar bewußt als solche erlebt werden, weil ihr erzieherisches Handeln zum größten Teil gewohnheitsmäßig erfolgt. Das schließt jedoch nicht aus, daß grund-

[264] Zur Kritik dieser Idee vgl. TENBRUCK 1972.

sätzlich auch anders gehandelt werden könnte. Keine erzieherische Handlung kann allein dadurch, daß sie geschieht, als gerechtfertigt gelten. Ob ihr Nützlichkeit zugeschrieben werden darf oder nicht, ist Sache einer empirischen Prüfung; ob ihr sittlicher Wert zuerkannt wird, Sache ethischer Überlegungen.

Der kritiklose Gebrauch des Begriffes der generellen Erziehungsbedürftigkeit in der neueren pädagogischen Literatur führt auch noch in anderer Hinsicht irre: er lenkt ab von der Bedeutung des spontanen Lernens und des unwillkürlichen sozialen Umgangs für das Werden der Persönlichkeit und begünstigt eine Überschätzung der Erziehung, insbesondere ihrer institutionalisierten Formen[265]. Er fördert die fragwürdige Ansicht, die »Menschwerdung« eines Menschen sei von den zweckrationalen erzieherischen Handlungen seiner Erzieher abhängig. Er verleitet dazu, alle Menschen einseitig unter dem Gesichtspunkt der Erziehung zu betrachten. Das bedeutet erstens: unter dem Gesichtspunkt des Mißverhältnisses zwischen ihrem Ist-Zustand und den Soll-Zuständen (Idealen), die von ihnen zu verwirklichen gefordert werden, und zweitens: unter dem Gesichtspunkt der Suche nach Mitteln zu Persönlichkeitsänderungen, die diesen Forderungen entsprechen.

Schließlich bestärkt die Verwendung des Begriffes in der Meinung, es sei notwendig, die sozialen und kulturellen Einflüsse, denen die Educanden ausgesetzt sind, so weitgehend wie möglich zu planen. Das Schlagwort von der »Erziehungsbedürftigkeit« kann als pseudo-wissenschaftliche Rechtfertigung des totalitären Erziehungsstaates benutzt werden.

Alle diese Einwände sind als Einwände gegen den Gebrauch des Begriffes der *generellen* Erziehungsbedürftigkeit vorgetragen worden. Der Kern der Beweisführung richtet sich jedoch genauso gegen den Begriff der *individuellen* Erziehungsbedürftigkeit. Er besteht im Nachweis, daß Erziehung als ein Mittel anzusehen ist und daß ein Mittel nur im Hinblick auf bestimmte Ziele als notwendig erwiesen werden kann. Der Begriff der individuellen Erziehungsbedürftigkeit könnte also nur angewendet werden, wenn ein bestimmtes psychisches Dispositionsgefüge von einem bestimmten Menschen unter bestimmten Umständen erworben werden *soll* und wenn feststeht, daß bestimmte, unter den Begriff der Erziehung fallende Handlungen seiner Erzieher eine notwendige Bedingung für deren Erwerb sind. Seine Anwendbarkeit hängt also von zwei Voraussetzungen ab: von der Geltung einer Norm, die einen Soll-Zustand des Educanden betrifft (Ideal-Aspekt des Erzie-

[265] Vgl. Brezinka 1981a, 209ff. Zu den Gefahren einer Reduzierung des Menschen auf das »animal educandum« vgl. auch Kob 1963, 25ff.

hungsziels), und von der Kenntnis der Kausalbeziehungen, die unter bestimmten Umständen zwischen bestimmten Formen des erzieherischen Handelns und der gewollten Wirkung bestehen. In jenen Fällen, in denen diese Voraussetzungen gegeben sind, scheint es mir am wenigsten mißverständlich zu sein, wenn abkürzend von der *»Notwendigkeit der Erziehung«* im Hinblick auf ein bestimmtes Ziel statt von »individueller Erziehungsbedürftigkeit« schlechthin (ohne Zielbezug) gesprochen wird. Dadurch kann schon sprachlich der Anschein vermieden werden, es handle sich um eine naturgegebene Eigenschaft des Menschen, während in Wahrheit doch nichts anderes vorliegt als die Schlußfolgerung aus einer Sollensforderung, die andere Personen einem Mitmenschen gegenüber erheben und deren Berechtigung geprüft zu werden verdient.

Literaturverzeichnis

ACHINSTEIN, PETER: Concepts of Science. A Philosophical Analysis. Baltimore 1968 (The Johns Hopkins Press).

ADLER, ALFRED: Lebenskenntnis (1929). Frankfurt 1978 (Fischer Taschenbuch).

ADORNO, THEODOR W.: Erziehung zur Mündigkeit. Frankfurt 1970 (Suhrkamp).

ALLPORT, GORDON W.: Persönlichkeit. Struktur, Entwicklung und Erfassung der menschlichen Eigenart. Stuttgart 1949 (Klett).

– Gestalt und Wachstum in der Persönlichkeit. Meisenheim 1970 (Hain).

AMMONS, MARGARET: Objectives and Outcomes. In: Encyclopedia of Educational Research. New York [4]1969 (Macmillan), 908–914.

ANDRESEN, C./BAMMEL, F./KRAUS, H.-J./RICHTER, L./VIELHAUER, P.: Erlösung. In: Die Religion in Geschichte und Gegenwart. Bd. 2, Tübingen 1958 (Mohr), 576–600.

ANSCOMBE, GERTRAUDE E. M.: Intention. Oxford [2]1963 (Blackwell).

ARISTOTELES: Nikomachische Ethik. Übersetzt von FRANZ DIRLMEIER (Werke, Bd. 6). Darmstadt 1956 (Wissenschaftliche Buchgesellschaft).

– Die Nikomachische Ethik. Herausgegeben von OLOF GIGON. München [2]1975 (Deutscher Taschenbuch Verlag).

BALLAUF, THEODOR: Systematische Pädagogik. Heidelberg 1962 (Quelle und Meyer).

BANDURA, ALBERT: Principles of Behavior Modification. New York 1969 (Holt).

– und WALTERS, RICHARD H.: Social Learning and Personality Development. London 1969 (Holt).

BAUR, G.: Erzieher. In: K. A. SCHMID (Hrsg.): Encyklopädie des gesamten Erziehungs- und Unterrichtswesens. Bd. 2, Gotha 1860 (Besser), 225–244.

– Erziehung, verkehrte Richtungen in derselben. Ebenda 261–275.

BAUR, WILHELM: Erbsünde. In: K. A. SCHMID (Hrsg.): Encyklopädie des gesamten Erziehungs- und Unterrichtswesens. Bd. 2, Gotha 1860 (Besser), 152–163.

BECK, JOHANNES u. a.: Erziehung in der Klassengesellschaft. München 1970 (List).

BENEKE, FRIEDRICH EDUARD: Erziehungs- und Unterrichtslehre. Bd. I, Berlin 1835 (Mittler).

BERELSON, BERNHARD und STEINER, GARY A.: Menschliches Verhalten. Bd. I, Weinheim 1969 (Beltz).

BERGMANN, GUSTAV: Intentionality. In: Semantica. Archivio di Filosofia. Roma 1955 (Bocca), 177–216.

BERNETT, HAJO (Hrsg.): Terminologie der Leibeserziehung. Schorndorf [4]1968 (Hofmann).

BERNFELD, SIEGFRIED: Sisyphos oder die Grenzen der Erziehung. Wien [2]1928 (Internationaler Psychoanalytischer Verlag).

BIRNBAUM, FERDINAND: Versuch einer Systematisierung der Erziehungsmittel. Wien 1950 (Jugend und Volk).

BLEIDICK, ULRICH: Pädagogik der Behinderten. Berlin 1972 (Marhold).

BLOOM, BENJAMIN S. (Hrsg.): Taxonomy of Educational Objectives. The Classification of Educational Goals. Handbook I: Cognitive Domain. New York 1956 (David McKay).

BOCHENSKI, JOSEPH M.: Die zeitgenössischen Denkmethoden. Bern 1954 (Francke).

BOHNSACK, FRITZ: Strukturen und Probleme pädagogischer Zielsetzung. In: FRITZ BOHNSACK und GEORG M. RÜCKRIEM: Pädagogische Autonomie und gesellschaftlicher Fortschritt. Weinheim 1969 (Beltz), 11–29.
BOKELMANN, HANS: Pädagogik: Erziehung, Erziehungswissenschaft. In: JOSEF SPECK und GERHARD WEHLE (Hrsg.): Handbuch pädagogischer Grundbegriffe. Bd. II, München 1970 (Kösel), 178–267.
BOLLNOW, OTTO FRIEDRICH: Existenzphilosophie und Pädagogik. Stuttgart 1959 (Kohlhammer).
– Die anthropologische Betrachtungsweise in der Pädagogik. Essen 1965 (Neue Deutsche Schule).
– Philosophie der Erkenntnis. Das Vorverständnis und die Erfahrung des Neuen. Stuttgart 1970 (Kohlhammer).
BOSSHART, EMILIE: Erziehung zur Persönlichkeit auf der Grundlage von Wesen und Würde des Menschen. Zürich 1951 (Rascher).
BOTT, GERHARD (Hrsg.): Erziehung zum Ungehorsam. Frankfurt 1970 (März).
BRAMELD, THEODORE: What is the Central Purpose of American Education? In: ADRIAN DUPUIS (Hrsg.): Nature, Aims and Policy (Readings in the Philosophy of Education). Urbana 1970 (University of Illinois Press), 179–189.
BRANDT, GUSTAV A.: Pädagogik und soziale Arbeit. Neuwied 1971 (Luchterhand).
BRECHT, ARNOLD: Politische Theorie. Tübingen 1961 (Mohr).
BREZINKA, WOLFGANG: Verwilderte Kinder – Legende und Wirklichkeit. In: Die Sammlung, 13. Jg. (1958), 521–531.
– Frühe Mutter-Kind-Trennung. In: Die Sammlung, 14. Jg. (1959), 88–101.
– Sprache und Bildsamkeit. In: Die Sammlung, 14. Jg. (1959)a, 197–207.
– Die Pädagogik und die erzieherische Wirklichkeit. In: HERMANN RÖHRS (Hrsg.): Erziehungswissenschaft und Erziehungswirklichkeit. Frankfurt 1964 (Akademische Verlagsgesellschaft), 192–226.
– Erziehung als Lebenshilfe. Eine Einführung in die pädagogische Situation. Stuttgart [8]1971 (Klett).
– Metatheorie der Erziehung. Eine Einführung in die Grundlagen der Erziehungswissenschaft, der Philosophie der Erziehung und der Praktischen Pädagogik. München [4]1978 (Reinhardt).
– Die Pädagogik der Neuen Linken. Analyse und Kritik. München [6]1981 (Reinhardt).
– Erziehungsziele, Erziehungsmittel, Erziehungserfolg. Beiträge zu einem System der Erziehungswissenschaft. München [2]1981 (Reinhardt/UTB). Hier zitiert als 1981a.
– Erziehung in einer wertunsicheren Gesellschaft. Beiträge zur Praktischen Pädagogik. München [2]1986 (Reinhardt).
– Tüchtigkeit. Analyse und Bewertung eines Erziehungszieles. München 1987 (Reinhardt).
– Erziehung – Kunst des Möglichen. Beiträge zur Praktischen Pädagogik. München [3]1988 (Reinhardt).
– Aufklärung über Erziehungstheorien. Beiträge zur Kritik der Pädagogik. München 1989 (Reinhardt).
BRIM, ORVILLE G.: Soziologie des Erziehungswesens. Heidelberg 1963 (Quelle und Meyer).
BROUDY, HARRY S.: The Philosophical Foundations of Educational Objectives. In: Educational Theory, Vol. 20 (1970), 3–21.
BRUGGER, WALTER (Hrsg.): Philosophisches Wörterbuch. Freiburg [11]1964 (Herder).
BRUMLIK, MICHA: Erziehungsziel. In: Enzyklopädie Erziehungswissenschaft. Bd. 1: Theorien und Grundbegriffe der Erziehung und Bildung. Stuttgart 1983 (Klett-Cotta), 406–411.
BRUNNER, EDMUND und VERNER, COOLIE: Adult Education. In: International Encyclopedia of the Social Sciences. Vol. 1, New York 1968 (Macmillan), 100–106.
BUCHER, THEODOR: Das Erziehungsziel. In: Schweizer Schule, 52. Jg. (1965), 233–241.

BÜHLER, KARL: Die Krise der Psychologie (1927). Frankfurt 1978 (Ullstein).
BUNGE, MARIO: Scientific Research I: The Search for System. Berlin 1967 (Springer).
BURGER, E. W. und GROLL, HANS: Leibeserziehung. Wien [3]1971 (Österreichischer Bundesverlag).
BUSEMANN, ADOLF: Ist Erziehung wirklich bloße Entwicklungshilfe? In: LAURE DUPRAZ und EDUARD MONTALTA (Hrsg.): Die pädagogischen Gezeiten im Ablauf der menschlichen Jugend. Fribourg 1956 (Universitätsverlag), 40–52.
– Kindheit und Reifezeit. Frankfurt 1965 (Diesterweg).

CAMPE, JOACHIM HEINRICH (Hrsg.): Wörterbuch der deutschen Sprache. 1. Teil, Braunschweig 1807 (Schulbuchverlag).
CARNAP, RUDOLF: Induktive Logik und Wahrscheinlichkeit. Bearbeitet von WOLFGANG STEGMÜLLER. Wien 1959 (Springer).
– Einführung in die Philosophie der Naturwissenschaft. München 1969 (Nymphenburger).
CASSIRER, ERNST: Philosophie der symbolischen Formen. Zweiter Teil: Das mythische Denken. Darmstadt [4]1964 (Wissenschaftliche Buchgesellschaft).
CECCO, JOHN P. DE: The Psychology of Learning and Instruction: Educational Psychology. Englewood Cliffs, New Jersey 1968 (Prentice Hall).
CHRISTMANN, M. WILHELM LUDWIG: Versuch einer Metakritik der Weltverbesserung oder ein Wort über Pestalozzi und Pestalozzismus. Ulm und Leipzig 1812 (Stettinische Buchhandlung).
CLEUGH, MARY F.: Educating Older People. London [2]1970 (Tavistock).
COHEN, MORRIS R. und NAGEL, ERNEST: An Introduction to Logic and Scientific Method. New York 1934 (Harcourt, Brace and Company).
COHN, JONAS: Geist der Erziehung. Pädagogik auf philosophischer Grundlage. Leipzig 1919 (Teubner).
– Befreien und Binden. Leipzig 1926 (Quelle und Meyer).
COLADARCI, ARTHUR P.: The Relevance of Psychology to Education. In: GEORGE F. KNELLER (Hrsg.): Foundations of Education. New York 1963 (John Wiley), 380–403.
COLLIER, K. G.: The Social Purposes of Education. London [2]1962 (Routledge and Kegan Paul).
COMENIUS, JOHANN AMOS: Große Unterrichtslehre. Übersetzt von GUSTAV ADOLF LINDNER. Wien 1876 (Pichler).
– Große Unterrichtslehre. Herausgegeben von ANDREAS FLITNER. Düsseldorf [2]1960 (Küpper).
CONNELL, W. F./DEBUS, R. L./NIBLETT, W. R. (Hrsg.): Readings in the Foundations of Education. London 1967 (Routledge and Kegan Paul).
COPI, IRVING M.: Introduction to Logic. New York [4]1972 (Macmillan).
CORRELL, WERNER: Pädagogische Verhaltenspsychologie. München 1965 (Reinhardt).
CORTE, ERIK DE: Analyse der Lernzielproblematik. In: Zeitschrift für Pädagogik, 17. Jg. (1971), 75–89.

DANIELS, L. B.: Behavior Strata and Learning. In: Educational Theory, Vol. 20 (1970), 377–386.
DAVE, RAVINDRA H.: Eine Taxonomie pädagogischer Ziele und ihre Beziehung zur Leistungsmessung. In: KARLHEINZ INGENKAMP und THERESIA MARSOLEK (Hrsg.): Möglichkeiten und Grenzen der Testanwendung in der Schule. Weinheim 1968 (Beltz), 225–237.
DEIMLING, GERHARD: Theorie und Praxis des Jugendstrafvollzuges in pädagogischer Sicht. Neuwied 1969 (Luchterhand).
DEITERS, HEINRICH: Zu den Begriffen Erziehung und Bildung. In: Pädagogik, 10. Jg. (1955), 231–233.

Derbolav, Josef: Systematische Perspektiven der Pädagogik. Heidelberg 1971 (Quelle und Meyer).
Deutscher Ausschuss für das Erziehungs- und Bildungswesen: Empfehlungen und Gutachten. Stuttgart 1966 (Klett).
Deutscher Bildungsrat: Strukturplan für das Bildungswesen. Stuttgart ²1970 (Klett).
Dewey, John: Education. In: Paul Monroe (Hrsg.): A Cyclopedia of Education. Vol. 2, New York 1911 (Macmillan), 398–401.
– Human Nature and Conduct. New York 1944 (Holt).
– Demokratie und Erziehung. Braunschweig ²1949 (Westermann).
Dickens, Charles: Oliver Twist. Übertragen von Carl Kolb. Reinbek 1964 (Rowohlt).
Dienelt, Karl: Pädagogische Anthropologie. Wien 1970 (Österreichischer Bundesverlag).
Dilthey, Wilhelm: Pädagogik. Gesammelte Schriften, Bd. IX. Stuttgart ³1961 (Teubner).
– Über die Möglichkeit einer allgemeingültigen pädagogischen Wissenschaft (1888). Herausgegeben von Herman Nohl. Weinheim ⁴1963 (Beltz).
Dolch, Josef: Worte der Erziehung in den Sprachen der Welt. In: Wolfgang Brezinka (Hrsg.): Weltweite Erziehung. Freiburg 1961 (Herder), 163–176.
– Geläufige Bildungsmodelle. In: Pädagogischer Almanach. Ratingen 1963 (Henn), 45–53.
– Grundbegriffe der pädagogischen Fachsprache. München ⁵1965 (Ehrenwirth).
– Der Erfahrungsbegriff der Erziehung – Versuch einer Explikation. In: Zeitschrift für Pädagogik, 12. Jg. (1966), 213–237.
– Pädagogische Systembildungen in der Weimarer Zeit. Darmstadt 1966 (Wissenschaftliche Buchgesellschaft). Hier zitiert als 1966a.
– Das Lehr- und Lernbare in der Pädagogik. In: Hans Bokelmann und Hans Scheuerl (Hrsg.): Der Aufbau erziehungswissenschaftlicher Studien und der Lehrberuf. Heidelberg 1970 (Quelle und Meyer), 76–89.
Drechsel, Wiltrud Ulrike: Erziehung und Schule in der französischen Revolution. Untersuchungen zum Verhältnis von Politik und Pädagogik in den Reformplänen der Jahre 1792/1794. Frankfurt 1969 (Diesterweg).
Drever, James und Fröhlich, Werner D.: dtv-Wörterbuch zur Psychologie. München 1968 (Deutscher Taschenbuch Verlag).
Duden. Das große Wörterbuch der deutschen Sprache. 6 Bände, Mannheim 1976–81 (Bibliographisches Institut).
Duden-Lexikon, Das Große. Bd. I, Mannheim 1964 (Bibliographisches Institut).
Dupuis, Adrian (Hrsg.): Nature, Aims and Policy (Readings in the Philosophy of Education). Urbana 1970 (University of Illinois Press).
Durkheim, Emile: Erziehung und Soziologie (1922). Düsseldorf 1972 (Schwann).

Ebel, Robert L.: Die Beziehung zwischen Tests und pädagogischen Zielen. In: Karlheinz Ingenkamp und Theresia Marsolek (Hrsg.): Möglichkeiten und Grenzen der Testanwendung in der Schule. Weinheim 1968 (Beltz), 1031–1041.
Eggersdorfer, Franz Xaver: Erziehung. In: Lexikon der Pädagogik. Bd. 1, Freiburg 1952 (Herder), 1031–1042.
– Jugenderziehung. München 1962 (Kösel).
Eigler, Gunther: Bildsamkeit und Lernen. Weinheim 1967 (Beltz).
Eisler, Rudolf (Hrsg.): Handwörterbuch der Philosophie. Berlin ²1922 (Mittler).
Elzer, Hans-Michael: Einführung in die Pädagogik. Frankfurt 1968 (Diesterweg).
Emmet, Dorothy: Function, Purpose, and Powers. Some Concepts in the Study of Individuals and Societies. London 1958 (Macmillan).
Erlinghagen, Karl: Vom Bildungsideal zur Lebensordnung. Das Erziehungsziel in der katholischen Pädagogik. Freiburg 1960 (Herder).
– Bildungsideal und Bildungsziel. In: Lexikon der Pädagogik. Bd. I, Freiburg 1970 (Herder), 185–187.

ERSCH, J. S. und GRUBER, J. G. (Hrsg.): Allgemeine Encyclopädie der Wissenschaften und Künste. 8. Teil, Leipzig 1822 (Gleditsch).
ESSLER, WILHELM K.: Wissenschaftstheorie I: Definition und Reduktion. Freiburg 1970 (Alber).
– Analytische Philosophie I. Stuttgart 1972 (Kröner).
ETZIONI, AMITAI: Soziologie der Organisationen. München 1967 (Juventa).
EVERS, HANS-ULRICH: Die Befugnis des Staates zur Festlegung von Erziehungszielen in der pluralistischen Gesellschaft. Berlin 1979 (Duncker & Humblot).
EYFERTH, KLAUS: Schwererziehbarkeit, ihre Ursachen und Formen. In: HILDEGARD HETZER (Hrsg.): Pädagogische Psychologie. Handbuch der Psychologie, Bd. 10. Göttingen 1959 (Hogrefe), 455–469.

FEIFEL, ERICH: Das Ziel der Erziehung. In: Pädagogische Welt, 16. Jg. (1962), 647–651.
FICHTE, JOHANN GOTTLIEB: Reden an die deutsche Nation (1808). Leipzig 1944 (Meiner).
– Die Grundzüge des gegenwärtigen Zeitalters (1806). Hamburg 1956 (Meiner).
FISCHER, ALOYS: Bildsamkeit. In: JOSEF SPIELER (Hrsg.): Lexikon der Pädagogik der Gegenwart. Bd. 1, Freiburg 1930 (Herder), 342–349.
– Leben und Werk. Herausgegeben von KARL KREITMAIR. 8 Bände, München 1950–1971 (Bayerischer Schulbuchverlag).
FISCHER, GERARD: Christliche Erziehung. In: Lexikon für Theologie und Kirche. Bd. 2, Freiburg 1959 (Herder), 1136–1139.
– Charakterbildung. In: Lexikon für Theologie und Kirche. Bd. 2, Freiburg 1959 (Herder), 1019–1020. Hier zitiert als 1959a.
FISCHER, GERHARD H.: Neue Entwicklungen in der psychologischen Testtheorie. In: FISCHER (Hrsg.): Psychologische Testtheorie. Bern 1968 (Huber), 13–158.
FLASHAR: Erziehungspflicht und -recht. In: K. A. SCHMID (Hrsg.): Encyklopädie des gesamten Erziehungs- und Unterrichtswesens. Bd. 2, Gotha 1860 (Besser), 283–287.
FLECHSIG, KARL-HEINZ u. a.: Probleme der Entscheidung über Lernziele. In: Programmiertes Lernen und programmierter Unterricht, 7. Jg. (1970), 1–32.
FLEW, ANTONY: Ends and Means. In: Encyclopedia of Philosophy. Vol. 2, New York 1967 (Macmillan), 508–511.
FLITNER, ANDREAS (Hrsg.): Wege zur Pädagogischen Anthropologie. Heidelberg 1963 (Quelle und Meyer).
FLITNER, WILHELM: Die abendländischen Vorbilder und das Ziel der Erziehung. Godesberg 1947 (Küpper).
– Erziehungsziele und Lebensformen. In: Grund- und Zeitfragen der Erziehung und Bildung. Stuttgart 1954 (Klett), 32–48.
– Europäische Gesittung. Ursprung und Aufbau abendländischer Lebensformen. Zürich 1961 (Artemis).
– Allgemeine Pädagogik. Stuttgart [11]1966 (Klett).
FOERSTER, FRIEDRICH WILHELM: Die Hauptaufgaben der Erziehung. Freiburg [4]1967 (Herder).
FOLTZ, O.: Bildsamkeit. In: WILHELM REIN (Hrsg.): Encyklopädisches Handbuch der Pädagogik. Bd. 1, Langensalza 1895 (Beyer), 654–657.
FONTANE, THEODOR: Meine Kinderjahre. Autobiographischer Roman. München 1971 (Deutscher Taschenbuch Verlag).
FRANKENA, WILLIAM K.: Educational Values and Goals: Some Dispositions to Be Fostered. In: PHILIP G. SMITH (Hrsg.): Theories of Value and Problems of Education. Urbana 1970 (University of Illinois), 99–108.
– Analytische Ethik. München 1972 (Deutscher Taschenbuch Verlag).
FRANZ, HAROLD J.: The Criteria of »Being Educated«. In: Educational Theory, Vol. 22 (1972), 395–402.
FRISCHEISEN-KÖHLER, MAX: Bildung und Weltanschauung. Eine Einführung in die pädagogischen Theorien. Charlottenburg 1921 (Mundus).

– Philosophie und Pädagogik. Weinheim ²1962 (Beltz).
FROESE, LEONHARD (Hrsg.): Bildungspolitik und Bildungsreform. Amtliche Texte und Dokumente zur Bildungspolitik im Deutschland der Besatzungszonen, der Bundesrepublik Deutschland und der Deutschen Demokratischen Republik. München 1969 (Goldmann).

GÄFGEN, GERARD: Theorie der wirtschaftlichen Entscheidung. Tübingen ²1968 (Mohr).
GAGE, N. L. (Hrsg.): Handbook of Research on Teaching. Chicago 1963 (Rand McNally); deutsche Bearbeitung herausgegeben von KARLHEINZ INGENKAMP: Handbuch der Unterrichtsforschung. 3 Bände, Weinheim 1970/71 (Beltz).
GAGNE, ROBERT M.: The Implications of Instructional Objectives for Learning. In: C. M. LINDVALL (Hrsg.): Defining Educational Objectives. Pittsburgh 1964 (University of Pittsburgh Press), 37–46.
– Die Bedingungen des menschlichen Lernens. Hannover 1969 (Schroedel).
GAMM, HANS-JOCHEN: Aggression und Friedensfähigkeit in Deutschland. München 1968 (List).
– Kritische Schule. München 1970 (List).
GEHLEN, ARNOLD: Der Mensch. Seine Natur und seine Stellung in der Welt. Bonn ⁴1950 (Athenäum).
GEISSLER, E. E.: Erziehungsziele. In: WALTER HORNEY u. a. (Hrsg.): Pädagogisches Lexikon. Bd. I, Gütersloh o. J. (1970) (Bertelsmann), 808–809.
GIESECKE, HERMANN: Einführung in die Pädagogik. München 1969 (Juventa).
GIRNDT, HELMUT: Das soziale Handeln als Grundkategorie erfahrungswissenschaftlicher Soziologie. Tübingen 1967 (Mohr).
GÖPPERT, F.: Über das Erziehungsbedürfnis des Kindes. In: Zeitschrift für Kinderheilkunde, Bd. 40 (1926), 157–169.
GÖTTLER, JOSEF: System der Pädagogik. München ⁸1948 (Kösel).
GOOD, CARTER V. (Hrsg.): Dictionary of Education. New York ²1959 (McGraw-Hill).
GOODE, WILLIAM J. und HATT, PAUL K.: Grundelemente der wissenschaftlichen Methode. In: RENÉ KÖNIG (Hrsg.): Beobachtung und Experiment in der Sozialforschung. Köln ⁶1968 (Kiepenheuer), 51–75.
GOODMAN, PAUL: Compulsory Mis-education. New York 1962 (Random).
GRAUMANN, CARL FRIEDRICH: Subjektiver Behaviorismus? In: Archiv für die gesamte Psychologie, 117. Bd. (1965), 240–251.
– Interaktion und Kommunikation. In: Handbuch der Psychologie, Bd. 7: Sozialpsychologie, 2. Halbband. Göttingen 1972 (Hogrefe), 1109–1262.
GRIMM, JACOB und WILHELM: Deutsches Wörterbuch. 16 Bände, Leipzig 1854–1960 (Hirzel).
GRISEBACH, EBERHARD: Die Grenzen des Erziehers und seine Verantwortung. Halle 1924 (Niemeyer).
GROOTHOFF, HANS-HERMANN: Erziehung. In: JOACHIM RITTER (Hrsg.): Historisches Wörterbuch der Philosophie. Bd. 2, Basel 1972 (Schwabe), 733–735.
– und STALLMANN, MARTIN (Hrsg.): Neues Pädagogisches Lexikon. Stuttgart 1971 (Kreuz).
GROSS, EDWARD: The Definition of Organizational Goals. In: British Journal of Sociology, Vol. 20 (1969), 277–294.
GRUPE, OMMO: Leibesübung und Erziehung. Freiburg ²1964 (Lambertus).
– Grundlagen der Sportpädagogik. München 1969 (Barth).
GUTTCHEN, ROBERT S.: The Logic of Practice. In: Studies in Philosophy and Education, Vol. 7 (1969), 28–43.

HÄBERLE, PETER: Erziehungsziele und Orientierungswerte im Verfassungsstaat. Freiburg 1981 (Alber).
HÄBERLIN, PAUL: Möglichkeiten und Grenzen der Erziehung. Zürich 1936 (Schweizer Spiegel).

– Selbsterziehung. In: Lexikon der Pädagogik. Bd. II, Bern 1951 (Francke), 646–647.
– Allgemeine Pädagogik in Kürze. Frauenfeld 1953 (Huber).
– Das Ziel der Erziehung. Darmstadt 1965 (Wissenschaftliche Buchgesellschaft).
HÄRING, B.: Vollkommenheit. In: Lexikon für Theologie und Kirche. Bd. 10, Freiburg 1965 (Herder), 863–866.
HAMANN, BRUNO: Die Grundlagen der Pädagogik. Systematische Darstellung nach Otto Willmann. Freiburg 1965 (Herder).
HANNA, JOSEF F.: An Explication of »Explication«. In: Philosophy of Science, Vol. 35 (1968), 28–44.
HARTMANN, NICOLAI: Ethik. Berlin ^{4}1962 (de Gruyter).
– Teleologisches Denken. Berlin ^{2}1966 (de Gruyter).
HASELOFF, OTTO W. und JORSWIECK, EDUARD: Psychologie des Lernens. Berlin 1970 (de Gruyter).
HEGEL, GEORG WILHELM FRIEDRICH: Grundlinien der Philosophie des Rechts (1821). In: Werke, Bd. 7. Frankfurt 1970 (Suhrkamp).
– Enzyklopädie der philosophischen Wissenschaften im Grundrisse (1830). In: Werke, Bd. 10. Frankfurt 1970 (Suhrkamp).
HEID, HELMUT: Begründbarkeit von Erziehungszielen. In: Zeitschrift für Pädagogik, 18. Jg. (1972), 551–581.
HELVETIUS, CLAUDE ADRIEN: Vom Menschen, seinen Geisteskräften und seiner Erziehung (1774). Herausgegeben von GUSTAV ADOLF LINDNER. Wien 1877 (Pichler).
HEMPEL, CARL G.: Fundamentals of Concept Formation in Empirical Science. Chicago 1952 (University of Chicago Press).
HENTIG, HARTMUT VON: Systemzwang und Selbstbestimmung. Über die Bedingungen der Gesamtschule in der Industriegesellschaft. Stuttgart 1968 (Klett).
– Allgemeine Lernziele der Gesamtschule. In: DEUTSCHER BILDUNGSRAT: Gutachten und Studien der Bildungskommission, Bd. 12: Lernziele der Gesamtschule. Stuttgart ^{2}1971 (Klett), 13–43.
– Die Bielefelder Laborschule. Stuttgart 1971 (Klett). Hier zitiert als 1971 a.
– Cuernavaca oder: Alternativen zur Schule? Stuttgart 1971 (Klett). Hier 1971 b.
HENZ, HUBERT: Lehrbuch der systematischen Pädagogik. Freiburg 1964 (Herder).
– Erziehungsbedürftigkeit. In: Lexikon der Pädagogik. Neue Ausgabe. Bd. 1, Freiburg 1970 (Herder), 396–397.
HENZEN, WALTER: Deutsche Wortbildung. Halle 1947 (Niemeyer).
HERBART, JOHANN FRIEDRICH: Pädagogische Schriften. Herausgegeben von OTTO WILLMANN und THEODOR FRITZSCH. 3 Bände, Osterwieck ^{3}1913, 1914, 1919 (Zickfeldt).
HEYDE, JOHANNES ERICH: Wert. Eine philosophische Grundlegung. Erfurt 1926 (Stenger).
– Das Verhältnis von Theorie und Praxis in der Pädagogik. In: Grundwissenschaft, Bd. IX (1929), 142–163.
– »Unbewußte Erziehung«. Ein Beitrag zur pädagogischen Terminologie. In: Zeitschrift für pädagogische Psychologie, 31. Jg. (1930), 257–269.
HILGARD, ERNEST R. und BOWER, GORDON H.: Theorien des Lernens I. Stuttgart 1970 (Klett).
HIRST, P. H. und PETERS, R. S.: Die Begründung der Erziehung durch die Vernunft. Düsseldorf 1972 (Schwann).
HÖCHT, PAUL: Der Bildsamkeitsbegriff in der deutschen Pädagogik des 19. Jahrhunderts. Phil. Dissertation, München 1927 (Figel).
HÖRMANN, HANS: Zur Validierung von Persönlichkeitstests, insbesondere von projektiven Verfahren. In: Psychologische Rundschau, 12. Jg. (1961), 44–49.
HOFER, MANFRED: Sozialpsychologie erzieherischen Handelns. Göttingen 1986 (Hogrefe).
HOFFMEISTER, JOHANNES: Wörterbuch der philosophischen Begriffe. Hamburg ^{2}1955 (Meiner).

Holfelder, Wilhelm und Bosse, Wolfgang: Schulgesetz für Baden-Württemberg. Handkommentar mit Nebenbestimmungen. Stuttgart [7]1984 (Boorberg).
Horney, Walter: Pädagogische Tugendlehre. In: Walter Horney und Walter Schultze (Hrsg.): Handbuch für Lehrer. Bd. 3, Gütersloh 1963 (Bertelsmann), 345–389.
Hummel, Hans J.: Psychologische Ansätze zu einer Theorie sozialen Verhaltens. In: René König (Hrsg.): Handbuch der empirischen Sozialforschung. Bd. II, Stuttgart 1969 (Enke), 1157–1177.

Ignatius von Loyola: Die geistlichen Übungen. Herausgegeben von Ferdinand Weinhandl. München 1921 (Recht).
Illich, Ivan: Entschulung der Gesellschaft. München [2]1972 (Kösel).
Inversini, Martin: Rousseaus »Indirekte Erziehung«. In: Pädagogische Rundschau, 32. Jg. (1978), 764–774.
Ipfling, Heinz-Jürgen (Hrsg.): Grundbegriffe der pädagogischen Fachsprache. München 1974 (Ehrenwirth).

Jaeger, Werner: Paideia. Die Formung des griechischen Menschen. Bd. I, Berlin [4]1959 (de Gruyter).
Jean Paul: Levana oder Erziehlehre. Herausgegeben von Theo Dietrich. Bad Heilbrunn 1963 (Klinkhardt).
Jentsch, Werner: Urchristliches Erziehungsdenken. Gütersloh 1951 (Bertelsmann).

Kainz, Friedrich: Psychologie der Sprache. Bd. 1, Stuttgart [3]1962 (Enke).
– Über die Sprachverführung des Denkens. Berlin 1972 (Duncker u. Humblot).
Kaminski, Gerhard: Verhaltenstheorie und Verhaltensmodifikation. Stuttgart 1970 (Klett).
Kant, Immanuel: Ausgewählte Schriften zur Pädagogik und ihrer Begründung. Herausgegeben von Hans-Hermann Groothoff. Paderborn 1963 (Schöningh).
Kaplan, Abraham: The Conduct of Inquiry. Methodology for Behavioral Science. San Francisco 1964 (Chandler).
Kawerau, Siegfried: Soziologische Pädagogik. Leipzig [2]1924 (Quelle und Meyer).
Keilhacker, Martin: Pädagogische Psychologie. Regensburg [4]1954 (Habbel).
Kerschensteiner, Georg: Die Seele des Erziehers und das Problem der Lehrerbildung (1921). München [5]1952 (Oldenbourg).
Klafki, Wolfgang: Erziehungswissenschaft. (Funk-Kolleg) Bd. 2, Frankfurt 1970 (Fischer).
Klauer, Karl Josef: Revision des Erziehungsbegriffs. Grundlagen einer empirisch-rationalen Pädagogik. Düsseldorf 1973 (Schwann).
Klaus, Georg: Wörterbuch der Kybernetik. Berlin 1968 (Dietz).
– und Buhr, Manfred (Hrsg.): Philosophisches Wörterbuch. Leipzig [5]1966 (Bibliographisches Institut).
Klein, Hans-Wilhelm und Friedrich, Wolf: Englische Synonymik. München [3]1968 (Hueber).
Kluckhohn, Clyde: Werte und Wert-Orientierung der Theorie vom Handeln. In: C. A. Schmitz (Hrsg.): Kultur. Frankfurt 1963 (Akademische Verlagsgesellschaft), 321–357.
Kluge, Friedrich: Etymologisches Wörterbuch der deutschen Sprache. Berlin [20]1967 (de Gruyter).
Kob, Janpeter: Erziehung in Elternhaus und Schule. Stuttgart 1963 (Enke).
Körner, Stephan: Grundfragen der Philosophie. München 1970 (List).
Komisar, B. Paul: »Need« and the Needs-Curriculum. In: B. Othanel Smith und Robert H. Ennis (Hrsg.): Language and Concepts in Education. Chicago 1961 (Rand McNally), 24–42.

– und McClellan, James E.: The Logic of Slogans. In: B. O. Smith und R. H. Ennis (Hrsg.): Language and Concepts in Education. Chicago 1961 (Rand McNally), 195–215.
Koroljow, F. F.: Methodologische Grundfragen im Bereich der Pädagogik. In: Pädagogik, 24. Jg. (1969), 902–917.
– und Gmurman, W. J. (Hrsg.): Allgemeine Grundlagen der marxistischen Pädagogik. Pullach 1973 (Dokumentation).
Kraft, Victor: Die Grundlagen einer wissenschaftlichen Wertlehre. Wien ²1951 (Springer).
– Erkenntnislehre. Wien 1960 (Springer).
– Die Grundlagen der Erkenntnis und der Moral. Berlin 1968 (Duncker und Humblot).
Krieck, Ernst: Philosophie der Erziehung. Jena 1922 (Diederichs).
– Grundlegende Erziehung. Erfurt 1934 (Stenger).
Kroh, Oswald: Revision der Erziehung. Heidelberg 1952 (Quelle und Meyer).
Kron, Friedrich W.: Begriff und Definition antiautoritärer Erziehung. In: Kron (Hrsg.): Antiautoritäre Erziehung. Bad Heilbrunn 1973 (Klinkhardt), 7–15.
Küppers, Wolfgang: Erziehungsbedürfnis als Interaktionsbedürfnis. In: Vierteljahrsschrift für wissenschaftliche Pädagogik, 53. Jg. (1977), 90–100.
Kunz, Hans: Zur Frage nach dem Wesen der Norm. In: Psyche, 8. Jg. (1954), 241–271; 321–366.
Kurth, Richard: Bildung und Gebrauch der Wörter auf -ung. In: Beiträge zur Geschichte der deutschen Sprache und Literatur, Bd. 78 (Halle 1956), 307–316.

Landmann, Michael: Der Mensch als Schöpfer und Geschöpf der Kultur. München 1961 (Reinhardt).
Langeveld, Martinus J.: Das Absichtliche und Unwillkürliche in der Erziehung und der Erziehungskunde. In: Die Sammlung, 9. Jg. (1954), 29–37.
– Was hat die Anthropologie des Kindes dem Theologen zu sagen? In: Untersuchungen zur Anthropologie des Kindes. Heidelberg 1960 (Quelle und Meyer), 19–33.
– Einführung in die Pädagogik. Stuttgart ³1962 (Klett).
– Erziehungskunde und Wirklichkeit. Braunschweig 1971 (Westermann).
Lautmann, Rüdiger: Wert und Norm. Köln 1969 (Westdeutscher Verlag).
Lempp, Reinhart: Forensische Jugendpsychiatrie. In: H. Harbauer/R. Lempp/G. Nissen/P. Strunk: Lehrbuch der speziellen Kinder- und Jugendpsychiatrie. Berlin 1971 (Springer), 345–361.
Lengrand, Paul: Permanente Erziehung. München 1972 (Dokumentation).
Lenk, Hans: Philosophie im technischen Zeitalter. Stuttgart 1971 (Kohlhammer).
Lewin, Kurt: Die Lösung sozialer Konflikte. Bad Nauheim 1953 (Christian).
– Verhalten und Entwicklung als eine Funktion der Gesamtsituation. In: Feldtheorie in den Sozialwissenschaften. Bern 1963 (Huber), 271–329.
Lichtenstein, Ernst: Die philosophisch-pädagogische Frage nach der Erziehbarkeit des Menschen. In: Der Mensch in Theologie und Pädagogik (Pädagogische Forschungen, Bd. 2). Heidelberg 1957 (Quelle und Meyer), 22–43.
– Der Logos als Pädagoge. Glaube und Bildung bei Clemens von Alexandrien. In: Lichtenstein: Bildungsgeschichtliche Perspektiven. Ratingen 1962 (Henn), 24–38.
Liedtke, Max: Evolution und Erziehung. Göttingen 1972 (Vandenhoeck).
Lindvall, C. M. (Hrsg.): Defining Educational Objectives. Pittsburgh 1964 (University of Pittsburgh Press).
Lippert, Peter: Zur Psychologie des Jesuitenordens. München 1912 (Kösel).
Litt, Theodor: Führen oder Wachsenlassen. Stuttgart ⁴1949 (Klett).
– Die politische Selbsterziehung des deutschen Volkes. Bonn ⁶1961 (Bundeszentrale für Heimatdienst).
Loch, Werner: Der pädagogische Sinn der anthropologischen Betrachtungsweise. In: Bildung und Erziehung, 18. Jg. (1965), 164–180.

– Enkulturation als anthropologischer Grundbegriff der Pädagogik. In: ERICH WEBER (Hrsg.): Der Erziehungs- und Bildungsbegriff im 20. Jahrhundert. Bad Heilbrunn 1969 (Klinkhardt), 122–140.
LOCHNER, RUDOLF: Deskriptive Pädagogik (1927). Darmstadt 1967 (Wissenschaftliche Buchgesellschaft).
– Zur Grundlegung der Erziehungswissenschaft. In: Zeitschrift für pädagogische Psychologie, experimentelle Pädagogik und jugendkundliche Forschung, 31. Jg. (1930), 1–18.
– Erziehungswissenschaft. München 1934 (Oldenbourg).
– Thesen zum Grundverhältnis zwischen Anthropologie und Erziehungswissenschaft. In: Actes du IVe Congrès International des Sciences Anthropologiques et Ethnologiques. Bd. II, Wien 1952, 123–126.
– Über die Erziehung als biontisches Formwandel-Phänomen. In: Studium Generale, 13. Jg. (1960), 278–296.
LOEWENBERG, JAKOB: Geheime Miterzieher. Studien und Plaudereien für Eltern und Erzieher. Hamburg ⁴1906 (Gutenberg).
LÖWITH, KARL: Weltgeschichte und Heilsgeschehen. Stuttgart ⁵1967 (Kohlhammer).
LUHMANN, NIKLAS: Zweck – Herrschaft – System. Grundbegriffe und Prämissen Max Webers. In: RENATE MAYNTZ (Hrsg.): Bürokratische Organisation. Köln 1968 (Kiepenheuer), 36–55.

MACKIE, JOHN L.: Ethik. Auf der Suche nach dem Richtigen und Falschen. Stuttgart 1981 (Reclam).
MADER, OSKAR: Zur logischen Gliederung der Bildungs- und Erziehungsziele. In: Pädagogik, 21. Jg. (1966), 219–225.
MÄRZ, FRITZ: Einführung in die Pädagogik. München 1965 (Kösel).
– Problemgeschichte der Pädagogik. Bd. 1: Die Lern- und Erziehungsbedürftigkeit des Menschen. Bad Heilbrunn 1978 (Klinkhardt). Bd. 2: Die Lernfähigkeit und Erziehbarkeit des Menschen. Bad Heilbrunn 1980 (Klinkhardt).
MAGER, ROBERT F.: Lernziele und programmierter Unterricht. Weinheim ³1969 (Beltz).
MALLY, ERNST: Grundgesetze des Sollens. Elemente der Logik des Willens (1926). In: Logische Schriften. Herausgegeben von KARL WOLF und PAUL WEINGARTNER. Dordrecht (Holland) 1971 (Reidel).
MANNSCHATZ, EBERHARD: Sozialistische Erziehungstheorie und die Einheit von Bildung und Erziehung. In: Pädagogik, 20. Jg. (1965), 831–839.
– Entwurf zu einer Methodik der Kollektiverziehung. Berlin 1968 (Volk und Wissen).
MAUTHNER, FRITZ: Wörterbuch der Philosophie. Bd. 2, München 1910 (Georg Müller).
MAYNTZ, RENATE: Soziologie der Organisation. Reinbek 1963 (Rowohlt).
MCCAULEY, H.: Education and Indoctrination. In: The Irish Journal of Education, Vol. 4 (1970), 127–138.
MCGUIRE, WILLIAM J.: Personality and Susceptibility to Social Influence. In: EDGAR F. BORGATTA und WILLIAM W. LAMBERT (Hrsg.): Handbook of Personality Theory and Research. Chicago 1968 (Rand McNally), 1130–1187.
MEILAND, JACK W.: The Nature of Intention. London 1970 (Methuen).
MEISTER, RICHARD: Unterrichtsfächer als Dispositionssysteme. In: Beiträge zur Theorie der Erziehung. Wien ²1947 (Sexl), 76–91.
– Handlungen, Taten, Werke als psychische Objektivationen. In: IVO KOHLER und HANS WINDISCHER (Hrsg.): Erkenntnis und Wirklichkeit. Festschrift für RICHARD STROHAL. Innsbruck 1958 (Universität), 71–77.
– Beiträge zur Theorie der Erziehung. Neue Folge. Graz 1965 (Böhlau).
MESSNER, RUDOLF und POSCH, PETER: Perspektiven für einen neuen Lehrplan. Zum Problem der Operationalisierung von Lernzielen. In: RUDOLF MESSNER und HORST RUMPF (Hrsg.): Didaktische Impulse. Wien 1971 (Österreichischer Bundesverlag), 9–59.

Meyers Enzyklopädisches Lexikon. Bd. 3, Mannheim 1971 (Bibliographisches Institut).

Mieskes, Hans: Geragogik – Pädagogik des Alters und des alten Menschen. In: Pädagogische Rundschau, 24. Jg. (1970), 90–101.

Mill, John Stuart: A System of Logic. London 1965 (Longmans, Green).

– System der deduktiven und induktiven Logik. Neudruck der Ausgabe Leipzig 1886, Aalen 1968 (Scientia).

Möbus, Gerhard: Unterwerfung durch Erziehung. Zur politischen Pädagogik im sowjetisch besetzten Deutschland. Mainz 1965 (Hase und Koehler).

Mollenhauer, Klaus: Sozialpädagogik. In: Hans-Hermann Groothoff (Hrsg.): Pädagogik. Frankfurt 1964 (Fischer-Lexikon), 288–295.

– Das pädagogische Phänomen »Beratung«. In: K. Mollenhauer und C. W. Müller: »Führung« und »Beratung« in pädagogischer Sicht. Heidelberg 1965 (Quelle und Meyer), 25–41.

– Theorien zum Erziehungsprozeß. München 1972 (Juventa).

Monnerot, Jules: Soziologie des Kommunismus. Köln 1952 (Kiepenheuer).

Montaigne, Michel de: Œuvres complètes. Paris 1962 (Gallimard).

Moor, Paul: Heilpädagogik. Bern 1965 (Huber).

Mühlbauer, R.: Zur Wortgeschichte des Erziehungsbegriffs. In: Pädagogische Rundschau, 25. Jg. (1971), 647–668.

Müller, Walter: Gerundiv. In: Der altsprachliche Unterricht, 14. Jg. (1971), 70–77.

Murphy, Gardner: Personality. A biosocial approach to origins and structure. New York 1947 (Basic Books).

Myrdal, Gunnar: Objektivität in der Sozialforschung. Frankfurt 1971 (Suhrkamp).

Nagel, Ernest: Philosophy of Science and Educational Theory. In: Studies in Philosophy and Education, Vol. 7 (1969), 5–27.

Natorp, Paul: Sozial-Idealismus. Neue Richtlinien sozialer Erziehung. Berlin 1920 (Springer).

Neemann, Ursula: Bernhard Bolzanos Lehre von Anschauung und Begriff in ihrer Bedeutung für erkenntnistheoretische und pädagogische Probleme. Paderborn 1972 (Schöningh).

Niemeyer, August Hermann: Grundsätze der Erziehung und des Unterrichts. Herausgegeben von Gustav Adolf Lindner. Bd. I, Wien 1877 (Pichler).

Nieuwenhuis, Hendrik: Ideal und Wirklichkeit in Bezug auf das pädagogische Handeln und Denken. In: Siegfried Oppolzer (Hrsg.): Erziehungswissenschaft 1971 zwischen Herkunft und Zukunft der Gesellschaft. Wuppertal 1971 (Henn), 261–272.

Nohl, Herman: Die pädagogische Bewegung in Deutschland und ihre Theorie. Frankfurt ³1949 (Schulte-Bulmke).

Ogorodnikow, I. I. und Schimbirew, P. N.: Lehrbuch der Pädagogik. Berlin ⁶1954 (Volk und Wissen).

Opp, Karl-Dieter: Methodologie der Sozialwissenschaften. Reinbek 1970 (Rowohlt).

Palmer, Christian: Erziehung. In: K. A. Schmid (Hrsg.): Encyklopädie des gesamten Erziehungs- und Unterrichtswesens. Bd. 2, Gotha 1860 (Besser), 244–261.

Pareto, Vilfredo: System der allgemeinen Soziologie. Herausgegeben von Gottfried Eisermann. Stuttgart 1962 (Enke).

Parsons, Talcott: Social Interaction. In: International Encyclopedia of the Social Sciences. Bd. 7, New York 1968 (Macmillan), 429–440.

Passmore, John: Der vollkommene Mensch. Eine Idee im Wandel von drei Jahrtausenden. Stuttgart 1975 (Reclam).

PAULSEN, FRIEDRICH: Pädagogik. Berlin [5]1912 (Cotta).
PENSE, RUDOLF (Hrsg.): Lexikon der Sozial- und Jugendhilfe. Köln 1963 (Grote).
PERKINSON, H. J.: The Methodological Determination of the Aims of Education. In: ADRIAN DUPUIS (Hrsg.): Nature, Aims, and Policy (Readings in the Philosophy of Education). Urbana 1970 (University of Illinois Press), 70–76.
PERQUIN, NICOLAAS: Pädagogik. Düsseldorf 1961 (Patmos).
PERREZ, MEINRAD: Erziehungsziele als Problem der empirischen Erziehungswissenschaft. In: TROMMSDORFF 1984, 47–62.
PESTALOZZI, HEINRICH: An die Unschuld, den Ernst und den Edelmut meines Zeitalters und meines Vaterlandes (1815). In: Gesammelte Werke. Herausgegeben von EMILIE BOSSHART u. a., Bd. 6, Zürich 1946 (Rascher), 193–470.
– Rede an mein Haus (1818). In: Gesammelte Werke, Bd. 8, 325–458.
PETERS, KARL: Grundprobleme der Kriminalpädagogik. Berlin 1960 (de Gruyter).
PETERS, RICHARD S.: Must an Educator Have an Aim? In: Authority, Responsibility and Education. London [2]1963 (Allen and Unwin), 83–95.
– What is an Educational Process? In: PETERS (Hrsg.): The Concept of Education. London 1967 (Routledge and Kegan Paul), 1–23.
– Ethik und Erziehung. Düsseldorf 1972 (Schwann).
PETERSEN, PETER: Der Ursprung der Pädagogik. Berlin 1931 (de Gruyter).
– Eigenständige (Autonome) Erziehungswissenschaft und Jenaplan im Dienste der pädagogischen Tatsachenforschung und der Lehrerbildung. München 1951 (Kaiser).
– Der Mensch in der Erziehungswirklichkeit. Mülheim – Ruhr 1954 (Setzkorn).
PETZELT, ALFRED: Grundlegung der Erziehung. Freiburg 1954 (Lambertus).
– Wissen und Haltung. Eine Untersuchung zum Begriff der Bildung. Freiburg [2]1963 (Lambertus).
– Grundzüge systematischer Pädagogik. Freiburg [3]1964 (Lambertus).
PFAFFENBERGER, HANS: Schwersterziehbarkeit – Ursachen und Schlußfolgerungen. In: Unsere Jugend, 12. Jg. (1960), 193–202.
PICHT, GEORG: Die Verantwortung des Geistes. Olten 1965 (Walter).
PIEPMEIER, R.: Erziehung des Menschengeschlechts. In: JOACHIM RITTER und KARLFRIED GRÜNDER (Hrsg.): Historisches Wörterbuch der Philosophie. Bd. 2, Basel 1971 (Schwabe), 735–739.
PLATON: Der Staat. Übersetzt von OTTO APELT. Leipzig [6]1923 (Meiner).
– Nomoi. In: Sämtliche Werke. Bd. 6, Hamburg 1959 (Rowohlt).
PLATT, FREDERIC: Perfection. In: HASTINGS (Hrsg.): Encyclopedia of Religion and Ethics. Vol. 9, Edinburgh 1917 (Clark), 728–737.
PLATTE, HANS K.: Die Miterzieher. Versuch zur Entstehungsgeschichte eines Begriffs. München 1967 (Reinhardt).
PRESTHUS, ROBERT: Individuum und Organisation. Frankfurt 1966 (Fischer).
PROKOP, ERNST: Beeinflußbarkeit in Erziehung und Unterricht. München 1966 (Manz).

RANG, ADALBERT: Der politische Pestalozzi. Frankfurt 1967 (Europäische Verlagsanstalt).
– und SCHULZ, WOLFGANG (Hrsg.): Die differenzierte Gesamtschule. München 1969 (Piper).
RANG, MARTIN: Rousseaus Lehre vom Menschen. Göttingen 1959 (Vandenhoeck).
REDL, FRITZ: Erziehungsberatung, Erziehungshilfe, Erziehungsbehandlung. In: GÜNTHER BITTNER und WILLY REHM (Hrsg.): Psychoanalyse und Erziehung. Bern 1964 (Huber), 165–177.
REIMER, EVERETT: Schafft die Schule ab! Befreiung aus der Lernmaschine. Reinbek 1972 (Rowohlt).
REIN, WILHELM: Erziehungsziel. In: REIN (Hrsg.): Enzyklopädisches Handbuch der Pädagogik. Bd. 10, Langensalza [2]1904 (Beyer), 610–624.
– Pädagogik in systematischer Darstellung. Langensalza 1906 (Beyer).
– Pädagogik im Grundriß. Leipzig [4]1908 (Göschen).

RETTER, HEIN: Erziehung und Bildung in der DDR. In: Pädagogik und Schule in Ost und West, 18. Jg. (1970), 270–273; 19. Jg. (1971), 73–84.
RITZEL, WOLFGANG: Pädagogik als praktische Wissenschaft. Heidelberg 1973 (Quelle und Meyer).
RÖHRS, HERMANN: Jean-Jacques Rousseau. Vision und Wirklichkeit. Heidelberg 1957 (Quelle und Meyer).
– Allgemeine Erziehungswissenschaft. Weinheim 1969 (Beltz).
– (Hrsg.): Das schwererziehbare Kind. Frankfurt 1969 (Akademische Verlagsgesellschaft). Hier zitiert als 1969a.
RÖSSNER, LUTZ: »Lernzwang« als erziehungswissenschaftliche Kategorie. In: Die Deutsche Schule, 63. Jg. (1971), 75–84 und 152—163.
– Erziehung in der Gesellschaft. Braunschweig 1972 (Waisenhaus).
– Theorie der Sozialarbeit. München 1973 (Reinhardt).
– Erziehungswissenschaft und Kritische Pädagogik. Stuttgart 1974 (Kohlhammer).
ROHRACHER, HUBERT: Einführung in die Psychologie. München [11]1976 (Urban und Schwarzenberg).
ROLFUS, HERMANN und PFISTER, ADOLPH (Hrsg.): Real-Encyclopädie des Erziehungs- und Unterrichtswesens nach katholischen Prinzipien. 4 Bände, Mainz 1863–1866 (Kupferberg).
ROTH, HEINRICH: Das Problem der Bildsamkeit und Erziehungsfähigkeit in der Psychologischen Forschung. In: HILDEGARD HETZER (Hrsg.): Pädagogische Psychologie. Göttingen 1959 (Hogrefe), 69–92.
– Pädagogische Anthropologie. Bd. I: Bildsamkeit und Bestimmung. Hannover 1966 (Schroedel).
– Erziehungswissenschaft, Erziehungsfeld und Lehrerbildung. Hannover 1967 (Schroedel).
ROTH, LEO (Hrsg.): Handlexikon zur Erziehungswissenschaft. München 1976 (Ehrenwirth).
ROUSSEAU, JEAN-JACQUES: Emil oder über die Erziehung. Herausgegeben von JOSEF ESTERHUES. Paderborn [3]1963 (Schöningh).
– Über den Ursprung der Ungleichheit unter den Menschen (1755). In: Schriften zur Kulturkritik. Herausgegeben von KURT WEIGAND. Hamburg 1964 (Meiner), 77–191.
– Der Gesellschaftsvertrag. Herausgegeben von HEINRICH WEINSTOCK. Stuttgart 1968 (Reclam).
RUMPF, HORST: Sprachnebel. Über die Diktion, die den Unterricht reguliert. In: RUDOLF MESSNER und HORST RUMPF (Hrsg.): Didaktische Impulse. Wien 1971 (Österreichischer Bundesverlag), 69–78.
RUSSELL, BERTRAND: Reply to Criticism. In: PAUL A. SCHILPP (Hrsg.): The Philosophy of Bertrand Russell. Evanston (Illinois) 1946 (The Library of Living Philosophers), 681–741.
RYLE, GILBERT: The Concept of Mind. London 1949 (Hutchinson). Deutsche Ausgabe: Der Begriff des Geistes. Stuttgart 1969 (Reclam).

SACHER, WERNER: Erziehungsbedürftigkeit – »moderner Mythos« oder »Zentralkategorie der anthropologisch-pädagogischen Forschung«? In.: Vierteljahrsschrift für wissenschaftliche Pädagogik, 60. Jg. (1984), 281–300.
SAILER, JOHANN MICHAEL: Sämtliche Werke. Herausgegeben von JOSEPH WIDMER. 40. Teil, Sulzbach [2]1841 (Seidel).
– Über Erziehung für Erzieher (1807). Herausgegeben von J. GANSEN. Paderborn 1913 (Schöningh).
SALZMANN, CHRISTIAN GOTTHILF: Ameisenbüchlein oder Anweisung zu einer vernünftigen Erziehung der Erzieher (1806). Bad Heilbrunn 1960 (Klinkhardt).
– Konrad Kiefer oder Anweisung zu einer vernünftigen Erziehung der Kinder (1796). Bad Heilbrunn 1961 (Klinkhardt).
– Krebsbüchlein oder Anweisung zu einer unvernünftigen Erziehung der Kinder (1780). Bad Heilbrunn 1961 (Klinkhardt). Hier zitiert als 1961a.

Sargant, William: Der Kampf um die Seele. München 1958 (Piper).
Savigny, Eike von: Grundkurs im wissenschaftlichen Definieren. München 1970 (Deutscher Taschenbuch Verlag).
Schaller, Klaus: Pädagogische Terminologie. In: Hans-Hermann Groothoff und Martin Stallmann (Hrsg.): Neues Pädagogisches Lexikon. Stuttgart 1971 (Kreuz), 843–845.
– Erziehungsziel. In: Willmann-Institut (Hrsg.): Wörterbuch der Pädagogik. Bd. 1, Freiburg 1977 (Herder), 270–272.
Scheffler, Israel: The Language of Education. Springfield (Illinois) ⁴1965 (Thomas). Deutsche Ausgabe: Die Sprache der Erziehung. Düsseldorf 1971 (Schwann).
Scheler, Max: Der Formalismus in der Ethik und die materiale Wertethik. Bern ⁴1954 (Francke).
Schelsky, Helmut: Beruf und Freizeit als Erziehungsziele in der modernen Gesellschaft. In: Schelsky: Schule und Erziehung in der industriellen Gesellschaft. Würzburg ³1961 (Werkbund), 51–82.
Scherwey, Johann: Aufsicht und Überwachung. In: Josef Spieler (Hrsg.): Die Erziehungsmittel. Olten 1944 (Walter), 139–150.
Scheuerl, Hans: Über Analogien und Bilder im pädagogischen Denken. In: Andreas Flitner und Hans Scheuerl (Hrsg.): Einführung in pädagogisches Sehen und Denken. München 1967 (Piper), 322–333.
Schischkoff, Georgi: Philosophisches Wörterbuch. Stuttgart ¹⁸1969 (Kröner).
Schleiermacher, Friedrich: Pädagogische Schriften. Herausgegeben von Erich Weniger. Bd. I, Düsseldorf 1957 (Küpper).
Schmalohr, Emil: Frühe Mutterentbehrung bei Mensch und Tier. München 1968 (Reinhardt).
Schmitt, Rudolf: Religiöse Erziehung – ohne Erfolg? Zielanalyse als Voraussetzung der Erfolgskontrolle. (Studien zur Erziehungswissenschaft, herausgegeben von W. Brezinka, Bd. 7). Weinheim 1971 (Beltz).
Schneewind, Klaus A.: Methodisches Denken in der Psychologie. Bern 1969 (Huber).
Schneider, Friedrich: Pädagogik und Individualität. Erfurt 1930 (Stenger).
– Katholische Familienerziehung. Freiburg ⁵1951 (Herder).
– Einführung in die Erziehungswissenschaft. Graz ²1953 (Styria).
Schönpflug, U.: Bedürfnis. In: Joachim Ritter (Hrsg.): Historisches Wörterbuch der Philosophie. Bd. 1, Basel 1971 (Schwabe), 765–771.
Schorb, Alfons O.: Pädagogisches Taschenlexikon. Bochum ³1967 (Kamp).
Schrenck-Notzing, Caspar: Charakterwäsche. Die amerikanische Besatzung in Deutschland und ihre Folgen. Stuttgart 1965 (Seewald).
Schütz, Alfred: Der sinnhafte Aufbau der sozialen Welt. Eine Einleitung in die verstehende Soziologie (1932). Frankfurt 1974 (Suhrkamp).
Schulz, Max: Erziehung, Schule und Staat. Eine Zusammenstellung der Artikel über Bildung, Erziehung und Schule in den Verfassungen der Länder der Erde. Hannover 1955 (Schroedel).
Schuppe, E.: Paidagogos. In: Paulys Realencyclopädie der classischen Altertumswissenschaft, neu bearbeitet von Georg Wissowa. Bd. XVIII 2, Stuttgart 1942 (Druckenmüller), 2375–2385.
Schuwerack, Wilhelm: Miterzieher. In: Lexikon der Pädagogik. Bd. III, Freiburg 1954 (Herder), 502–503.
Schwarz, Friedrich Heinrich Christian: Erziehungslehre. Bd. 2, Leipzig ²1829 (Göschen).
– Lehrbuch der Erziehungs- und Unterrichtslehre (³1835). Paderborn 1968 (Schöningh).
Sellmair, Josef: Humanitas christiana. Geschichte des christlichen Humanismus. München o. J. (Ehrenwirth).
Skowronek, Helmut: Lernen und Lernfähigkeit. München 1969 (Juventa).
Smith, S. L.: A First-Order Analysis of »Education«. In: Educational Theory, Vol. 20 (1970), 387–398.

SNOOK, I. A. (Hrsg.): Concepts of Indoctrination. London 1972 (Routledge and Kegan Paul).
SOLTIS, JONAS F.: An Introduction to the Analysis of Educational Concepts. Reading, Mass. 1968 (Addison-Wesley).
– Einführung in die Analyse pädagogischer Begriffe. Düsseldorf 1971 (Schwann).
SPAEMANN, ROBERT: Autonomie, Mündigkeit, Emanzipation. Zur Ideologisierung von Rechtsbegriffen. In: SIEGFRIED OPPOLZER (Hrsg.): Erziehungswissenschaft 1971 zwischen Herkunft und Zukunft der Gesellschaft. Wuppertal 1971 (Henn), 317–324.
– Emanzipation – ein Bildungsziel? In: CLEMENS PODEWILS (Hrsg.): Tendenzwende? Stuttgart 1975 (Klett), 75–93.
SPECK, JOSEF und WEHLE, GERHARD (Hrsg.): Handbuch pädagogischer Grundbegriffe. 2 Bände, München 1969, 1970 (Kösel).
SPRANGER, EDUARD: Betrachtungen über Entstehen, Leben und Vergehen von Bildungsidealen. In: Internationale Zeitschrift für Erziehungswissenschaft, 1. Jg. (1955), 17–30.
– Der geborene Erzieher. Heidelberg 1958 (Quelle und Meyer).
– Das Gesetz der ungewollten Nebenwirkungen in der Erziehung. Heidelberg 1962 (Quelle und Meyer).
– Erziehung zur Menschlichkeit. In: SPRANGER: Pädagogische Perspektiven. Heidelberg [8]1964 (Quelle und Meyer), 122–139.
STÄHLER, WILHELM: Funktionale und intentionale Erziehung. In: Lexikon der Pädagogik. Bd. II, Freiburg 1953 (Herder), 180–182.
STAKE, ROBERT E.: Objectives, Priorities, and Other Judgment Data. In: Review of Educational Research, Vol. 40 (1970), 181–212.
STEGMÜLLER, WOLFGANG: Wissenschaftstheorie. In: ALWIN DIEMER und IVO FRENZEL (Hrsg.): Philosophie. Frankfurt 1958 (Fischer Lexikon), 327–353.
– Hauptströmungen der Gegenwartsphilosophie. Stuttgart [4]1969 (Kröner).
– Probleme und Resultate der Wissenschaftstheorie und Analytischen Philosophie. Bd. I: Wissenschaftliche Erklärung und Begründung. Berlin 1969a (Springer).
– Probleme und Resultate der Wissenschaftstheorie und Analytischen Philosophie. Bd. II: Theorie und Erfahrung. Berlin 1970 (Springer).
STERN, WILLIAM: Allgemeine Psychologie auf personalistischer Grundlage. Haag 1935 (Nijhoff).
STEVENSON, CHARLES L.: Ethics and Language. New Haven [12]1968 (Yale).
STOY, KARL VOLKMAR: Encyclopädie der Pädagogik. Leipzig 1861 (Engelmann).
– Rousseau, Fichte, Considérant und die Idee der Erziehung. In: STOY: Kleinere Schriften und Aufsätze. Bd. 1, Leipzig 1898 (Engelmann), 49–68.
STRAUSS, ANSELM L.: Spiegel und Masken. Die Suche nach Identität. Frankfurt 1968 (Suhrkamp).
STROHAL, RICHARD: Bemerkungen zu dem Begriff der psychischen Disposition und seiner Bedeutung für die Pädagogik. In: WOLFGANG BREZINKA (Hrsg.): Weltweite Erziehung. Freiburg 1961 (Herder), 251–262.
STROHMEYER, HANNES: Zur historischen Beziehung zwischen Gesundheitslehre und Leibeserziehung. In: ELMAR KORNEXL (Hrsg.): Spektrum der Sportwissenschaften. Festschrift für FRIEDRICH FETZ. Wien 1987 (Österreichischer Bundesverlag), 30–42.
SÜSSMUTH, RITA: Erziehungsbedürftigkeit. In: JOSEF SPECK und GERHARD WEHLE (Hrsg.): Handbuch pädagogischer Grundbegriffe. Bd. 1, München 1969 (Kösel), 405–424.

TALMON, JACOB LAIB: Die Ursprünge der totalitären Demokratie. Köln 1961 (Westdeutscher Verlag).
– Politischer Messianismus. Die romantische Phase. Köln 1963 (Westdeutscher Verlag).
TAUSCH, REINHARD und ANNE-MARIE: Erziehungspsychologie. Göttingen [5]1970 (Verlag für Psychologie); [8]1977.

Taylor, Paul W.: Normative Discourse. Englewood Cliffs, N. J. 1961 (Prentice-Hall).
Tenbruck, Friedrich H.: Zur Kritik der planenden Vernunft. Freiburg 1972 (Alber).
Thomas, Klaus: Die künstlich gesteuerte Seele. Stuttgart 1970 (Enke).
Thomas, William: Person und Sozialverhalten. Neuwied 1965 (Luchterhand).
Thorndike, Edward L.: Psychologie der Erziehung (1914). Darmstadt 1970 (Wissenschaftliche Buchgesellschaft).
Topitsch, Ernst: Über Leerformeln. In: Topitsch (Hrsg.): Probleme der Wissenschaftstheorie. Wien 1960 (Springer), 233–264.
– Sozialphilosophie zwischen Ideologie und Wissenschaft. Neuwied [2]1966 (Luchterhand).
Trapp, Ernst Christian: Versuch einer Pädagogik. Berlin 1780 (Nicolai).
Tröger, Walter: Überlegungen zum Problem des Erziehungsziels in der Gegenwart. In: Vierteljahrsschrift für wissenschaftliche Pädagogik, 46. Jg. (1970), 191–215.
– Erziehungsziele. München 1974 (Ehrenwirth).
Trommsdorff, Gisela (Hrsg.): Jahrbuch für Empirische Erziehungswissenschaft 1984. Düsseldorf 1984 (Schwann).
Trübners Deutsches Wörterbuch. Bd. 1, Berlin 1939 (de Gruyter).

Ullstein-Lexikon der deutschen Sprache. Frankfurt 1969 (Ullstein).

Verfassungen der deutschen Bundesländer. München [2]1981 (Deutscher Taschenbuch Verlag).

Waitz, Theodor: Allgemeine Pädagogik. Braunschweig [4]1898 (Vieweg).
Weber, Erich: Pädagogik. Bd. 1: Grundfragen und Grundbegriffe. Donauwörth 1972 (Auer).
– (Hrsg.): Der Erziehungs- und Bildungsbegriff im 20. Jahrhundert. Bad Heilbrunn [3]1976 (Klinkhardt).
Weber, Hugo: Der Begriff »Erziehung« in der Gegenwartspädagogik. Phil. Dissertation, München 1970.
Weber, Max: Methodologische Schriften. Studienausgabe. Frankfurt 1968 (Fischer).
– Wirtschaft und Gesellschaft. 5. revidierte Auflage (Studienausgabe), Tübingen 1972 (Mohr).
Weigand, Friedrich L. K.: Deutsches Wörterbuch. Bd. 1, Gießen [5]1909 (Töpelmann).
Weinberger, Ota: Rechtslogik. Wien 1970 (Springer).
Weingartner, Paul: Wissenschaftslehre I. Stuttgart 1971 (Frommann).
Weniger, Erich: Die Eigenständigkeit der Erziehung in Theorie und Praxis. Weinheim 1953 (Beltz).
Wenke, Hans: Der Begriff des Leitbildes in der Erziehung und sein Geltungsanspruch. In: Internationale Zeitschrift für Erziehungswissenschaft, 2. Jg. (1956), 142–151.
– Erziehung zur Freiheit der Persönlichkeit. In: Die geistige und politische Freiheit in der Massendemokratie. Schriftenreihe der Friedrich-Naumann-Stiftung, Nr. 1. Stuttgart 1960 (Deutsche Verlagsanstalt), 28–56.
Widmer, Konrad: Schule und Schwererziehbarkeit. Zürich 1953 (Rotapfel).
Willmann, Otto: Allgemeine Pädagogik (1873). In: Sämtliche Werke. Bd. 3, Aalen 1971 (Scientia), 228–346.
– Allgemeine Pädagogik (1875). In: Sämtliche Werke. Bd. 4, Aalen 1980 (Scientia), 1–145.
– Didaktik als Bildungslehre. Wien [6]1957 (Herder).
– Abriß der Philosophie. Freiburg 1959 (Herder).
– Die Fundamentalbegriffe der Erziehungswissenschaft. In: Erich Weber (Hrsg.): Der Erziehungs- und Bildungsbegriff im 20. Jahrhundert. Bad Heilbrunn 1969 (Klinkhardt), 15–30.

WILSON, JOHN/WILLIAMS, NORMAN/SUGARMAN, BARRY: Introduction to Moral Education. Harmondsworth 1967 (Penguin).
WINNEFELD, FRIEDRICH: Psychologische Analyse des pädagogischen Lernvorganges. In: HILDEGARD HETZER (Hrsg.): Pädagogische Psychologie. Göttingen 1959 (Verlag für Psychologie), 93–110.
– Erziehungswissenschaft – Utopie oder Wirklichkeit? In: DIETER ULICH (Hrsg.): Theorie und Methode der Erziehungswissenschaft. Weinheim 1972 (Beltz), 123–162.
WOHLGENANNT, RUDOLF: Was ist Wissenschaft? Braunschweig 1969 (Vieweg).
WRIGHT, GEORG HENRIK VON: Norm and Action. A Logical Enquiry. London 1963 (Routledge and Kegan Paul).
WÜRTENBERGER, THOMAS: Erziehung als Rechtsbegriff. In: Grundfragen des Jugendhilferechts. Köln 1962 (Heymann), 87–105.

ZECHA, GERHARD: Zum Normproblem in der Erziehungswissenschaft. In: Zeitschrift für Pädagogik, 18. Jg. (1972), 583–598.
– Pädagogische Normen: Inhalt, Formulierung, Beziehungen. In: WOLF-RÜDIGER MINSEL (Hrsg.): Curriculum und Lehrplan. München 1978 (Urban und Schwarzenberg), 63–86.
– Pädagogische Wert- und Normenforschung. In: KLAUS SCHALLER (Hrsg.): Erziehungswissenschaft der Gegenwart. Bochum 1979 (Kamp), 215–241.
– Erziehungsziele. Eine begriffsanalytische Untersuchung. In: TROMMSDORFF 1984, 27–46.
ZILLER, TUISKON: Einleitung in die Allgemeine Pädagogik. Leipzig 1856 (Teubner); Langensalza ^{2}1901 (Beyer).
– Vorlesungen über Allgemeine Pädagogik. Leipzig 1876 (Matthes).

Personenregister

Sachregister

Weitere Werke vom gleichen Autor

WOLFGANG BREZINKA

Aufklärung über Erziehungstheorien

Beiträge zur Kritik der Pädagogik

1989, 372 Seiten, (ISBN 3-497-01169-X).
Gesammelte Schriften – Band 1
Ernst Reinhardt Verlag München Basel

Presseurteile

Ein Werk, das für die Grundlegung einer empirischen Erziehungswissenschaft von eminenter Bedeutung ist. Es beeindruckt und überzeugt durch die Intensität des Denkens und durch die Klarheit seiner Diktion.

Jahrbuch für Jugendsozialarbeit, Köln

Brezinkas Analysen sind objektiv, sehr klar und gründlich. Ein Buch von geistiger Reife und eine solide Grundlegung der Pädagogik. Mit Werken dieser Art wird die Desorientierung der Pädagogik überwunden werden können, die auf Autoren zurückgeht, die mehr aus Phantasie schreiben als aus Kenntnis der Wirklichkeit der Menschen und der Gesellschaft. *Revista Española de Pedagogía, Madrid*

WOLFGANG BREZINKA

Erziehung – Kunst des Möglichen

Beiträge zur Praktischen Pädagogik

3., verbesserte und erweiterte Auflage 1988 (8. Tausend), 266 Seiten, (ISBN 3-497-01141-X).
Gesammelte Schriften – Band 2
Ernst Reinhardt Verlag München Basel

Presseurteile

Es gibt kaum ein Problem der gegenwärtigen Pädagogik, das hier nicht behandelt würde, und es ist beachtlich, welch klare und richtungweisende Worte auch zu heiklen Fragen gefunden werden. Die Lektüre dieses Buches ist für jeden Lehrer und Erzieher auch deshalb ein Vergnügen, weil es bei aller Wissenschaftlichkeit und Gründlichkeit verständlich und lebendig geschrieben ist – eine ästhetische Freude. An vielen Stellen werden Herzlichkeit, Wärme, Begeisterung, ja sogar Optimismus spürbar, Haltungen, die der heute schwer gefährdete Lehrer dringend nötig hat.

Der Professor, Organ der Standesvertretung der Lehrer an allgemeinbildenden und berufsbildenden höheren Schulen Österreichs, Wien

Im Grundsätzlichen klar und in bezug auf das Leben von einer seltenen Unmittelbarkeit und Frische. Dabei kommt keineswegs nur die Erziehung in der Schule zur Sprache, sondern auch die außerschulische Erziehung. Die Sachlichkeit und Menschlichkeit, die Nüchternheit und Ehrlichkeit, die den Verfasser auszeichnen – gerade auch da, wo er alte und liebgewonnene Vorstellungen in Frage stellen muß – machen diesen Band zu einem Ereignis im pädagogischen Schrifttum unserer Zeit.

Die Heimstatt, Fachorgan für Jugendsozialarbeit, Köln

WOLFGANG BREZINKA

Erziehung in einer wertunsicheren Gesellschaft

Beiträge zur Praktischen Pädagogik

1. und 2. Auflage 1986 (6. Tausend), 248 Seiten, (ISBN 3-497-01125-8).
Gesammelte Schriften – Band 3
Ernst Reinhardt Verlag München Basel

Italienische Übersetzung: L'educazione in una società disorientata.
Armando Editore, Roma.
Spanische Übersetzung: La educación en una sociedad en crisis.
Editorial Narcea, Madrid.
Japanische Übersetzung: Kachi Konmei no Shakai ni okeru Kyoiku.
Tamagawa University Press, Tokyo.

Presseurteile

Was Eltern und Lehrern lange gefehlt hat: Klarheit über die weltanschaulichen und moralischen Grundlagen der Erziehung. Ein Buch gegen den Zeitgeist, gegen die Resignation – ein Buch, auf das viele gewartet haben. *Elternforum, Bonn*

Treffenden Analysen der geistigen Situation unserer Zeit folgen realistische Entscheidungshilfen für eine Neu-Orientierung der Erziehung. Niemand wird ohne Gewinn diese Beiträge lesen. *Erziehung und Unterricht, Wien*

Was bei Brezinka immer wieder fasziniert, ist die einfache und klare Sprache, in der er auch komplizierte Sachverhalte verständlich machen kann, ohne die Problematik selbst zu vereinfachen. *Der Kärntner Lehrer*

Eine der umfassendsten Darstellungen der pädagogischen Probleme unserer Zeit und mit seinen klaren und eindeutigen Aussagen ein sehr interessanter Diskussionsbeitrag zur Weiterentwicklung des Bildungssystems.
Verordnungsblatt des Stadtschulrates für Wien

WOLFGANG BREZINKA

Tüchtigkeit

Analyse und Bewertung eines Erziehungszieles

1987. 124 Seiten, (ISBN 3-497-01127-4).
Ernst Reinhardt Verlag München Basel

Presseurteile

Ein die Diskussion über Erziehungsziele ungemein belebender, durch Klarheit der Sprache und Gedankenführung ausgezeichneter Beitrag, der wiederum die gewohnte analytische Kraft und die logische Schärfe des Autors erkennen läßt.
Erziehung und Unterricht, Wien

Wie so oft hat der Konstanzer Erziehungswissenschaftler ein heißes Eisen angepackt. Die klare Sprache und die Überzeugungskraft seiner Argumente sind faszinierend.
Gymnasium Baden-Württemberg

Brezinka kommt zu dem Schluß, daß Tüchtigkeit für die moderne Gesellschaft noch unentbehrlicher ist als je zuvor. Ein interessantes Buch für alle, denen die Orientierungslosigkeit im heutigen Bildungswesen nicht gleichgültig ist und die mithelfen wollen, die Erziehungsaufgabe wieder auf das Wesentliche zu konzentrieren.
Industrie, Wien

WOLFGANG BREZINKA

Erziehungsziele, Erziehungsmittel, Erziehungserfolg

Beiträge zu einem System der Erziehungswissenschaft

2. Auflage 1981 (12. Tausend), 251 Seiten, (ISBN 3-497-00959-8).
Uni-Taschenbücher 548. Ernst Reinhardt Verlag München Basel
(Japanische Ausgabe in Vorbereitung)

Presseurteile

Die Bemühung, eine Gesamtschau von Erziehung zu erreichen, erscheint um so lobenswerter, als es heute vielfach Mode ist, nur noch Einzelaspekte darzustellen, um die Integration derselben dann den Erziehern zu überlassen. Mit diesem Buch nimmt Erziehungswissenschaft etwas von ihrer Verantwortung wahr.

Der evangelische Erzieher

Brezinka, einer der klarsten Denker der zeitgenössischen Pädagogik, gibt in diesem Buch dem Theoretiker interessante Einblicke, dem Schulpraktiker Anregungen für die Lehrerbildung und für die Unterrichtsgestaltung. *Amtliches Schulblatt St. Gallen*

Ein erziehungswissenschaftliches Werk von Rang, aber keineswegs nur ein Buch für Erziehungswissenschaftler. Es ist ein grundlegendes Werk für alle, die um die wissenschaftliche Fundierung erzieherischen Handelns bemüht sind.

Die Heimstatt, Fachorgan für Jugendsozialarbeit, Köln

WOLFGANG BREZINKA

Die Pädagogik der Neuen Linken

Analyse und Kritik

6., verbesserte Auflage 1981 (40. Tausend), 275 Seiten, (ISBN 3-497-00966-0).
Ernst Reinhardt Verlag München Basel
Italienische Übersetzung: La pedagogia della Nuova Sinistra.
Armando Editore, Roma
Spanische Übersetzung: La pedagogía de la nueva izquierda.
PPU, Promociones y Publicaciones Universitarias, Barcelona.
Norwegische Übersetzung: Oppdragelse og Kulturrevolusjon.
Luther Forlag, Oslo.
Japanische Übersetzung: Shinsayoku no kyoikugaku.
Fukumura Shuppan Publishing, Tokyo.

Presseurteile

Das Buch könnte vor dem Irrtum bewahren, es handle sich bei seinem Gegenstand lediglich um eine modische, bereits abklingende Welle.

Amtsblatt des Kultusministeriums Rheinland-Pfalz

Ein zuverlässiges Handbuch, über das jeder Lehrer, aber auch alle Erziehungstheoretiker verfügen sollten. *Neue Zürcher Zeitung*

Die Analyse ist perfekt, die Kritik angemessen. Die Lektüre dieses Werkes wird Vorurteile beseitigen, Unkenntnis demaskieren und Utopien zerstören. Zugleich werden wir wissen, wovon geträumt wurde und was aus jenen Träumen geworden ist.

Revista Española de Pedagogía, Madrid

Wolfgang Brezinka

Metatheorie der Erziehung

Eine Einführung in die Grundlagen der Erziehungswissenschaft, der Philosophie der Erziehung und der Praktischen Pädagogik

4. Auflage 1978 (22. Tausend), 322 Seiten, (ISBN 3-497-00846-X).
Ernst Reinhardt Verlag München Basel
Italienische Übersetzung: Metateoria dell'educazione.
Armando Editore, Roma.
Japanische Übersetzung: Kyoiku no Metariron.
Tamagawa University Press, Tokyo.
Englische Übersetzung: Philosophy of Educational Knowledge.

Presseurteile

Eine der hervorragendsten Leistungen im Bereich der Pädagogik der letzten Jahre. Bemerkenswert ist die Kraft der Sprache, die das Studium des anspruchsvollen Werks nie mühsam werden läßt. *Erziehung und Unterricht, Wien*

Das Verdienst, das sich Wolfgang Brezinka mit seiner »Metatheorie der Erziehung« erwirbt, kann kaum überschätzt werden. . . . Sein Buch wird sich ohne Zweifel einen Platz in der Reihe der Standardwerke und auf den Pflichtlektüre-Listen sichern. *Gymnasium Helveticum*

In jeder Beziehung ein Meisterwerk, . . . ein Höhepunkt moderner pädagogischer Literatur. *Information zur Bildung und Fortbildung für Erzieher und Sozialarbeiter, Wien*

In der Entwirrung der bisherigen Verwirrung besteht die hervorragende Bedeutung dieses Buches. Es ist zu hoffen, daß es zur Grundlage für die erziehungswissenschaftliche Lehre an den Hochschulen wird. Wenn Pädagogik zu einer exakten Wissenschaft werden soll, dann hat Brezinka den Weg dahin in aller Klarheit und Differenziertheit vorgezeichnet. *Pädagogik und Schule in Ost und West*

Mit Abstand der sachlich ausgewogenste, begrifflich klarste und informativste Einführungstext, in dem eine enorme Menge Literatur in historischer und systematischer Hinsicht gut verständlich verarbeitet wurde. *Philosophischer Literaturanzeiger*

Brezinka hat mit seiner »Metatheorie der Erziehung« die Diskussion um die wissenschaftstheoretische Grundlegung der Pädagogik ein gehöriges Stück vorangetrieben. *Allgemeine Deutsche Lehrerzeitung*

Der bisher fundierteste Beitrag zur Wissenschaftstheorie der Pädagogik. *Die berufsbildende Schule*

Dieses Buch . . . könnte man schon den Klassiker in der Auseinandersetzung der methodologischen und wissenschaftstheoretischen Positionen in der Pädagogik nennen. *recensio – Uni Regensburg*

Ein Band, der eine Wende der wissenschaftlichen Pädagogik markiert, ein Werk von säkularer Bedeutung für die Pädagogik in Deutschland. Jeder, der mit dem Anspruch auf Wissenschaftlichkeit im Bereich der Erziehung arbeitet, wird sich diesem Buch stellen müssen. *Die Heimstatt, Fachorgan für Jugendsozialarbeit, Köln*